J. B. Lehnung

GELIEBTES PIRMASENS

Dieses Exemplar einer limitierten Auflage
trägt die Nummer

4458 *

740 - 1790

3. Auflage

Satz, Reproduktionen und Druck:
Komet Druck- und Verlagshaus GmbH
Pirmasens
Farbreproduktionen:
W. Gräber GmbH, Neustadt/Weinstraße
Klaus Endres GmbH & Co. KG
Pirmasens

ISBN 3-920558-00-6

J. B. Lehnung

Geliebtes Pirmasens

Heimatgeschichtliche Erinnerungen

Band I

740-1790

Komet-Verlag, Pirmasens

Inhaltsverzeichnis

Vorwort

Als um das Jahr 1885 die ersten Ansichts-Postkarten erschienen, begann für diese besondere Form der Dokumentation und der Nachrichtenübermittlung eine Blütezeit sondergleichen. Nicht nur, daß nun jedermann die Möglichkeit erhielt, seinen auswärtigen Aufenthalt mittels solcher – anfänglich lithografischer und späterhin fotografischer – Reproduktionen zu belegen und die Schönheiten einer Stadt oder einer Landschaft anderen bildhaft kundzutun. Auch die Geschäftswelt, die Behörden und nicht zuletzt Privatleute nutzten diese revolutionierende Neuheit, um individuelle Motive herauszubringen. Schon sehr bald bemächtigte sich die Werbung dieses Mittels, und fast jede Buchhandlung gründete einen eigenen Postkartenverlag.

Obgleich sich in der Anfangszeit die Drucke sehr bescheiden darboten – heute zählen sie als Vorläufer zu begehrten Sammelobjekten – verbesserten sich die Reproduktionen zusehends. Bereits vor der Jahrhundertwende waren recht ansprechende bunte Wiedergaben auf den Markt gekommen, ausschließlich jedoch Lithografien. Zu Beginn des 20. Jahrhunderts erschienen die ersten farbigen fotografischen Reproduktionen.

Solche alten Ansichtskarten sind einzigartige Zeitdokumente. Zum Glück für die Nachwelt wurden zumeist große Auflagen hergestellt, so daß trotz der inzwischen vergangenen neunzig Jahre zahlreiche Exemplare erhalten blieben. Zur Freude der Sammler konnten andere unsere wechselvolle Geschichte in Familienalben überstehen. Oftmals zeigen sie Motive, von denen kaum Fotos existieren.

Die ersten Ansichtskarten von Alt-Pirmasens fand ich im Familienbesitz. Sogleich war mein Interesse geweckt, denn an so manches konnte ich mich noch erinnern: an den Exerzierplatz mit seinen Kastanienbäumen und den schönen Springbrunnen, an die Elektrische, aber auch an schmucke Gebäude, die heute nicht mehr vorhanden sind, an das Café Luitpold zum Beispiel, den Volksgarten, den schönen Bahnhof, an das Löwenbräu mit der Drehtür und vieles andere.

Dadurch ergab sich die Lockung, solche Karten und alte Fotos zu einer Art Heimatgalerie zusammenzutragen. Wer selbst Sammler ist, der weiß, welch stilles, heiteres Vergnügen einem jedes neu beschaffte Stück bereitet.

Wiederholt wurden Anregungen an mich herangetragen, die alten Stadtansichten in einem Bildband zu veröffentlichen. Natürlich sollte jede Darstellung eine genaue Beschreibung erhalten, damit auch Nicht-Eingeweihte, vor allem unsere Pirmasenser Nachkommen, erfahren sollten, wie früher einmal das Leben in unserer Stadt verlief.

Auf der Stoffsuche mußte ich immer wieder und noch weiter in die Vergangenheit zurückgreifen, eine sehr anregende, aber zeitraubende Beschäftigung, wegen der Nebenwege, in die man sich dabei zu verlieren droht. Es gab Berührungspunkte mit der in Pirmasens nicht wegzudenkenden Schuhindustrie und deren Entstehungsgeschichte, mit den jahrzehntelangen Bemühungen zum Anschluß an ein besseres Verkehrsnetz in Form der Eisenbahn, dem Existenzkampf der Pirmasenser zu Beginn des 19. Jahrhunderts, den Anfängen der Schuhmacherei und dergleichen mehr. Aber auch die Landgrafenzeit konnte nicht übergangen werden, denn vor der Jahrhundertwende waren mehr Zeugen jener Pirmasenser Epoche vorhanden als heute nach zwei Weltkriegen.

Dies alles schien mir den Charakter eines reinen Bildbandes zu sprengen. Und so kam, was kommen mußte: aus dem ursprünglichen Vorhaben entstand eine Heimatgeschichte über Alt-Pirmasens mit zahlreichen Abbildungen und zeitgenössischen Dokumenten, teilweise unter Verwendung bisher unveröffentlichten Materials. Eine Sammlung, die trotz des Verzichts auf Randerscheinungen so umfangreich wurde, daß sich eine Unterteilung in mehrere Bände nicht umgehen ließ.

Bei der hier vorliegenden ersten Veröffentlichung sind alle wichtigen Ereignisse und Daten bis zum Jahr 1790 erfaßt, soweit sie zugänglich waren oder eingesehen werden konnten. Eine Unterteilung erfolgte in

Kapitel I	740 bis 1720	Das Wald- und Pfarrdorf
Kapitel II	1720 bis 1790	Die Soldatenstadt

Die Zeit nach 1790 soll weiteren Bänden vorbehalten bleiben.

Vorhandene Literatur, auf die ich mich stützte, bot im Grunde wenig an Auswertung. Zwar wurden hier und dort Episoden beschrieben, Einzelvorgänge geschildert, doch zumeist fanden sich nur globale Zusammenfassungen, die lediglich in Kurzform ein Gesamtbild der damaligen Zeit vermittelten.

Mein Bestreben war, eine Art von heimatgeschichtlichem Nachschlagebuch zu schaffen, das dem Leser die Möglichkeit gibt, bisher noch nicht Veröffentlichtes zu erfahren und in die bereits bekannte Vergangenheit mit einzuordnen.

Das erhoffte positive Echo und Interesse ermutigte mich. Kritischen Einwänden sei vorweg damit begegnet, daß meine Zusammenfassung keinerlei Anspruch auf Vollständigkeit erhebt und trotz meines Eifers manches Fragment bleiben muß, allein schon wegen einer Konzentration auf Pirmasens.

Vielleicht aber trägt meine Arbeit dazu bei, weitere Dokumente aus Alt-Pirmasens ans Tageslicht zu bringen, damit sich die folgenden Bände mehr und mehr vervollständigen lassen. Jede Anregung werde ich gerne aufnehmen.

Ich darf dieses Vorwort nicht schließen, ohne allen zu danken, ob Behörden, Firmen oder Privatpersonen, die mir alte Dokumente freundlich übereigneten oder Einsichtnahme und Veröffentlichung gestatteten. Die zahlreichen Subskribenten haben die Herausgabe meines Buches sehr gefördert. Besonderer Dank gebührt der Stadtverwaltung Pirmasens und der Parkbrauerei AG Pirmasens-Zweibrücken.

Sicher geschah jegliche Unterstützung in der Absicht, den nun vorliegenden ersten Band inhaltlich zu bereichern — nicht zuletzt unserem Pirmasens zuliebe.

Ostern 1978.

Julius B. Lehnung

1. Kapitel

740-1720 – Das Wald- und Pfarrdorf

Der Glaubensbote Priminius – Der Wanderbischof Pirminius – Klostergründung in Hornbach – Die Vita prima – Eine Verbindung Pirminius zu Pirmasens – Die verschiedenen Schreibweisen und Benennungen des Dorfes – Die ältesten Urkunden über Pirmasens – Ausgrabungen und Zeugen noch früherer Besiedlungen – Namen des Dorfes in alten Landkarten – Das abgelegene Wald- und Pfarrdorf Birmasen / Bermesens.

720 Das Leben und Wirken des Glaubensboten und Wanderbischofs Pirminius, ursprünglich auch Priminius, von Primus abstammend, benannt, liegt noch großenteils im dunkeln. Nur einzelne Daten über seinen Werdegang sind uns bekannt geworden und vieles, was im Laufe der Zeit über ihn berichtet wurde, sind Vermutungen. Die Ähnlichkeit seines Namens mit unserem Pirmasens verstärkt die allgemeine Annahme, daß einstmals eine Verbindung bestanden haben müßte, wenngleich in der Folge Ortsbezeichnungen auftreten, die eine Verbindung widerlegen. Andererseits wird ein Zusammenhang dadurch bestärkt, daß einmal die geografische Lage und Nähe seiner späteren Wirkungsstätte, des Klosters Hornbach, gegeben war und sich zum anderen im Volksmund einige Bezeichnungen erhalten haben [1], die an sein segensreiches Wirken in unserer unmittelbaren Gegend erinnern.
Darüber hinaus wurden aber auch schon Versuche unternommen, eine Verbindung Pirminius zu Pirmasens als abwegig zu bezeichnen. Ob jemals über eine evtl. Verbindung Klarheit geschaffen werden kann, ist zu bezweifeln.

724 Woher der Glaubensbote Pirminius gekommen war, ist auch nicht bekannt. 724 hat er das Kloster Reichenau gegründet. Drei Jahre später war er Abt im Kloster Murbach/Elsaß (727). Nirgendwo war er seßhaft, und ein innerer Drang zu neuen segensreichen Taten trieb ihn weiter. Nur im Alter, als er langsam seinem Ende entgegensehen mußte, gründete er sein letztes Kloster in Hornbach im Jahre 740 [2].
740 Jetzt war der Zeitpunkt gekommen, zu welchem erstmals Verbindungen und Zusammenhänge zu einem Aufenthaltsort Pirminiseusna bestanden haben mögen, und an dieser Stelle sollen unsere rückschauenden Betrachtungen über das Werden unseres Pirmasens auch beginnen.
„Der Name Pirmasens erweckt in dem Geschichtskundigen mehr ein kulturgeschichtliches oder volkswirtschaftliches Interesse als ein sprachliches oder rein historisches; denn, während die Entstehung der Stadt Pirmasens durch die Laune eines den preußischen Soldatenkönig nachahmenden Fürsten ein höchst merkwürdiges Kleinbild aus der Kulturgeschichte des 18. Jahrhunderts darstellt und die einzigartige Entwicklung dieses „verunglückten" Gemeinwesens zu einer blühenden Industriestadt des 19. Jahrhunderts eine ungemein dankbare Aufgabe für eine volkswirtschaftliche Untersuchung abgeben würde, ist die Geschichte des Dorfes Bermesens eine außerordentlich ereignisarme und erregt auf den ersten Blick wenig Interesse. Nur einige wenige Urkunden, welche sich auf die Geschichte des Hauses Zweibrücken-Bitsch und dann von Hanau-Lichtenberg beziehen, lassen den Namen vorübergehend aufleuchten, worauf sich dann wieder die Nacht von Jahrzehnten darüber breitet."

„Und doch bekommt der Name und der Ursprung unseres Dörfleins durch den Namen und das Wirken des heiligen Pirminius einen bedeutenden Hintergrund:

---

1 Zum Beispiel: Pirminsleute, Pirminsland, Pirminswald, Pirminsbrunnen, Pirminstein, Pirminssteig.
2 Anderen Unterlagen zufolge soll das Kloster erst im Jahre 742 gegründet worden sein.

741 Denn dieser um die Vertiefung und Verbesserung des religiösen Lebens in Süddeutschland hochverdiente Mann, dessen Wirken in die Zeit Karl Martells (gest. 741) und Pippins (741-768) fällt, soll nach allgemeiner Annahme den Anstoß gegeben haben zu dieser Ansiedlung auf dem rauhen und unwirtlichen, von tiefen Schluchten zerrissenen Bergplateau, das sich von den waldumrauschten Sandsteinköpfen des nördlichen Wasgau allmählich zur fruchtbaren Muschelkalkplatte Lothringens hinabsenkt."

Dies ist der Originaltext des K. Rektors Ph. Kraus aus seiner geschichtlich-sprachlichen Untersuchung „Pirminius und Pirmasens", erschienen im Programm zum Jahresbericht des K. Progymnasiums Pirmasens für das Schuljahr 1903/04.

Zunächst versucht Kraus darin einen Zusammenhang zwischen Pirminius und Pirmasens zu begründen, kommt aber letzten Endes zu einem ganz anderen Ergebnis. Wir können darin weiterlesen:

„In der ältesten Lebensbeschreibung des Heiligen [3] wird dem Kapitel 6 entnommen, daß ein vornehmer Franke namens Vuernharius [4] auf die Kunde von der segensreichen Tätigkeit des Pirminius den heiligen Mann zu sich kommen ließ und ihm versprach, jeden Ort zum Eigentum geben zu wollen, den er sich auserwähle, um Gott beständig zu dienen."

„Pirminius, welcher das Ende seines Lebens herannahen fühlte, begann nach einem geeigneten Platz zu suchen. Bald hatte er einen lieblichen Ort gefunden und baute sich an demselben eine Laube (umbracula) zum Schutze gegen die Sonnenhitze. Ein Hirte aber, welcher in der Nähe Schweine hütete, hörte von der Absicht und machte ihn auf eine Stelle etwas weiter aufwärts aufmerksam, welche wegen der Vereinigung zweier Gewässer Gamundium heiße (Neuhornbach, wo Trualb und Sualb zusammenfließen). Sofort erhob sich der Greis, folgte dem Hirten und traf dort schon einige Jagdhütten an."

„Bald entstanden dort noch mehr solche Wohnstätten zu seiner und der mit ihm Verkehrenden Bequemlichkeit; bald aber strömte auch viel Volks, sowohl aus der näheren Umgebung, als auch weit her zusammen und wollte von dem ehrwürdigen Greis das Sakrament der Firmung empfangen. Vuernharius führte seine früheren Versprechungen nicht nur aus, sondern gewährte dem Heiligen noch mehr, als er versprochen. Und nach Vuernharius' Tod wetteiferten seine Nachkommen und andere gottesfürchtige Leute, die Kirche Gottes zu bereichern mit Gütern zu beiden Seiten des Waldes, welcher Vuasego (Wasgau) heißt."

Dann kommt der Verfasser zu jener Stelle, die für die Namensgebung von Pirmasens wichtig zu sein scheint. Wir können weiterlesen:

„Da jetzt die für die angebliche Gründung von Pirmasens ausschlaggebende Stelle kommt, so übersetze ich möglichst wörtlich. Die Namen dieser Orte einzeln aufzuführen, ist nicht nötig. Er (?) schenkte ihm nämlich einen Waldbezirk an einem Orte, welcher jetzt Pirminiseusna [5] genannt wird, deswegen, weil damals dort die Aufenthaltsstätte der Schweinehirten des heiligen Pirminius ausgewählt worden waren; denn der Vuasegus nimmt dort in jeder Schenkung einen großen Raum ein. Deswegen drangen die Aufseher und andere Diener des heiligen Mannes in die vorhergenannte menschenleere Gegend ein und legten an geeigneten Stellen den Grund zu Dörfern, indem sie Sklaven und Freie dorthin schickten. Durch Rodung mit verschiedenen eisernen Gerätschaften brachten sie unter Gottes Beistand mehrere schöne Neubrüche zustande. Aber weil der vorgenannte Wald bis jetzt

---

[3] Vom heiligen Pirminius sind zwei Lebensbeschreibungen vorhanden. Die eine (vita prima, verfaßt 826), wird einem gewissen Warmann, Grafen von Dillingen, der Mönch von Reichenau und vom Jahr 1026-1034 Bischof zu Constanz war, zugeschrieben. Die andere soll von einem Grafen Heinrich von Calw, der vom Jahr 1210-1237 Abt zu Reichenau war, in Versform verfaßt worden sein. Im übrigen verstärken sich die Annahmen, daß Pirminius aus Irland gekommen sein soll.

[4] Dieser edle Franke soll kein geringerer als der Ahnherr der salischen Kaiser gewesen sein.

[5] Lt. Kraus in einer Handschrift auch getrennt stehend: Pirminii seusna.

noch fruchtbar war (?) für menschliche Bedürfnisse, schufen die vorher erwähnten Verwalter an entsprechenden Plätzen Rinderherden und brauchbare Lager für die übrigen Tiere zum Dienste des genannten Gerechten. Von Gamundium aus, heißt es in der Beschreibung weiter, besuchte Pirminius Weissenburg (Vuizanburg), worauf er dann stets auf einem Pfade, der jetzt noch der „Steig des heiligen Pirminius" heißt, wieder nach seinem Wohnsitze zurückkehrte." [6]
Wo Äbte des Klosters Hornbach tätig waren, muß auch eine Kapelle oder ein Gotteshaus vorhanden gewesen sein. In spärlichen Überlieferungen heißt es, daß ein solches in der Nähe des Wedebrunnens gestanden haben soll, etwa in der heutigen Pirminiusstraße. Diese Tatsache wurde im Jahre 1885 in etwa belegt. Bei Fundamentierungsarbeiten der Gerberei Gebrüder König [7] fand man in einer Tiefe von ca. 2½ Metern einen Plattenboden, der nach dem Urteil von Fachleuten von einer Kirche oder Kapelle aus dem 12. oder 13. Jahrhundert stammen mußte. Es wurden dabei noch andere Fundamente freigelegt, die auf ein rechteckiges Gebäude in der Größe von 5 auf 8 Metern deuteten und als Fundamente der ältesten Kirche in Pirmasens überhaupt angesehen wurden.
In den Untersuchungen von Ph. Kraus heißt es weiter:
„Im Schlußkapitel (Kapitel 10) berichtet der Verfasser der Lebensbeschreibung des heiligen Pirminius noch mancherlei über den heiligen Bonifatius und kommt erst ganz gegen das Ende desselben zu seinem Thema zurück, um kurz den Tod des Pirminius zu erzählen. Als nämlich der Heilige fühlte, daß die Bürde des Fleisches von ihm genommen werde, rief er die Brüder zusammen (fratibus convocatis) und sagte allen Lebewohl. Seine Beisetzung ist (!) (depositio est) – so heißt es weiter – im Kloster Hornbach, wo jetzt noch um seiner Verdienste willen Blinde sehend, Taube hörend und Lahme gehend werden."

753 Das genaue Todesdatum des heiligen Pirminius stand lange nicht genau fest; nach neueren Angaben ist er am 3. November 753 gestorben. Eine Urkunde vom 18. August 754 weist einen Jacobus als Nachfolger und Abt von Hornbach auf [8].
„Jeder, der auch nur diese gedrängte Inhaltsangabe der Lebensbeschreibung (vita) unseres Heiligen gelesen hat, wird, falls er nicht voreingenommen ist, zugeben, daß dieselbe als Geschichtsquelle, wenn auch nicht gar keinen, so doch nur einen sehr bedingten Wert hat."
Kraus zieht sodann in seinen weiteren Betrachtungen ganz erheblich in Zweifel, daß beim Verfassen der ältesten Lebensbeschreibung des heiligen Pirminius ein Hornbacher Mönch mitgewirkt haben könnte, geschweige denn als Verfasser derselben angenommen werden kann.
Er versucht sogar einen Beweis anzutreten, daß der Verfasser der Vita nicht in Hornbach gelebt haben kann.
„Was erfahren wir denn eigentlich aus dieser Lebensbeschreibung des Pirminius über Pirmasens?"
„In sachlicher Hinsicht merkt man ihr an, daß der Verfasser bestrebt war, eine ihm überlieferte Tatsache durch Erweiterungen ansehnlicher zu machen; doch geht

---

[6] Pirminius kam auf seinen Wanderwegen von Hornbach nach Weissenburg öfters an einem Klosterhof zu Pirmasens vorbei und soll, nach der Lebensbeschreibung, öfter hier verweilt haben. Vielleicht erklären sich daraus auch die im Volksmund noch gebräuchlichen Bezeichnungen, wie in Fußnote 1. beschrieben.
[7] Diese Gerberei war nach dem Adreßbuch von 1899 in der Schäfergasse 13-27 ansässig.
[8] Pirminius wurde im Kloster Hornbach, seiner letzten Wirkungsstätte, beigesetzt, fand hier jedoch nicht seine verdiente Ruhe. 1575 wurden seine Gebeine dem Grab entnommen und über Speyer nach Innsbruck gebracht. Hier stand sein Sarkophag sodann in der Trinitätskirche. 1943 wurde die Kirche durch Fliegerbomben beschädigt und der Schrein des Pirminius zur Pfarrkirche St. Jakobus verbracht. Auch diese Kirche wurde im Dezember 1944 zerstört. Der Sarg wurde von einstürzendem Mauerwerk zerdrückt. Die erkennbaren Reste wurden in einem kleineren Sarkophag gesammelt und nach Hornbach zurückgebracht. Ruhelos, wie er als Wanderbischof gelebt hatte, traten seine sterblichen Überreste noch große Reisen an, um nach über 1 000 Jahren einen festen Platz zu finden.

soviel mit Sicherheit daraus hervor, daß nach der Hornbacher Tradition ein – wahrscheinlich als bewohnt zu denkender – Ort in oder bei einem dem Kloster geschenkten Waldbezirk lag, dessen Namen in seinem ersten Bestandteil, nach Meinung der Mönche, den ihres Patrones verewigte."
Jetzt kann man deutlich erkennen, daß Kraus eine Verbindung der Namen Pirminius - Pirmasens bezweifelt. Er versucht dies auch zu begründen:
„Er (der Verfasser der vita) schein also Pirminiseusna als eine Art Gewannennamen aufzufassen. Der Ort heiße deswegen so, weil dort die Schweinehirten (subulci) ihre Lagerhütten gehabt hätten. Danach hat es den Anschein, als ob er „seusna" als Grundwort angesehen und dasselbe als ein von „sus" abzuleitendes Wort, etwa Schweinedrift, gesetzt hätte.
„Nun hat es aber ein solches Wort gar nie gegeben. Außerdem macht folgende Überlegung den Widersinn dieses Erklärungsversuches klar: Wer soll denn den Ort so genannt haben? Doch wohl die Schweinehirten selbst und nicht die gelehrten Mönche des vier Stunden von Pirmasens gelegenen Klosters. Jene hätten also ein lateinisches Wort gebraucht für eine gewöhnliche Sache, für welche es in ihrer Sprache sicher eine Bezeichnung gegeben hätte."

1000 „Ich meine, der Schluß liegt nahe, daß die Sache sich ganz anders verhalten müsse. Den deutlichsten Fingerzeig gibt uns wieder ein Hornbacher Benediktiner, welcher um das Jahr 1 000 unsere vita überarbeitet hat: Er wirft das sinnlose „seusna" über Bord und schreibt „Pirminis-hausna" und so dann alle seine Nachfolger."
„Wir kommen also auf eine Namensform wie Pirminisheusna – Pirminishusa – Pirminishuson[9], und so wird unserem Autor der Name auch überliefert worden sein. Für unsere Untersuchung würde sich nun aus dem Gesagten der bedeutsame Schluß ergeben, daß im 9. und 10. Jahrhundert der Name unseres Pirmasens ein Name auf -hausen war."
Diese Feststellung ließ sich aber bis heute nicht eindeutig beweisen, aber auch nicht das Gegenteil.
Anderen Quellen zufolge ist Pirminiseusna ebenfalls die älteste Überlieferung des späteren Namens Pirmasens. „Da die Siedlung aber schon aus dem 8. Jahrhundert stammt, ist das nicht mehr die ursprüngliche Form. Ich berichtige also die gebotene Schreibung ahd. Pirminisensna. Die ursprüngliche Form des Grundwortes ist ahd. einasna, das zu einsna, einsa, einse und ense abgeschwächt wurde und Ableitung von ahd. ein „allein" ist." (Christmann, „200 Jahre Schuhstadt Pirmasens").
Daraus kann man den Schluß ziehen, daß das um 1 000 erwähnte Pirminisensna nach Meinung des vorgenannten Verfassers zum Ausdruck bringt, Pirminiseinasna, bzw. Pirminisens sei gleichbedeutend mit alleinstehendes, vereinzeltes Gehöft des Pirminius, woselbst die Hirten des Klosters wohnten und wo Schweineherden weideten. Etwa 300 Jahre später (1327) taucht einmal die richtige Schreibweise von Pirmasens auf, um jedoch in den folgenden Jahrhunderten den verschiedensten Bezeichnungen erneut zu unterliegen. Dabei sollte aber berücksichtigt werden, daß es sich damals meist um mündliche Überlieferungen gehandelt hat, die sodann eben dem Gehör nach wiedergegeben worden sind.
Kraus aber folgert weiter: „Sollte man gegen meine Annahme (daß der Name unseres Pirmasens ein Name auf -hausen war, d. V.) einwenden, daß es speziell doch eine spätere Gründung sein könne, weil es so „hoch oben" auf einem windumtosten Bergrücken und in unmittelbarer Nähe großer Waldgebiete liege, so möchte ich umgekehrt behaupten: Eben weil es eine so merkwürdige Lage hat, ist es eine alte Siedlung."
„Pirmasens liegt an der Grenze des felsenreichen und ackerbautreibenden Westrichs, das heißt, es beginnt die mittlere Formation des Trias (Muschelkalk) ihre äl-

---

[9] Lt. Kraus wurden gerade in dieser Zeit beide Formen nebeneinander gebraucht, wie zum Beispiel Scaphhusa und Scaphhuson = Schaffhausen.

tere Schwester (den Buntsandstein) allmählich zu überdecken. Eine Eigentümlichkeit dieser Übergangslandschaft ist es, daß sich oben auf den Rücken und Sätteln der Höhenzüge eine Schicht fetteren und fruchtbareren Bodens erhalten hat, während die Hänge und die Täler meist nur mageren Sandboden zeigen."
„Nun ist es doch selbstverständlich, daß ein Landwirtschaft treibendes Volk zuerst das ertragsreichere Land rodet und sich möglichst in der Nähe desselben ansiedelt, falls eben Platz und vor allen Dingen Wasser vorhanden ist."
„Alle Bedingungen treffen auf Pirmasens zu. Für das Dorf befand sich auf beiden Bergrücken – Horeb und Husterhöhe – sowie auf dem Sattel gegen Winzeln zu, genügend fruchtbarer Boden und lieferten die zwei größeren Brunnen, der Wedebrunnen und der Dankelsbachbrunnen, sowie zahlreiche kleinere Quellen hinreichend Wasser und ist es ein Irrtum anzunehmen, Bermesens sei im Mittelalter ein armseliges Dorf gewesen; sicherlich war unser Pirmasens ein wohlhabendes Dorf, das auch in wirtschaftlicher Beziehung auf die Taldörfer seiner Umgebung herabsehen konnte; die aus dem Dorfe „künstlich" geschaffene Stadt war allerdings arm und mußte es sein."
Fassen wir zusammen: „Es ist aus einem sprachlichen Grunde und aufgrund einer allgemeinen aus der Geschichte der deutschen Ortsnamen geschöpften Erwägung wahrscheinlich, daß Pirmasens älter ist als Pirminius, und die verbreitete Annahme, dasselbe sei eine Gründung des Heiligen und trage dessen Namen, ein Irrtum ist."
Die Vermutung liegt nahe, so folgerte Kraus weiter, daß in dem Namen „Bermes-" der Genetiv des Eigennamens „Bermann" steckt, welchen er zum Beispiel in alten Bürgermeisterlisten von Speyer zweimal (1264 und 1286) gefunden hatte. Dieser Name hat jedoch keinesfalls etwas mit einem Bärmann zu tun, sondern, so deutet Kraus, vielmehr mit „ber" = Eber, also Bermann = Ebermann. Das „e" ist ein geschlossenes „e" und kommt dem „i" sehr nahe. Da beide Laute sich gleichkommen, wäre es naheliegend, daß die Hornbacher Mönche verführt worden seien, den Namen ihres Patrons im ersten Bestandteil zu sehen.
Mit diesen Erklärungsversuchen, den vielseitigen Recherchen und Vermutungen ist wohl das letzte Wort über die Entstehung des Namens Pirmasens noch nicht gesprochen. Ob jemals eindeutig geklärt werden kann, wie dieser Name entstanden ist, mag dahingestellt bleiben.
Immerhin ist zu bedenken, daß Kraus zum Zeitpunkt seiner Untersuchungen, also vor rund 80 Jahren, zahlreiche Dokumente und Urkunden einsehen konnte, die zum großen Teil heute nicht mehr vorhanden sind. Viele sind im Laufe zweier Weltkriege vernichtet worden, so daß diesbezügliche Nachforschungen immer schwieriger werden dürften.
Vielleicht aber hatte man vor 80 Jahren auch noch mehr Zeit, um sich intensiver mit solchen Nachforschungen zu beschäftigen, wie es Philipp Kraus in der guten, alten Zeit möglich war.
Was z. B. die Vermutung von Kraus betrifft, Pirmasens sei wesentlich älter als Pirminius, konnte 30 Jahre nach seiner aufgestellten Behauptung einigermaßen bewiesen werden. Unsere Gegend ist zwar arm an Funden aus der Frühzeit, jedoch konnte in unmittelbarer Nähe von Pirmasens ein vorgeschichtliches Gräberfeld teilweise freigelegt werden. Einem Heimatforscher wie Oskar Schäfer war es zu verdanken, daß zwischen Erlenbrunn und Kettrichhof, unter Anwesenheit des Speyerer Museumdirektors, am 30. August 1930 Grabungen in diesem Gräberfeld stattfanden. Insgesamt wurden 10 Hügel (Gräber) registriert und 4 davon teilweise freigelegt. Dabei ergaben sich folgende Funde:

Hügel 1: Kreisrunder Ringwall (11 x 11,6 m)
Skelettgrab mit Beinring (400-300 v. Chr.)
Bronzefibel (400-300 v. Chr.)
Skelettgrab mit Bronzefibel (400-300 v. Chr.)
Quirlartiger Zierknopf aus Gold;

Hügel 2: Skelettgrab eines Kindes mit Beigaben
Skelettgrab mit Armring;

Hügel 3: Dieser Hügel zeigte in seinem Innern einen Aufbau, wie er selten in der Pfalz vorkommt.
Skelettgrab ohne Beigaben
Grabkammer mit einem Skelettgrab u. einem Bronzebeil (2000-1900 v. Chr.)
Skelettgrab (Nachbestattung?) mit Armring
Steinkistengrab (2 x 0,75 m) mit Beigaben
2 Beinringe (Hallstattzeit 700-550 v. Chr.)
Steinkistengrab 2, Inhalt: Skelett mit Beigaben,
1 Halsring, 2 Armringe, 2 Beinringe (Hallstattzeit 700-550 v. Chr.)
Steinkistengrab 3, Skelett ohne Beigaben
Steinkistengrab 4, Skelett ohne Beigaben
Steinkistengrab 5, Skelett ohne Beigaben
Steinkistengrab 6, Skelett mit 2 Armringen, 2 schwächere Armringe (Hallstattzeit)

Hügel 7: Durchmesser ca. 12 m
Skelettgrab (400-300 v. Chr.) mit Beigaben
Einzelfund Bronzefibel
Brandgrab mit Knochen (550-400 v. Chr.)
Reste eines Skelettgrabes, Bronzering (Hallstattzeit)
Brandgrab ohne Beigaben.

Alle Funde kamen nach der Sichtung in die vorgeschichtliche Abteilung des städtischen Heimatmuseums Pirmasens.
Ein Teil des Gräberfeldes wurde im Herbst 1930 und im Frühjahr 1931 gerodet und in Ackerland umgewandelt. Bei diesen Arbeiten wären die Hügel 1, 2 und 3, wenn man sie nicht abgetragen hätte, zerstört worden.
Von den bis zum Jahr 1930 aufgefundenen 10 Hügeln sind 4 geöffnet und ausgeräumt worden (Nr. 1, 2, 3 und 7). Die übrigen sechs dagegen, alle im Wald gelegen, sollten der Nachwelt als vorgeschichtliche Bodendenkmäler erhalten bleiben.
Leider geriet dieses Gräberfeld im Laufe der kommenden Jahrzehnte fast völlig in Vergessenheit. Die Hektik der Nachkriegsjahre ließ jegliches Interesse daran schwinden.
Mit den Funden aus den genannten 4 Gräbern vorgeschichtlicher Zeit konnte das Pirmasenser Heimatmuseum schlagartig bereichert werden.
Bis zu diesem Zeitpunkt (1930) waren solche Funde in der Umgebung von Pirmasens selten, oder man hatte sich solchen Ausgrabungen und Forschungen wenig hingegeben. Nur einzelnen Heimatforschern war es überhaupt zu verdanken, daß in den 20er und 30er Jahren des 20. Jahrhunderts solchen Dingen nachgegangen wurde, mit großem Verständnis eine systematische Arbeit erfolgte und Aufzeichnungen angefertigt wurden.
Bei der Eröffnung des Pirmasenser Heimatmuseums am 9. März 1929 konnte lediglich 1 Kupferbeil der jüngeren Steinzeit (5000-2000 v. Chr.), Fundort „Rappeneck", zur Schau gestellt werden [10].

---

[10] Bereits 1909 faßte der Pirmasenser Stadtrat den Entschluß, ein Museum zu gründen. Den Anstoß zur Gründung gab Dr. Breith. 1910 erfolgte ein Aufruf an die Pirmasenser Bürger, alle möglichen Dinge dem Museum zu stiften, welche mit der Vergangenheit ihrer Stadt in Zusammenhang zu bringen waren. Allzu viel kam nicht zusammen. Allein einem Kunstphotographen Jos. Schuberth war es zu verdanken, daß mancher Gegenstand aufgenommen werden konnte, zumindest in einer Photographie. 1912 konnten die gesammelten Gegenstände in der Töchterschule erstmals zur Schau gestellt werden. Ein Erfolg blieb nicht aus, viele andere Dinge wurden gespendet. Dr. Breith verließ 1915 Pirmasens, und das Museum war verwaist. Erst 1920 kaufte die Stadt das vormalige Hotel Schwan, und das Museum bekam erstmals ein eigenes Heim. Es wurde in dem Tanzsälchen des Hotels untergebracht. 1923 wurde das Museum auf Befehl der französischen Besatzung geräumt. Die Gegenstände kamen in den alten Bau des Krankenhauses. Erst 1926 konnte das ganze 2. Stockwerk des Hotels Schwan wieder gewonnen werden, und eine naturwissenschaftliche Sammlung wurde aufgenommen (Getiersammlung von Häußler, Gesteine von Kirschner und Pflanzen vom Naturwissenschaftlichen Verein Pirmasens). 1929 standen dem Museum elf Räume zur Verfügung.

Aber anscheinend hat das Vorhandensein eines Heimatmuseums geradezu animierend auf die gesamte Bevölkerung gewirkt, denn es ergaben sich schlagartig Bereicherungen, wie zum Beispiel
1 Steinbeil (Fundort Neumühle bei Pirmasens)
1 Steinbeil (Fundort „Auf dem Spalt", Merzalben)
2 Steinbeile (Fundort Petersbächel, „Im Brand")
4 Eisenbarren (Fundort Nähe „Alte Burg", Rodalben).
An dieser Stelle würde es zu weit führen, im einzelnen auf Funde und Ausgrabungen aus vorgeschichtlicher Zeit einzugehen. Jedoch soll ein Hinweis gestattet sein, wo sich in der Folge solche ergaben und wovon selbst heute noch Spuren vorhanden sind. Wir erinnern zum Beispiel in der näheren Umgebung an die Heidelsburg bei Waldfischbach, an den Maimont bei Schönau, an das Diana-Bild am Altschloß bei Eppenbrunn (Römerbild), die Vermutung von Hünengräber an der „Hohen Straße" vom Kettrichhof nach Lemberg, das vorgeschichtliche Denkmal an der Eichelsbacher Mühle, vorgeschichtliche Gräber hinter der St. Wendelins Kapelle (zwischen Hochsteller- und Imsbacherhof), usw., usw.
Einzelne weitere Funde, die bekanntgeworden sind, ergaben sich erst in den letzten Jahren, wobei es sich teilweise nur um Bruchstücke handelt:
1 Feuersteinklinge (Fundort Riegelsbrunnerhof)
1 große Feuersteinklinge (Fundort Eppenbrunn)
1 Feuersteinknollen (Fundort Schachenberg)
1 Klingenbruchstück (Fundort Littersbacher Mühle).

1150 Vermutlich ab dem Jahr 1150 hatte das kleine Dorf Pirmasens ein neues Kirchlein, welches an der Stelle erbaut wurde, an welcher über 600 Jahre später eine Hof- und Garnisonskirche zu stehen kommen wird.
Die neue Kirche war also nicht mehr an der Stelle errichtet worden, an welcher ein erstes Gotteshaus überhaupt gestanden war (Nähe Wedebrunnen / heutige Pirminiusstraße), sondern man hatte einen etwas erhöhten Platz dafür ausgesucht, welcher dem Stand einer Kirche mehr gerecht wurde als die tiefer gelegene vorgenannte Stelle. Eine noch höhere Lage konnte man nicht dafür bestimmen, denn die Kirche sollte möglichst im Zentrum des Dorfes liegen.
Die neue Kirche wurde in bescheidenem gotischen Stil gebaut und der heiligen Juliana als Patronin geweiht. Die kirchliche Herrschaft übte der Abt von Hornbach aus, weshalb auch alle Kirchengefälle nach Hornbach abflossen.
Zu dieser Zeit, Mitte des 12. Jahrhunderts, tauchten wieder andere Schreibweisen auf, denn in alten Pirmasenser Urkunden sollen lt. Fahr folgende Ortsbezeichnungen bestanden haben:
1150 Birmeshun (welches auch als Pirminshausen zu deuten wäre)
1170 Birmeselse und
1190 1190 Birmesegenesem.
Über Größe und Einwohnerzahl des Dorfes sagen diese Urkunden jedoch nichts aus. Das Dorf gehörte ab dem 9. Jahrhundert (bis zu Beginn des 19. Jahrhunderts) kirchlich zur Diözese Metz. In einer Biographie wird erwähnt, daß das Dorf im 11. Jahrhundert Pirminishuson geheißen haben soll, was wiederum an die von Kraus aufgestellte These erinnert.

1202 Eine sehr alte Urkunde besagt, daß im Jahr 1202 das Dorf Pirmasens ein Pfarrort mit eigener Kirche gewesen war.

1225 23 Jahre später erfahren wir wieder etwas über das Dorf, was die vorgenannte Tatsache bestätigt. „Der Bischof von Metz überträgt dem Kloster Hornbach die Pfarrverwaltung von Pirmasens mit allen Einkünften dieser Pfarrei, um die Einrichtung und Unterhaltung eines Kranken- oder Rekonvalescentenhauses im Kloster zu bestreiten."

Einer anderen Urkunde des Bischofs von Metz zufolge (25. Mai 1225), war das Dorf schon früher als 1225 im Besitz einer Kirche. Hierbei kann es sich also nur um die um das Jahr 1150 erbaute Kirche gehandelt haben.
Diese Kirche war der Stolz des Dorfes und der gesamten Umgebung überhaupt, sie war Mittelpunkt einer Seelsorge in weitem Umkreis. Aus den umliegenden Dörfern „Von Monchwiler, Rodealben, Felsalben, Lehenberg, Eisberg, Ruprechtiswiler, Abelungsborn, Didersbach, Lutinbach, Imshalben, Irmental, Zumelon und Hunscheid" kamen die Gläubigen nach „Birmasesse" zum Gottesdienst [11].

1272 Rund 50 Jahre später hatte sich der Namen des Ortes erneut geändert, denn 1272 wurde ein erster Pfarrer der hl. Juliana-Kirche in Birmensenssen erwähnt, der Kanoniker Heinrich von Birmensenssen. Andererseits soll auch der Name Birmesensen bestanden haben.
Für die darauffolgenden Jahre bestanden wieder einmal die unterschiedlichsten Schreibweisen, wie zum Beispiel
1295 birmesessen
1296 Birmesessen

1322 Im Jahr 1322 brach ein schweres Unglück über das Dorf herein, denn der ganze Stolz des Dorfes Pirmasens, seine erste und einzige Kirche, wurde durch einen Brand in Schutt und Asche gelegt.
Zwischen der Kirchengemeinde in Pirmasens und dem Abt und Konvent des Klosters Hornbach kam es wegen des Wiederaufbaus des Gotteshauses zu Mißhelligkeiten.

1327 Fünf lange Jahre dauerte es, bis höheren Orts der Streit um die Kirche in Byrmesessen geschlichtet wurde. Die sieben Schöffen, welche damals im Dorf vorhanden waren, erklärten zunächst den Abt und Konvent in Hornbach für verpflichtet, eine neue Kirche aufzubauen.
Diese aber wollten von einer Verpflichtung nichts wissen, und so mußte am 24. Februar 1327 ein Gericht zusammentreten, um eine Entscheidung zu fällen. Gräfin Agnes von Zweibrücken, zusammen mit ihrem Sohn, Graf Walzaben von Zweibrücken, sowie der Erzpriester Gerhard von Hornbach, zusammen als höchstes Gericht anzusehen, erließen unter dem besagten Datum Bescheid ergehen, nach welchem das Kloster verpflichtet wurde, „der Gemeinde Byrmesesse 24 Pfund Häller und 8 Malter Roggen zu verabreichen, den Wald zur Jagd und das Holz zum Hauen zu geben." Die Gemeinde dagegen, „das Holz auf ihre Kosten auszuführen und die Kirche für diesesmal ohne alle Hilfe des Klosters zu bauen, zu sparren, zu latten und zu decken."
Nach Errechnung der Anzahl der genannten sieben Schöffen, pro 10 Familien à 5 Personen, müßte das Dorf im Jahr 1327 ungefähr 350 Einwohner gehabt haben.
Wann die zweite, neue Kirche erstellt wurde, ist nicht bekannt, jedoch kann angenommen werden, daß noch im gleichen Jahr 1327 mit dem Wiederaufbau begonnen wurde [12].

---

[11] In diesem Zusammenhang erwähnt O. Schäfer die Schreibweise „Birmasesse", während anderen Beschreibungen zufolge der Name „Birmesensen" genannt wird. Außerdem führt Schäfer bei der Aufzählung der Orte noch mit auf: Gutenbach (zwischen Ruhbank und Lemberg gelegen) und Hohenburnen (zwischen Hombrunner Hof und Münchweiler gelegen). Hunscheid = auf der Husterhöhe gelegen, Eisberg = auf dem Eisberg zwischen Gersbach und Pirmasens gelegen. Alle Toten dieser zum Kirchspiel Pirmasens gehörenden Orte wurden auf dem Pirmasenser Friedhof hinter der Unteren Kirche bestattet.

[12] Diese neue Kirche wurde wieder zum Stolz des Dorfes. Sie sollte bis zum Jahr 1622 stehen und sodann kriegerischen Ereignissen zum Opfer fallen. Schon seit der Erbauung der ersten Kirche (1150) war der Pirmasenser Friedhof auf der Westseite, gegen die Schäfergasse zu, angelegt worden. Vergleiche auch Text aus dem Jahr 1622, Seite 23.

1334 Lt. Fahr soll in alten Urkunden über Pirmasens im Jahr 1334 die Ortsbezeichnung
1369 Birmesense vorgekommen sein, und andererseits wurde im Jahr 1369 ein Pfarrer Cuntz Frore von Birmensentz erwähnt, welcher die katholische Pfarrei übernommen hatte.

1437 Langsam kommen wir mit den verschiedenen Schreibweisen hin zur heute richtigen Ortsbezeichnung Pirmasens. Bislang war das „B" am Anfang des Namens vorherrschend, während zum ersten Male im Jahr 1437 ein Pirmeseß Erwähnung fand. Im Laufe von 100 Jahren hatte sich also eine Wandlung des Namens vollzogen, und
1468 verwunderlich ist die ab 1468 auftauchende richtige Schreibweise, die bis etwa 1490 beibehalten wird, um sodann erneut den verschiedensten Änderungen zu unterliegen.

1475 Am 24. Juni 1475 übernahm ein Pfarrer Ewhard, Pleban zu Pirmasens, die katholische Pfarrei.

1486 Das Dörfchen lag völlig abseits vom großen Weltgeschehen und fristete geradeso sein Dasein. Irgendwelche Aufzeichnungen aus dieser Zeit sind kaum vorhanden, nur einmal wurde von dem abgelegenen Pfarr- und Walddorf Pirmasens gesprochen. Das also waren die wichtigsten Dinge, mit welchen das Dorf in Zusammenhang gebracht wurde: Das Vorhandensein einer stattlichen Kirche, zu welcher es die Gläubigen aus der ganzen Umgebung hinzog, der unermeßlich große Wald, der an vielen Stellen bis ganz nahe an das Dorf heranreichte, und, was in jener anspruchslosen Zeit vielleicht von Vorteil war, die abseitige Lage, weit entfernt von allen damals wichtigen Verkehrswegen.

1489 Nur 3 Jahre später, im Jahr 1489, als ein Pfarrer Johannes Finck die Nachfolge des erwähnten Ewhard antrat, wurde der Ort wieder in seiner richtigen Schreibweise aufgeführt.
Außerdem wurde jetzt das Gebiet um Pirmasens als „die große Waldmark Hornbachs" bezeichnet und auch als St. Pirmansland erwähnt, wobei diese Bezeichnung und Schreibweise seit langer, langer Zeit wieder einmal an den hl. Pirminius erinnert, während in den vergangenen 300 Jahren aufgrund des Namens und der Schreibweise kein Zusammenhang festzustellen war.

1492 In der Pirmasenser Pfarrei, also wieder in einem kirchlichen Zusammenhang, tauchte ein Pfarrer Wentzelaus auf (er ist 1492 verstorben), und sein Nachfolger wurde ein Johannes Werner von Zweibrücken.
Bevor wir uns dem chronologischen Zeitablauf wieder zuwenden, muß man noch die verschiedensten Schreibweisen unseres Pirmasens auf alten Landkarten berücksichtigen.
Bei Durchsicht von etwa 100 alten Landkarten aus drei Jahrhunderten konnte die bemerkenswerte Feststellung getroffen werden, daß
Pirmasens, obwohl abseits von allen damals wichtigen Verkehrswegen gelegen, immerhin Erwähnung findet und
Pirmasens als Ortsbezeichnung den unterschiedlichsten Schreibweisen unterliegt:

etwa 1520	–	Pirmasens ist nicht aufgeführt, aber Zweibrüg, Dan (Dahn) und Berbelstein (Berwartstein)
um 1580	–	Pirmasens ist nicht aufgeführt, aber Rotalben u. Lenburg (Lemberg)
1635	–	Parmesens (nach Tassin)
um 1650	–	Parmesens (Stecher unbekannt)
um 1650	–	Parmesens (nach Tassin)
um 1660	–	Parmesens (nach Janßonius)
um 1670	–	Bermessens (nach Cantelli)
um 1680	–	Birmasen / Parmesens (nach Visscher)
um 1680	–	Birmasen (nach Danckerts)

um 1690 – Bermesen(s) (nach de Witt)
1690 – Bermesens (nach Cantelli)
um 1690 – Bermesens (nach Jaillot)
1696 – Birmasen (nach Nolin)
um 1700 – Birmasen (nach Delisle)
1705 – Bermesens (nach Jaillot)
um 1720 – Beronesens / Birmasen (nach Homann)
um 1760 – Birmasen (nach Robert de Vaugondy)
1771 – Birmarsen (nach Bonne)
1786 – Pirmensens (nach Güssefeld)
1787 – Permensens (nach Bonne)
1793 – Pirmasens (nach Güssefeld)
1803 – Pirmasens, auch Ferbach, Eschweiller (Höheischweiler), Hersberg (Hengsberg), Rodalwen, Clausheim (Clausen) u. Fening (Vinningen)
um 1810 – Pirmasens
um 1817 – Parmesens (nach Langlois) (aus Sammlung J. Güth)

Die Schreibweise Pirmasens taucht also, abgesehen von einigen Urkunden in den Jahren 1468 bis 1490, in alten Atlanten und Landkarten erstmals 1793 auf, zu einem sehr späten Zeitpunkt, zu welchem Pirmasens schon längst Stadt geworden war, seine Bedeutung als Residenz- und Soldatenstadt schon wieder verloren hatte und gerade dabei war, zur Bedeutungslosigkeit abzusinken.
Auffällig ist dabei, daß dieses Birmasens, Bermesens, Parmesens, usw. in einem geografischen „Leerfeld" liegt, welches von größeren und bedeutenderen Orten, wie zum Beispiel Landau, Zweibrüg, Kaiserslautern und Bitsch, umrahmt wird. Es ist also eine völlig unnatürliche und abseitige Lage, quasi in einem toten Winkel zwischen den vorgenannten Orten. Diese damals schon bestandene Tatsache wird für Pirmasens noch schwerwiegende Folgen haben.
Was die verschiedensten Schreibweisen anbelangt, so müssen diese keineswegs identisch mit den damals „richtigen" Namen des Dorfes sein. Die Stecher der damaligen Landkarten haben oftmals Ortsbezeichnungen einfach von Vorgängern übernommen oder solche nach mündlichen Überlieferungen und nach Aussprache wiedergegeben, wie zum Beispiel Rodalwen, Clausheim, Dan, usw., usw.

Hier kristallisierte sich eine Eigentümlichkeit heraus: Der Gebietsbezeichnung St. Pirmansland angepaßt, änderte sich auch der Name unseres Dorfes. 1492 wurde ein „Pirmansens" erwähnt.

1500 Acht Jahre später (1500) wurde in alten Urkunden der Name Pirmanseß aufgeführt,
1520 und als am 15. Dezember 1520 ein Pfarrer Johannes Coci von Contwegk (Contwig) die Pfarrei übernahm, kam er nach Pirmansens.

In der Folge tauchten die Ortsbezeichnungen mit kleinen Veränderungen auf, so zum Beispiel
1524 Pirmanses
1531 Pirmansens
1540 pirmaßens und
1543 Pirmansens.
Ab diesem Zeitpunkt aber erscheint die Schreibweise Pirmasens in allen Urkunden und Schriftstücken, soweit diese lokalen Charakter haben. Kleine Änderungen sind auf Unkenntnis zurückzuführen oder sie wurden falsch übernommen [13].

---

[13] Siehe auch Verzeichnis alter Landkarten Seiten 19-20. Im Atlas GERMANIAE aus dem Jahr 1735 ist der Ort mit Pirmensen aufgeführt. Die große Landgräfin gebrauchte noch 200 Jahre später in vielen ihrer Briefe die Ortsbezeichnung Pirmesenz.

1543 Am 24. August 1543 war ein Pfarrer Andreas Waffen in der Kirche Juliana zu Pirmasens tätig, und langsam werden die Aufzeichnungen über sonstige Verhältnisse zahlreicher. Noch wird es aber einige hundert Jahre dauern, bis wir Einzelheiten über damalige Vorgänge erfahren werden.

1547 Aus dem Jahr 1547 fehlen uns zwar die Angaben über die Einwohnerzahl von Pirmasens, aber wir können aus anderen Zahlen ersehen, wie klein und arm die Gegend um Pirmasens war, und nur vermuten, wie wenige Bürger in Pirmasens ansässig waren, wenn zum Beispiel

Hengsberg	ca. 25 Einwohner
Windsberg	ca. 45 Einwohner
Bottenbach	ca. 55 Einwohner und
Großsteinhausen	ca. 90 Einwohner

hatten.

1575 Unter dem Pfarrer Ulrich Frölig wurde in dem 2. Pirmasenser Kirchlein, welches um 1327 wiederaufgebaut worden war, die Reformation durchgeführt.

1581 Wieder vergingen rund 40 Jahre, damals fast ein Menschenalter, und während dieser Zeit scheint das Dorf Rodalben am schnellsten gewachsen zu sein, denn 1581 hatte es bereits 230 Einwohner, war also weitaus der größte Ort in der gesamten Umgebung. Diese stattliche Zahl von Bürgern wird das Dorf Pirmasens erst 40 Jahre später erreichen.

1589 1589 kam ein erster protestantischer Pfarrer nach dem Dorf Pirmasens. Immer noch gehörte das Land zum Machtbereich des Herzogs von Lothringen und der Grafen von Zweibrücken-Bitsch, aber es zeichnete sich langsam eine politische Veränderung ab, die für das Dorf Pirmasens von einiger Bedeutung sein wird.
Bereits im Jahr 1480 hatte ein Simon Wecker, welcher mit Else, einer Tochter des Grafen Ludwig V. von Lichtenberg, vermählt war, die Hälfte der umfangreichen Herrschaft Hanau-Lichtenberg geerbt. Seit diesem Zeitpunkt konnte sich das Bitscher Grafengeschlecht „Grafen zu Zweibrücken und Herren zu Bitsch und Lichtenberg" nennen.
Als der letzte Nachkomme dieses Geschlechts, Graf Jacob, am 22. März 1570 im Kloster Stürzelbronn für immer die Augen schloß, erlosch damit die gräfliche Linie des Hauses Zweibrücken-Bitsch. Die hauptsächlichsten Besitztümer, vorweg die beiden Herrschaften Lemberg und Bitsch, erhielt der Sohn Philipps IV., Junggraf Philipp V., zugesprochen, welcher gleichzeitig Schwiegersohn des verstorbenen Grafen Jacob gewesen war. Er hatte die einzige Tochter Ludowika Margaretha zur Frau gehabt.
Das Erbe war jedoch von drei weiteren Grafen anderer Geschlechter streitig gemacht worden, welche mit Frauen aus dem Hause Zweibrücken-Bitsch vermählt waren. Die Herrschaft Bitsch war ein Lehen des Herzogs von Lothringen, ebenso war etwa die Hälfte der Herrschaft Lemberg als Lehen beansprucht worden.
Der Haupterbe Philipp V. hatte es nicht verstanden, sein Erbe zu schützen und ordnungsgemäß zu verwalten. Allein die rücksichtslose Einführung der evangelischen Lehre nach dem Grundsatz „cuius regio eius religio" in den katholischen Gebieten machte ihm den Herzog Karl III. von Lothringen zum unerbittlichen Gegner. Damit hatten Streitigkeiten begonnen, welche hauptsächlich von Bestrebungen nach immer größerem Machtbereich geprägt waren und die jahrzehntelang das ganze Land in Mitleidenschaft ziehen sollten.
Das Augenmerk Philipps hatte sich dabei insbesondere auf die Abtei Stürzelbronn gerichtet, eine alte Gründung und Grabstätte der Herzöge von Lothringen, ja es war im Jahr 1571 sogar zu einem Überfall des Klosters gekommen, wobei Abt und Mönche gefangengesetzt worden waren. Daraufhin war Philipp seiner lothringischen Lehen für verlustig erklärt worden, und im Jahr 1572 ließ der Herzog Karl sogar

das Land besetzen. Teile dieser Truppen waren am 24. Juli auch nach dem abgelegenen Dörfchen Pirmasens gekommen.
Mit Waffengewalt konnte der gedemütigte Philipp V. seine Lande nicht zurückerobern, und sein Stolz lehnte jegliche Verhandlung ab. Die Querelen und Streitigkeiten waren bis vor das Reichsgericht in Wetzlar vorgetragen worden, damals als Rumpelkammer des Reichs betitelt. 34 Jahre lang konnte hier keine gravierende Entscheidung getroffen werden, so daß die beiden Herrschaften Bitsch und Lemberg im Besitz Lothringens verblieben.
Erst der Sohn Philipps, Graf Johann Reinhard, bemühte sich nach dem Tode seines Vaters um Frieden und Bereinigung im Lande, indem er mit dem Herzog von Lothringen zu einem Vergleich zu kommen suchte.
Diese Bemühungen waren endlich im Jahr 1604 von Erfolg gekrönt, denn es kam zu einem Vorvertrag, einer sogenannten Punktation. Jeder der beiden Kontrahenten mußte manche vermeintliche Forderung fallen lassen. Im großen und ganzen blieb der Herzog von Lothringen jedoch Sieger. Er erhielt das ganze Bitscher Land zugesprochen, soll jedoch – wovon im Vertrag keine Rede ist – 60 000 Kronen als Entschädigung an den Grafen Johann Reinhard gezahlt haben. Ferner hatte er das ganze Silbergerät auszuliefern, welches ihm bei der Besitzergreifung der Schlösser Bitsch und Lemberg in die Hände gefallen war. In hanau-lichtenbergischen Besitz gelangte „so wol Schloß Lemberg und seinem Bezirke als in den Dörfern Eppenborn, Sweigs, Trulben, Hülst, Greppen und Steinbach, dazu die zweyen alten verfallenen Häuser Klein-Arnsperg und Lützelhardt und dem Dorfe Fischbach, desgleichen in allen gegen den Schlössern Liechtenberg, Philippsburg und Lemberg zu liegenden Wäldern und Gütern samt allen ihrem Zugehör, und was darzu kommen mag (wie sie dann derenthalben mit ihren Mark- und Scheidsteinen hinfürter werden unterscheiden und von einander zerteilt werden) und soll ein Seit solcher Stein ausgestochen werden mit einem lothringischen gekrönten Creuz, die andere Seit aber mit dem Wappen, so uns Grafen angehören, und eygentumblich unserem Geschlecht allein zugehören und gebühren. Und solches alles soll geschehen darumb, damit jedermänniglichen bekannt und offenbar werde, daß das ganze Territorium oder Gebiet, welches hiehinaus Bitsch liegen wird, unseres des Herzogen Herrschaft und Gewalt zugehöre, und daß hergegen das ganze Territorium, welches anderswohinaus gegen Liechtenberg, Philippsburg und Lemberg liegen wird, gleichermaßen unserer des Grafen Herrschaft und Gewalt zugehöre."
Der Herzog von Lothringen war also bereit gewesen, das Amt Lemberg und die Dörfer Eppenbrunn, Schweix, Trulben, Hilst und Kröppen an den Grafen von Hanau-Lichtenberg abzugeben, wozu Ober- und Niedersteinbach, das Dorf Fischbach an der Sauer und die verfallenen Häuser bei Arnsperg und Lützelhardt kamen. Die Herrschaft Bitsch wußte er sich aber zu sichern.

1605 Bereits 1605 war die neue Grenze nach Lothringen hin mit insgesamt 101 Grenzsteinen ausgesteint worden. In der Anerkennung der neuen Grenzvermarkung vom 30. Dezember 1606 wird der Standpunkt jedes einzelnen Steines aufgeführt: „Alßo ist der erste neu gesetzte Marckstein uf einer Seiten mit dem lotharingischem Creutz, uf der anderen mit Hanawischen Sparren, die nicht uf dem Stein erhaben, sondern hool eingehauen, und mit der Jahreszahl ein tausend sechs hundert und fünf, wie alle andere (weilen die Stein noch verdingt, auch haben sollen gesetzt werden) gemerkt uf dem höchsten ungeforlich des Bergs bey einem Ort, da es die Bischischen das Thorlin genant, gesetzt und uff drey und zwantzig Schritt vor dem Stein zur linken, wie man dem Stein zugehet, ein zweygabelichte Eich mit Lotharingischem, in die Stein gehauen Creutz gezeichnet worden."

1606 Der eigentliche Friedensvertrag wurde am 8. Februar 1606 zu Nancy unterzeichnet, und einige kleinere Unstimmigkeiten wurden nochmals in einem Nachvertrag vom 3./13. September 1606 in Philippsburg bei Bitsch bereinigt.
Am 30. Dezember 1606 hatte die Grenzvermarkung ihre Anerkennung gefunden.

Damit war die Grafschaft Hanau-Lichtenberg in ihrer endgültigen Größe und Ausdehnung entstanden. Sie wird, einschließlich des auf deutschem Reichsboden gelegenen Amtes Lemberg und der restlichen Verzweigungen links und rechts des Rheins, bis zum Jahr 1736 im Besitz der Grafen verbleiben [14].
In diesem Zusammenhang verbleibt noch die eingetretene Glaubensspaltung in der kirchlichen Geschichte Deutschlands zu erwähnen.
Viele, allzu viele große und kleine Fürsten konnten das religiöse Bekenntnis ihrer Untertanen weitgehendst bestimmen, bzw. in einer bestimmten Richtung beeinflussen, wovon das eigensinnige Vorgehen des vorgenannten Philipp V. zeugt.
Wahrscheinlich schon zur Zeit Philipps V. war das Ende einer katholischen Pfarrei in Pirmasens gekommen. Die einzige Kirche im Dorf war in den Besitz der Neugläubigen übergegangen, und es wird einige hundert Jahre lang dauern, bis die Katholiken in Pirmasens wieder über ein eigenes Gotteshaus verfügen werden.
Zu dieser Tatsache trug die vorwiegend protestantische Konfession der Grafen von Hanau-Lichtenberg bei, wie auch die überwiegende Mehrzahl der Bewohner oder Untertanen dieses Fürstenhauses in Buchsweiler. Dabei konnte es nicht ausbleiben, daß höhergestellte Beamte, wie überhaupt einflußreiche Persönlichkeiten protestantischen Glaubensbekenntnisses, jederzeit in ihrer Laufbahn einen Vorzug erhielten.

1620 Die großen geschichtlichen und politischen Ereignisse jener Zeit gingen anfangs ohne Auswirkungen an Pirmasens und dessen näherer Umgebung vorbei. Der 30jährige Krieg (1618-1648) war ausgebrochen, gerade zu einem Zeitpunkt, als das Dorf dabei gewesen war, sich zu erholen und zu einem Hauptort in weitem Umkreis zu werden. Dafür sprach die Einwohnerzahl von ca. 230 im Jahr 1620.

1622 In der zweiten Hälfte des Jahres 1622 aber wurde die Brandfackel des fürchterlichen Kriegs auch nach Pirmasens getragen. Kriegerische Horden fielen über das arme Dörfchen her, und viele der Hütten, damals fast ausschließlich mit Stroh bedeckt, gingen in Flammen auf. Die paar armen Bewohner des Dorfes mußten meist untätig zusehen, wie ihr Hab und Gut vernichtet wurde.
Auch die zweite Pirmasenser Kirche, Ecke „Land-Strash" und „Pfarr-Gash" gelegen [15/54], fiel in Schutt und Asche. Dieses Kirchlein hatte fast 300 Jahre lang gestanden, nämlich von 1327 bis eben zum Jahr 1622.
Diejenigen Bewohner aber, welche sich den kriegerischen Horden zur Wehr setzten, um ihr weniges Eigentum zu verteidigen, trafen ganz harte Strafen, welche meistens mit dem Tode endeten. Unbeherrscht und grausam waren die Gestalten der Söldner, und jeder versuchte sich an dem armseligen Gut der Bewohner zu bereichern.
Vier Pirmasenser Bürger, welche mit einigen Beherzten zurückgeblieben waren – alle anderen Bewohner hatten die Flucht ergriffen –, um ihr Dorf in Schutz zu nehmen, waren die Leidtragenden und Opfer dieses Terrors, wie das Buchsweiler Kirchenbuch ausweist:
„Freitag, den 4. Oktober 1622, wurden Hans Seegmüller, Johannes Krämer, Hans Krämer und Jacob Jost, alle Bürger von Pirmasens, Lemburger Amts, weil sie in ihrem Dorf 4 kaiserliche Soldaten wehrlos gemacht, erschossen und erschlagen, und nachgehends darauf das Dorff von der kaiserlichen Armada teils in Brand gestecket worden, mit Urteil und Recht zum Rad und Feuer erkannt, nachgehends aber auf ihr demütiges Bitten mit dem Schwert gerichtet und auf dem Kirchhof allhier begraben, sind alle christlich und standhaft gestorben . . ."
Kaum waren die kaiserlichen Truppen abgezogen, ging man an den Wiederaufbau des zerstörten Kirchleins. Wann es fertiggeworden ist, wissen wir nicht. Der Ausbau

---

[14] Vergleiche auch Beschreibung des Hanauer Landes, Seiten 43, 194, die Landkarte Seite 173, sowie „Physische und geographische Beschreibung des zu der Grafschaft Hanau-Lichtenberg gehörigen Amts Lemberg", Seite 200 ffg.
[15] Vergleiche auch Plan aus dem Jahr 1742, Seite 53.

muß sich aber über Jahre erstreckt haben, denn immer noch herrschte Krieg, und bald schon sollten neue Durchzüge kriegerischer Horden das Dorf und überhaupt die ganze Gegend in Angst und Schrecken versetzen.

1624 Aus einem Schreiben vom 14. Oktober 1624 ist zu ersehen, daß damals die Orte Winzeln, Gersbach und Fehrbach zum Kirchspiel Pirmasens gehörten. Hier wurden auch Kollekten veranstaltet, die jedoch herzlich wenig einbrachten. Die Lemberger, welche damals ihre Begräbnisstätte in Pirmasens hatten, steuerten nichts zum Aufbau eines neuen Kirchleins bei. Gaben und Spenden aus anderen Orten des Amts Lemberg sowie aus der Grafschaft Hanau-Lichtenberg ermöglichten letztlich den Bau.
Das unterste Stockwerk wurde gemauert, und auch ein bescheidener Turm erwuchs langsam aus Steinen. Es waren drei Eingänge vorhanden, und erst nach Beendigung des 30jährigen Krieges (1648) konnte man darangehen, auch zwei Glocken aufzuhängen. Für die hanau-lichtenbergischen Beamten mußte, den damaligen Gepflogenheiten entsprechend, ein Herrschaftsstuhl eingerichtet werden.
Eine Misere, welche noch lange Zeit anhalten sollte, war damals schon der äußerst kleine Friedhof hinter der besagten Kirche. Er umfaßte lediglich 36 Quadratruten [16] und konnte wegen Platzmangels kaum vergrößert werden. Mehr und mehr mußten damals schon bei neuen Sterbefällen ältere Gräber neu belegt werden [17].
Im 17. Kriegsjahr traf die Kriegslawine, die letzten Endes halb Europa in Mitleidenschaft zog, erneut unsere arme Gegend.

1635 Nach der Niederlage der Schweden bei Nördlingen fielen im September 1634 Kaiserliche, Kroaten und viele andere Truppen in die Pfalz ein. Sie belagerten und besetzten Zweibrücken und Kaiserslautern. Soldaten, Söldner und allerlei Kriegsgefolge aus aller Herren Ländern, bunt zusammengewürfelt und durch die Strapazen dieses langen Krieges oftmals zu wahren Unmenschen geworden, fielen einfach über alles her, was in diesen Jahren der Not und des Elends noch einigermaßen begehrenswert erschien. Sie zerstörten wahllos die Hütten und Häuschen unserer sowieso schon ausgebluteten armen Gegend, und fast alle Menschen ergriffen die Flucht.
Inwieweit die Höhlen in einer nahe bei dem Dorf gelegenen engen Schlucht als Zuflucht dienten, ist nicht bekannt. Tatsache ist aber, daß diese enge und versteckte Schlucht, durch welche späterhin einmal eine Kaffeegasse führen wird, schwer aufzufinden war. Ein dichter Wald reichte bis an die Häuser des kleinen Dorfes heran. Es muß sich hier eine Zufluchtsstätte ergeben haben, denn zu Beginn des 20. Jahrhunderts wurden Reste dieser Höhlenwohnungen unter überhängenden Felsen beseitigt.

1636 Lemberg als damaliger Amtssitz und Hauptort hatte besonders schwer unter den Kriegsfolgen zu leiden. Hier stand ein schönes Schloß, dessen Befestigungswerke im Jahr 1626 allein auf 29 000 Gulden geschätzt worden waren. Dies war schon ein Anziehungspunkt für Plünderer und Marodeure, und so wurde es im Jahr 1636 von kaiserlichen Truppen zerstört. Nur noch die Grundmauern blieben von dem einstmals stolzen Bau übrig.

---

[16] Die angegebenen Maße wichen damals in den verschiedensten Ländern erheblich voneinander ab. 1 Quadratrute = 8,2 bis 25 qm, in Preußen z. B. 14,2 qm, in Sachsen 18,4 qm.

[17] Nach dem 2. Weltkrieg ergaben sich bei den Wiederaufbauarbeiten der Kirche und der ehemaligen Lateinschule erheblich viele Skelettfunde auf verhältnismäßig kleinem Platz. Sie stammten alle von dem hinter der Kirche gelegenen ersten Pirmasenser Friedhof. Sie wurden gesammelt und in einem Kellerraum des heutigen evangelischen Pfarrhauses eingemauert. Die dritte Kirche, von welcher jetzt die Rede ist, stand bis zum Jahr 1755.

Im Amtsinventar von Lemberg heißt es zum Beispiel: „Die meisten Dörfer verödet . . ., ein großer Teil der Bevölkerung vor Hunger gestorben. Großer Schaden an Gebäuden."
Und weiter kann man nachlesen: „Waß die armen underthanen anbelangt, seindt Sie nunmehr gantz fertig gemacht, daß es zu erbarmen ist."

1641 „Das Amt Lemberg wurde in der Weise entvölkert, daß der evangelische Pfarrer Christoph Feuerlein zu Pirmasens, weil beinahe gar keine Unterthanen mehr vorhanden waren, bei der Regierung in Buchsweiler seine Entlassung genommen hat. Während der Jahre 1641 und 1642 wurden in Pirmasens, wohin beinahe alle Kinder des Amtes zur Taufe gebracht wurden, 5 Kinder getauft." Laut einem alten Kirchenbuch waren die darauffolgenden Jahre auch nicht besser, denn 1643 gab es 4 Taufen, 1645 waren es nur 2 und 1646 wurden 3 Kinder in Pirmasens zur Taufe gebracht. Erst 1648 stieg die Anzahl auf 8 Geburten in allen Ortschaften des Amtes.
Ein Jahr nach dem Tode des Grafen Johann Reinhard I., also im Jahr 1641, wurde ein Amtsinventar aufgenommen, welches besagt, daß viele Dörfer verödet waren, fast alle Höfe und Mühlen „abgegangen", die Felder vernichtet und die Bevölkerung gestorben und verdorben war. An manchen Orten sei „keine lebendige Seele" mehr gewesen.
Endlich hatte auch dieser lange Krieg sein Ende gefunden. Zurückgeblieben waren eine zerstörte Landschaft und eine menschenleere Gegend. Das Reichsamt Lemberg bot sich in einem jämmerlichen Zustand dar.
Fast alle amtlichen Unterlagen, die Zeugnis über jene Jahre hätten ablegen können, waren Brandschatzungen und Plünderungen zum Opfer gefallen. Damit bestehen nur ganz wenig Auswertungsmöglichkeiten über die Vorgänge und Verhältnisse in dieser Zeit.

1661 Wie rapide die Einwohnerzahl von Pirmasens von ca. 230 im Jahr 1620 bis zum Jahr 1661, also während der Kriegs- und Nachkriegsjahre, abgefallen war, geht daraus hervor, daß jetzt nur noch 85 Bürger im Dorf ansässig waren.
Im Vergleich zu anderen Ortschaften der näheren Umgebung schnitt Pirmasens aber vergleichsweise noch gut ab, denn aus irgendwelchen Gründen hatte es die auf der Flucht Befindlichen nach Pirmasens gezogen, während Fehrbach, Ruppertsweiler, „Simpten", „Eppenbronn", Trulben und Schweix fast total ausgestorben waren. Diese Orte werden sich eines Tages wieder erholt haben, andere kleinere Siedlungen, wie zum Beispiel Hunscheid, Eisberg, usw. gingen ganz unter.

1666 Gleichsam so, als wolle das Leid und die Not überhaupt kein Ende mehr nehmen, überfiel der Schwarze Tod, die Pest, das geplagte Land und holte sich viele Opfer.

1667 Die schreckliche Krankheit war wohl mit der Grund, weshalb die Einwohnerzahl des Dorfes erneut absank, denn im Jahr 1667 waren nur noch ca. 70 Einwohner vorhanden.

1675 Aber ein Tiefststand war immer noch nicht erreicht. Jetzt gingen die ständigen Kriege Ludwigs XIV., späterhin als französische Raubkriege bezeichnet (1672-1678), nicht spurlos an Pirmasens und der Umgebung vorbei, so daß die wenigen noch stehengebliebenen Häuser und Hütten niedergebrannt wurden.

1676 In diesen unruhigen und kriegerischen Zeiten ergaben sich in ganz Deutschland und im nahen Ausland Menschenverschiebungen sondersgleichen. Vielen war die alte Heimat vernichtet oder genommen worden, so daß sie andernorts Neuansiedlungen suchten, vielleicht in einer Gegend, in welcher man einigermaßen geschützt und von den damaligen Heerstraßen weit genug entfernt war. Diese Tatsachen trafen ab jetzt und noch mehr für unsere Gegend zu, und so war es kein Wunder, wenn ab 1676 die ersten Zuwanderungen erfolgten.

1681 Pirmasens und seine nähere Umgebung waren immer noch sehr dünn besiedelt. Im Jahr 1681 gab es schätzungsweise noch 55 Bürger in unserem Dorf. Sie waren einfach mit ihrer Heimat verwachsen und hatten unter gar keinen Umständen eine Flucht ergreifen wollen.

1683 Im Jahr 1683 war das Kirchendach der nunmehr 3. Pirmasenser Kirche so stark beschädigt, daß die Zehenten des Amtes Lemberg nicht mehr auf dem Speicher gelagert werden konnten. Der Zimmermann Jean Gaberdan aus Münchweiler sowie die Tiroler Maurer Matheis Ritsch und Martin Zeug, beide also Zuwanderer, wurden beauftragt, den „Kirchenkasten" instand zu setzen.

1684 Das Gebiet der heutigen Pfalz gehörte nunmehr zum französischen Machtbereich. Es wurden wieder katholische Gottesdienste erlaubt. Da in Pirmasens keine katholische Kirche vorhanden war, wurde ein Gottesdienst in der protestantischen Kirche von einem Priester aus Rodalben abgehalten. Dadurch kam es in den Jahren 1681 bis etwa 1698 wiederholt zu Streitigkeiten zwischen Lutheranern und Katholiken. Der Chor der Kirche war das Streitobjekt, und er wurde, je nach den Strömungen der damaligen Zeit, mit wechselndem Erfolg einmal den Lutheranern, zum anderen den Katholiken zugesprochen. Der Ryswicker Frieden von 1697 machte dieser Einrichtung ein Ende. Die Kirche blieb fortan den Lutheranern vorbehalten.

1689 Im September 1689 rückten erneut französische Truppen ein und besetzten, als Folge des Pfälzischen Erbfolgekrieges (1688-1697), die Rheinlande. Unter Melac fiel die Pfalz furchtbaren Verheerungen zum Opfer. Heidelberg, Mannheim, Speyer und Worms wurden fast dem Erdboden gleichgemacht. Dieser Brandschatzung und Zerstörungswut ging wieder einmal eine Massenflucht voraus.

1691 Kein Wunder also, wenn das Dörfchen Pirmasens im Jahr 1691 auf dem besten Weg dazu war, völlig ausgelöscht zu werden. Es befanden sich nur noch 16 Bürger hier, „14 Bürger und 2 Wittwer", die ihre Heimat nicht verlassen hatten. Sie brachten den Mut und den Willen auf, weiter ihr kümmerliches Dasein in der abgelegenen Gegend zu fristen und wollten ihr geliebtes Bermesens nicht untergehen lassen.
Ihre Ausdauer sollte in nicht allzu ferner Zeit belohnt werden, obgleich sich die Ursachen dazu weit weg von Pirmasens ergaben. Ein Graf Johann Reinhard III. trat im fernabliegenden Buchsweiler die Regierung seines Landes an (1691). Schon im Jahr 1680 waren alle deutschen Besitztümer im unteren Elsaß durch die Reunionskammern der Oberhohheit des französischen Königs unterstellt worden, mithin auch die hanau-lichtenbergischen Besitzungen. Dieser Graf Johann Reinhard wird durch Geschick und glückliche Amtsführung, unterstützt durch treue und zuverlässige Beamten, alle ehemals zu seinem Geschlecht gehörigen Gebiete wieder vereinigen und die Grafschaft Hanau-Lichtenberg zur Blüte führen, wie überhaupt seine Regentschaft von großem Glück für alle Bewohner werden wird [18].
Erstmals wurde in alten Aufzeichnungen in dieser Zeit und im Dorf Pirmasens ein „Heimburger" erwähnt, gleichzusetzen mit einem Dorfvorstand.

1697 Im Jahr 1697 wurde der Sitz des Amtes Lemberg nach Pirmasens verlegt, wohl ein Anzeichen dafür, daß sich das Dorf bis dahin einigermaßen erholt hatte und in weitem Umkreis der größte Ort gewesen sein mag.

1698 Der Pfälzische Erbschaftskrieg ging zu Ende, und nun bot sich die dünnbesiedelte Gegend um Pirmasens dazu an, vielen auf der Flucht Befindlichen eine neue Heimat zu bieten, neue Siedlungen zu gründen und das Brachland endlich wieder zu bewirtschaften.

---

[18] Vergleiche auch Text von einem Besuch Goethes im Jahr 1771, Seite 147.

Vereinzelte Zuwanderungen hatten zwanzig Jahre zuvor schon begonnen, aber zum jetzigen Zeitpunkt kamen mehr und mehr Fremde in die Gegend, vor allem aus der Schweiz, aber auch aus Tirol, Vorarlberg, Lothringen und Frankreich. Darunter waren viele reformierten Bekenntnisses, was noch seine Auswirkungen haben wird.
Die Schweizer gaben sich mehr der Landwirtschaft hin, während die Tiroler mehr ihre handwerklichen Fertigkeiten ausnutzten. Besonders auf dem Bausektor hatten sie große Erfahrungen und Geschick, wie zum Beispiel als Maurer, Zimmerleute und Bauhandwerker. So ist es weiter nicht verwunderlich, wenn wir in den kommenden Jahrzehnten immer wieder auf Namen Tiroler Abstammung stoßen, wenn es sich um die Erstellung von Bauten handeln wird.
Diese Zuwanderer bauten alte und verkommene Siedlungen wieder auf oder gründeten auch neue Orte, wie zum Beispiel Höhfröschen, Salzwoog, Schauerberg und Höheischweiler noch ausgangs des 17. Jahrhunderts. Das Dorf Pirmasens profitierte einigermaßen davon, denn zum Zeitpunkt unserer Schilderungen war die Einwohnerzahl wieder auf 115 angewachsen.
In jenen Jahren entstand sogar eine „Industrie" in der Umgebung von Pirmasens, denn die Errichtung verschiedener Glashütten fiel in diese Zeit.
Von den im Dorf ansässigen Bürgern sind uns sogar einige Namen überliefert. Die Avantgardisten hießen:

Hans Adam Anstatt (e)
Marx Brenner
Adam Faul
Hanß Ebert Faul
Johann Geissers Wittib
Baltzer Glöckner
Hanß Jacob Gress
Hanß Paulus Gress
Rudolf Jentzers Wittib
Adam Knerr
Andreas Landsen Wittib
Baltzer Lang
Peter Mörssel
Hanß Pfeiffer
Hanß Jacob Schindeldecker
Christmans Selers Wittib
Hanß Jacob Sommers Wittib
Andreas Ziliox
Hanß Jacob Zitzogi

Gegenüber früheren Einwohnerlisten kann festgestellt werden, daß jetzt nur noch vier Familiennamen derer vorhanden waren. Es ist ein Zeichen dafür, welch große Menschenbewegungen damals vonstatten gegangen waren. Außerdem sind die vielen Wittibs typisch für die vergangenen Kriegszeiten, welche viele Opfer gefordert hatten.

1698 Nach wie vor war der Heimburger Dorfvorstand, welcher in einem „Pirmasenser Weistum", einem Weisungsbuch für einen Heimburger über Pflichten, Aufgaben, Wahl und Amtshandlungen, im Jahr 1698 erneut Erwähnung fand.
Zum ersten Mal ist in dem „Pirmasenser Weistum" auch von einem Rathaus die Rede (in Art. 23), welches hinter der unteren Kirche gelegen war, in Nähe der Ecke Pfarr- und Schäfergasse. Späterhin, nachdem in 76 Jahren ein neues Rathaus fertig sein wird, diente dieses erste Pirmasenser Rathaus sodann als Gefängnis.

1713 Aus diesem Jahr gibt es Überlieferungen, welche besagen, daß die bis zu diesem Zeitpunkt einzige Kirche [19] erneut reparaturbedürftig war. Der Fehrbacher Maurer Leonhard Jennewein mußte einen neuen Boden darin verlegen.
Gleichzeitig wurde das Innere der Kirche ausgeweißelt, und „für das Weibervolk" wurde neues Gestühl geschaffen. Da die Kirche sodann in neuem Glanz erstrahlen sollte und sie zur damaligen Zeit das repräsentativste Gebäude im ganzen Dorf war, wurden sogar einige Gemälde mit kirchlichen Motiven angeschafft.

---

[19] Wir bezeichnen sie als erste Pirmasenser Kirche, welche an der Ecke Hauptstraße/Pfarrgasse gelegen war. Hier entstand später die Hof- und Garnisonskirche.

1714 Auch ein Wirtshaus war im Dorf schon vorhanden, denn sowohl 1695 als auch 1715 wurde ein Georg Adam Faul als „Hirschwirth“ benannt. Die Verhältnisse hatten sich einigermaßen gebessert, und die Zuwanderungen hielten nach wie vor an. In unmittelbarer Nachbarschaft wurde 1714 der Ort Petersberg gegründet.
Schon kamen zwei weitere Wirtschaften in Pirmasens hinzu, und in der Folge spielen diese beliebten Einrichtungen eine sehr wichtige Rolle. Sowohl in dem zukünftigen Soldatendorf, in der späteren Soldatenstadt, als auch in der noch späteren Industriestadt wird es so viele Wirtschaften geben, wie sie anzahlmäßig anderswo nicht so leicht vorzufinden sein werden.

1715 In den Jahren 1715 und 1716 war Johann Adam Anstett Wirt „Zum Grünen Baum“, und 1715 war Johann Eberhard Faul Besitzer der Wirtschaft „Zum Löwen“.

In jenen Jahren soll auch eine Art „Postversorgungslinie“ das Dorf berührt haben, jedoch bestanden für die Abwicklung keine offiziellen Einrichtungen. Irgendwelche postalischen Belege, die auf eine Briefversorgung zur damaligen Zeit hinweisen, sind bis zum heutigen Tage nicht bekannt geworden.
Denkbar wäre aber, daß ein „Postreiter“ auf seinem Versorgungsritt von Zweibrükken nach Bergzabern durch das Dorf gekommen ist und ganz vereinzelte Briefe angenommen bzw. abgeliefert hat. Die Versorgungslinie zwischen den beiden genannten Orten, zwischen denen verwandtschaftliche Verbindungen bestanden, lief über Pirmasens, zur damaligen Zeit entlang der „Land-Strash“ (spätere und heutige Hauptstraße). Diese Straße lag, wie die Bezeichnung schon ausdrückt, damals noch außerhalb des kleinen Dorfes, beziehungsweise führte an ihm vorbei.

Ganz sicher war Pirmasens in jener Zeit ein reines Bauerndorf, in welchem hauptsächlich Landwirtschaft und Viehzucht betrieben wurden, um überhaupt existieren zu können. Einige wenige Handwerker waren vor allem in die nähere Umgebung des Dorfes zugezogen, und in ganz bescheidenem Rahmen konnten sie ihren Beruf ausüben.

So verlief das Leben und Treiben in dem abgelegenen Dörfchen Pirmasens eintönig, und nichts, aber auch gar nichts deutete darauf hin, daß das Dorf, zu welchem kaum Verkehrswege hinführten, welches abseits in der Einsamkeit des unermeßlich großen Waldgebietes gerade so sein Dasein fristete, ganz langsam zu einem zentralen Punkt herrschaftlicher Gebietseinteilungen, gepaart mit dem Eigensinn eines Landesfürsten, werden sollte.
Für das Dorf Pirmasens und seine wenigen Einwohner kam sozusagen eine Sternstunde.

2. Kapitel

1721-1790 – Die Soldatenstadt

Das Jagdschlößchen Graf Reinhards III. – Eine Fischzucht im Dorf – Beschreibung des Hanauer Landes – Der Familienstammbaum des Erbprinzen Ludwig – Die Erbfolge der Grafschaft Hanau-Lichtenberg – Besuch des Erbprinzen in Pirmasens – Die Ausbildung des Erbprinzen – Zusammenstellung der ersten Truppen in Bärenthal – Garnisonsgründung in Pirmasens – Das Wachsen des Dorfes und der Soldatenkolonie – Die Ausbaupläne – Das Haseneckgut – Der „Religionskrieg" in Pirmasens – Der Ausbau zur Soldatenstadt – Die Errichtung militärischer Zweckbauten – Die Pirmasenser Stadtmauer – Ernennung zur Stadt – Die Stadtprivilegien – Regierungsübernahme der hessischen Lande – Landgraf Ludwig IX. – Das große Exerzierhaus – Die Einrichtungen und das Leben in der Soldatenkolonie – Die russische Reise der Landgräfin nach St. Petersburg – Die Gewerbetreibenden in der Soldatenstadt – Reiseberichte aus der Militärkolonie – Die Stadt auf ihrem Höhepunkt – Der 70. Geburtstag des Stadtgründers – Beschreibung des „teutschen Theils der Grafschaft Hanau-Lichtenberg" – Tod des Landgrafen und Bestattung in der Garnisonskirche – Das Ende einer Epoche.

Die hanau-lichtenbergische Herrschaft mit Sitz in Buchsweiler streckte ihre Interessen mehr und mehr auf das wald- und wildreiche Gebiet um Pirmasens aus. Hier in dieser abgelegenen Gegend lohnte sich die Jagd besonders [20], und so war es weiter nicht verwunderlich, daß Graf Reinhard III., der letzte Graf von Hanau-Lichtenberg, in Pirmasens ein bescheidenes Jagdschlößchen errichten ließ, „weil die Gegend für die Jagd sich eignete", wie es in einem alten Akt heißt.
Dieses Jagdschlößchen, welches einzigartige Nachwirkungen mit sich bringen sollte, war sodann der einzige Anziehungspunkt weit und breit.
Als dieses Schlößchen erbaut werden sollte, wurden Tiroler Bauhandwerker, welche sich seit nunmehr 50 Jahren ständig in der Umgebung von Pirmasens angesiedelt hatten, zur Ausführung des Baues herangezogen.

1720 Allerhöchste Anordnungen gingen von der Verwaltung in Buchsweiler aus, und die Bauaufsicht wurde in Pirmasens dem Baumeister Johann Jennewein, welcher ebenfalls aus Tirol stammte, übertragen. Am 20. Mai 1720 wurde der Grundstein gelegt, und bereits ein Jahr später konnte Graf Reinhard anläßlich eines Aufenthaltes in dem Schlößchen wohnen [21].
Sowohl über die Größe des Baues als auch über den genauen Standpunkt desselben ergeben sich die unterschiedlichsten Beschreibungen. Einmal erfolgt in späteren Jahren sogar der Hinweis, daß es sich um ein geräumiges Jagdschloß mit Nebengebäuden und einem Ziergarten gehandelt haben soll, welches am Eingang des Ortes lag. Andererseits wurde schon behauptet, das Jagdschlößchen habe an dem Platz gestanden, an welchem später das herrschaftliche Schloß erbaut werden wird. Irgendwelche Zeichnungen des Gebäudes sind nicht vorhanden.
Nach den damaligen örtlichen Verhältnissen zu urteilen, kann es sich nur um ein bescheidenes Jagdschlößchen gehandelt haben, welches zwischen der späteren

---

[20] Vgl. auch „Beschreibung des teutschen Theils der Grafschaft Hanau-Lichtenberg", S. 43 u. 200.

[21] Lt. Weiss soll dieses Schlößchen schon 1712 erbaut worden sein. In einem geschichtlichen Rückblick aus dem Jahr 1895 wird erwähnt, daß Johann Reinhard II. (soll III. heißen) schon 1709 bis 1712 ein Jagdschloß in Pirmasens erbaut hat. Von O. Schäfer wurde das genaue Datum 20. Mai 1720 belegt. In den Ausgabelisten für Bauwerkzeuge zur Errichtung des Gebäudes erscheinen folgende Namen: Jennewein, Ernewein, Valentin Schmidt, Schaffer, Conrad Schneider, Daniel Schneider. Vornehmlich hatten sich diese, meist Tiroler Abstammung, im nahen Fehrbach niedergelassen, dessen Bewohner noch lange Jahre im Volksmund als „Tiroler" bezeichnet wurden. Auch die Rodalbener Kirche wurde vornehmlich von Tiroler Handwerkern erstellt.

Kloster- und Löwenbrunnerstraße lag und zwar an der Stelle, an welcher später das Exerzierhaus und noch später die Pirminiuskirche zu stehen kommen sollten.
Dieser Platz lag damals noch weit außerhalb des Dorfes. Nur in den tiefer gelegenen Stellen, um den Wedebrunnen herum, standen die wenigen Häuschen und Hütten der Dorfbewohner. Gegen den Berg Horeb zu reichte der Wald bis an die ersten Häuser des Dorfes heran.
Nur ab und zu, vielleicht ein- oder zweimal im Jahr, kam die Hohe Herrschaft zur Jagd nach Pirmasens, und dies war schon ein besonderes Ereignis für die in keiner Weise verwöhnten Einwohner [22].
Ein „Heimburger" war nach wie vor Dorfvorstand, denn 1720 wird ein solcher erneut erwähnt.
Er wurde von der Bürgerschaft gewählt, und sein jeweiliger Vorgänger hatte ihn bei allen Amtsgeschäften zu unterstützen. Beide zusammen besuchten turnusmäßig alle Häuser im Dorf, um unter anderem auch das Vieh zu zählen. Danach richtete sich der zu zahlende Hirtenlohn und die jährlichen Akzisen an die Herrschaft in Buchsweiler [23].
Zu Stephani hatte der Heimburger auch das Weggeld zu versteigern, wohl eine der spärlichen Einnahmen für das Dorf. Kurzum, der Heimburger hatte für Zucht und Ordnung zu sorgen.
Die Bürger ernährten sich hauptsächlich und fast ausschließlich von der Landwirtschaft. Dabei bot eine Abwechslung in Form von Fischen eine willkommene Bereicherung. Nur dadurch ist erklärbar, daß sich viele Bürger mit einer Fischzucht befaßten.

1722 Im Einshalber Tal und einigen Nebentälern wurden die Wasser gestaut und zahlreiche Weiher angelegt. Im Jahr 1722 sollen in dieser Gegend insgesamt 13 Fischweiher oder -wooge bestanden haben, während anderen Unterlagen zufolge 14 Weiher bestanden haben, was wohl auch richtig ist [24].
Zwei Fischwooge sollen der Gnädigen Herrschaft in Buchsweiler gehört haben. Sie lagen in der Spesbach und waren mit ein Anziehungspunkt neben der Jagd nach dem Wildbret.
Der hanau-lichtenbergische Amtsschaffner Friedrich David Fleischmann besaß sogar vier Fischweiher:
den Freyherren Woog (zwischen Einshalber Mühle und Rödelschachen gelegen)
den Demptenweyher (zwischen Haseneck und Einshalber Berg gelegen)
einen Weyher zwischen Glasberg und Münchweiler Weg
einen Weyher in der Hickmannsdell.
Ein Oberförster Pfersdorf [25] nannte gleich zwei „Weyher" sein eigen:
einen im Wörther Bruch (am Rödelschachen gelegen);
einen zwischen Glasberg und Münchweilerer Weg.
Aber auch einige Pirmasenser Bürger besaßen einen eigenen Fischweiher, so zum Beispiel Johann Eberhard Faul den „Wehner Weyher" (zwischen Rödelschachen und Adamsdell) und ein Adam Knörr, Heinrich Glöckner, Marx Glöckner, Friedrich

---

[22] Vergleiche auch Text „Physische und geographische Beschreibung des zu der Grafschaft Hanau-Lichtenberg gehörigen Amts Lemberg", Seite 200.
[23] Vergleiche auch „Physische und geographische Beschreibung des zu der Grafschaft Hanau-Lichtenberg gehörigen Amts Lemberg", Seite 200.
[24] Siehe auch Lageplan der Weiher, gegenüberliegende Abbildung.
[25] Hier handelt es sich um den landgräflichen Beamten Johann Gebhard Pfersdorff, welcher zuerst Oberförsterei-Adjunktus und dann Oberjägermeister im ehemaligen Reichsamte Lemberg war. Ein Onkel von ihm, Christian Pfersdorff, diente unter dem Landgrafen. In der landgräflichen Offiziersliste: Pfersdorf Christian, 1749 Leutnant (1750 landgräflicher Thorschreiber), 1759 Kapitän, 1769 Major, Todesjahr 1771. Johann Gebhard Pfersdorf(f) war ein vermögender Mann. Bei seinem Tode hinterließ er ein Vermögen von 22 000 fl. Sein Grabstein ist erhalten geblieben und steht heute im Heimatmuseum.

Siedlung am Sommerwald
Am Sommerwald
In den Birken
In den Tannen
Am Steinbruch
Sportplatz
Lamsbacher Tal
Lambsbach
366,3
Schießstand
Am Häusel
Krumme Steig
Markus-Kirche
Evang. Kinderg.
Schule Am Sommerwald
Fumbach
Fumbachtal
In den Eichen
Unterer Sommerwaldweg
Am Mittelbrunnchen
Landratsamt
Zigeunerfelsen
Waldfriedhof
Haseneck
Haseneckstr.
Tennisplatz
Dankelsbach
Rückhaltebecken
Zeppelinstraße
Parkanlage
In der Atzelbach
Einshalber Tal
Glasberg
Gebrochene Fels
Luitpoldfelsen
Strobelallee
Gefällerweg
Rudolf-Diesel-Str.
Albert-Einstein-Str.
Albert-Schweitzer-Str.
Terrassenweg
Wilhelm-Röntgen-Str.
Werner-v.-Siemens-Str.
Forstamt Nord u. Süd
Am Rauschenbrunnen
329,6
Rödelschachen
Kugelfelsen
494,1
Waltharibrünnchen
Am Hannchen
Minigolfplatz
Landauer Straße
Eisweiher
Staatsforst Pirmasens
zum Forsthaus
Gesundheitsamt
Pettenkoferstraße
Feuerwache
Krankenhaus
Stadtbad
Neusprachl. Gymnasium
Fahrsche Wald
401,7
Mordloch
Sportplatz
Geisenfelsen
Am Kiesweg
Schule des Schuheinzelhandelsverband
Adolf-Ludwig-Ring
Sportplatz
328,0
Windighöhe
Fernsehumsetzer
Lemberger Straße
Sengelsberg
419,6
Ruhbank
Hangstr.
Kanzelstraße
Friedhof
Beckenhofer Str.
Friedenskirche
Sengelsbergstr.
Poststelle
Volksschule Ruhbank
Wasgaustraße
1
2
3
4
5
6
7
8
9
10
11
12
13
14

Sommer und Marx Brenners Wittib befaßten sich ebenfalls mit der Fischzucht. Ein altes Pirmasenser Bannbuch berichtigt einige dieser Tatsachen und gibt Aufschluß darüber, wo die einzelnen Weiher gelegen waren.
Zunächst soll es sich nicht um 13, sondern tatsächlich um 14 Weiher gehandelt haben, welche in diesem wasserreichen Talgebiet gelegen waren und von welchen noch zwei Zeugen heute vorhanden sind, wenngleich sie später angelegt wurden: der Eisweiher und der kleine Weiher in der Atzelbach.
Alle anderen Weiher waren schon vor 1780 aufgelassen und in Wiesen umgewandelt worden, denn in der aufstrebenden Stadt brauchten sich die Einwohner der Fischzucht nicht mehr zu widmen.
In der Spesbach, oberhalb des Eisweihers, lagen zwei herrschaftliche Fischweiher, jeder etwas größer als ein Morgen. Sie wurden auch „Spößbacher Weyher" genannt. An sie erinnert heute noch die Gewannenbezeichnung „Am roten Weiher". Ein dritter Weiher lag im „Wörther Bruch", in der Talsenke zwischen Landauer Straße und Fahrschen Wald. Heute führt hier die neue Straße „Am Kiesweg" entlang. Der Weiher war ein Morgen groß und gehörte dem Oberförster Pfersdorf. Einige Jahre später wurde der „Weyher" an einen Georg Nickel Weiß verkauft.
Unterhalb des Kugelfelsens, kurz vor der Einmüdung der Adamsdell, lag der „Wehner-Weyher", der fast zwei Morgen groß war. Die vorgenannte Lageangabe stimmt in diesem Fall überein, denn „Rödelschachen" heißt das große Waldgebiet am Kugelfelsen. Allerdings hatte Faul diesen Weiher in Gemeinschaft mit einem Jacob Hauck.
Unterhalb der Adamsdell mündet das Rauschenbrunnen-Tälchen in das Einshalber Tal. Einstmals hieß es „In der Erkelsbach". Hier lagen zwei kleinere Weiher. Die Begrenzung des oberen Weihers wird im Bannbuch folgendermaßen beschrieben: „einseits grenzt der Weyher an das Gebüg (so nannte man früher die Lage gegen den Horeb zu), die zweit Seit an Henchen-Berg (Erhebung zwischen Adamsdell und Rauschenbrunnen), oben an Marx Glöckners Wies, unten an Engelhard Heilbronns Wies." Besitzer des oberen Weihers war Heinrich Glöckner, welcher den Weiher später an Eberhard Faul verkaufte. Am Ausgang des Tälchens lag noch ein zweiter kleinerer Weiher, der ebenfalls Faul gehörte.
Der größte aller Weiher war der Freiherrenwoog, welcher im Einshalber Tal an der Einmüdung der Dankelsbach lag. Er hatte mehr als 3 Morgen Größe. Seine Nutznießung fiel dem Amtsschaffner Fleischmann zu.
Im Tal der Dankelsbach lagen gleich fünf kleinere Weiher. Unterhalb des später erbauten Rheinberger-Altersheims lag ein kleiner Weiher, welcher von der Amtsschaffnei an die verschiedensten Pächter vermietet wurde. Gegenüber in der Atzelbach lagen drei kleine Weiher, welche vom Atzelbrunnen gespeist wurden, dessen Wasser heute noch in einem kleinen Weiher im vereinseigenen Gehege der Vogelfreunde gesammelt werden.
Unterhalb des heutigen Rückhaltebeckens in der Gemarkung „In der Frühwies" lag der letzte der fünf Weiher, welcher sehr oft seine Besitzer wechselte.
Die letzten beiden Weiher, der „Schmalbach-Weyher" und der Weiher „an Kellers Wies" lagen im Einshalber Tal, ungefähr in Nähe des heutigen Waldfriedhofes. Nächst dem Freiherren-Woog und dem „Wehner-Weyher" waren sie mit die größten der insgesamt 14 Weiher.
In einer topographischen Bodenerhebung aus dem Jahr 1816 sind die Weiher nicht mehr aufgeführt.

1722 Die Einwohnerzahl in dem Dörfchen Pirmasens war nunmehr wieder auf ca. 250 angestiegen und hatte damit die Zahl von vor über 100 Jahren erreicht, ja sogar überschritten. Einige Familiennamen aus dem Jahr 1698 tauchen noch auf, viele andere waren dazugekommen:

Hanß Adam Anstett	Jacob Bohrer
Hanß Jacob Anstett	Marx Brenners Wittib

Conrad Daugenhauer
Daniel Daugenhauer
Nickel Daugenhauer
Caspar Deutschmann
Adam Georg Faul
Hanß Georg Faul
Hanß Georg Faul junior
Johann Eberhard Faul
Johann Nickel Geissner
Conrad Gentzer
Georg Gentzer
Hanß Georg Gentzer
Jacob Guth
Engelhard Heilbru(o)nn
Hanß Adam Helffrich
Barthel Jesserang
Michael Klade
Heinrich Klöckner
Marx Klöckners Frau
Adam Knörr
Hanß Jacob Kreiss
Hanß Jacob Kressen Wittib
Jacob Kress
Jacob Kress junior
Theodorus Kress
Hanß Jacob Lantz
Johann Morgenthaler
Joseph Mörsel
Mörselsche Erben
Andreß Pfeiffer
Hanß Pfeiffer
Theodorus Pfeiffer
Johann Nickel Schäffer
Wilhelm Schäffer
Valentin Schneider
Heinrich Scholl
Jacob Siegrist
Friedrich Sommer
Sommerische Erben
Hanß Jacob Sommer
Nikolaus Wallmer
Georg Weiss
Andreß Ziliox
Hanß Jacob Ziliox Erben
Zitzockische Erben

Hierbei handelte es sich offensichtlich nur um Bürger, welche Besitz aufweisen konnten, sei es an Gebäuden oder aber auch an Liegenschaften.

1722 Erneut wurde im Jahr 1722 das Rathaus in Pirmasens erwähnt. Von allen anderen Einrichtungen der Verwaltung, von Rechten und Pflichten der Untertanen oder von der Gerichtsbarkeit war aber nicht die Rede. Daher ist wohl anzunehmen, daß eine Gerichtsbarkeit der Hohen Herrschaft obgelegen hatte, so auch die Entscheidung und ein Urteil über Leben und Tod.

Zu jener Zeit geschahen die Hinrichtungen der zum Hängen Verurteilten allgemein und meistens außerhalb von Städten und Orten, meist an belebten Straßen, um den Vorübereilenden als Abschreckung zu dienen.

Urteilsvollstreckungen durch den Strang hat es in Pirmasens nicht viele gegeben, wie wir noch erfahren werden. Bis zum heutigen Zeitpunkt ist nur ein einziges Dokument bekanntgeworden, welches eine Hinrichtung bezeugt [26]. Darüber hinaus wurde eine zweite Hinrichtung mit aller Wahrscheinlichkeit in der späteren Soldatenstadt vollzogen, da einige Aufzeichnungen über diesen Vorgang bestehen. Auch darauf wird noch näher eingegangen werden [27].

Inwieweit Hängungsurteile vor dem Zeitpunkt dieser Schilderungen erfolgten, ist überhaupt nicht bekannt. Jedenfalls bestanden schon die Gewannennamen „Oben am Galgen", „beym Galgen" und „Im Galgen Garthen". Diese Gewannen lagen auf der Husterhöhe, und hier führte ein wichtiger Verbindungsweg, von Fehrbach kommend und nach Münchweiler führend, vorbei. Im weiteren Verlauf führte der Weg an den „Feldt-Äcker oben an der alten Henchen-Gash vor dem alten Galgen" entlang.

In dem kleinen Dörfchen ging es immer noch geruhsam zu. Die Einwohnerzahl unterlag nur ganz geringen Schwankungen. Abwechslung gab es höchst selten und nur dann, wenn die Hohe Herrschaft aus Buchsweiler, ein- oder zweimal im Jahr, zur Jagd hierher kam.

---

[26] Vergleiche auch Dokumente Seite 120/121.
[27] Vergleiche auch Text Seite 143.

1724 Ab 1724 kamen weitere Wirtschaften in Pirmasens hinzu: 1724 war Johann Georg
1728 Faul „Adler-Wirth", 1725 und 1726 war Hanß Georg Faul „Cronen-Wirth" und 1728 übernahm ein Georg Ohr die Wirtschaft „Zur Sonne". Dies waren also die wichtigsten Ereignisse im Dorfgeschehen, denn solche beliebten Einrichtungen wurden schriftlich festgehalten, während uns andere Überlieferungen, soweit sie das Leben und Treiben betrafen, nicht bekanntgeworden sind.

1730 Um 1730 kam etwas Leben in die Eintönigkeit, denn Zuwanderungen müssen nach wie vor erfolgt sein. Es wurden erneut einige Orte in der unmittelbaren Umgebung von Pirmasens ins Leben gerufen, nämlich Harsberg (1731), Obersimten (1740) und die Glashütte im Jahr 1730 [28].

1735 wohnten im Dorf Pirmasens 225 Bürger in 20 ein- und 18 zweistöckigen Häusern, und in dieser Form bot sich das Dorf dar, als wieder einmal ein Besuch der Hohen Herrschaft aus Buchsweiler erfolgte, dieses Mal allerdings in Begleitung eines jungen Erbprinzen namens Ludwig.

Der Eindruck, welchen die Waldgegend und das Dörfchen Pirmasens bei dem Prinzen hinterlassen hatte, muß wohl sehr nachhaltig gewesen sein, denn einmal dagewesen, zog es ihn immer wieder zurück. Es folgten mehr und mehr Besuche und in jenen Jahren muß wohl auch der Entschluß gereift sein, eines Tages sogar den Wohnsitz nach hier zu verlegen. Für das arme Dorf Pirmasens aber wird diese Tatsache ungeahnte Folgen haben und es innerhalb kurzer Zeit aus seinem Schattendasein herausführen, zu welchem es angesichts seiner abgeschiedenen Lage für alle Zeit verurteilt schien.

Rückschauend kann gesagt werden, daß schon einige Zufälle zusammentrafen: Sowohl die örtlichen Verhältnisse, als auch der Charakter eines Menschen trafen ideal aufeinander. Der Zufall führte den Prinzen, bedingt durch verwandtschaftliche Verhältnisse, den weiten Weg von Darmstadt nach Buchsweiler und von hier aus, wegen eines bescheidenen Jagdschlößchens, nach dem Dorf Pirmasens.

*

Zunächst muß man sich aber mit der Person dieses Prinzen Ludwig näher befassen. Ludwig wurde am 15. Dezember 1719 im Schlosse zu Darmstadt geboren. Er war der älteste Sohn des damaligen hessischen Erbprinzen und nachmaligen Landgrafen Ludwig VIII. und der aus Buchsweiler im Elsaß stammenden Gräfin Charlotte Christine Magdalena Johanna, der einzigen Tochter Johann Reinhards III., des letzten elsässischen Grafen von Hanau-Lichtenberg und dessen Gemahlin Dorothea Friederike, einer geborenen Prinzessin von Brandenburg-Ansbach.

Später wurden dem Erbprinzen von Hessen-Darmstadt und späteren Landgrafen Ludwig VIII. noch zwei weitere Söhne geboren, nämlich die Prinzen Georg Wilhelm (1722) und Friedrich (1726).

Unser Prinz Ludwig, der Erstgeborene, verlebte die Jahre seiner Kindheit in dem stillen Darmstadt und dessen schöner Umgebung. Sein Großvater väterlicherseits, der regierende Landgraf Ernst Ludwig, legte größten Wert auf eine sorgfältige Erziehung seiner drei Enkelkinder. Er war kein Freund der damals an den meisten deutschen Fürstenhöfen herrschenden französischen Manier und beschloß, die drei jungen Prinzen nach deutscher Art und Sitte erziehen zu lassen.

Anfänglich hatte ein Johann Jakob Wieger aus Straßburg die Erziehung in Händen. Abgelöst wurde er von dem Prorektor des darmstädtischen Pädagogiums Hagebusch und einem Kandidaten Lentz, wie diese wiederum von dem Konsistorialrat und Hofprediger Mizenius und einem Hofrat Koch.

Prinz Ludwig verlor seine Mutter, als er sieben Jahre alt war. Sie starb am 1. 7. 1726. Die verwandtschaftlichen Bindungen zu Buchsweiler waren eng, und zweimal weilten die hessischen Prinzen für längere Zeit dort, wo Graf Reinhard III. seine

---

[28] Vergleiche auch Fußnote 144.

ständige Residenz hatte. Einen Beweis seiner treuen Anhänglichkeit gab der elsässische Großvater seinen Enkeln dadurch, daß er dem ältesten Prinzen Ludwig die Nachfolge in der Grafschaft Hanau-Lichtenberg und in dem hanau-münzenbergischen Amte Babenhausen in der Wetterau zu sichern suchte und ihnen die „Mobiliarverlassenschaft" testamentarisch vermachte.
Die Erziehung Ludwigs in Darmstadt war selbstverständlich auch militärisch vollzogen worden. So machte ihn sein hessischer Großvater im Jahr 1733 zum Obristen [29] im Regiment Schrautenbach, und 1737 erhielt Ludwig bereits seine erste Kompagnie in diesem Regiment zugeteilt. Solche Rangvergaben in jungen Jahren waren damals gang und gäbe.

1736 Am 28. März 1736 verstarb Graf Johann Reinhard III., der letzte männliche Nachkomme des hanau-lichtenbergischen Hauses und Großvater des Erbprinzen Ludwig mütterlicherseits.
Der König von Frankreich, Ludwig XV., legte der Besitzergreifung des Hanauer Landes durch den Landgrafen von Hessen-Darmstadt, dem nächsten Anverwandten des verstorbenen Grafen, keine Hindernisse in den Weg.

In dieser Form bestand das Wappen der Grafen von Hanau-Lichtenberg beim Tode Reinhards III. (gestorben 1736). Im Prinzip war es schon ab 1570 entstanden. Links oben sind die Dachsparren als Zeichen von Hanau zu erkennen und links unten der Löwe als Wappentier von Lichtenberg. Rechts oben steht der „Zweibrücker Löwe", während darunter die beiden Dachsparren das Wappen des Besitztums Ochsenstein darstellen. Damit wird das Wappenzeichen von Bitsch in der Mitte umrahmt, und über allem thront ein Schwan, welcher – zusammen mit den abgeknickten Dachsparren – das Urwappen der Grafen von Hanau-Lichtenberg darstellte.

---

[29] Obrist = Obrister = Oberster, Oberst.

NAchdeme man wahrgenommen und observiret, daß bis anhero unter denjenigen Brieffen, so von hier nacher Cussel, Meisenheim, Stadecken, Maynß, desgleichen Anweyler, Bergzabern, Weisenburg wie nicht weniger Saarbrücken Saarlouis und der Orthen, abgangen, gantz kein Unterscheid gemacht und nicht distinguiret worden, ob solches einfache oder doppelte Brieffe, schwere Paqueter, und dergleichen gewesen, gleichwohlen auff allen andern Posten, sowohl inn- als ausser dem Reich bey dergleichen, wie an sich billich, nach der Grösse und Schwere ein Unterscheid gemacht, und nach solchen das Porto regulirt zu werden pfleget, und Serenissimæ Regentis Hochfürstliche Durchleucht dannenhero gnädigst vor gut befunden, daß es deßfalls künfftighin auff den Fuß, wie in anliegender Tabell entworffen, gehalten werden solle; Als wird dem Postmeister Johann Mengert allhier, dieselbe hiermit, mit dem weitern Befehl, nachrichtlich zugeschicket, nach derselben künfftighin das Post-Geld zu erheben und zu verrechnen, zu welchem Ende Er Mengert ohngesäumt gegen 50. Exemplarien zu drucken, und einige davon zur Hochfürstlichen Rent-Cammer einzugeben, in dem Post-Hauß, auch wo sonsten die Brieffe niedergelegt und wieder abgeholt werden, in conformität der bereits ergangenen Verordnungen, zu eines jeden so mehrern Sicherheit und Verhütung alles Unterschleiffs, bey Fünff Reichs-Thaler Straff anzuschlagen, auch Selbige hier und da zu distribuiren hat. Wie dann auch hiebey die Verordnung wiederholet wird, daß ein jeder sein zu erlegendes Brieff-Porto alsbald richtig zahle, und der Postmeister nicht obligirt seyn solle, deßfalls ein oder andern Credit zu geben; Wornach dann also jede Particuliers, sie seyn welche sie wollen, sich gebührend zu richten haben. Welches also zu beschehen man sich verlässt. Zweybrücken den den 13. Febr. 1739.

Zur Hochfürstlich-Pfaltz-Zweybrückischen Rent-Cammer gnädigst verordnete Præsident, Director, und Räthe

von Wreden. Bettinger.

Neufassung einer Posttaxenordnung der „Hochfürstlich-Pfaltz-Zweybrückischen Rent-Cammer" vom 7. April 1739, in welcher Pirmasens überhaupt erstmals in diesem Zusammenhang erwähnt wird. Damals sollen zwei Postlinien bestanden haben: Zweibrücken-Kusel-Meisenheim-Mainz und Zweibrücken-Pirmasens-Salzwoog-Bergzabern und weiter nach Weißenburg. Hier ergaben sich verwandtschaftliche Zusammenhänge, die eine Nachrichtenübermittlung notwendig machten. Das Dorf Pirmasens war zur damaligen Zeit zu unbedeutend, um eine eigene „Postexpedition" zu erhalten. Es wurde lediglich von einer Art „Landpostlinie" berührt, welche lt. Vertrag aus dem Jahr 1741 von der Thurn-und-Taxis'schen Postverwaltung übernommen wurde. Wahrscheinlich wurde diese schon kurze Zeit später von einer Neuregelung im herrschaftlichen Sinne abgelöst. Immerhin ist aus dem Dokument zu ersehen, daß „Zweybrücken" damals schon, im postalischen Sinne, ein sehr wichtiger Ort war. Es ist weiterhin daraus erkennbar, daß ein Hauptverkehr über Offenbach nach Meisenheim verlief, und über Saarbrücken nach Saarlouis.

Die hessischen Prinzen zog es immer wieder vom darmstädtischen Hofe weg, nach dem idyllisch gelegenen Buchsweiler. Hier genossen sie mehr Freiheiten, und die Exkursionen im hanau-lichtenbergischen Lande, mit seinen unermeßlich großen Wäldern, hatten es ihnen besonders angetan. Aber speziell auch die Gegend um Pirmasens mit ihrem Waldreichtum verfehlte ihre besondere Anziehungskraft nicht.

1739 Was das Dörfchen Pirmasens betraf, so hatte sich inzwischen noch nicht allzuviel geändert. 1739 fand es erstmals in einer gedruckten Posttaxenordnung Erwähnung [35].

---

[35] Vergleiche auch obige Abbildung, sowie Abbildung Seite 37.

TAXA.

Wie künfftighin Serenissimæ Regentis Hochfürstlichen Durchleucht gnädigsten Verordnung das Post-Geld von denen Brieffen erhaben werden solle;

Als nemlich:

Von Brieffen so nacher Cussel und in daß Ober-Amt Lichtenberg? Item Pirmasens, Annweyler, Bergzabern und dasiges Ober-Amts gehen.

und zwar

Vor einen Einfachen . . . . . . 2. kr.
Vor einen Doppelten . . . . . 3. kr.
Von einer Untz . . . . . . 4. kr.
Von zwey Untzen . . . . . . 8. kr.
Und so nach Proportion.

Von Brieffen so nacher Offenbach, am Glahn, Meisenheim und der Orthen in dasiges Ober-Amt; Item auff Weissenburg auch Saarbrücken gehen.

Einfachen . . . . 3. kr.
Doppelten . . . . 4. kr.
Von einer Untz . . . . . . 6. kr.
Von zwey Untzen . . . . . . 12. kr.
Und so fort.

Von Brieffen nacher Stadecken, Maynτz, und der Orten.

Einfachen . . . . . . 1. Batz.
Doppelten . . . . . . 1. Batz. 8. Pf.
Eine Untz . . . . . . 2. Batz.
Zwey Untzen . . . . . 4. Batzen
Und so fort.

Nach und von Saarlouis.

Einfachen . . . . . . 1. Batz. 4. Pf.
Doppelten . . . . . . 1. Batz. 8. Pf.
Die Untz . . . . . . 2. Batz.

NB. Ferner ist zu wissen, daß von *Serenissima Regentis* Hochfürstl. Durchl. dem *Terminus* zu Einsendung derer Brieffe von *Particuliers* bis auf 10. Uhr Nachts Gnädigst *regul*iret worden, und das Frantzösische und außländische Brieff-Porto nebst einem Kreutzer Trager-Lohn nicht zu dem obigen gerechnet seye.

Wornach sich männiglich zu achten. Zweybrücken den 7. Aprill. 1739.

Es ist der erste Zeitpunkt überhaupt, zu welchem ein Dokument aussagt, daß damals schon eine Art Postversorgungslinie bestanden haben muß. Die aus- und eingehenden Briefe müssen zwar äußerst spärlich gewesen sein, denn nichts gab den wenigen Einwohnern Veranlassung, eine Korrespondenz zu betreiben. Aber immerhin konnten irgendwelche Nachrichten nach Zweibrücken oder in Richtung Bergzabern weiterbefördert werden. Zwischen den beiden genannten Orten bestand infolge verwandtschaftlicher Verbindungen eine Versorgungslinie. In ziemlich gerader Richtung lief diese eben über Pirmasens, und somit wurde das Dorf in die besagte Taxordnung mit einbezogen.
Ab 1737 war ein Christoph Gundelwein „Ochsenwirth", wieder ein Avantgardist dieses beliebten Gewerbes.
Um 1739 hielten sich die hessischen Prinzen sogar für längere Zeit in Buchsweiler auf, und wieder zog es den Erbprinzen Ludwig mehrmals nach dem abgelegenen Dorf Pirmasens. Jetzt mag wohl auch der Entschluß herangereift sein, irgendwann einmal die Abgeschiedenheit dieses Dorfes für besondere Neigungen auszunutzen.

Hier wollte er, abseits und gänzlich unbeobachtet, sein eigenes Militär heranziehen. Seine Leidenschaft war nun einmal das Soldatentum, und um seine Pläne zu verwirklichen, hatte er bestimmte familiäre, politische und finanzielle Voraussetzungen dazu.

Am 12. Dezember 1739 verstarb der alte Landgraf Ernst Ludwig, der hessische Großvater der drei Prinzen. Dessen Sohn, Ludwig VIII., folgte in der Regierung der hessen-darmstädtischen Lande nach, mit Ausnahme der Grafschaft Hanau-Lichtenberg.

Da nach letztwilliger Verfügung des Grafen Reinhard die hanau-lichtenbergische Regierung ihren Sitz weiterhin in Buchsweiler behalten und der Erbprinz Ludwig nach seiner Volljährigkeit diese Erbschaft einmal antreten sollte, ergaben sich politische Beziehungen zu Frankreich.

1740 So war es durchaus kein Schaden, wenn der Erbprinz eine Reise an den französischen Königshof unternehmen würde. Die Reise wurde sodann im Sommer des Jahres 1740 unternommen.

Darüber führte der Erbprinz genau Tagebuch, wie es überhaupt zeit seines Lebens seine Gewohnheit sein wird, Geschehnisse bis ins Detail festzuhalten. Die Reise führte durch ganz Frankreich und am Ende auch nach Luxemburg. Er schrieb in sein Tagebuch:

„Sambstag, den 10. September – Heute Mittag haben Wir bey dem H. Marechall zu Mittag gespeißt. Alle Corps sind hier gewesen. Diesen Abend haben Wir bey dem Mr. de Brou gegessen und hernach ein klein Feuerwerk haben Wir vor unserem Haus [36] gehabt."

Am „Freytag, den 23. September" traf der Erbprinz in „Lion" ein, und am Montag, dem 26. September, schrieb er: „... heut hab ich die spanische Pferde gesehen, welche der Milor Marechal seinem Bruder Quart in Moscaw schicket, womit mein Mohr kommen ist" [37].

Unterm Sonntag, dem 9. Oktober, ist folgender Eintrag: „Wir haben die Mad. de Castinot und Mad. de la Vallet, welche alle beide Witwe sind, gesehen. Diese Zwey sind recht schön, und die eintzige schöne Gesichter, welche ich in meiner tourne in Frankreich gesehen habe."

Mittwoch, den 9. November: „Heute sind wir zu mittag zu Lancon gewesen, den Abend zu Castilliac, die Nacht auf dem Schif nach Bordeaux".

Donnerstag, den 15. Dezember: „Heut bin ich Gott lob und Dank 21 Jahr vergnügt alt geworden, ohne daß ich nur in diesem Jahr ein eintziges mahl krank gewesen".

Mittwoch, den 11. Januar 1741: „Heut bin ich dem König, der Königin, dem Dauphin und denen Mesdames zu Versaille praesentiret worden".

Aber auch an sein in Pirmasens zu errichtendes Militär dachte der Erbprinz, denn unter dem Datum „Freytag, den 3. März" (1741, d. V.) schrieb er: „Den 3. ist der Schweitzer vom Prince Charle nahmens Büttler da gewesen, welcher mir gesagt, daß sein Bruder Friedrich Büttler nebst noch 2en von Lucern sich in mein Regiment engagiren wollen, zu dem ende er ihnen auch schreiben wird. Sie sind alle 5 Schuhe 7 Zoll französisches maß. Ich habe ihnen einen Zettul, wo sie sich angeben sollen, geschrieben mit meinem nahmen." [38]

1741 Das darauffolgende Jahr 1741 war für den Erbprinzen das wohl bedeutsamste in seinem ganzen Leben. Es gab so viele wichtige Entscheidungen, die auf Jahrzehnte hinaus das Leben des späteren Landgrafen Ludwig IX. beeinflussen und bestimmen,

---

[36] Die Grafen von Hanau-Lichtenberg besaßen in Straßburg ein eigenes Haus.
[37] Vergleiche auch Text Seite 106.
[38] Dieser Eintrag zeugt also davon, daß die Errichtung eines eigenen Regiments und die Gründung einer Garnison in Pirmasens zu diesem Zeitpunkt schon fest vorgesehen waren.

908.

Mon trés-cher fils

Puisque Vous Vous en remettiez à la tendresse veritablement paternelle, dont j'ai toujours esté penetré pour Vous, je ne puis Vous refuser la declaration de vôtre majorité sur le pié que Vous me l'avez demandé. J'intime à tous les corps de vos conseils par le même courier, qui est chargé de celle-cy, que je viens de Vous l'accorder, &, ce qui plus est, je ne consens pas moins à la consommation de vôtre alliance avec Mle la Princesse ainée de Deuxponts dans le temps & de la façon que Vous le trouverez à propos avec S. A. Mde la Duchesse sa Mere, à laquelle avec Vous j'en laisse absolument toutes les dispositions. Dieu veuille repandre les largesses de ses benedictions & sur vôtre mariage & sur vôtre Regence! Lors que Vous sentirez tout le poids de cette derniere, souvenez-Vous que Vous l'avez retiré des mains d'un bon Pere, qui Vous a aimé jusqu'au point d'en soutenir le fardeau dans le temps, qu'il étoit plus onereux, qu'il ne le sera jamais. Je souhaite, que Vos forces repondent à la noble ardeur, qui Vous anime. Ayez soin de la gloire de celui, dont nous tenons tout ce que Nous avons de puissance en ce monde, faites la felicité de vos peuples & soyez toujours l'honneur de vôtre sang & les delices de vos sujets. Je ne cesserai jamais d'être avec les sentiments de la tendresse que Vous me connoissez pour Vous

Mon trés-cher fils

à Darmstatt ce 12. de Juillet 1741.

Vôtre trés-affectionné fidele Pere

La force et joiete [illegible]

Louis L. de Hesse

Au Prince Hereditaire.

7.

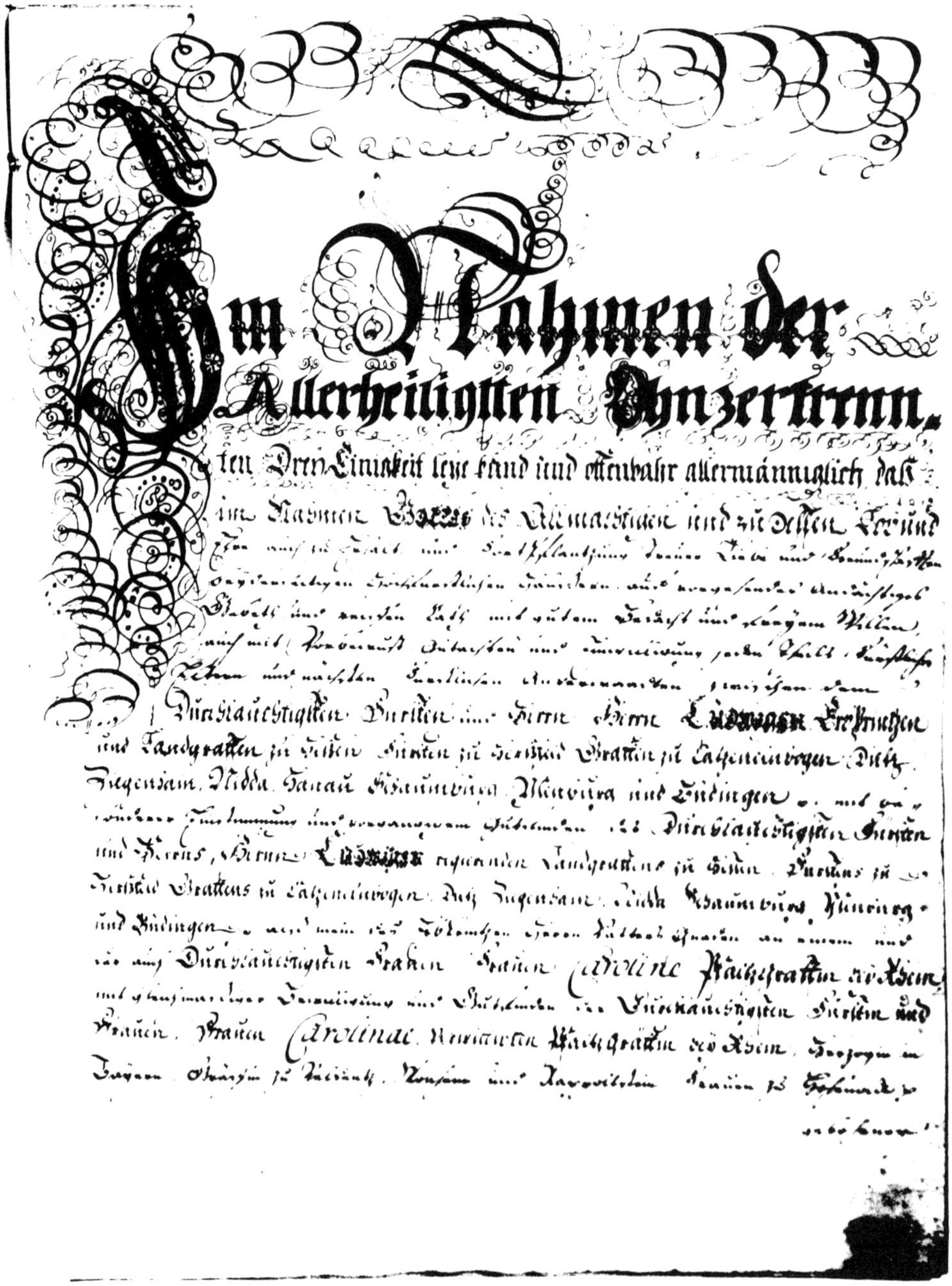
Im Nahmen der Allerheiligsten Ohnzertrennten Drey-Einigkeit seye kund und offenbahr allermänniglich daß

Anfang und Ende des Heiratsvertrages zwischen dem Erbprinzen Ludwig zu Hessen und Karoline, Pfalzgräfin zu Zweibrücken, welcher einmal am 10. Oktober in Zweibrücken und sodann am 31. Oktober in Darmstadt unterzeichnet wurde. Die Unterschriften lauten:

Ludwig Landgraf zu Hessen	*Caroline V (verwitwete) Pfz*
Ludwig Erb Printz zu Hessen	*(Pfalzgräfin) zu Zweybrücken*
	Christian, Pfaltzgraff
	Caroline E P (Erbprinzessin) zu Hessen
	gebohrene Pfaltzgräfin zu Zweybrücken

Darmstadt, den 31., und
Zweibrücken, den 10. Oktober 1741

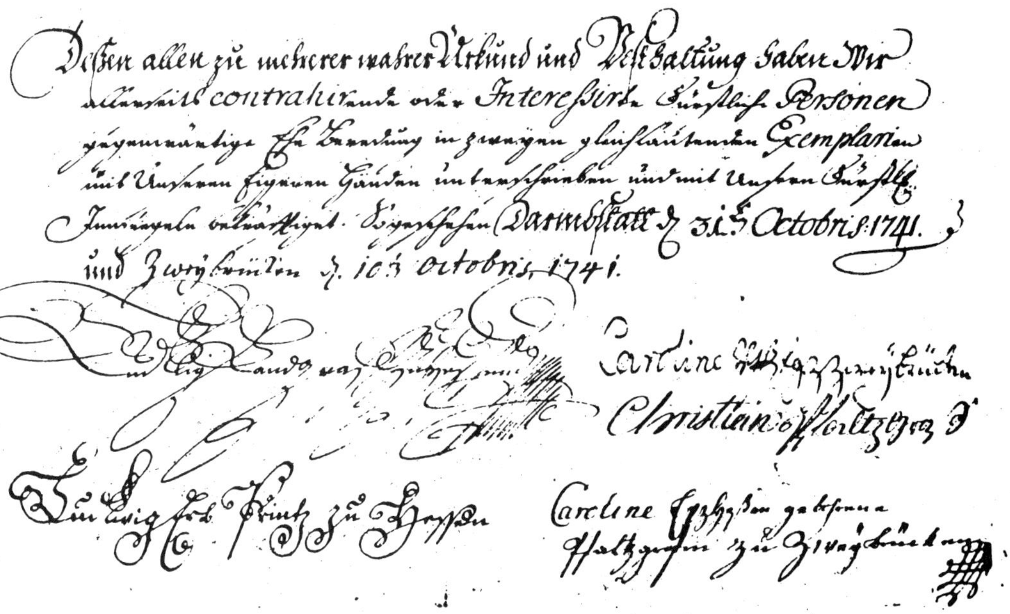
Dessen allen zu mehrerer wahrer Urkund und Vestbaltung haben Wir allerseits contrahirende oder Interessirte Fürstliche Personen gegenwärtige Eheberedung in zweyen gleichlautenden Exemplarien mit Unseren eigenen Händen unterschrieben und mit Unseren Fürstl. Insiegeln bekräftigt. Geschehen Darmbstatt d. 31. Octobris 1741. und Zweybrücken d. 10. octobris 1741.

aber auch für das Dorf Pirmasens so bedeutsam werden, daß Blütezeit und Niedergang, Sein oder Nichtsein, davon abhängig werden sollten.
Nach Rückkehr von der ausgedehnten Reise durch Frankreich und dem Aufenthalte am königlichen Hofe zu Paris weilte der Erbprinz wieder im Schloß zu Buchsweiler. Er stand immer noch unter der Vormundschaft seines Vaters, und da ihm zur Übernahme der Regierung der Grafschaft Hanau-Lichtenberg einige Jahre bis zur Volljährigkeit fehlten, wünschte er, daß ihm dieselben geschenkt werden.
Am 12. Juli entsprach Landgraf Ludwig VIII. diesem Verlangen [39].
Am 20. August [40] des gleichen Jahres heiratete er Prinzessin Karoline von Pfalz-Zweibrücken.

Die hanau-lichtenbergischen Länder setzten sich aus vier räumlich voneinander getrennten Teilen zusammen. Der reichste und größte Teil war das „Hanauer Ländchen" mit dem Grafen- und Regierungssitz in Buchsweiler.
Die Gewalt dieser Regierung erstreckte sich auf acht elsässische Ämter und die beiden überrheinischen Ämter, welche den zweiten Teil, als „Hanauer Land" bezeichnet, ausmachten. Die elsässischen Ämter waren Buchsweiler, Ingweiler, Pfaffenhofen, Brumath, Wolfisheim, Westhofen, Wörth a. d. Sauer und Hatten.

---

[39] Dieses Datum wird verschiedentlich auch mit 16. Mai 1741 angegeben. Vgl. Abb. Seite 39.
[40] Dieses Datum wird oftmals mit 12. August angegeben, jedoch ist Sonntag, 20. August, richtig. Im „Ehrendenkmal des durchlauchigsten Fürsten und Herrn" vom 9. 5. 1790 wird das Datum 20. August in gedruckter Form wiedergegeben. Vergleiche auch Band II, 1790.

Die Familie des Landgrafen Ludwig IX. von Hessen-Darmstadt und Grafen von Hanau-Lichtenberg

Ludwig IX.	geboren am 15. 12. 1719 zu Darmstadt gestorben am 6. 4. 1790 zu Pirmasens	
Karoline, Luise	Pfalzgräfin von Zweibrücken-Birkenfeld Tochter des Pfalzgrafen Christian III. geboren am 9. 3. 1721 zu Straßburg [30] gestorben am 30. 3. 1774 zu Darmstadt	Vermählung am 20. 8. 1741 [31] in Zweibrücken

Kinder:

1. Sohn	totgeboren am 13. 5. 1742;
2. **Karoline**	geboren am 2. 3. 1746 in Buchsweiler, † am 18. 9. 1821, vermählt am 27. 9. 1768 mit Landgraf Friedrich V. von Hessen-Homburg;
3. **Friederike**	Luise, geboren am 16. 10. 1751 in Prenzlau, † am 25. 2. 1805, vermählt am 14. 6. 1769 mit Kronprinz Friedrich Wilhelm (König Wilhelm II.) von Preußen;
4. **Ludwig X.**	geboren am 14. 6. 1753 in Prenzlau [32], † am 6. 4. 1830, vermählt am 19. 2. 1777 mit Luise Karoline Henriette von Darmstadt (Cousine);
5. **Amalie**	Friederike, geboren am 20. 7. 1754 in Prenzlau [33], † am 21. 7. 1832, vermählt am 15. 7. 1774 mit Erbprinz Karl Ludwig von Baden;
6. **Wilhelmine**	geboren am 25. 7. 1755 in Prenzlau [34], † am 26. 4. 1776, vermählt am 10. 10. 1773 mit dem Großfürsten Paul von Rußland (Kaiser Paul I.);
7. **Luise**	Auguste, geboren am 30. 1. 1757 in Berlin, † am 14. 2. 1830, vermählt am 3. 10. 1775 mit Herzog Karl August von Sachsen-Weimar;
8. **Friedrich**	Ludwig, geboren am 10. 6. 1759 in Buchsweiler, † am 11. 3. 1802, Taufpate war der „Alte Fritz“, trat in französische Dienste;
9. **Christian**	Ludwig, geboren am 25. 11. 1763 in Darmstadt, † 17. 4. 1830, trat in holländische Dienste;

30 Karoline wurde im alten Rappoltsteiner Hof am Finkweilerstadten zu Straßburg geboren.
31 Das Heiratsdatum wird oftmals fälschlicherweise auch mit 12. August 1741 angegeben.
32 Eberlein gibt dieses Datum fälschlicherweise mit 15. 6. 1753 an.
33 In einschl. Literatur erscheint dieses Datum genau einen Monat früher.
34 Auch hier wird bei Eberlein ein falsches Datum angegeben (30. 1. 1757). In anderer Literatur erscheint das Geburtsdatum genau einen Monat früher.

Das „Hanauer Land“, als zweiter Gebietsteil, lag in der Ortenau auf dem rechten Rheinufer, etwa gegenüber Straßburg. Es umfaßte die Orte Auerbach, Auenheim, Bodersweiher, Bischofsheim, Diersheim, Eckartsweiher, Freistett (Alt- und Neu-), Graulsheim, Hauskreut, Helmlingen, Hohbühn, Hohenhurst, Kork, Leidesheim, Legelshurst, Linx, Muckenschopf, Neumühl, Odelshofen, Querbach, Renchen, Sand, Scherzheim (Scherzach), Weiher, Wiesweiler und Zierolshofen. Als Amtsorte galten Lichtenau und Willstätt.

Das dritte Teilstück war das „Reichsamt Lemberg“. Es bestand aus 11 Schultheißereien

1. **Bärenthal,** mit den Dörfern Bärenthal, Philippsburg und Dachs-, Fischer-, Gauchsharder-, Leinenthaler-, Leitsel-, Liesbacher-, Mambacher-, Reinhards-, Rothenbronner-, Scharfenecker- und Wiesenbacherhof;
2. **Donsieders,** mit Donsieders, Burgalben, Bieber-, Moschel- und Sinnmühle;
3. **Fröschen,** mit Thalfröschen, Höhfröschen und Meisenbacher Hof;
4. **Gersbach,** mit Gersbach und Winzeln, mit Blümels-, Eichelsbacher-, Liedersbacher- oder Katzen-, Reh- und Schelermühle;
5. **Kröppen,** mit Kröppen, Hilst und Schweix, Damm- und Hilstermühle;
6. **Lemberg,** mit Lemberg, Münchweiler (links der Rodalb) und Ruppertsweiler, Lemberger- und Ludwigstaler Glashütte, Becken- oder Finsterbacher-, Glastaler-, Hombrunner-, Ketterich-, Rodalber-, Ruhbanker-, Salzwooger-, Storrwooger-, Stephans- und Wolfsägerhof; Langkehler Sägmühl, Lang- und Pulvermühle, das Melkerplätzchen und die Hutzlers oder Starkenbrunner Hütte;
7. **Obersteinbach,** mit Obersteinbach und Ludwigswinkel, Dielbacher-, Fauner-, Reiseler-, Rösselsbrunnerhof, Saarbacher Hammer und der obere und untere Petersbächeler Hof;
8. **Pirmasens,** und Fehrbach, Hasenecker-, Hungerpfühler- oder Neu-, Lamsbacher- und Nesselthalerhof, die neue Blümels- und Imsbachermühle sowie die Gerberei in der Dankelsbach und die beiden Ziegelhütten [41];
9. **Riedelberg,** mit Riedelberg, Riedelsberger Mühle und Einöder Wiesenhof;
10. **Trulben,** mit Trulben und Eppenbrunn, Gehöft Erlenkopf, Felsenbrunn, Grünbach, Imsbach, Kalesei, Ransbronn und Stüdenbach;
11. **Vinningen,** mit Vinningen, Alt- oder Niedersimten, Neu- oder Obersimten, Erlenbrunn, die Papiermühle, der Luthersbrunn und Stausteinerhof.

Den vierten Gebietsteil bildete das Schaafheimer Amt. Es lag zwischen Aschaffenburg und Darmstadt, mit den wesentlichsten Orten Altheim, Hergershausen, Diezenbach und Schaafheim.

Die Grafschaft Hanau-Lichtenberg umfaßte insgesamt 214 Städte, Dörfer und Flekken, war also schon beachtlich groß.

Die Tatsache dieser Weitverzweigung der Gebietsteile und der Umstand einer teilweisen Lage der Besitztümer unter französischer Oberhoheit bedingten unter anderem, daß in den letztgenannten Bereichen kein eigenes Militär aufgezogen werden durfte, beziehungsweise aus den Gebieten unter französischem Machtbereich keine Söldner angeworben werden konnten.

Allerdings stand dem Erbprinzen ein solches Recht aber in den Reichsämtern zu. So bot sich das Amt Lemberg geradezu an, denn es lag am nächsten und der Weg von Buchsweiler dorthin war nicht allzuweit, im Vergleich zu den überrheinischen Besitztümern.

Daß sodann noch das Dorf Pirmasens auserkoren wurde, war auch nicht weiter verwunderlich, denn nach dahin bestanden bereits Verbindungen. Das bescheidene Jagdschlößchen, welches der Schwiegervater des Erbprinzen Ludwig, Graf Johann Reinhard III., vor nunmehr über 20 Jahren hier errichtet hatte, war mit ausschlag-

---

[41] Diese Beschreibung des Hanauer Landes stammt aus späteren Jahren und soll hier keineswegs dokumentieren, daß jetzt schon Gerbereien in Pirmasens vorhanden waren.

gebend, und der Wildreichtum hatte offenbar seine Anziehungskraft nicht verloren. „Dieses vormalige Dorf, im hanau-lichtenbergischen Amte Lemberg gelegen, . . . war klein und unbedeutend, und der Erbprinz von Hessen fand, als er 1735 zum ersten Male hinkam, bloß 34 armselige Häuser daselbst vor.“ [42]

*

1741 Was die Errichtung einer Leibgarde anbelangt, so hatte der Erbprinz wohl anfänglich versucht, eine solche in Buchsweiler ins Leben zu rufen. „Er habe sich, nöthiger Erlaubniß wegen, an seinen Oberlehnsherrn Ludwig XV., König von Frankreich, gewendet, von diesem aber den Bescheid erhalten: „daß gegen die Errichtung eines Leib-Grenadier-Bataillons in Buchsweiler nichts einzuwenden sei, wenn dasselbe mit Picken ohne Spitzen bewaffnet bleibe.“

Solchermaßen wollte der Erbprinz aber keine eigene Leib-Garde erstellen, zumal nicht mit Einschränkungen, welche seine Vorstellungen berührten. Noch intensiver wurde das Dorf Pirmasens als zukünftige Garnison ins Auge gefaßt.

Wie weit die Vorstellungen des Erbprinzen von einer zu errichtenden Garnison hier schon gediehen waren, haben wir bereits vernommen. Zielstrebig, eigensinnig und mit den notwendigen finanziellen Mitteln bedacht, war er schon vor seiner Volljährigkeitserklärung (12. Juli 1741) mit Eifer darangegangen, die ersten Soldaten anwerben zu lassen.

Gleichermaßen hatte er die Vorbedingungen im Dorf Pirmasens geschaffen, indem er seinen Amtsschaffner Friedrich David Fleischmann, der schon seit etwa 1722 hier weilte, mit besonderen Aufgaben betraute, welche die militärischen und verwaltungstechnischen Dinge betrafen. Im Laufe der letzten Jahre waren weitere Beamten zur Unterstützung Fleischmanns nach Pirmasens gekommen. –

Die Anwerbungen der ersten Söldner waren, wie bereits erwähnt, nur in den auf deutschem Reichsboden gelegenen Teilen der Grafschaft möglich. Eine Auswahl geschah durch ein Landesvisitationskommando, welches von der Regierung in Buchsweiler dafür gebildet worden war [43].

Dieses Kommando setzte sich aus drei Oberoffizieren, einem Soldatenschultheiß und einem Kriegsgeldeinnehmer zusammen. In den überrheinischen Gebieten wur-

---

[42] Die Häuser wurden „beschrieben und extrahirt“. Es waren:

1. Das Kellerische vormalige Oberforsters Haus;
2. Vom Amtsschaffner die Amtsschaffnerei;
3. Helmstädters;
4. Gundelweins;
5. Hanns Adam Kiefers der alte Löwe, 2 Häuser;
6. Gottfried Faulen;
7. Zilioxen;
8. Bohrers;
9. Hanns Adam Kiefers auf der Brück;
10. Pfarrhaus;
11. Die alte Crone, Hanns Georg Faulen Haus;
12. Alten Anstetts Haus;
13. Des alten Nagelschmieds Haus;
14. Des alten Morfels Haus;
15. Philipp Brenners;
16. Adam Helfer wo heutigen Tages der Bär;
17. Des alten Golla Haus;
18. Andreas Pfeifer;
19. Heinrich Glöckner der alt;
20. Johann Nikolaus Schäfer;
21. Des Stahlen oder Knörren Haus;
22. Cottlers Haus;
23. Valentin Schneider der alte;
24. Alte Sommers Haus;
25. Des alten Schrecken Haus so heutiges Tages das Struppische;
26. Theodor Greß;
27. Philipp Jacob Faul;
28. Paul Weber;
29. Wilhelm Schäfer;
30. Jacob Greß;
31. Heinrich Scholle;
32. Conrad Daugenhauer;
33. Daniel Daugenhauer;
34. Das fürstliche Schloß.

Diese „Beschreibung und Extrahirung“ wurde den 31. Mart. 1772 erstellt, wahrscheinlich nach damals noch vorhandenen Unterlagen.

Allerdings ergibt sich gegenüber anderen Literaturhinweisen eine Differenz bezüglich der Anzahl der damals bestandenen Gebäude, denn es wird erwähnt, daß 20 ein- und 18 zweistöckige Häuser bestanden haben sollen.

[43] In den Stamm-Rollen sind fast ausschließlich „überrheinische Orte“ als Heimat der Söldner angegeben. Nur ganz vereinzelt findet man Heimatorte in Frankreich (Elsaß/Lothringen) und außerhalb des Herrschaftsbereichs von Hanau-Lichtenberg.

de sodann fleißig die Werbetrommel gerührt, und nach kurzer Zeit stellten sich die ersten Erfolge ein, indem einige wenige Bürger- und Bauernsöhne ihr Glück als Berufssoldaten in einem fernabliegenden Dörfchen namens Pirmasens versuchen wollten. Welche Lockmittel vielleicht in Form von guter Entlohnung bestanden haben müssen, ist leider nicht bekannt. Irgendetwas muß es aber gewesen sein, denn zur damaligen Zeit war ein Wegzug nach dem fernliegenden Pirmasens gleichbedeutend mit einer Aufgabe der Heimat.
Wie sehr das Heimweh die Söldner in Pirmasens in den folgenden Jahren plagen wird, werden wir noch erfahren.

*

Am Fronleichnamstage des Jahres 1741, welcher auf den 1. Juni fiel, wurde die „Leibgarde" des Erbprinzen in Bärenthal/Elsaß zusammengestellt. Die Garde war noch sehr klein, denn bis zu diesem Zeitpunkt hatten die Werber des Erbprinzen nur 37 Mann zusammenbekommen [44]. Aber der Anfang war nun einmal gemacht, und wohlweislich hatte der Erbprinz sogar schon Probeuniformen anfertigen lassen, wieder ein Zeichen dafür, wie intensiv eine Erstellung des eigenen Militärs betrieben worden war.
Am 15. Juni erfolgte die Besichtigung der „Garde" durch den Erbprinzen. Alles wurde für gut befunden, und mit dem Marschbefehl nach einem Dorf Pirmasens setzte sich die Truppe alsdann in Bewegung. In Eppenbrunn wurde des Abends Quartier bezogen, und am folgenden Tag kamen die 37 Mann in Pirmasens an [45].
Welchen Eindruck das Eintreffen einer ersten Soldatentruppe in dem Dorf Pirmasens hinterlassen hat, ist uns leider nicht überliefert. Nach den damaligen örtlichen Verhältnissen zu urteilen, muß es den etwa 400 armen Einwohnern wie ein Wunder vorgekommen sein, daß ausgerechnet ihr Dorf dazu auserkoren worden war, eine Garnison zu werden. Aus einer Lethargie sollte man nun herauskommen, und vielleicht konnte man eines Tages von den militärischen Einrichtungen auch profitieren. Jedenfalls begann das Schicksal des armseligen Dörfchens seinen nicht mehr zu hemmenden Lauf zu nehmen.
Nach vorhandenen Aufzeichnungen bestand die erste Leibgarde, die nach Pirmasens abkommandiert worden war, aus 16 Ober- und Unter-Offizieren (Sergeanten, Korporale, Furiere, Tambours und Pfeifer zählten späterhin zu den Unteroffizieren) und 21 Grenadieren.
Wie bunt zusammengewürfelt diese erste „Garde" gewesen war, geht aus den einzelnen Heimatsaufführungen hervor:
3 Grenadiere waren aus Zweibrücken, 2 „aus der Pfalz", alle anderen aber aus Sachsen, der Unterpfalz, aus Hanau, aus Baden, von Hamburg, von Darmstadt, der Oberpfalz, aus Wittenberg, aus Bremen, aus Irland (Folix), aus der Schweiz und einer aus „Sickingen", wahrscheinlich aus der Nähe von Landstuhl.
Sechs der Avantgardisten waren „beweibt", und zwei davon hatten 2 Söhne und 4 Töchter. 15 waren evangelisch, 14 reformierten Bekenntnisses und 7 katholisch. Bei dem Herrn Kapitän von Seebach, welcher wohl das Kommando führte, fehlt die Religionsangabe.
Kaum in Pirmasen angekommen, wuchs die erste Kompagnie schon auf 46 Mann an, und mit wahrer Freude registrierte der Erbprinz Ludwig jeden weiteren Zugang, wobei seine Werber in der Anfangszeit weniger auf Qualitäten der Söldner achteten als auf ihre Quantität. Ja, es sollen sogar Zigeuner angeworben worden sein, von welchen es in der Umgebung von Pirmasens sehr viele gab und von denen manch

---

44 Anderen Unterlagen zufolge sollen es einmal 23 Mann, zum anderen 38 Mann gewesen sein, welche die erste „Leib-Garde" bildeten.

45 Auch die Daten der In-Marsch-Setzung weichen voneinander ab. Einmal heißt es, daß die Truppe schon am 1. Juni nach Pirmasens abgezogen sei. In einem „Geschichtlichen Rückblick" aus dem Jahr 1895 heißt es, daß der Abmarsch am 1. August gewesen sei, „um demselben (d. Erbprinzen), welcher behufs seiner Vermählungsreise von Buchsweiler nach Zweibrücken in seinem Jagdhaus zu Eppenbrunn übernachtete, die Ehrenwache zu thun."

1741 einer sein Glück eben als Soldat zu finden hoffte. Speziell sie waren schwerer zu bewachen als andere Söldner, denn einen Menschenschlag, dem von Natur aus ein Freiheitsdrang angeboren war, konnte man nicht in ein Soldatenlager „einsperren". Bei den sich häufenden Desertionen hatten gerade die Zigeuner späterhin einen ansehnlichen Anteil.
Des Erbprinzen Vorliebe galt besonders hochgewachsenen Menschen, ohne Achtung der Herkunft. In seiner ständig wachsenden Soldatenkolonie kamen wahre Musterexemplare zusammen.
Es wäre aber irrig annehmen zu wollen, daß ausschließlich große Soldaten unter seinem Befehl gedient haben. Noch heute sind die Maßrollen vorhanden, in welchen das genaue Maß jedes einzelnen Grenadiers nach Fuß, Zoll und Strichen aufgezeichnet wurde. Hier ist zu erkennen, daß auch sehr viele kleinere Menschen angeworben wurden, so daß wahrscheinlich auch keine Vorschrift über ein Mindestmaß bestanden haben dürfte.
Später kam noch die Wirkung der hohen Grenadiersmützen hinzu. Sie verlieh den Kleingewachsenen ein wesentlich größeres Aussehen, ließ die aber sowieso schon großgewachsenen Soldaten als wahre Riesen erscheinen. Sie wurden in späteren Jahren sogar ausgesondert und in einem Garde-Leib-Regiment zusammengefaßt. Es war sozusagen die Elite des ganzen Pirmasenser Militärs.

*

Was die Verhältnisse im Dorf Pirmasens betraf, so waren jetzt ca. 80 Häuser mit etwa 400 Einwohnern vorhanden. Die Bürgerschaft vertrat der Hirschwirt und Schultheiß Faul, und der Kirchenälteste Ludwig Detreux unterstützte ihn in seinen Amtsgeschäften. Die Unterstützung wird wohl auch sehr notwendig gewesen sein, denn es standen große Ereignisse bevor, welche einiger Voraussetzungen bedurften.
Zunächst hatte das kleine Dorf eine Einquartierung von 46 Soldaten aufzunehmen, und einige dieser Erstgardisten zogen ihre Familien mit sich.

*

Das nunmehr 3. Kirchlein an gleicher Stelle, welches schon oft erwähnt wurde und welches in alten Dokumenten immer wieder genannt wird, war altersschwach geworden. Kein Wunder, denn es war ja unter ganz primitiven Voraussetzungen und in einer äußerst schweren Zeit erbaut worden. Seit nunmehr 120 Jahren hatte es zur Abhaltung der Gottesdienste gedient, und unter seinem Dach hatten sich die Gläubigen dreier Generationen zum sonntäglichen Gottesdienst versammelt.

In diesem Jahr nun befürchtete man einen Einsturz, denn überall zeigten sich Risse im Mauerwerk. Der Bauschreiber Schild und der Rentmeister Ammann mußten daher das Kirchlein begutachten und ihr fachliches Urteil abgeben.
Sie schrieben: „Wegen des schlechten Zustandes sind alle Herstellungskosten verloren. Doch kann die Kirche noch einige Zeit stehen." Also hatte man zunächst keinerlei Veranlassung, irgendwelchen kostspieligen Erneuerungen oder gar einem Abriß entgegenzusehen [46].

*

Während bislang in dem Dorf Pirmasens immer nur von einem Heimburger als Dorfvorstand die Rede gewesen war, ergab sich in diesem Jahr der Hinweis, daß der vorgenannte Faul offiziell Schultheiß geworden war. Damit ist er quasi als erster

---

[46] Im Jahr 1747 entsprach die einzige Pirmasenser Kirche sodann nicht mehr den Anforderungen eines aufstrebenden Soldatendorfes. Jetzt wollte man zumindest die alte Kirchenuhr erneuern, nach welcher sich fast alle Einwohner des Dorfes richteten. „Wegen des fürstlichen Hoflagers, der allhier befindlichen Garnison und guter Polizei" wurde die alte Uhr abgenommen. Eine neue Uhr verfertigte der Uhrmacher Bricke in Buchsweiler.

Bürgermeister des Dorfes benannt, und seine Amtszeit wird bis in das Jahr 1769 hineinreichen [47].

*

Die immer noch kleine Soldatenschar hatte sich in Pirmasens eingelebt. Eine ihrer äußerst wenigen überlokalen Bedeutungen und Repräsentationen hatte die auf 46 Mann angewachsene Leibgarde am 20. August des Jahres 1741 zu bestehen: Der Erbprinz von Hessen-Darmstadt heiratete zu Zweibrücken die Pfalzgräfin Karoline [48], und zur Repräsentation wurde die eigene Leibgarde des Erbprinzen dorthin beordert. Den zahlreichen Ehren- und Hochzeitsgästen wollte der Erbprinz Ludwig damit imponieren, was in Anbetracht der langen Kerls in ihren schmucken Uniformen wohl auch gelungen sein mag.
Vielleicht war die schnelle und beinahe überstürzte Zusammenstellung der ersten Leibgarde am 1. Juni 1741 in Bärenthal auch in weiser Voraussicht auf das kommende Hochzeitsfest erfolgt.

*

Was die Verwaltung betraf, so waren zuvor schon einige Regierungsbeamte aus Buchsweiler nach Pirmasens gekommen, wie zum Beispiel der Regierungsrat von Lasser, der Amtsassessor Faber, der Auditor Kunzenbach und Amtsschaffner Reussen. Sie sollten den Amtsassessor Fleischmann unterstützen, von welchem wir wissen, daß er schon im Jahr 1722 in Pirmasens ansässig gewesen war.
Hinzu kamen noch einige Scribenten, und der gesamte Verwaltungsstab sollte die Voraussetzungen schaffen, die zum schnellen Ausbau des Dorfes notwendig waren. Jetzt schon ergab sich eine gewisse „Enge“, denn alle Verwaltungsbeamten mußten bei Pirmasenser Bürgern Unterkunft nehmen, einschließlich einer Verpflegung.

Das Nächstliegende war nun, so schnell wie möglich neue Gebäude zu erstellen, damit mehr und mehr Einwohner und Soldaten untergebracht werden konnten. Aber die Erstellung von Gebäuden konnte nicht einfach wahllos geschehen, und der Erbprinz mit seiner angeborenen Gründlichkeit wollte sich Halbheiten nicht hingeben. Daher beauftragte er einen Grenadier, den Franzosen Masson, Pläne zum Ausbau des Dorfes zu erstellen. Auch andere wurden mit Projektierungen beauftragt, wobei fast in jedem Falle der Endausbau einer zukünftigen Stadt Pirmasens zugrunde lag. Das bekannteste ausgearbeitete Projekt, welches schließlich im großen und ganzen die Straßen und Gebäude so vorsah, wie sie letztlich auch erstellt wurden, stammte, wie gesagt, von dem Franzosen Masson.
Die Planungen sahen in der zukünftigen Stadt nur gradlinige Straßen vor, und zur schöneren Ansicht wurden auch gleich die Alleebäume mit eingezeichnet. Gewaltige Häuserblocks mit großen Innenhöfen wurden beiderseits der Straßen vorgesehen. In der Sandgasse war die große Kaserne eingeplant, und kleinere Soldatenunterkünfte gab es im ganzen Stadtgebiet. Gegenüber der Kaserne sollte das große Holzmagazin entstehen, und zwei Kirchen sollten im Endausbau dem Charakter einer wirklichen Stadt entsprechen.
Eine der Kirchen war zwar schon vorhanden, jedoch war absehbar, daß sie eines Tages abgerissen werden müsse. Auf diese „Untere Kirche“ werden wir noch zu sprechen kommen.
Eine „Obere Kirche“ sollte das Schmuckstück der Oberstadt werden. Hier war zum Zeitpunkt unserer Schilderungen noch Brachland, und der Erbprinz konnte an dieser Stelle großzügig planen, denn der Ebene Zweibrücker Tor - Schloßplatz, vorbei an einem eingeplanten riesigen Exerzierplatz, galt seine besondere Vorliebe.

---

[47] Vergleiche auch Zusammenstellung der Pirmasenser Bürgermeister, Band III, Anhang.
[48] Vergleiche auch Heiratsurkunde und Text Seiten 40 und 41.

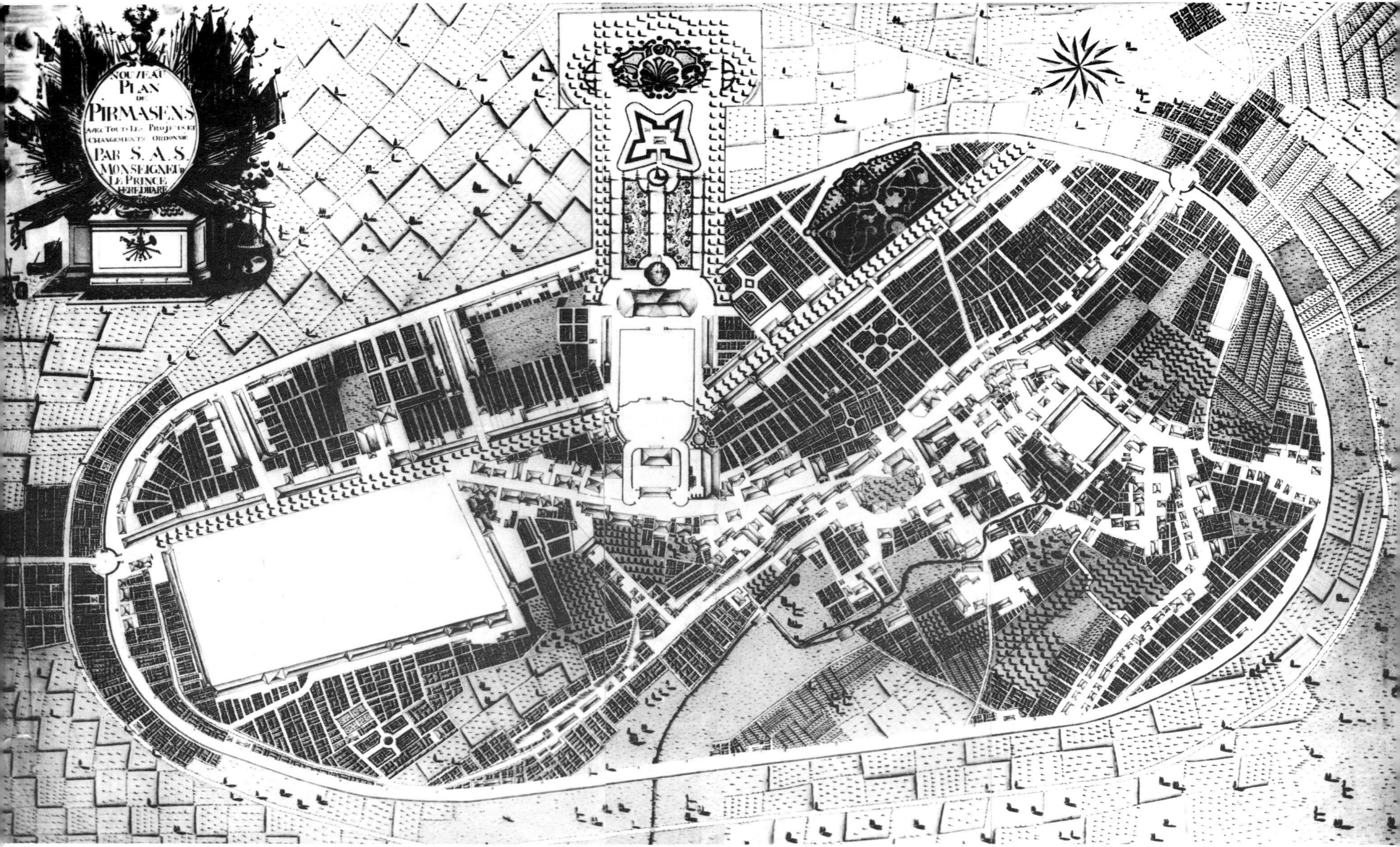
NOUVEAU
PLAN
DE
PIRMASENS
AVEC TOUTS LES PROJETS ET
CHANGEMENTS ORDONNÉ
PAR S. A. S.
MONSEIGNEUR
LE PRINCE
HEREDIARE

Dieser erste Ausbauplan[49] war wohl mehr oder weniger ein Wunschtraum des Entwerfers, und der Vater des Gedankens war eine einigermaßen prachtvolle Residenzstadt, wie sie andernorts ebenfalls projektiert und auch gebaut worden war. Allein die im Dorfe vorherrschenden geografischen Verhältnisse wurden vollkommen außer acht gelassen und setzten einem solchen Vorhaben schnell ein Ende.
Immer wieder wurden neue Pläne erstellt, welche sich jedoch den tatsächlichen Verhältnissen anpaßten. Nach wie vor wurde gegenüber dem Schloß ein Park oder Lustgarten eingeplant. Daß sich zu jenem Zeitpunkt immer noch Änderungen ergaben, erkennen wir an anderen Plänen[50], wobei der Lustgarten nunmehr in die Alleestraße verlegt wurde.
Vielleicht war zu diesem Zeitpunkt schon der Gedanke aufgetaucht, gegenüber dem Schloß eine Exerzierhalle zu errichten.
Gegenüber dem Lustgarten in der Alleestraße sollte eine große Kaserne für das Leib-Grenadier-Regiment entstehen, und der Exerzierplatz nimmt auf allen Planungen und stets an gleicher Stelle einen großen Raum ein. Die Einfassung dieses Platzes mit vorgesehenen stattlichen Gebäuden änderte sich insofern, als diese sodann vielen kleineren Grenadierhäuschen weichen mußten.
Bezeichnend war auch die ganz frühe Projektierung einer riesigen Stadtmauer, die irgendwann einmal die Garnison einfrieden sollte.

*

Am 25. August 1741 feierte der Erbprinz seinen Namenstag, und dieser Tag sollte auch in Zukunft mehr im Vordergrund stehen und mehr gefeiert werden als sein Geburtstag.
Der 25. August 1741 stand aber noch in einem besonderen Blickpunkt: Im Dorf fand die erste Soldatenhochzeit statt![51]

---

49 Vergleiche auch die diversen Pläne und Zeichnungen Seiten 48, 53 und 77.
50 Vergleiche Plan Seite 77.
51 Dies wird in Literatur über Alt-Pirmasens erwähnt. Nach den Kirchenbüchern des Kirchspiels Pirmasens konnte Kampfmann jedoch zwei Hochzeiten an diesem Tag einsehen: „heiratet Johann Adam **Fritz,** wohlbestalter Korporal Maria Katharina, Nickel Broders, Bäcker in Nieder-Ambtsstatt eheliche Tochter und Christian Heinrich **Otto,** Kapitän-Leutnant, Anna Maria, geb. Faulin, weil. Christian August Rehfeldt, gewes. hochfürstl. Regierungsrat, nachgelassene Wittib."

Der Entwerfer dieses Ausbauplanes von Pirmasens zu einer zukünftigen Residenz- und Soldatenstadt ist auf der phantastischen Zeichnung nicht vermerkt, jedoch kann es sich nur um den Franzosen Masson gehandelt haben. Zumindest trägt der Plan die gleichen Züge wie eine spätere Korrektur (siehe Plan Seite 77). Im Prinzip gleichen sich beide Pläne. In dem ersten Ausbauplan, welcher zu einem Zeitpunkt entstand, zu welchem Pirmasens noch ein kleines Dorf war, waren die herrschaftlichen Anlagen gegenüber dem Schloß sehr großzügig und weiträumig vorgesehen, wie man überhaupt feststellen muß, daß mit dieser Projektierung die Grundlagen für den Ausbau des Dorfes geschaffen wurden. Auf der Ostseite des Schlosses reichten die geplanten Anlagen bis zum höchsten Punkt des Berges Horeb hinauf, ja der herrschaftliche Lustgarten sollte sogar einmal den Verlauf der jetzt schon eingeplanten Stadtmauer unterbrechen. Klar sind die Planungen von ganzen Straßenzügen, fast ausnahmslos in schnurgeraden Richtungen, zu erkennen. Selbst an den steilen Hängen des Horebs wurden Anlagen vorgesehen, wie man sie sonst nur auf ebenen Flächen projektieren kann. Am späteren Nagelschmiedsberg, welcher für solche großzügigen Planungen höchst ungeeignet war, wurden parkähnliche Anlagen vorgesehen. Die tatsächlichen geografischen Verhältnisse setzten den Vorhaben schnell ein Ende, während viele andere letzten Endes doch Verwirklichung fanden. Dem Entwerfer sei zugute gehalten, daß er damals schon die Bedeutung der Ebene Exerzierplatz-Schloßplatz-Alleestraße erkannte. Die letztere endet zwar urplötzlich an der vorgesehenen Stadtmauer, aber vielleicht sollte diese wichtige Linie irgendwann einmal weitergeführt werden.

Absichtlich war die Hochzeit auf den Festtag des Erbprinzen verlegt worden, denn die erste Hochzeit eines Grenadiers sollte unter Beweis stellen, wie sehr der Landesfürst gewillt war, das familiäre Leben im Dorf zu fördern, um seine Soldaten mehr und mehr an Pirmasenser Boden zu binden. Kam es von seiten der Grenadiere zu solchen Familiengründungen, so war zunächst einmal gesichert, daß sie sich so schnell nicht mehr entfernten.
Es besteht weiterhin ein Hinweis, daß gegen Ende des Jahres 1741 schon 139 Pirmasener Familien ihren „Capitalzins" an die Herrschaft in Buchsweiler zu zahlen hatten.

*

Die Agenten und Werber des Erbprinzen holten sich also die Söldner aus aller Herren Ländern. Bald fand sich eine recht gemischte Gesellschaft von Bauernsöhnen, fahrenden Gesellen und teilweise auch zwielichtigen Gestalten zusammen.
Eine konservative Gesellschaft konnte sich keinesfalls daraus ergeben, aber andererseits waren ihre Ansprüche in jeder Beziehung gering, und ihre Anpassungsfähigkeiten in allen Lagen war um so größer. Eines Tages, wenn auch zum jetzigen Zeitpunkt erst 50 Jahre später, wird diese Tatsache noch positive Auswirkungen mit sich bringen.
Wieder kann man etwas über die Verhältnisse von damals nachlesen, was aber im Zeitablauf verschoben niedergeschrieben wurde: „Erbprinz Ludwig vermehrte, als er den preußischen Dienst verließ, um seinen dauernden Aufenthalt in Pirmasens zu nehmen, sein eigenes Militär außerordentlich. Er hatte am 1. Juli 1741 die erste Kompagnie des nachmaligen Leib-Grenadier-Regiments zu Pirmasens errichtet." [52]
Ab der 2. Hälfte des Jahres 1741 bestimmten die politischen Ereignisse weitgehend den Lebenslauf des Erbprinzen. Er wollte im kriegerischen Einsatz praktische Erfahrungen sammeln, um sich seiner eigenen Garde als Vorbild darstellen zu können. Allerdings bedingten seine jeweiligen Dienste unter den Fahnen Frankreichs, Preußens und Österreichs eine Abwesenheit von Pirmasens, ja einmal sollte er sogar 6 Jahre lang sein Soldatendorf nicht zu Gesicht bekommen.
Zunächst wurde er am 4. November 1741 seinem großen Vorbild, Friedrich dem Großen, vorgestellt. Dieser Persönlichkeit galt seine ganze Bewunderung, und die jeweiligen Besichtigungen des preußischen Militärs mit seinen strengen Vorschriften, unabdingbaren Befehlen und überaus harter Disziplin, vermittelten ihm weitere Ideen und Anregungen, die er zur gegebenen Zeit in seiner eigenen Militärkolonie in Pirmasens in Anwendung bringen wollte.
Es sei aber zunächst festzuhalten, daß der Erbprinz während seiner kommenden Abwesenheiten von seinem Soldatendorf ständig Kontakt hierhin hatte. Über alle Begebenheiten wurde er mittels Kuriere brieflich unterrichtet. Oft genug traf er seine Entscheidungen in der Fremde. Schon sehr bald zeichnete es sich ab, daß sich solche Entscheidungen häuften, denn in der Pirmasenser Garnison gab es Zuwachs noch und noch. Eine Bautätigkeit, wenn auch noch in bescheidenem Rahmen, hatte eingesetzt, Bürger und Handwerker zog es nach dem Soldatendorf, und die Zunahme der Bevölkerung brachte neue Probleme mit sich, wie zum Beispiel ihre Verwaltung, Verpflegung, den Bau neuer Wohn- und Amtshäuser, die Errichtung von Schulen und Kirchen, den Bau neuer Straßen usw. Es war schon abzusehen, daß in kurzer Zeit eine ordnende Hand unabdingbar wurde.
Zum Bedürfnis katholischer Grenadiere und deren Familien ließ der Erbprinz durch einen Vikar aus Trulben alle 14 Tage einen Gottesdienst abhalten, denn in Pirmasens befand sich kein katholischer Pfarrer. Diese Einrichtung war anfangs in der

---

[52] Es kann noch lange nicht die Rede davon sein, daß der Erbprinz seinen dauernden Aufenthalt hier genommen hat. Das Datum 1. Juli 1741 ist genau einen Monat zu spät benannt.
Außerdem wurde die erste Kompagnie nicht in Pirmasens, sondern in Bärenthal errichtet. Vergleiche auch Text Seite 45.

genannten Form noch möglich, jedoch werden wir noch erfahren, wie man sich bei der Zunahme der Katholiken aus der Affäre ziehen wird.
Ein bescheidenes Herrschaftshaus war entstanden [53], aber es mußte ständig erweitert werden. Daraus sollte eines Tages das Pirmasenser Schloß werden. Kasernen, Stallungen, Lazarette, Wachhäuser und andere Amtsgebäude waren im Anfangsstadium primitiv. Sie bedurften ständig einer Anpassung an die wachsende Garnison. Kein Wunder also, wenn in jenen Jahren Handwerker an allen Ecken und Enden gebraucht wurden.
Hatten solche sich einmal entschlossen, ihr Brot im fernabliegenden Pirmasens zu verdienen, so zogen meistens ihre Familien mit hierher. Es herrschte große Wohnungsnot, und dies wird noch auf Jahrzehnte hinaus so sein.

*

Unter dem Eindruck der preußischen Siege hatte der französische Marschall Belle-Isle mit Friedrich dem Großen ein Bündnis geschlossen, was wohl ganz im Sinne unseres Erbprinzen lag: Seine Besitztümer lagen größtenteils im französischen Machtbereich, und so konnten keine Komplikationen entstehen.
Einen Nachteil brachte das besagte Bündnis jedoch für Frankreich, denn es wurde praktisch zur Teilnahme am 1. Schlesischen Kriege gezwungen, beziehungsweise zur Teilnahme am Österreichischen Erbfolgekrieg.

1742 Kaum hatte der Erbprinz von den politischen Tatsachen Kenntnis erhalten, ersuchte er unter Vermittlung des Kardinals Fleury um französische Dienste. Nach dem Patent vom 18. Januar 1742 erhielt er das Kommando über das Kavallerieregiment Royal Allemand zugeteilt und ward durch königliches Handschreiben zum Obristen ernannt.
Dies war mehr oder weniger eine reine Formsache, denn ganz so schnell konnte der Erbprinz an kriegerischen Auseinandersetzungen nicht teilnehmen, was er sich wohl vorgestellt hatte. Um so schlimmer werden sodann die Einsätze sein.
Zunächst reiste der Erbprinz in das Kriegslager zu Pirna, dem eigentlichen Kriegsschauplatz schon etwas näher. Als die Truppenbewegungen in Richtung des Feindes nach Böhmen weitergehen sollten, packte den Erbprinzen eine Krankheit, welche ihn zu Dresden längere Zeit ans Bett fesselte.
Erst als die Österreicher die Belagerung von Prag aufgehoben hatten, konnte der Erbprinz Ludwig am 8. Oktober 1742 seinem Regiment als Obrister vorgestellt werden, welches ihm fast 10 Monate zuvor zugeteilt worden war.
Zu keinem ungünstigeren Zeitpunkt hätte unser Erbprinz zu seiner Truppe stoßen können als zu diesem: Friedrich II. hatte soeben einen Frieden mit Maria Theresia geschlossen, was die Lage der Franzosen in Böhmen urplötzlich verschlechterte und die dort stehenden Truppen in arge Not versetzte.
Schon nach kurzer Zeit mußten sie eine Umklammerung befürchten, und deshalb traten sie am 16. Dezember ihren Rückzug an, welcher mehr und mehr einer Flucht gleichkam. Zu diesem Zeitpunkt hatte bereits ein eiskalter Winter das Land überzogen. Die widrigen Umstände trugen dazu bei, daß sich die Truppenteile auflösten, und die ständigen Verfolgungen der Österreicher brachten die Franzosen an den Rand einer Katastrophe.
In der Nacht vom 16. auf 17. Dezember mußten die Reste der Fliehenden, in einer Stärke von 14 000 Mann, auf freiem Felde in eisiger Kälte übernachten, und viele Soldaten erfroren. Der Erbprinz Ludwig mußte dabei mit ansehen, wie der Oberstleutnant seines Regiments an seiner Seite erfror, und ihm wäre das gleiche Schicksal beschieden gewesen, „wenn er sich nicht zur rechten Zeit in das Bett eines Schlittens geworfen hätte, das den halberstarrten Gliedern wieder Lebenswärme gab".

---

[53] Auf einem Plan aus dem Jahr 1742 (siehe Seite 53), wurde das herrschaftliche Haus schon als „Herrschaftliches Schloß" bezeichnet, wenngleich es noch äußerst bescheiden war.

Die Flucht ging immer weiter westwärts. Auf der Landstraße von Prag nach Eger lagen die Toten und Sterbenden beiderseits des Wegs.
In diesen beinahe dramatischen Tagen zog sich der Erbprinz ein rheumatisches Leiden zu, von welchem er zeit seines Lebens geplagt werden wird.
Von solchem Kriegsgeschehen hatte er sodann auch schnell die Nase voll. Endlich in Bobenheim am Rhein eingetroffen, suchte er sogleich um seinen Abschied nach, welcher ihm jedoch erst am 17. August 1743 gewährt wurde.

*

Bevor wir uns der Weiterentwicklung der Soldatenkolonie zuwenden, soll ein Blick auf das Dorf „Pirmahens" [54] geworfen werden, wie es sich zur damaligen Zeit darbot. Darüber gibt uns ein Plan aus dem Jahr 1742 Auskunft, welchem die Größe und Ausdehnung des Dorfes zu entnehmen ist [55]. „Äußerlich hatte das abgelegene Wald- und Pfarrdorf die Form eines ungleichseitigen Vierecks und zählte an Wohnhäusern, Scheuern und dergleichen zusammen 87 Gebäude." [56]
So lagen zwischen Hauptstraße und der heutigen Schäferstraße 17, jenseits der Schäferstraße 15, zwischen Pfarr- und Kümmelgasse 13, zwischen Kümmel- und Sandstraße 11, jenseits der Sandstraße 4 und auf dem Blocksberg 8 Häuser. Besonders fanden Erwähnung:

a) Das Herrschaftliche Schloß
(Lage: Hinterer Hof des späteren Café Luitpold, gegenüber dem Rathaus);
b) Die 2 Pavillons
(Eckbauten am Schloßplatz, „in derer einen der H. Auditor [57], wie auch Landbereuther Kuntzenbach, in dem anderen der H. Amtsverweser Fleischmann nebst deren amts. Scribenten logieren");

---

[54] Hier und an anderen Stellen ergeben sich in Dokumenten die unterschiedlichsten Schreibweisen, die willkürlich vorgenommen wurden. Einmal wird ein „langes s" in der lateinischen Schrift wie ein deutsches geschrieben. In der lateinischen Schrift ergaben sich außerdem zwei willkürliche Schreibweisen für das in der deutschen Schrift gebräuchliche „ß": Einmal wird dies mit „sh", zum anderen mit „hs" zum Ausdruck gebracht. In allen Fällen ist ein „ß" gemeint. Der Originalität wegen werden die Schreibweisen teilweise übernommen.

[55] Siehe auch Einzelbeschreibung des nebenstehenden Planes.

[56] Diese Angabe ist nicht richtig. Lt. Plan heißt es: „Die übrige Wohnungen seynd lauter bürgerliche Häuser, davon ohngefehr 80.

[57] H. Auditor = Herrschaftlicher Kriegsgerichtsrat.

Dieser Plan des Dorfes Pirmasens gibt Aufschluß darüber, wie es im Jahr 1742 bestand. Zwar sind jetzt schon die herrschaftlichen Anlagen, wie Schloß, Marstall, Lustgarten und Hauptwache, eingezeichnet, jedoch wurden diese einer bestehenden Planung vorweggenommen. Es kann angenommen werden, daß die Anlagen zu diesem Zeitpunkt vielleicht im Bau waren. Alle anderen Gebäude hatten aber die bezeichnete Lage und geben Aufschluß über eine Dürftigkeit. Neben den herrschaftlichen Gebäuden waren für den Zeichner erwähnenswert „des H. oberförster Pferdsdorff hauss, Scheuer, Hoffraith und Garthen" (dieser dehnte sich nach dem Plan vom heutigen Kaufhaus Merkur bis zur Ecksteinsau hin aus), „des H. Amts Schaffners Reussens Wohnung und Hoffraith" (zwischen dem späteren Rathaus und Brückengasse gelegen), „die Lutherische Kirche nebst Kirchhoff" und „das Pfarr Hauß" (schräg gegenüber der Pfarrgasse gelegen). Besonders hervorgehoben wurden die vier „Wirthshäußer", scheinbar zur damaligen Zeit schon wichtige Einrichtungen in dem Dorf. Das Wirtshaus „Zum Adler" lag an der Stelle, an welcher in späteren Jahren die Brauerei König entstehen wird, und das Wirtshaus „Zum Löwen" hatte damals eine bevorzugte Lage: In der „Haupt-Straße" waren einige Häuser zurückversetzt (später unterer Markt und Stadtpost), so daß sich hier eine charakteristische und idyllische Stelle ergab, welche sich bis zum 2. Weltkrieg erhalten hat. Nur „dreye Springbrunnen im Orth" fanden für den Zeichner Erwähnung (Wedebrunnen, Kümmelsbrunnen und Sandgassen- oder Kasernenbrunnen), während noch zahlreiche andere Quellen oder Brunnen fleißig ihr klares Wasser im Dorf spendeten.

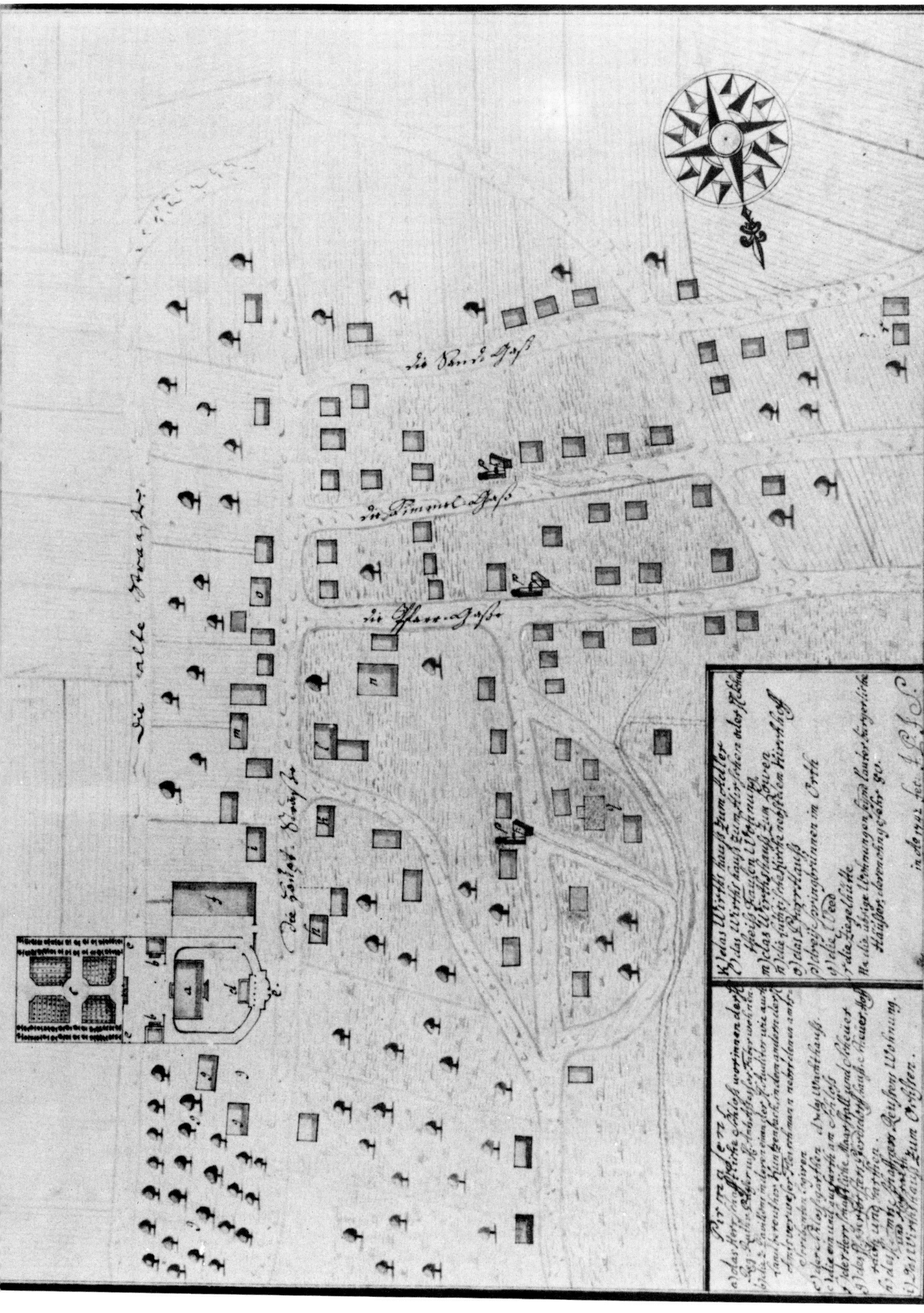

c) „Der Schlosh-Garthen“
(Platz vor der heutigen katholischen Kirche); [58]
d) „Das Wachthaus“
(Lage: Hauptstraße, gegenüber dem Rathaus);
e) „Die ein- und ausfarth am Schlosh“
(Lage: Gegenüber dem Rathaus, und Wachthaus, später Hauptwache genannt);
f) „der Herrschaftliche Maarstall und Scheuer“
(Lage: Rechte Schloßtreppe);
g) „des H. oberförsters Pferdsdorff hauss, Scheuer, Hoffraith und Garthen“
(Lage: Hof des späteren Kaufhauses Schmelzle, heute Kaufhaus Merkur);
h) „des H. Amts Schaffners Reussens Wohnung und Hoffraith“;
i) „das Wirthshauß zum Ochsen“
(Lage: Hauptstraße unterhalb des Marstalls);
k) „das Wirthshauß zum Adler“
(Lage: Ecke Mittelgasse, trennte die Oberstadt von der Unterstadt u. Hauptstraße);
l) „das Wirthshauß zum Hirschen“
(Lage: Mittelgasse und Hauptstraße, gegen die Unterstadt zu);
m) „das Wirthshauß zum Löwen“
(Lage: In der Hauptstraße, gegenüber dem „Hirschen“, später Adler-Apotheke);
n) „die Lutherische Kirche nebst Kirchhoff“
(Lage: Hinter der heutigen unteren Kirche, mit Vorbau gegen die Pfarrgasse zu);
o) „das Pfarr Hauß“
(Lage: In der Hauptstraße, gegenüber dem späteren Kaufhaus Moster);
p) „dreye Springbrunnen im Orth“
(Lage: An der Wedetreppe, in der Schäfergasse - Ecke Pfarrgasse, sowie an der Ecke Kümmel- und Kasernengasse);
q) „die Weed“ (Lage: Wedegasse);
r) „die Ziegelhütte“ (Lage: Am Meßplatz).

Anhand dieser und anderer Unterlagen, die größtenteils heute nicht mehr vorhanden sind, kann gesagt werden, daß die Urzellen unseres Pirmasens wohl in der geografisch tiefer gelegenen Gegend, geschützt durch die umliegenden Berge, also in der Gegend Schäfergasse, Pfarrgasse, Kümmelgasse und Sandgasse gelegen waren. Zudem sprudelten hier munter „dreye Springbrunnen“.

Es muß aber weiterhin noch ein Wirtshaus „Zur Krone“ bestanden haben, welches in dem vorerwähnten Plan jedoch nicht aufzufinden ist. Im Adreßbuch des Jahres 1881 kann nachgelesen werden: „Außer den längst bestehenden Wirtshäusern „Zur Krone“ und „Zum Löwen“, kamen 1741 die Wirtschaften „Hirsch“ und „Ochsen“ dazu.“ Diese beliebten Einrichtungen waren also damals schon sehr zahlreich vertreten und werden sich in den kommenden Jahrzehnten noch vermehren. [59]

*

Das Dorf Pirmasens zählte 1742, zur Zeit seiner (bis dahin) größten Ausdehnung, nur 6 Gassen:
1. Pfarrgasse (1725: „die Pfarr-Gash“; es lagen damals 13 Häuser in der Gasse);
2. Kümmelgasse (1725: „die Kimmel-Gash“; sie zählte 12 Häuser); [60]

---

[58] Der Schloß- oder Lustgarten war an dieser Stelle zwar vorgesehen, mußte aber in die Alleestraße verlegt werden. Vergleiche auch Stadtplan aus dem Jahr 1788, Seite 199.

[59] Die Vielzahl der Pirmasenser Wirtschaften war fast sprichwörtlich. In späteren Jahren soll ein Besucher einmal gesagt haben: „In Bärmesens gäbts mäh Wertschafte als Leit“.

[60] Benannt wurde die „Kimmel-Gash“ nach einer Branntweinbrennerei, die anfänglich Kümmel verarbeitete. Dieser fand später anscheinend bei den Soldaten Ludwigs guten Absatz, denn die Kaserne lag ja auch in der Nähe. Die Wirkungen blieben nicht aus. Im landgräflichen Tagebuch heißt es im Jahr 1776: „In der Nacht vom 24. auf 25. Mai haben sich die beiden Leutnants Venator und Resvay vor einer Branntweinboutique in der Kappelgass gehauen, wobei der Leutnant Venator stark am Kopfe blessieret worden“.

3. Allmendgässel (1725: „Allmendt Gässel“; ursprünglicher Name für das Kirchgässel);
4. Sandgasse (1725: „die Sand-Gash“; diese zählte damals nur 5 Häuser, die, von der Hauptstraße aus betrachtet, alle linker Hand lagen);
5. Untergasse (volkstümlicher Name für die Sandgasse, im Laufe der Jahre untergegangen);
6. Landstraße (1725: „die Landstraßh“; ursprünglicher Name für die Hauptstraße. Diese lag aber damals nicht in der Mitte des Dorfes, sondern führte daran vorbei);
7. Hauptstraße (1742: „die Haupt-Strahse“); 1742 war diese Straße schon die Hauptverkehrsstraße von Pirmasens. Der gesamte Verkehr floß durch sie und die zahlreichen Wirtshäuser bezeugen die Bedeutung. Das letzte Haus gegen Fehrbach zu lag auf dem Grund des späteren Warenhauses Schmelzle (heute Merkur), und das letzte Haus gegen Lemberg zu lag da, wo später die Hirschapotheke war[61]. Zur Zeit des Landgrafen erreichte die Straße ihre größte Ausdehnung, nämlich von einem Stadttor zum anderen (Rodalber Straße bis Bergstraße)[62].
8. Alte Straße (1725: „die alte Straße“); Alte Straße = alter Feldweg, heute Alleestraße. 1742 lag diese Straße noch außerhalb des Dorfes und war ohne Häuser.

Zeugen jener Jahre, wenn nicht die ältesten überhaupt, sind 2 erhalten gebliebene Haustafeln aus den Jahren 1739/40, welche sich einstmals am Fahrschen Anwesen in der Hauptstraße 35 befanden und die Wirren der letzten 230 Jahre überstanden haben. Heute befinden sie sich, dank dem Verständnis der Eigentümer, an der Rückseite eines Hauses in der Fröbelgasse. Trotz Zerstörung des Hauses im 2. Weltkrieg konnten die beiden Tafeln unversehrt geborgen und somit der Nachwelt erhalten werden.

Ein weiterer Zeuge eines ehemaligen Herrschaftshauses aus der Soldatenzeit ist leider nicht mehr vorhanden: Es war das Haus des nachmaligen landgräflichen Generalmajors und Kommandanten Johann Wilhelm de Grandfil[63]. Es stand am Platze der heutigen Bayerischen Vereinsbank. 1750 war es entstanden, und die prachtvolle Eingangstür zeigte unter anderem auch das Symbol des Erbprinzen und späteren Landgrafen, eine sprühende Granate[64]. Solche sind heute nur noch auf den Spitzen der beiden Wegweiser zu erkennen. Leider fiel der schöne Eingang 1912 baulichen Veränderungen zum Opfer, wie auch das ganze Anwesen heute kaum noch an die Soldatenzeit erinnert.

[61] Lage im Jahr 1899: Hauptstraße 83;

[62] 1742 erfolgte also eine Umbenennung zwischen „Land-Straßh“ und „Haupt-Strashe“. Bis zu diesem Zeitpunkt war die „Landstraßh“ also die Hauptverkehrslinie, welche durch das kleine Dorf führte.

[63] In der Stammliste der Offiziere ist aufgeführt: Grandfil Joh. Wilh., Marnheim am Donnersberg (Nassau-Weilburg), geb. 1707, 1741 Leutnant, 1742 Kapitänleutnant, 1742 Kapitän, 1745 Major, 1749 Obrist-Leutnant, 1753 Obrist, 1761 Brigadier, 1764 Generalmajor, 15 Jahr im preuß. Regiment Manteufel, 1748-1763 im Rgt. Erbprinz, gest. zu Pirmasens 21. Januar 1766. Darüber hinaus gab es vorübergehend in der Garnison einen de Grandville Wilh. Ludwig im Regiment „Landgraf“, einem am 10. 2. 1753 in Pirmasens geborenen, leiblichen Sohn, 1766 Kapitän, 1772 Leutnant, 1766-1781 im Regiment „Erbprinz“, 1783 versetzt zum Leib-Regiment nach Darmstadt, gestorben am 23. 3. 1814 in Mannheim. Daher ergeben sich wohl unterschiedliche Schreibweisen, jedoch war J. W. de Grandfil, der Vater, die weitaus bedeutendere Persönlichkeit, der sich wohl um 1750, mit Erlaubnis des Erbprinzen, das „de“ zulegte. Vergleiche auch Text 1749, Seite 69, sowie Abbildungen Seiten 70, 72 und 73.

[64] Vergleiche auch Abbildungen Seiten 148/149.

Der Erbprinz Ludwig war also zum Jahresende 1742 in Bobenheim am Rhein angekommen und hatte sofort um seinen Abschied aus französischen Diensten nachgesucht.

1743 Zu einer kurzen Erholung von den ausgestandenen Strapazen reiste er in ein hessisches Bad. Aber sein Aufenthalt dauerte nur wenige Tage, denn Anfang Januar 1743 kam er schon wieder nach Pirmasens.
Er hatte nichts Eiligeres zu tun, als hierher zu gelangen, um überall nach dem Rechten zu sehen.
Am 9. Januar 1743 reiste er von Pirmasens nach Zweibrücken und traf dort mit seiner Frau zusammen. Nach der langen Trennung war das gemeinsame Glück um so größer, und beide verbrachten Tage voller Harmonie, wie die Eintragungen in seinem Tagebuch ausweisen.
In Zukunft werden allerdings solche Zeiten immer seltener werden, und von einem glücklichen Zusammenleben wird kaum noch die Rede sein, ja es wird sogar eines Tages zur ehelichen Entfremdung kommen.

*

Im Dorf Pirmasens war in den letzten beiden Jahren nicht allzu viel geschehen, obwohl mancherlei Planungen und Vorhaben bestanden. Aber oftmals hatte es am nötigen Nachdruck gefehlt. Wichtige Entscheidungen wollte keiner während der Abwesenheit des Erbprinzen treffen, und die Einholung einer Erlaubnis war in Anbetracht der geschilderten Umstände äußerst zeitraubend und oftmals sogar unmöglich.
Wenngleich der weitere Ausbau des Dorfes an erster Stelle rangierte, so hatte eine Bautätigkeit nur in geringem Umfang eingesetzt. Militärische Zweckbauten hatten selbstverständlich dabei den Vorrang. Auch die herrschaftlichen Bauten mußten nach und nach in Angriff genommen werden, ebenso die Verwaltungsgebäude, ohne deren Vorhandensein das Wachstum des Dorfes einfach stagnieren mußte.
Aber es war sozusagen „eine Ruhe vor dem Sturm", denn die Misere wurde erkannt, und alsbald sollte auch eine private Bautätigkeit gefördert werden, natürlich mit besonderen Vergünstigungen.
Es mußte den Neubürgern irgendwie schmackhaft gemacht werden, in das Dorf Pirmasens zu kommen. Ohne Lockmittel hätte man anderen Orten vor dem geografisch abseits gelegenen Pirmasens den Vorzug gegeben. Hier in Pirmasens mußte schon etwas Besonderes geboten werden, wenn man sich hier seßhaft machen wollte.
Zuwanderungen in geringem Umfang hielten in der gesamten Umgebung zwar nach wie vor an, jedoch profitierten die umliegenden Dörfer am meisten davon. Das Dorf Pirmasens konnte nur so viele Zuwanderer aufnehmen, wie Wohnhäuser vorhanden waren. Überall in der näheren und weiteren Umgebung hatten sich die Vorgänge in Pirmasens zwar herumgesprochen, und eigentlich warteten viele Handwerker nur darauf, mit ihrer Arbeit beginnen zu können. Es sollte nicht mehr lange dauern.
Die Einwohnerzahl des Dorfes näherte sich jetzt schon der Tausendergrenze.

*

Unter den vielen Zuwanderern, gleichgültig ob Bürger oder Soldaten mit ihren Familienangehörigen, hatten sich auch solche reformierten Bekenntnisses befunden, insbesondere aber auch unter jenen Einwanderern aus Tirol, Vorarlberg und der Schweiz, welche nach dem 30jährigen Krieg in die Gegend gekommen und seitdem hier seßhaft geworden waren.
Im Laufe der Jahre war somit eine stattliche Anzahl zusammengekommen, aber zur Ausübung ihrer Religion hatten sie keine Möglichkeiten.
Nun geschahen von ihrer Seite aus die ersten Anstrengungen, Erleichterungen in Ausübung ihrer Religion zu erfahren und evtl. eines Tages sogar eine eigene Kirche bauen zu können.

In zahlreichen anderen Ländern war den Reformierten eine Religionsfreiheit längst zugestanden worden; indessen traten in Pirmasens keine Änderungen ein, oder irgendwelche Freiheiten wurden vom protestantischen Amte in Buchsweiler absichtlich verhindert.

*

Im Jahr 1743, zu einem Zeitpunkt also, zu welchem das Dorf Pirmasens gerade dabei war, sich langsam zu entfalten, und man andernorts von seiner Existenz kaum etwas wußte, kam es in unmittelbarer Nähe des Dorfes zu einer Naturkatastrophe, welche den Namen Pirmasens in trauriger Weise erwähnen ließ.
Da die Akten über den Vorfall einem L. Kampfmann zugänglich waren und die Schilderungen in etwa ein Bild von den damaligen Verhältnissen übermitteln, sollen sie in ungekürzter Form wiedergegeben werden:
„Die tiefe Felsenhöhle ob dem Bieberbronnen und unfern der Glasbrücke hatte seit unfürdenklichen Zeiten dem fahrenden Volke als Unterschlupf und Schlafstätte gedient. In der Nacht vom 3. auf 4. März des Jahres 1743 aber war sie zum Großteil zusammengestürzt. Weil in dieser Unglücksstunde aber 2 arme Familien, sowie ein Fahnenflüchtiger in ihr Nachtlager bezogen hatten, so wurden 9 Personen von den Felsbrocken jämmerlich zerquetscht. Wunderwürdiger Weise entgingen ein klein Knäblein und ein verhärmter Mann dem Untergang. Das krausköpfige Kind rollte in seiner Weidenwiege mit den Felsbrocken den Abhang hinunter. Der Erwachsene, von Sand und Geröll überdeckt, arbeitete sich mit der Aufbietung seiner Kräfte aus den Schuttmassen herfür, barg eilig das schreiende Büblein und kroch, da er an allen Körperteilen blutrunstig war, auf Händen und Füßen der nächsten Wohnstätte, der Neumühle, jetzt Apostelmühle genannt, zu. Im wilden Schmerze begehrte er Einlaß. Mildiglich öffneten ihm die Müllersleute. Wirr und wusselig erzählte er den schaurigen Vorgang. Notdürftig verbunden, wurde er ins weiche warme Bett gebracht. Im Morgengrauen lief dann der Müller nach Rodalben und berichtete dem Amtmann Leger die nächtliche Vorgänge. Weil sich aber das folgenschwere Naturereignis auf Hanauischem Boden zugetragen hatte, so entsandte der sogleich den Botenläufer Franz Antoni Würtz nach Pirmasens zu seinem Amtskollegen Lerse. Der traf sofort alle Vorbereitungen zu den Aufräumungs- und Bergungsarbeiten. So wurde der Maurermeister Peter Jennewein aus Fehrbach nebst Gesellen zur Unglücksstätte befohlen und durch einen Eilboten wurden die Vorsteher der Gemeinden Fröschen und Donsieders verständigt, daß sie ungesäumt je 6 Mann zur Hilfeleistung abzustellen hätten.
Außerdem mußten noch Chirurg Heinrich und Amtsassessor Faber nach dorten reiten, einesteils um die Ueberlebenden zu betreuen und die Todesursache der Verblichenen festzustellen, andernteils um einen Augenscheinbericht aufzunehmen und das Begräbnis in die Wege zu leiten.
Doch der Großteil dieser wohlgemeinten Anordnungen erwies sich als unnütz und verspätet. Denn schon im Frührot des 4. Märzen waren Jäger Gebhard Pfersdorff von Neufröschen und Thomas Feyock von Altfröschen durch Zufall an den Unglücksort gekommen. Die Felsblöcke auf der Landstraße, die geknickten Bäume, der wunde Waldboden hatte die Ahnungslosen aufmerksam gemacht, daß sich hier etwas ganz Sonderbares zugetragen haben müsse. Als sie zur Bettelsmannhöhle kamen, befiel sie das Grauen. Zwischen Schutt und Felsstücken lagen 4 Leichen. Von Herzleid getrieben stürmten sie den Berg hinan, dem Dorfe Donsieders zu. Während dort der Jäger dem Amtmann einige Zeilen hinwusselte, berichtete Feyock dem Schultheißen mit Schaudern das Geschaute. Bald darauf zog im Eilschritt ein mit Schaufeln und Schippen, Brecheisen und Pickeln ausgerüsteter Trupp mannhafter Bauernburschen dem Massengrab zu. An Ort und Stelle angelangt, gings eilig, stumm und scheu ans heilige Werk der Barmherzigkeit. Doch statt der vermuteten 4 kamen nach Stunden 9 Leichen zum Vorschein.
Bis die von der Amtsverwaltung aufgebotenen Hilfskräfte erschienen, auch Wundarzt und Amtsassessor angeritten kamen, war schon das schwere Stück Arbeit

getan. Auf Geheiß des stellvertretenden Amtmannes wurden nun die Kleidungsstücke der Aermsten der Armen nach Geld und Geldeswert untersucht. Nur einiges Geld, mehrere Rosenkränze und Ohrringe kam zum Vorschein. Schultheiß Knörr nahm dies in Verwahr. Das kleine Büblein, um das sich warmherzig Weibervolk gerissen hatte, erhielt Bürgermeister Georg Sand in Obsorge. Nun stellte der Heilkundige die Todesursache jedes Einzelnen fest. Nachdem dann Amtsassessor Faber mit dem Pastor von Rodalben wegen der 9 Verstorbenen genaue Rücksprache gepflogen hatte, schritt er zur Beurkundung des Tatbestandes. Er schrieb:
In Gefolg vorstehenden Auftrags verfügte man sich an den Felsen selbsten, unter welchem das Unglück geschehen und ist derselbe an der Langen Bircker Halt, zwischen der sogenannten Esels Fürth und dem Biberbronn, Donsiederer Banns, linker Hand der von Burgalben nach Rodalben gehenden Landstraße gelegen, auch solcher gestalten beschaffen, daß, da vermutlich während starker Winterkälte, indeme er sehr porös und sandigt ist gesprungen, mithin, da das Feuer darunter gekommen, ein starker Schutt daran herunter gefallen und nachfolgende 9 Personen bedeckt, welche aber bereits von der Gemeind Donsieders, nachdeme Thomas Feyock von Altfröschen und nach ihme Jäger Pfersdorff von Neu-Fröschen dem Bürgermeister von Donsieders den Zufall angezeigt gehabt und das noch lebend übrig gebliebene kleine Knäblein von ohngefähr einem Jahr neben der Landstraße vorgefunden, ausgegraben gewesen, daß man deren Lager folgender gestalten in Gegenwart Chirurg Heinrich Hanß Eberhard Knörren des herrschaftlichen Schultheißen von Donsieders, Jacob Steffan, des Gerichtsschöffen von Burgalben, auch derer 4 von dem Schultheißen bestellter Wächter, Valentin Kettenrings, Görg Marx Schäfers, Hanß Adam Schäfers, auch Hanß Adam Schäfers des Ledigen, noch deutlich gesehen worden, als

1. lag vornen, rechter Hand, unter dem Felsen eine nach Aussag Görg Diebold Rungen von Donsieders, ledige Mannsperson, welche erst vorgestern Abend in Donsieders dem Almosen nachgegangen und sich vor einen kaiserlichen Deserteur, aus dem Schwarzwald, ausgegeben, auch bei ihme, Rungen, übernacht gelegen. Nach fürgenommener Visitation des Chirurgi war demselben die Herzkammer solcher gestalten eingedrückt, daß . . .
2. Eine Mannsperson mit einem Krückenfuß, welche nach Aussage Görg Diebold Kleinen von Rodalben, sich in hiesiger Gegend, besonders zu Rodalben öfters habe sehen lassen; ware an Kopf und ganzen Leib zerquetschet, führte in dem Sack einen Paß von Neustatt an der Haardt unterm 25. August 1741, weniger nicht einen anderen von Mundenheim vom 2. Novembris 1742, worinnen derselbe Ciriau Horn genennet, zu Sprenglingen [65] gebürtig und mit seiner Ehefrauen von Weiler bei Kyrn, namens Dorothea, desgleichen einem Mägdlein, von 2½ Jahr beschrieben wird.
3. Dessen vorbeschriebene Ehefrau Dorothea, deren einer Fuß entzwei und die Herzkammer nebst dem Kopf zerquetschet.
4. Ein etwa 3 jähriges Mägdlein, welches solcher gestalten zerquetschet . . . nach angeheftetem Paß vorstehenden Eheleuten zuständig.
5. Eine, dem Vernehmen nach, ledige Weibsperson und Schwester des vorbeschriebenen Ciriau Hornen, völlig zerquetschet [66].
6. Des noch lebendig gebliebenen Mannes Ehefrau benebst deren 3 Kindern, als
7. ein Mägdlein
8. ein Knäblein und endlichen
9. ein solcher Gestalt in einer Wiege oder Korb zerquetschtes Kindlein, daß man fast nichts mehr daran erkennen noch weniger sehen können, welcherlei Geschlecht es seie.

---

[65] Springlingen bei Frankfurt. Er war 32 Jahre alt. Da er sich durch Krankheit einen Stollfuß zugezogen, suchte er sein Brot bei mildtätigen Menschen. Er wollte mit seiner Familie nach Meisenheim.
[66] Sie hieß Maria Anna Cerriußin, war wohnhaft in Mundenheim und ernährte sich säuerlich als Knopfmacherin.

Nach dieser Augenscheinsaufnahme begab sich Faber am gleichen Tage noch auf die Neumühle, um den noch lebend gebliebenen armen Mann nach seinen Umständen zu vernehmen. Der gab folgendes zu erkennen: Er heiße Johann Jacob Kießling, zu Sultz im oberen Elsaß gebürtig, katholischer Religion, seiner Hantierung ein Wannenmacher und seie vermög vorgezeigten Trauscheins, den 21. Novembris 1741 zu St. Johann bei Saarbrücken mit seiner unter dem Felsen tot verbliebenen Ehefrau Maria Gertrud Egermännin, Mathias Egermanns, des Kuhhirten zu Winbringen, Nassau-Saarbrückischer Herrschaft, kopuliret worden. Er, Kießling, seie vorher mit Maria Anna Fixin von Dambach verheiratet gewesen und habe mit selbiger das unter Nr. 7 bemerkte Mägdlein erzeuget. Diese seine erste Frau aber seie, laut vorgezeigtem Todenschein, den 30. Dezembris 1740 zu Breitenbach bei Schlettstadt verstorben. Seine letztere Frau, die Egermännin habe ihme das unter Nr. 8 beschriebene Knäblein, welches sie im ledigen Stand von einem Schäferknecht, der sie nachgehends verlassen, in Unehren bekommen, zugebracht.

Das in der Wiege oder Korb hingegen unter 9 notierte Kind, welches ein Mägdlein gewesen, hätten sie miteinander in der Ehe gezeuget und seie solches den Samstag vor Michaelis zu Bübingen, ebenfalls Nassau-Saarbrückischer Herrschaft, da er sich zu Giedingen eine Viertelstunde von da, laut vorgezeigten, fürstlichen Saarbrükkischen Rentkammer Dekreti vom 16. Dezembris 1741, als Hintersaß und Korbmacher aufgehalten, getaufet worden. Nachdeme nun seine Weidenpacht zu ersagtem Giedingen ein Ende gehabt und er im Sinne gehabt mit seiner Frauen und Kindern nachher nach Landau zu seinen Angehörigen zu gehen, so seien sie verwichenen Samstag gegen Abend an den Felsen gekommen, allwo des Ciriau Hornen Ehefrau ihnen begegnet um Wasser zu holen und habe auf Befragen, wo sie hinwollten und die erhaltene Antwort, noch in den ersteren Ort, ihnen zu verstehen gegeben, sie würden in Rodalben nicht aufgenommen werden.

Wie nun seine Kinder das Feuer gesehen und müd gewesen, so hätten selbige zu dem Feuer verlanget. Allda hätten sie dem Horn seine Frau, dessen Schwester und zwei Kinder angetroffen, die ihnen dann zugeredet, sie sollten bei ihnen bleiben. Er habe keinen Lüsten dazu bezeiget, zumalen er den Horn mit seiner Familie beim Tag nicht gesehen, noch zuvor gekennet, auch noch nicht wisse wo sie hergekommen oder wie sie hießen. Seine Ehefrau aber hätte sich bereden lassen, der Ursachen da auszurasten, weilen sie den gefolgten Sonntag auch in die Kirche gehen könnten. Weil sie dann auch gestrigen Sonntag wirklich in die Kirche gegangen seien und ihre zwei zugebrachte Kinder bei denen Hornischen gelassen. Nachmittags nach 5 Uhr seie der ihme gleichfalls unbekannte, unter Nr. 1 beschriebene, ledige Mensch, von welchem er weiter nichts als dieses gehöret, daß er in dem Schwarzwald gebürtig seie und bei denen Steinmetzen hin und wieder gearbeitet habe, dermalen aber sich vor denen Werbungen fürchte und keine Arbeit wisse, zu ihnen gekommen und habe ihnen zu verstehen gegeben, weilen er schon mehrmalen unter diesem Felsen übernachtet, so wolle er auch heute bei ihnen bleiben. Sein, Kießlings Meinung, wäre gewesen den gestrigen Sonntag noch ein Stück Wegs weiter zu gehen. Er habe aber seine Ehefrau nicht dazu bewegen können, welche vorgeschützet es seie Sonntag.

Am Abend habe sich jede Partei was zu essen gekochet, wornächst er sich mit seiner Frauen und Kindern auf zusammen getragenes Laub niedergeleget und mit einem alten Federbett zugedecket. Seine Frau mit dem kleinsten Kinde habe ihme zur rechten und die zwei zugebrachte Kinder zur linken Hand gelegen. Wie er nun schon einige Zeit geschlafen gehabt und nun, sein Wasser abzuschlagen, aufgestanden seie, so habe er gesehen, daß die Hornische Partie noch um das Feuer sitze. Er habe sich wieder zu seiner Frauen geleget und, da er im ersten Schlummer gewesen, etwas blotschen oder fallen hören, habe er geglaubet, man werfe Holz ins Feuer, bis er endlichen auch leider mit größter Bestürtzung erfahren, daß noch ein Stück von dem Felsen nachgefallen und ihme mit Frau und Kindern auf einmal bedecket.

Mit größter Mühe habe er sich unter dem Schutt und Sand herausgearbeitet und da er mit größtem Leidwesen gesehen, daß ein großes Stück Felsen seine Frau und das kleinste Kind getötet, die zwei anderen Kinder auch keine Zeichen mehr unter dem Grund von sich gegeben, weniger nicht auf der rechten Seite des Felsens alles über und über, sogar das Feuer, mit den größten Steinen bedecket gewesen, hiernächst des Hornen kleinstes Kind schreien hören und beobachtet, daß die Steine die Kötze mitsamt dem Kind den Berg hinabgeschmissen, so habe er in größter Schwachheit das Kind und Kötze den Berg wieder hinaufgetragen und sicher gestellet, hiernächst aber auf Händ und Füßen den Weg auf diese Mühle gesuchet. Seines Erachtens seie der Fürgang um Mitternacht geschehen, inmaßen der Mond allschon untergegangen gewesen.
Nachdem sonach die Förmlichkeiten gewissenhaft erledigt, die Totenwächter aufgestellet und das Gaffervolk vertrieben war, ritten Assessor und Heilkundige dem Amtssitz zu. Als aber Gottes große Monstranz feierlich im Osten in Glanz und Gnade aufleuchtete und die wächsernen Anlitze der nun Schlafenden sich rosiglich verklärten, luden schwielige Bauernhände die Toten linde und leise auf bereitgestellte Leiterwägen in Stroh und Heu. Still und stumm strebte der sonderliche Leichenzug der Gnadenkapelle auf dem Rosenberg zu. Hier harrte den Entseelten bereits ein Massengrab. Unter Anteilnahme vieler Guten erfolgte die Umbettung und der Seelsorger von Rodalben sprach das letzte liebe Wort. Dann rollten die Schollen über die Kinder der Landstraße. Gewißlich hat Gott der Gerechte diese Geringsten der Geringen gütiglich unter seinen geraumen Gnadenmantel geborgen.
Allerorts sprach man noch nach Wochen und Monden im Westrich von dem Untergang der Neun. Auch in die Vorderpfalz, bis zum Rhein sprach sich das schauerliche Gerücht fort.
Dadurch erhielt auch die greise Großmutter des geretteten Knaben, Anna Maria Wölffin, die sich zu Mundenheim säuerlich ernährte, Kenntnis von dem Hinscheiden ihrer Angehörigen. Mit Ausweispapieren versehen, pilgerte sie zu Anfang des April nach Pirmasens aufs Amt und begehrte hie die Aushändigung ihres Enkelkindes, des Johannes Georg Horn. In Gnaden ward ihr willfahrt.
Bereits zu Ende des Märzen war bei der gleichen Behörde eine auf Krücken gestützte Jammergestalt erschienen.
Nach Namen und Begehr gefragt, gab sie sich als jenen Elsässer zu erkennen, der durch die Naturgewalten am Bieberbronnen sein ganzes Geschlecht eingebüßt hatte. Mit drei Gulden abgespeist, humpelte der Vielgeprüfte auf Nimmerwiederkehr von dannen.
Nachdem auch noch der Pastor von Rodalben mit der gleichen Summe und die anderen Hilfskräfte taxgemäß abgefunden worden waren, hatte das entsetzliche Ereignis seinen äußerlichen Abschluß gefunden.
Doch noch nach Jahrzehnten sprach man auf Gassen und in Schenken, in Kunkelstuben und bei Bittfahrten, auf Märkten und im Kämmerlein von den armen Unglücklichen.
Später wird dann die Sage einen Immortellenkranz um das Vorkommnis gewunden haben. Aber die Neuzeit mit ihrem Hasten und Jagen begrub auch sie."

1743 Fast ein ganzes Jahr lang konnte sich der Erbprinz nunmehr in seinem geliebten Pirmasens aufhalten und seine Entscheidungen treffen, welche gleichermaßen sowohl der Vermehrung seiner Soldatentruppe als auch dem weiteren Ausbau des Dorfes zugute kamen.
Er konnte seine Freude daran finden, seine zum damaligen Zeitpunkt noch nicht einmal einhundert Mann starke Grenadiertruppe zu befehligen und sie nach Herzenslust von morgens bis abends exerzieren zu lassen.
Aber nicht nur darin bestand der Tagesablauf, sondern es gab sehr viele andere militärische Dinge, mit welchen sich der Erbprinz Ludwig befassen konnte. Es waren Verwirklichungen vieler Ideen und die Ausführungen mancher Anregung und Neuerung, welche er vom preußischen und französischen Militär in Erfahrung ge-

bracht hatte oder an welche er sich selbst noch erinnern konnte. Das betraf zum Beispiel auch die „Montour" seiner Soldaten, die niemals konstant bleiben und ständig neuen Änderungen unterliegen wird. Erkenntnisse neuer Kriegstechniken wurden sogleich studiert und in kleinem Rahmen in die Tat umgesetzt. Neue Angriffstechniken wurden bis in jede Einzelheit erprobt. Allein die Bewaffnung in Form von Gewehren und Bajonetten, Lade- und Aufpflanztechnik derselben, usw. oblagen zur damaligen Zeit ständig technischen Neuerungen, und dies allein war schon ein Spezialgebiet des Erbprinzen, in welchem er seine Soldaten ausbilden ließ.

*

Am 17. August 1743 hatte der Erbprinz seine Demissionierung aus französischen Diensten in schriftlicher Form erhalten, und schon muß ihn sein angeborenes Soldatenblut bewogen haben, sofort um Dienst beim Preußenkönig nachzusuchen. Mag sein, daß er auch einmal auf seiten einer Siegermacht hatte stehen mögen, denn vom letzten kriegerischen Einsatz auf französischer Seite hingen ihm nicht gerade Lorbeeren an. Er mußte schließlich seinen eigenen Truppen als Vorbild erscheinen, und in Zukunft sollte ja das Pirmasenser Militär noch gewaltig zunehmen.

*

Alle diese absonderlichen Geschehnisse in dem Soldatendorf Pirmasens hatten sich bereits bis zum Preußenkönig herumgesprochen, wie man überhaupt allerorts die Entwicklung mit Interesse verfolgte. Dem „Pirmasenser Exerziermeister" wurde schon einige Bewunderung und Achtung zuteil, ob seines Mutes und seiner Unverdrossenheit.
Friedrich der Große konnte jederzeit tüchtige Soldaten sehr gut gebrauchen, und so wurde die Bewerbung Ludwigs um preußische Dienste forciert. Unter dem Datum 2. September 1743 schrieb der Erbprinz in sein Tagebuch: „Heute habe ich erfahren, daß ich Generalmajor in Preußen bin geworden und daß ich auf das erste alte Infanterie-Regiment die Anwartschaft habe".
Kurz vor Weihnachten des Jahres 1743, genau am 19. Dezember, erfuhr unser Erbprinz Ludwig in Pirmasens, daß ihm der Preußenkönig das Selchow'sche Regiment übertragen habe, welches damals in Prenzlau in der Uckermark stand.

1744 Zum Jahresende eilte er dorthin, um in den Jahren 1744/45 auf Seiten der Preußen den Zweiten Schlesischen Krieg mitzumachen, was wohl ganz in seinem Sinne gelegen war.
Wieder einmal war der Erbprinz auf fast zwei Jahre von Pirmasens abwesend. Er hatte hier jedoch einen Vertrauten, welcher die hinterlassenen Befehle und Anordnungen auszuführen hatte, nämlich den Major Johann Wilhelm de Grandfil.

1745 Gerade wegen seiner Treue und Ergebenheit hatte es Grandfil bis jetzt zum Major gebracht, und die Treue scheint auch finanziell belohnt worden zu sein. In den Jahren 1745 bis 1747 legte Grandfil den Hombrunner Hof an. Überhaupt scheint es in dieser Zeit Mode gewesen zu sein, solche Hofgüter als Privatbesitz anzulegen, wie wir in einzelnen Fällen noch erfahren werden.
Bereits 1744 hatte Grandfil den Entschluß gefaßt, im Münchweiler Tal einen Musterhof erstellen zu lassen, und hatte von verschiedenen Bürgern in Hanauisch-Münchweiler viele Grundstücke gekauft, die „im Geigerspiel, bei den 3 Brunnen, an der Hombrunner Fahrt und dem Hombrunner Weiher lagen". Schon im Mittelalter hatte hier ein Dörflein nebst Mühle bestanden, 1290 als „Hoinburnen daz Dorf" bezeichnet. 1745 wandte sich Grandfil an die Buchsweiler Rentkammer mit dem Anliegen, „ihm Wilderungsland in der Lammsbach und Finsterbach, im Glasthal und anderen Orten als Eigentum um die Abschätzung aus dem Grunde zukommen zu lassen, weil er, neben einer Mahl- und Sägmühl, ein stattlich Hofhaus im unteren Lammbsbachthale aufzurichten gedenke". Unter dem Datum 8. Dezember 1745 entsprach man diesem Wunsch mit einigen Einschränkungen.

Daraufhin holte sich Grandfil die Erlaubnis, so viel Rind- und Schafvieh halten zu dürfen, als es im eigenen Futter überwintern konnte. Dann baute er „ohnfern der Sägemühle ein Taglöhnerhaus".
Sodann gewann er die Eheleute Christian Nikolaus Dechert und Susanna, geborene Krummet, als Hofpächter. Zwischen beiden Teilen kam es am 23. April 1746 zu einem Lehensvertrag, welcher 9 Jahre dauern sollte. Erst 1750 ließ der Lehensherr Grandfil ein Wohnhaus errichten. Die übermenschlichen Anstrengungen auf dieser unwirtlichen Stätte, die mageren Ernten und der hohe Pachtzins waren ausschlaggebend, daß der Beständer vor Ablauf der Pachtjahre aufkündigte.
Zwei Bauern, bisher wohnhaft zu Lanweyler, rheingräflich Grumbachischer Herrschaft, namens Johann Nikolaus Licht und Jakob Hiebener (Hübner) zogen nunmehr auf den Hof, wobei der Vertrag am Georgitag 1751 abgeschlossen wurde und auch wieder 9 Jahre Gültigkeit hatte [67].
Da das zum Hof geschlagene Wald-, Wiesen und Wilderungsland damals noch nicht vermessen war, wurde es 1753 durch den damaligen herrschaftlichen Feldmesser Johann Peter Schmidt ausgemessen und versteint. Das Gut wies 147 Morgen auf.
1760 beabsichtigte Grandfil eine Mahlmühle beim Einshalbertal erbauen zu lassen. Dabei kam er aber in Konflikte mit seinem Kriegsherrn, denn dieser gab ihm unmißverständlich zu verstehen, daß er den Bau neuer Häuser lieber im Soldatendorf sehen würde als in den umliegenden Tälern. So sah der Hofherr von seinem Vorhaben ab. Noch kurz vor seinem Tode aber erbaute Grandfil mit allerhöchster Genehmigung den Glasthaler Hof. Am 21. Jänner 1766 segnete er das Zeitliche, als Folge eines „hitzigen Fiebers". Der Hombrunner Hof wurde am 7. März 1767 versteigert.
Er gelangte in den Besitz eines Kaufmanns Ehrmann aus Zweibrücken und wechselte in der Folgezeit gar oftmals seine Besitzer. Die Häufigkeit des Besitzwechsels mag verdeutlichen, daß wohl keiner der Eigentümer mit diesem Hofgut so recht zufrieden gewesen war [68].

*

Das Militär im Soldatendorf hatte mittlerweile (1745) eine Stärke von 143 Mann erreicht, welche in 5 Kompagnien aufgeteilt waren. Die, wenn auch immer noch geringe, Zunahme war mit eine Folge der Anwesenheit des Erbprinzen bis zum Dezember 1743 in Pirmasens.

Man schrieb Dezember des Jahres 1745, als der Erbprinz Ludwig aus Preußen in das Soldatendorf zurückkehrte.
Nun wird seine Anwesenheit einige Jahre dauern, und mit Recht kann gesagt werden, daß die kommenden 5 Jahre von außerordentlichem Vorteil für Pirmasens sein werden.

---

[67] In diesem Zusammenhang muß erwähnt werden, daß Grandfil ein sehr baulustiger Offizier war. Im Jahr 1751 hatte er zusammen mit dem damaligen Stadtschultheiß Johann Gottfried Faul die neue Ziegelhütte errichten lassen. Dies war in weiser Voraussicht der kommenden Ereignisse geschehen, denn das Produkt Ziegel sollte noch in großen Mengen gebraucht werden.

[68] Der Hombrunner Hof gelangte in den Besitz eines Kaufmanns Ehrmann aus Zweibrücken und wechselte in der Folgezeit oftmals seine Besitzer.
Als weitere Besitzer traten sodann auf: Ab 1808 Nikolaus Kehrwald und dessen Ehefrau Katharina, geb. Germann; ab 9. Februar 1831 Ludwig Detreux und Peter Leinenweber, beides Pirmasenser Gerber; ab 11. April 1853 Ludwig Leinenweber und Friederike von Gerichten; ab 11. Januar 1856 Johann Babtist Welter; ab 11. August 1858 Franz Breith, Handelsmann, Leopold Weil von Blieskastel und Aaron und Michel Levi von Zweibrücken; ab 1. Februar 1862 Katharina Heng, Gutsbesitzerin aus Landau; ab 16. März 1863 im Tausch an Friedrich Heng aus Landau; ab 1873 Christian und Georg Diehl; am 27. August 1884 durch Zwangsversteigerung an August Schneider, Bankier in Pirmasens; ab 27. Februar 1885 in Heinrich Beckmann aus Neustadt a. d. H.; ab 28. März 1893 Friedrich Pfeffinger, Zimmermann; ab 4. Juni 1894 durch Zwangsversteigerung an Emil Beckmann, Kaufmann zu Stuttgart; ab 7. Dezember 1895 an Bauunternehmer Nill aus Stuttgart; ab 27. April 1896 an Bernhard Hasenbein, Besitzer des Hotels „Drei Glocken" in Mannheim; ab 13. Juli 1896 Adolf v. Hees, Posthalter in Odenbach/Glan, welcher den Hof bis zum 24. Juli 1912 in Besitz hatte.

Jetzt wurden nämlich erheblich viele Vorleistungen geschaffen, welche einen zügigen Ausbau des Dorfes gewährleisten sollten. Bestehende Planungen wurden fixiert, andere neu erstellt, und im einzelnen wurde festgelegt, welche Bauten einen Vorrang haben sollten, je nach Wichtigkeit und Vorhandensein des benötigten Geldes. In jenen Jahren wurden sozusagen die Grundlagen für einen weiteren Ausbau des Dorfes zu einer künftigen Soldatenstadt geschaffen. Abgesehen von einzelnen Änderungen, wird sich die Stadt Pirmasens in 45 Jahren so darbieten, wie sie jetzt vorgeplant wurde.

1746 Auch auf andere Weise schlug sich die Anwesenheit des Erbprinzen positiv nieder, und, wie hätte es anders sein können, natürlich auf die Stärke seines eigenen Militärs. Im Jahr 1746, also ein Jahr nach seiner Rückkehr, hatte es sich schon verdoppelt, denn es dienten bereits 307 Mann unter seinen Befehl [69]!

1747 Zu Beginn des Jahres 1747 ergab sich eine schlagartige Verstärkung der Soldatenmannschaft, denn in den Monaten Januar, März und Juni kam ein überrheinischer Truppenteil in Stärke von 2½ Kompagnien nach Pirmasens.
Dies war eine willkommene Bereicherung, ganz im Sinne Ludwigs. Von Anfang an hatte er die Verlegung dieses Truppenteils betrieben, um seine Garnison zu verstärken. Allerdings waren die Soldaten mit ihren Familienangehörigen nicht so sehr erbaut, in diesen entlegenen Winkel „verpflanzt" zu werden. War man einmal hierher beordert, so ergaben sich wenig Zukunftsaussichten, jemals wieder in die alte Heimat zurückkehren zu können. Deshalb zogen viele Söldner ihren Familienanhang mit sich, und auch dies war ja wohl vom Erbprinzen beabsichtigt.
Für die Einwohner des Dorfes Pirmasens aber war das Eintreffen einer solch ansehnlichen Verstärkung schon ein Ereignis und fand allergrößte Beachtung. Einmal brachten die Neuankömmlinge wieder Abwechslung in das eintönige Geschehen, und zum andern wurde es als gutes Omen dafür gewertet, daß es dem Erbprinzen durchaus ernst war, das Dorf noch weiter auszubauen und zu vergrößern, wie gleichermaßen das Militär zu vermehren, koste es was es wolle.
Jegliche noch bestehende Skepsis schwand unter solchen Ereignissen dahin, und die Parole hieß allgemein: Schneller Ausbau des Dorfes, Verstärkung des Militärs und Ausbau zur Soldatenstadt — um jeden Preis!

*

In den Jahren 1746/47 ließ sich der Kapitän Georg Höf(f)le [70] in der Gewanne „Am Haseneck" ein Hofgut erbauen, was wohl standesgemäß war und wie es einige Soldatenkollegen in ähnlicher Form schon besaßen.
„Nachdeme der geweßene Haubtmann und nunmahlige Major der Fürstlichen Grenadier Garde zu Pirmasens, Herr Georg Hoeffle, um nachstehende Wilderungs Landt unterthänig eingekommen, demßelben auch in seinem begehren in so weit willfahret worden, daß Er solches als ein Erblehen, gleich seinem vorigen Guth übernehmen solle, daraufhin auch dem verstorbenen Feldmeßer Schmidten der Befehl zugegangen solches Wilderungs-Land nach dem gewöhnlichen Landmeß Lemberger Amts, obigen Herrn Major Höffle darzumeßen, als wurde solche Aus- und Darmeßung wie hiernach stehet, von ihme, dem Feldmeßer, vorgenommen als in Anno Sieben Zehn Hundert Acht und Vierzig, nach dem ihme, Feldmeßer, dießertwegen zugegangenen Extr. Prot. Cam. sub Nr. 194 in unterschiedlichen Plätzen und

---

[69] Vergleiche auch Mannschaftsbestand im Anhang.
[70] In der Stammrolle der Ober-Offiziere aufgeführt: Höf(f)le Georg Joh., geb. am 16. Mai 1701 in Kutzen bei Göppingen, 15 Zoll, 1742 Feldwebel, 1743 Leutnant, 1745 Kapitän, 1748 Major, 1753 Obrist-Leutnant, 1761 Obrist, 1764 Brigadier, 1766 Generalmajor, 1769 Generalleutnant, 18 Jahre in der preuß. Garde zu Fuß, 1741-1777 im Rgt. „Erbprinz", gestorben zu Pirmasens am 11. September 1786. Sein Grab ist nicht bekannt.

zwar Ein Morgen Sieben und Zwantzig Ruthen an der Schmahlbach, Einheit neben sein, Herrn Major Höffle, Wießen, anderseit neben dem Waldt, stoßt oben auf das Hoffguth und unten spitzet sichs aus.
Item Ein Stück Ackerlandt von Acht Morgen Zwey Ruthen Zwey Schuh, obig der Schmahlbach auf dem Haaßen Eck, einseit neben dem Hoffguth, ander seit neben der Wilderung, vornen auf dem Pirmasenser Weeg, hinten auf die Wilderung.
Item Ein Stück von Zwey und Zwantzig Morgen Sieben Zehn Ruthen Fünff Schuh, auf dem Haaßen Eck, einseit neben dem Hoffguth, anderseit neben der Wilderung, oben auf gedachte Wilderung, unten auf die Früh Wieß,
zusammen Ein und Dreißig Morgen Ein Vierthel vierzehn Ruthen und Sieben Schuh ausmachend, a Vier Gulden der Morgen Ehrschatz, thut.
Ein Hundert Fünff und Zwantzig Gulden, Vier Schilling Sieben Pfennig, welche Er in Vier Jahresterminen, nehmlich auf Martini Ein Tausend Sieben Hundert Acht und Viertzig, Neun und Viertzig, Fünffzig und Ein und Fünffzig zu bezahlen. Sodann in Anno Sieben Zehn Hundert Acht und Viertzig, laut Extr. Prot. Cam. Sub Nr. 3536 und in Anno Siebenzehn Hundert Neun und Viertzig Sub. Nr. 231 Sieben und Zwantzig Morgen Zwantzig Ruthen auf der Schwang (heute „Auf der Schwann, d. V.) Pirmasenßer Banns, einseit neben Conradt Brantzen Wießen, theils neben dem Waldt, anderseit neben der Wilderung, stoßt vornen auf den Rothalber Weeg und hinten auf sein, Herrn Major Höffle Hoffguth, auch a Vier Gulden der Morgen Ehrschatz, thut Ein Hundert Acht Gulden sechß Schilling drey Pfenning, welche er ebenfalls in vier Jahresterminen, nehmlichen auf Martini Ein Taußend sieben Hundert Neun und Viertzig, Fünffzig, Ein und Fünffzig und Zwey und Fünffzig zu bezahlen."
So geschehen Buchsweyler den sechßzehenden Novembris Ein Tausend Sieben Hundert und Fünffzig.

Hochfürstlich Heßen-Hanau-Lichtenbergische
Renth-Cammer alda.

Nach dem Tode Höfles wollte der Landgraf selbst das Gut erwerben, kam jedoch von diesem Gedanken wieder ab. Schließlich wurde es auf Abbruch versteigert.
Die schönen und begehrten Steine der Umfassungsmauern, wie auch ein ganzes Haus, welches abgetragen wurde, wanderten nach und nach in das Stadtgebiet, um von den Einwohnern zum Häuserbau verwendet zu werden. Besonders nach 1790 bediente sich jedermann des Restes. Mancher Stein kam so in die Fundamente von Pirmasenser Altbauten.
Ein Türstein des besagten Gutes wanderte zum Beispiel in das Haus Blocksbergstraße Nr. 6. Auf der Rückseite schmückt er seit jener Zeit den Kellereingang, und hier ist die Inschrift zu erkennen: „17 G. HÖFFLE HAUPTMANN 46" [71].
Von dem einstmals stolzen Haseneckgut waren bis vor dem 2. Weltkrieg noch Reste zu sehen, so auch eine Felsinschrift aus dem Jahr 1748. Heute sind nur einem Ortskundigen vereinzelte Spuren erkennbar.
Außerdem hatte Höfle noch 14 Morgen Land in der Hickmannsdell [72], sowie einen größeren Garten. Dieser Garten lag an der Stelle, an welcher Strobelallee, Buchsweiler Straße und Buchsweiler Allee zusammenstoßen. Zwei mächtige Torsteine und das restliche Mauerwerk wurden erst 1924 beseitigt. Leider hat man es dabei nicht verstanden, den Monumenten einen geeigneten Platz zu reservieren.

---

[71] Bis vor dem 2. Weltkrieg wanderten ganze Schulklassen zur Besichtigung des Steines hierher. Heute ist das Interesse nur noch gering, und kaum jemand beachtet diesen Stein. Das Haus ist zum Abbruch vorgesehen.

[72] „An der Hickmannsdell", Lage unterhalb des Sommerwaldes gegen die Dankelsbach zu (kleines Seitentälchen der Dankelsbach), oberhalb des späteren Rheinberger-Altersheims. Siehe Seite 31.

In den Jahren 1746/1747 ließ der damalige Kapitän (Hauptmann) Johann Georg Höfle (1701-1786) in der Gewanne „Am Haseneck“ ein stattliches Hofgut erbauen (vergleiche auch Text Seite 63). Höfle wurde zu einer einflußreichen Persönlichkeit in der Soldatenstadt, nicht zuletzt wegen seiner Größe. Einmal soll er, in Anbetracht seiner steilen militärischen Laufbahn, gesagt haben: „Wenn ich immer so fort aufrücke, kann ich noch Erbprinz werden.“ Schon 1756 hatte Höfle an der Ecke Schloßstraße-Höfelsgasse ein Herrschaftshaus bewohnt, zur damaligen Zeit noch weit außerhalb des eigentlichen Dorfes (vergleiche auch Farbplan des Dorfes nach Seite 96). Als Höfle am 11. September 1786 in Pirmasens verstarb, hatte die Soldatenstadt ihren Höhepunkt fast erreicht. Er hatte als altgedienter Soldat und als Vertrauter des Landgrafen mitgeholfen, das einstmalige Dorf zu solchen Höhen hinaufzuführen, ohne jedoch den absoluten Höhepunkt miterleben zu können. Der erste Hofmann, welcher das Gut am Haseneck verwaltete und „imstand war, das ungeschlachte Land in giebig‘ Fruchtland und ertragreiche Matten umzuschaffen“, war der Wiedertäufer Jakob Dettweiler, der vom Trautenbronner Hof bei Lembach nach Pirmasens gekommen war. Nach zehn Jahren folgte ein Peter Weiß, gleichfalls ein Mennonit, der jedoch kurze Zeit später am 14. September 1763 verstarb. Der Johannes Gingrich, wieder ein Wiedertäufer, folgte als Hofmann. Das Hofgut war den Pirmasenser Ackersleuten stets ein Dorn im Auge. Wiederholt kam es zu Reibereien, ja eines Tages zu ernsten Auseinandersetzungen mit Höfles Hofleuten. Jetzt erfuhr auch der Landgraf von den Querelen und erwog den Erwerb desselben, wurde aber letztlich durch die schlechten Erfahrungen abgebracht, wobei der erstgenannte Hofmann Dettweiler angehört worden war. Unter dem Datum 14. Mai 1774 kam das Gut sozusagen unter den Hammer und wurde von der Rentkammer für 4 000 Gulden versteigert, allerdings mit der Klausel, daß sämtliche Hofgebäude auf Abbruch dergestalt zu versteigern seien, daß sie in die Stadt versetzt werden müßten und die morgenweise Versteigerung aller Güterstücke sowohl der Herrschaft als den Untertanen fromme. Noch waren die Versteigerungskosten nicht vereinnahmt, als das Gehöft abgetragen wurde. So geschah es, daß der zerlegte Fachwerkbau auf dem Blocksberg wieder zusammengefügt wurde. Lediglich ein Türstein überdauerte die Wirren von 200 Jahren und ist heute noch erhalten. Im Anwesen Nr. 6 der Blocksbergstraße schmückt er rückseitig einen Kellereingang. Die Originalinschrift lautete: „17 G. HÖFELE HAUPTMAN 46“. Offensichtlich wurde die 4 der Jahreszahl in dilettantischer Weise irgendwann einmal nachgezogen, so daß sich eine falsche 2 daraus ergab. Dank einem Heimatforscher Schäfer wurde die richtige Inschrift in einer Zeichnung festgehalten.

1748 Die Stärke der Pirmasenser Garnison war im Jahr 1748 auf insgesamt 531 Mann angewachsen.

Und schon wieder zeichnete sich eine für den Erbprinzen willkommene Verstärkung ab, welche allerdings einige Schwierigkeiten mit sich bringen sollte, im Prinzip aber wieder beweist, wie der Fürst jede sich bietende Gelegenheit wahrnahm, um seinen Willen durchzusetzen und sein Soldatendorf zu vergrößern.

Im weitentlegenen Schaafheimer Gebiet, welches gleichfalls zu den überrheinischen Besitztümern der Grafschaft Hanau-Lichtenberg gehörte, sollte am 29. Januar 1748 die Zusammenstellung einer neuen Truppe erfolgen, sozusagen eine Rekrutierung.

Bei den Einheimischen hatte es sich aber ganz schnell herumgesprochen, daß der Erbprinz im fernliegenden Pirmasens den Ausbau seiner eigenen Garnison sehr eifrig betrieb und die Soldatenstärke mit allen ihm zur Verfügung stehenden Mitteln verstärken wollte.

Ein Einzug zum Militär wäre nicht weiter schlimm gewesen, aber so weit wollte man seine Söhne nicht ziehen lassen. Niemand konnte in Anbetracht der damaligen Verhältnisse vorhersagen, ob man sie jemals wiedersehen würde. Also kam es zu Weigerungen.

Solches konnte der Erbprinz als eingefleischter Soldat am allerwenigsten vertragen, und sogleich wurden am 9. Februar drei Pirmasenser Kompagnien nach Schaafheim in Marsch gesetzt, um die Widerspenstigen zur Räson zu bringen.

Die drei Kompagnien Soldaten wurden sodann bei Schaafheimer Bürgern einquartiert, und diese hatten ohne jegliches Entgelt für die Verpflegung und Unterkunft zu sorgen.

Kein Wunder, daß sich der Ungehorsam innerhalb kurzer Zeit legte. Dann waren die Militärpflichtigen gewillt, ihren Dienst anzutreten. Es kam zur Bildung einer Schaafheimer Kompagnie, und die Pirmasenser Truppe konnte ihren Heimweg wieder antreten.

Am 13. März 1748 kam sie in der Heimatgarnison an. Wir aber können im nachhinein konstatieren, daß dies wohl für lange Zeit der einzige Fall war, in welchem Pirmasenser Militär nach außerhalb des Dorfes beordert worden war, um einer militärischen Pflicht Genüge zu leisten.

Wahrscheinlich hatte der Erbprinz damals zugesagt, die neue Truppe zunächst in der näheren Heimat zu belassen, aber mit dem Hintergedanken, sie eines Tages doch nach Pirmasens zu verlegen. So kam die Schaafheimer Kompagnie ein Jahr später, am 31. März 1749, zur Verstärkung der Pirmasenser Garnison hier her. Jetzt hatte sich jeglicher Widerstand gelegt, und mit einigem Geschick hatte der Erbprinz letztlich doch erreicht, was er von Anfang an beabsichtigt hatte.

Die besagte Kompagnie zählte 2 Offiziere, 10 Unteroffiziere, 4 Pfeifer, 4 Trommler, 2 Zimmerleute und 76 Gemeine. Durch diese Verstärkung wuchs die Pirmasenser Garnison auf 619 Mann an.

Der „Lieutenant Petermann“ war zur damaligen Zeit der größte Mann im gesamten Pirmasenser Bataillon, mit „6 Schuh 2 Zoll französisches Maaß.“ [73]

1748 Einige wenige Unterlagen gaben darüber Auskunft, wie das Leben damals im einzelnen verlief und welchen Aufwand man betreiben mußte, um die Verwaltung aufrechtzuerhalten. Hier ergaben sich schon mancherlei Probleme, die nicht weniger werden sollten, je mehr das Dorf Zuwachs erfahren wird.

---

[73] Erst im Jahr 1872 wurde ein einheitliches Metermaß eingeführt. Bis dahin wurde in fast allen europäischen Ländern mit Fuß oder Schuh gemessen. Das bedeutete die Fußlänge eines Mannes, etwa 1/3 Meter entsprechend. Dabei ergaben sich unzählige Variationen. In der Garnison zu Pirmasens wurde anfänglich mit dem französischen oder Pariser Fuß (1 Fuß = 0,32484 m) gemessen, späterhin mit dem preußischen oder rheinländischen Fuß (1 Fuß = 0,31385 m). 1 Fuß wurde in 12 Zoll eingeteilt und jeder Zoll wiederum in 12 Striche.

Dabei sei nur einmal an die Verpflegung der Bewohner des Dorfes gedacht. Wollte man keine einseitige Verpflegung genießen, so ergaben sich nur Möglichkeiten einer Zufuhr, im Falle unseres abgelegenen Pirmasens fast mit einem Import vergleichbar.
Und schon wieder taten sich neue Probleme auf: Hierhin, in den entlegensten Winkel des unermeßlich großen Wasgauwaldes, führten keine Straßen. Wollte man überhaupt zu dem Dorf gelangen, so war dies zur damaligen Zeit nur auf schlechten Wegen möglich und mit unsäglichen Strapazen verbunden.
Im Jahr 1748 konnte man sich noch von den Dingen ernähren, die in näherer Umgebung vorhanden waren, bzw. angebaut wurden.
Die Schloß- und Hofküche verbrauchte auch Wildbret, Fische und Geflügel, die zur Genüge vorhanden waren, sowie hundert andere Dinge. Eine, wenn auch spärliche, Küchenabrechnung weist aus, was u. a. im Jahr 1748 gebraucht wurde

für gewöhnlich Fleisch	1.541 fl. und 53 kr.
für Brod	501 fl. und 24 kr.
für weitere Küchenausgaben	795 fl.

Was die Berufsbezeichnungen der Soldaten im Jahr 1748 anbelangt, so ist aus der Rangier-Liste vom 18. September 1748 zunächst zu erkennen, daß die allermeisten Söldner den Beruf eines Soldaten ausübten. Nur ganz vereinzelt werden andere Berufe aufgeführt, und zwar meistens nur solche, die in der Garnison und deren Unterhaltung ausgeführt werden konnten oder mußten. Es sind folgende Professionen verzeichnet:

Stricker	Weber	Scribenten
Köche	Sattler	Nagelschmiede
Schreiner	Glaßer (Glaser)	Fischer
Kiefer (Küfer)	Maurer	Baader
Zimmermänner	Müller	Haffner
Schneider	Becker (Bäcker)	Jäger
Schmiede	Bereuter	Ziegler

und, was späterhin von einiger Wichtigkeit sein wird, eine stattliche Anzahl von Schuhmachern.
Deren „Vatterland" war ganz Deutschland, und nur die allerwenigsten Soldaten kamen aus der näheren Umgebung. So lesen wir bei einzelnen Grenadieren als Herkunftsort:
Kusel, Zweibrücken, Trulben, Fröschen, Lemberg, Wenzlen (Winzeln), Drulben (Trulben), Fehrbach, Claußen, Greppen, Ridelberg, Eppenbronn, Neu-Mühle, Burgalben, Contwig, Hornbach, Venningen, Hülst, Trippstadt, Schweigs (Schweix), Gerspach, Semten (Simpten), Harsberg, Donseiters und Neufröschen.
Dagegen kamen gut 80% der Soldaten aus ganz Deutschland, wie zum Beispiel als „Vatterland" genannt:
Darmstadt, Bremen, Freystädt, aus der Schweiz, Mannheim, Nürnberg, America (!), Legelshorst (jetzt Legelshurst, Baden), Bodersweyher, Auenheim, Bärenthal, Bischofsheim, Weilburg, Hanau, Franckfurth am Mayn, Willstädt, Stuttgardt, Heidelberg, Creuznach, Adelshofen, Diezenbach, Lorg (Lorch), Philippsburg und vielen, vielen anderen kleineren Orten aus Hessen und Baden.

Die Exerzierübungen der Grenadiere fanden auf einem Exerzierplatz statt, welcher
1749 auf der Husterhöhe angelegt worden war. Dieser Platz umfaßte bis zum Jahr 1759 insgesamt 60 Morgen und 35½ Ruten.[74]

---

[74] Das Dorf wurde 1758 mit einem Palisadenzaun umgeben, siehe auch Planskizze Seite 95. Nachdem dieser Zaun im Jahr 1763 der Stadtmauer weichen mußte, wurden die Palisaden dazu verwendet, den Exerzierplatz auf der Husterhöhe einzuzäunen. Nach und nach verlor der Platz auf der Husterhöhe jedoch seine Bedeutung, bis er eines Tages in einer traurigen Angelegenheit wieder in einen Blickpunkt kommen wird. Vgl. Band II, November 1790.

Die Unterhaltung des Pirmasenser Militärs kostete natürlich auch Geld. Nur wenn eine gute Entlohnung als Söldner garantiert war, konnte es solche in die entlegene Soldatenkolonie ziehen.

Die Besoldung erfolgte aus der Kriegskasse, die wiederum ihre Einkünfte aus den Abgaben und dem individuellen Wohlstand jedes einzelnen Bürgers in den hanau-lichtenbergischen Landen bezog. Ein wichtiger Beitrag leistete das Vermögen und die Hinterlassenschaft der Fahnenflüchtigen. Soweit diese im eigenen Lande beheimatet waren, mußten sie, beziehungsweise ihre Familien, mit Repressalien rechnen. Im einzelnen scheinen diese aber nicht so gravierend gewesen zu sein. Denn bis zum Bau der Stadtmauer, die ja eine Fahnenflucht absolut verhindern sollte, ergaben sich sehr viele Desertionen von Söldnern, welche in den linksrheinischen Besitztümern der Grafschaft Hanau-Lichtenberg beheimatet waren. Selbst aus Pirmasens und Orten der näheren Umgebung wurden Fahnenflüchtige registriert, ohne bislang bekanntgewordene Nachwirkungen.

Den Kriegsgeldeinnehmern, die über die Einnahmen und Ausgaben genau Buch zu führen hatten, oblag auch die Auszahlung des Soldes. Während Friedrich der Große es sich zur Angewohnheit gemacht hatte, seine Soldaten der Größe nach zu bezahlen, gab es bei dem Erbprinzen anscheinend ein besonderes System der Entlohnung: Er besoldete seine Untertanen nach der Treue, dem Vertrauen, der Redlichkeit und nicht zuletzt den diesen Tugenden zugrundeliegenden Rängen nach.

So bezogen im Monat

Kapitänleutnant Grandfil	24 Gulden, 11 Kreuzer,		sowie jährlich 14 Klafter Holz
Oberleutnant Schickedanz	15 Gulden, –		"
Fähndrich Kurtz	12 Gulden, –		"
Feldscherer Heinrich	4 Gulden, –		"
Tamburmajor Carius	6 Gulden, –		–
Feldwebel Gumbert täglich	–	12 Kreuzer	2 Pfund Brot täglich
Sergeant Henicke täglich	–	10 Kreuzer	2 Pfund Brot täglich
Korporale täglich	–	8 Kreuzer	2 Pfund Brot täglich
Trommler täglich	–	4 Kreuzer	2 Pfund Brot täglich
Gemeine täglich	–	4 Kreuzer	2 Pfund Brot täglich

*

Unter hanau-lichtenbergischer Herrschaft war die Reformation nach lutherischen Bekenntnissen durchgeführt worden. Auch der Erbe Reinhards III., der Erbprinz Ludwig, war lutherischer Konfession. Somit konnte er zunächst einmal die Konfession seiner Untertanen nach dem Rechtsgrundsatz des Westfälischen Friedens von 1648 weitgehendst bestimmen, und es ist wohl anzunehmen, daß die Agenten Anweisung hatten, Söldner reformierten oder lutherischen Bekenntnisses zu bevorzugen, was aber in Anbetracht der größenmäßigen Auswahl nicht immer gelungen sein mag. Im lutherischen Reichsamt Lemberg durften die in Pirmasens und Umgebung ansässigen Reformierten keine Kirche und kein Schulhaus besitzen. Sie hatten keinen Pfarrer und keinen Lehrer, und nach Meinung des damaligen lutherischen Pfarrers Müller sollten die Reformierten von Burgalben und Donsieders nach Waldfischbach zur Kirche gehen, die Bürger von Vinningen und Kröppen nach Großsteinhausen, die von Ruppertsweiler, Salzwoog und Lemberg nach Hinterweidenthal und die von Gersbach und Winzeln nach Nünschweiler, um den reformierten Gottesdienst zu besuchen. Taufe, Konfirmation, Trauung und Beerdigung standen aber allein den lutherischen Pfarrern des Reichsamtes Lemberg zu.

Unter dem Druck einer ständigen Zunahme der Reformierten war absehbar, daß solche Verhältnisse alsbald einer Verbesserung bedurften. Sie kämpften weiter um ihre Religionsfreiheit und wollten vor allen Dingen eine eigene Kirche in Pirmasens haben.

Am 9. Juli 1749 erlaubte ihnen der Erbprinz von Hessen einige Freiheiten und auch den Bau einer eigenen Kirche. Allerdings wollte er sich dies keinesfalls etwas kosten lassen, denn er machte zur Auflage, daß die Erbauung der Kirche, eines Pfarrhauses, eines Schulhauses und die Berufung eines Pfarrers auf eigene Kosten, also zu Lasten der reformierten Gemeinde, geschehen sollten.
Der Erbprinz hatte ganz andere Sorgen: Schon längst reichten die paar wenigen Häuschen im Dorfe bei weitem nicht mehr aus, um die ständig wachsende Zahl von Zuwanderern unterzubringen. So galt seine ganze Fürsorge in erster Linie den Unterbringungsmöglichkeiten seiner Soldaten und deren Familien. Daß er bei Erteilung einer Baugenehmigung für Pfarr- und Schulhaus der Reformierten sodann auch schon einen Hintergedanken hatte, werden wir noch erfahren.
Der vorgenannte Erlaß vom 9. Juli 1749 war nicht ganz klar abgefaßt worden, denn es war ihm nicht zu entnehmen, ob er nur für die in Pirmasens ansässigen oder für alle Reformierten im Reichsamt Lemberg zu gelten hatte. Darüber hinaus bestimmte dieser Erlaß, daß alle Reformierten, die vor dem 9. Juli 1749 in Pirmasens ansässig waren, an die beiden lutherischen Pfarrer Müller und Morhard weiterhin eine Art Kirchengeld von 45 Kreuzern zu zahlen hatten. Nur diejenigen, die nach dem 9. Juli ansässig wurden, sollten davon befreit sein.
Der Erlaß wurde der reformierten Gemeinde erst am 14. Februar 1750 urkundlich zugestellt, also sieben Monate später. Diese Tatsache war mit ein Zeichen dafür, daß mancherlei Querelen zwischen den beiden Konfessionen vorherrschten und man den Bau einer zweiten Kirche zu Pirmasens zu verhindern suchte oder zumindest so weit hinauszögerte, bis es letztlich nicht mehr anders ging.

Erstmals taucht in diesem Zusammenhang in einem Schriftwechsel vom 5 ten 8 bris (Oktober, d, V.) 1750 über den geplanten Bau der Kirche der Name des späteren landgräflichen Obrist-Lieutenants Grandfil auf [75].
Er war ebenfalls reformierten Bekenntnisses und nach den bislang eingesehenen Unterlagen anscheinend auch ein eifriger Förderer und Gönner des geplanten Vorhabens. Er war es auch, der letztlich vom Erbprinzen Ludwig den Befehl erhielt, den Grundstein zur Johanniskirche zu legen.
Daß eine Genehmigung zum Bau der reformierten Kirche nicht ausbleiben konnte und man dieserhalb sehr zuversichtlich war, geht daraus hervor, daß 1750 schon ein Presbyterium gewählt worden war. Das Gesuch zur Grundsteinlegung wurde eingereicht, und die Erlaubnis dazu wurde am 17. 3. 1750 nicht dem Presbyterium erteilt, sondern, wie hätte es anders sein können, dem Obrist-Lieutenant Grandfil:

„Unserem Obrist-Lieutenant Grandfil, Cammerrath Reissen und Amtmann Hopfenblatt Befehlen Wir hiermit gnädigst, daß sie Uns in Unserem Namen den Grundstein zu der auf dem Omet neu zu erbauende reformirten Kirche legen sollen.“

Pirmasens, den 17ten Merz 1750

LUDWIG ERB-PRINTZ ZU HESSEN

Die Grundsteinlegung zur Johanniskirche erfolgte noch am gleichen Tage, wieder ein Zeichen dafür, wie weit die Vorbereitungen gediehen waren und daß man die Hoffnung auf ein eigenes Gotteshaus nie aufgegeben hatte.
Vielleicht war es Zufall oder aber Absicht des Obristen Grandfil, daß die Kirche genau gegenüber seinem Wohnhaus (heute Bayerische Vereinsbank) errichtet werden sollte. Wahrscheinlich war es Absicht, denn zu dieser Zeit bestanden diverse Ausbaupläne für eine „Oberstadt“, mit großzügigen Plänen zur Erstellung eines riesigen Exerzierplatzes.
Mehr oder weniger war jetzt alles noch Brachland, aber, sollten die Ausbaupläne verwirklicht werden – und daran war nicht zu zweifeln – so war der ausgesuchte

---

[75] Vgl. auch Begebenheiten 1742 und Fußnote Nr. 63 dazu.

Die Johanniskirche und das ehemals Grandfil'sche Wohnhaus boten sich zu Beginn des 20. Jahrhunderts noch so dar, wie sie erstellt worden waren. In baulicher Hinsicht hatte sich nicht viel geändert. Während einstmals die Soldaten des Landgrafen hier vorbeimarschierten, erblickten die beiden Zeugen jener Epoche nunmehr die elektrischen Leitungen einer neuen Straßenbahn, und das Germaniadenkmal, welches man zum Gedenken der Toten des Krieges 1870/71 direkt vor der Kirche errichtet hatte, „erstrahlte“ nunmehr im Gaslicht einer modernen Zeit.

Platz geradezu ideal zur Errichtung eines Wahrzeichens für das langsam sich vermehrende und zur Stadt aufstrebende Pirmasens. Der Kirchenneubau bedeutete eine weitere Ausdehnung, denn nun sollte eine Höhe bebaut werden, während das Zentrum des Dorfes nach wie vor im Tale lag. Die Ebene von einem noch zu errichtenden Exerzierplatz bis hin zum herrschaftlichen Schloß hatte von Anfang an einen gewissen Vorrang, und wie zielstrebig eine Bebauung erfolgte, werden wir noch sehen. Dem Grundstein selbst wurden Dinge anvertraut, die fast 200 Jahre später bezeugen werden, was unseren Vorfahren damals wichtig und teuer gewesen war. Es wurden beigegeben:

Erlaß des Erbprinzen Ludwig zur Grundsteinlegung;

Anschrift eines Collecten-Patents;

Ein Neues Testament aus dem Jahr 1732;

Ein reformiertes Marburger Gesangbuch aus dem Jahr 1726;

Ein Heidelberger Katechismus aus dem Jahr 1726;

Ein Metallrelief, welches den Übergang des Prinzen Carl über den Rhein (1748) darstellte[76].

Wichtig waren auch die Währungen der damaligen Zeit, und so wurden fünf verschiedene Silbermünzen beigegeben. Außerdem wurden wichtige Nahrungsmittel beigefügt, je ein Säcklein Korn, Spelz, Hafer und Gerste. Auch an das leibliche Wohl wurde gedacht. Der Grundstein enthielt 2 Flaschen Pfarrgüterwein, roten und weißen Pfalzwein.

Nur unter größten Opfern konnte der Bau übrigens weiterbetrieben werden. Kollekten wurden veranstaltet, die mehr oder weniger einbrachten. Der von 1758 bis 1761 wirkende Pfarrer Johann Pankratius Walther sammelte für den Weiterbau der Kirche nicht nur in Pirmasens und Umgebung, sondern auch in vielen anderen Gebieten Deutschlands, ja seine „collectenfahrten" führten bis nach Holland. Besonders in Utrecht und Amsterdam erzielte er schöne Erfolge.

Aber auch in der näheren Umgebung von Pirmasens wurde für den Kirchenbau gespendet. Zwölf reformierte Männer vom Erlenhof machten privat 1.400 Gulden Schulden, um auf ihre Weise dem Werk dienlich zu sein.

1750 Ein Exerzierplatz war gegenüber der Kirche geplant, jedoch sollte es noch einige Zeit dauern, bis ein solcher angelegt werden konnte. Das Gelände war zwar dafür vorgesehen und reichte von der Hauptstraße (spätere südliche Ringstraße) bis zur späteren nördlichen Ringstraße[77]. Das Gelände zur Dankelsbach hin war ebenfalls noch unbebaut und völlig offen.

„Auf dem Omet" hieß also die Gewanne, auf welcher die Kirche errichtet wurde. Es handelte sich wohl um eine gemeindliche Almende, also Weideland für jedermann. Hinter dem langsam entstehenden Kirchenbau wurde ein Friedhof der reformierten Gemeinde angelegt, welcher jedoch nur bis zum Jahr 1762 belegt wurde.

Geradeso, als ob er ein tragisches Familienschicksal vorausgeahnt hätte, war der Bau vom Obristen Grandfil forciert worden. Sein Töchterchen Dorothea Alexandria Wilhelmina Grandfil (1749-1752) starb noch im Kindesalter und wurde in einer Gruft

---

[76] Wahrscheinlich handelte es sich um den Lothringischen Prinzen Alexander, welcher 1748 durch den Aachener Frieden Generalgouverneur der Niederlande wurde.

[77] Daher kommt auch die oftmals irreführende Bezeichnung der Ringstraße. Sie führte bei Anlegung des Exerzierplatzes ab dem Jahr 1759 um den gesamten Platz herum. Heute wird die nördliche Ringstraße durch Treppen unterbrochen, bedingt durch einen späteren Umbau des Oppenheimer Tores.

Im März des Jahres 1750 konnte der Grundstein zur Johanniskirche gelegt werden. Der Endausbau zog sich allerdings fast acht Jahre hinaus, ehe die Kirche erstmals in Gebrauch genommen werden konnte. Mit dem Bau der Oberen Kirche wurde damals eine Höhe beschritten, und dem weiteren Ausbau des Dorfes wurden damit neue Vorzeichen gesetzt. Zu jener Zeit standen einige wenige Häuser auf dieser Höhe, wie aus einem Plan ersichtlich ist (s. Abb. nach Seite 96). Das letzte Haus gegen Zweibrücken zu war das Höfle'sche Wohnhaus Ecke Höfelsgasse. Der Vertraute des damaligen Erbprinzen Ludwig, welcher zu dieser Zeit außerhalb von Pirmasens weilte, war der Obrist Johann Wilhelm de Grandfil. Über ihn liefen alle Befehle und Anordnungen, soweit sie das Dorf Pirmasens betrafen. Mit dem Kirchenbau wuchs auch das Wohnhaus des Obristen Grandfil empor. Grandfil war reformierten Bekenntnisses und ein eifriger Förderer des Kirchenbaus. Allein der fast abseits liegende Kirchenneubau war eine grandiose Tat. Es gehörte schon eine Eigenwilligkeit sondersgleichen dazu, eine so stolze Kirche außerhalb des tiefgelegenen kleinen Dorfes zu erstellen. Aber gerade dieser Bau sollte jedem beweisen, wie sehr der Erbprinz gewillt war, das Dorf mit stattlichen Gebäuden zu erweitern. Die Ebene Schloß-Alleestraße hatte dabei einen gewissen Vorzug, denn die bestehenden Planungen sahen hier noch weitere wichtige Gebäude vor. So wurden die Johanniskirche und das Grandfil'sche Wohnhaus zu zwei Vorboten einer Oberstadt. Über 160 Jahre stand das Grandfil'sche Haus in seiner ursprünglichen Form, bis bauliche Veränderungen erfolgten. Dabei wurden auch die beiden reich verzierten Eingänge beseitigt. Gerade der nördliche Eingang, welcher der schönere der beiden war, mußte den baulichen Veränderungen zum Opfer fallen. Dank einigen wenigen Fotografen, welche sich für die Heimatgeschichte unserer Stadt interessierten, ist uns eine Aufnahme des schönen Eingangs am Grandfil'schen Herrschaftshaus erhalten geblieben. Wunderbarerweise haben die Glasplatten die Wirren der letzten siebzig und mehr Jahre überstanden, so daß wir uns anhand solcher Aufnahmen in die Vergangenheit zurückversetzen können. Von jeher hatte diese Stelle eine Wichtigkeit besonderer Art: Hatte man den steilen Aufstieg von der Unterstadt zur Oberstadt „geschafft", so war man in der „buckligen" Stadt endlich auf einer Ebene angelangt, von welchen es nicht viele gab. Späterhin wird hier die „Ecksteinsau" entstehen, und in das ehemals Grandfil'sche Haus wird in der bayerischen Zeit das „Landes-Commissariat" einziehen (vgl. auch Band II).

der eben fast fertig gewordenen Johanniskirche beerdigt. Schon 1758 folgte sein Söhnchen Ludwig Friedrich Gottlieb Grandfil (1757-1758) nach. Die Gruft der beiden Kinder konnte bei den Wiederaufbauarbeiten nach fast 200 Jahren nicht festgestellt werden. Die Grabplatte des Söhnchens konnte jedoch aufgefunden werden und ist heute, leider an verborgener Stelle, im Durchgang links der Kirche in die Wand eingemauert. Von der Grabplatte des Töchterchens konnten nur noch Bruchstücke aufgefunden werden.[78].

[78] Auch der Obrist Joh. Wilh. de Grandfil wurde am 23. Januar 1766 in dieser Kirche bestattet. Um 1863 wurde sein Grab aus nicht bekannten Gründen geöffnet. Es erfolgte jedoch keine Umbettung. Um so unverständlicher ist die Tatsache, daß das Grab bei Wiederaufbauarbeiten im Jahr 1950 nicht aufgefunden werden konnte. J. W. de Grandfil war mit Charlotte Elisabeth Hoffius verheiratet. Sie starb am 14. September 1763 im Kindbett. Es waren noch 3 weitere Kinder vorhanden: Der am 10. 2. 1753 geborene Sohn Johann Wilhelm Ludwig (vergl. Fußnote Nr. 63) sowie 2 Töchter. Der Sohn heiratete am 29. Sept. 1774 zu Pirmasens die am 27. Juni 1760 dahier geborene Marie Luise Müller. Sie war die Tochter des Generalmajors Georg Bernhardt Müller (vergl. Fußnote Nr. 161). Dieser Ehe entsprang eine Tochter, Marie Luise Bernhardine, geb. 17. 11. 1776 in Pirmasens, verheiratet am 8. 7. 1796 zu Darmstadt mit dem Premier-Lieutnant Karl Duncker. Die Ehe des J. W. L. de Grandfil wurde 1783 geschieden. Nach der Scheidung lebte er mit Anna Magdalena Feller (geb. 28. 3. 1767 zu Pirmasens) zusammen. Aus diesem Verhältnis stammte ein unehelicher Sohn. J. W. L. de Grandfil heiratete am 6. 11. 1818 in Bromberg nochmals. Er starb als Major am 22. 11. 1837 ohne männliche Nachkommen.

1750 Im Herbst des Jahres 1753 war der Turm der Johanniskirche fertiggeworden, und am 20. September wurden die ersten beiden Glocken aufgehängt. Es dauerte aber noch bis zum Jahr 1758, ehe die Kirche im Sommer erstmals in Gebrauch genommen werden konnte.
Einige Sandsteinquader am Turmbau zeigen heute noch verwitterte Inschriften. Teils erinnern sie an die Erbauer der Kirche, teils an Reparaturarbeiten, wie zum Beispiel die Jahreszahl 1784.

*

Der Erlaß vom „17 ten Merz 1750", mit welchem der Erbprinz Ludwig den Bau einer reformierten Kirche angeordnet hatte, stand übrigens unter höchstem Zeitdruck. Darüber hinaus sollte es überhaupt einer der letzten gewesen sein, den der Erbprinz in Pirmasens herausgeben konnte.
Die kommenden Ereignisse, soweit sie die Politik des Landes Preußen betrafen, überschlugen sich, verursachten Unruhe und ließen kriegerische Auseinandersetzungen vorausahnen.
Der Erbprinz stand ja immer noch in preußischen Diensten, und sollten irgendwann und plötzlich seine militärischen Erfahrungen benötigt werden, so mußte er seiner Pflicht nachkommen.
Wie schnell dies allerdings sein würde, ahnte niemand voraus: Schon einen Monat später (April 1750) wurde er nach Preußen berufen.

*

Zu diesem Zeitpunkt bleibt noch zu vermelden, daß eine uralte Mühle in unmittelbarer Nähe des Dorfes Pirmasens wieder aufgebaut wurde. Es war die „Allenwoogsmühle", die heute noch auf den damals neu gelegten Grundmauern besteht. [79]

*

Die politischen Ereignisse in Preußen hatten also ihre Schatten vorausgeworfen und waren auch in Pirmasens mit höchster Aufmerksamkeit verfolgt worden. Im April des Jahres 1750 war es sodann wieder einmal so weit, daß der Erbprinz seine Garnison verlassen mußte. Er eilte zu den Fahnen des Preußenkönigs und nahm seinen Aufenthalt erneut in Prenzlau in der Uckermark.
Anscheinend war eine längere Abwesenheit voraussehbar, denn im Juli des gleichen Jahres ließ er seine Frau mit der Tochter Karoline nachkommen.
Tatsächlich sollte der Aufenthalt bis zum Jahr 1757 dauern. Während dieser langen Zeit wurden dem Prinzenpaar vier weitere Kinder geboren [80].

Für sein geliebtes Pirmasens wurden die Folgen seiner Abwesenheit spürbar, denn beim Wachstum des Militärs trat wieder einmal eine Stagnation ein.
Nur auf sehr umständliche Art und Weise konnten die Entscheidungen, Befehle und Anordnungen, soweit diese Pirmasens betrafen, mittels Kurieren herbeigeführt werden. Dies dauerte oftmals wochenlang, und sehr oft mußten die Anordnungen sogar über Buchsweiler laufen. Nur vereinzelt gelangten Erlasse direkt nach Pirmasens, insbesondere dann, wenn Eile geboten war oder wenn sich der Erbprinz einfach über die bestehenden Amtswege hinwegsetzte. Dies verursachte bei der Regierung und Verwaltung in Buchsweiler Ärger ob ihrer Übergehung. Vielleicht sah man zu dieser Zeit auch schon eine gewisse Rivalität in dem heranwachsenden Pirmasens.

---

97 Die „Allenwoogsmühle", heute Altwoogsmühle, schon 1587 erbaut, war aber bis zum Jahr 1626 völlig „zerrissen", d. h. völlig heruntergekommen. 1626 konnten die Pächter weder drei Malter Frucht noch das Mühlschwein an die Herrschaft abliefern, in diesem Falle an Graf Philipp Wolfgang von Hanau-Lichtenberg. 1783 wurde die Mühle an Jacob Traxel vom Erlenhof versteigert, die Fischweiher wurden beseitigt, und neue Wiesen wurden angelegt. Noch mehrmals wechselten die Besitzer, bis die Mühle im Jahr 1870 in Familienbesitz Adam Thäter überging.

80 Vergleiche auch Aufstellung Seite 42.

In Prenzlau gelangte unser Erbprinz aber zu einigen Ehren. Er wurde mit der Führung des Selchow'schen Regiments betraut, und als Kommandeur desselben wurde er am 7. Mai 1750 in Berlin mit dem Schwarzen Adlerorden Friedrichs des Großen ausgezeichnet.
Dies war eine hohe Ehre, und auf allen später angefertigten Gemälden und Zeichnungen wird sich der spätere Landgraf mit diesem Orden präsentieren.
Überhaupt führte der Erbprinz in Prenzlau einen aufwendigen Hofstaat, wie es seiner Stellung und Abstammung gleichkam. Er stand sozusagen in der Blüte seines Lebens, jedoch gereichte der betriebene Aufwand der Garnison Prenzlau mehr zum Vorteil als der weitentfernten Grafschaft Hanau-Lichtenberg.
In militärischer Hinsicht wurde er ein Meister in der „Exercition". Seine Fähigkeiten sprachen sich im ganzen Lande herum, und Friedrich der Große sah in ihm einen Lehrmeister par excellence. Dies führte sogar dazu, daß der König höchst persönlich die Truppen des Erbprinzen als beispielhaft bezeichnete. Anderen Regimentern gegenüber äußerte er seinen Unwillen dadurch, daß er androhte, sie zu dem Erbprinzen von Hessen-Darmstadt in die Schule schicken zu wollen.
Aber auch negative Erscheinungen traten während des Aufenthaltes in Prenzlau zutage. Es zeigten sich die Auswirkungen der ausgestandenen Strapazen des Feldzuges von 1742.
Unser Erbprinz litt unter Krankheitserscheinungen, die sich niemals völlig auskurieren ließen und an welchen er zeit seines Lebens zu leiden haben wird. Alle Früh- und Spätjahre stellten sich heftige Katarrhe ein, mitunter starkes Fieber und Kopfweh. So geschah es in diesem Jahre, daß ihn die Krankheitserscheinungen dem Grabe nahebrachten.

*

Im Dorf Pirmasens gab es im Jahr 1750 insgesamt 130 Feuerstellen, ein Zeichen dafür, wie klein und bescheiden es immer noch war. Vielleicht hatten einige Häuser mehr da gestanden, die keine Feuerstellen besaßen, wie zum Beispiel Scheunen, Ställe und Anbauten [81].

*

1751 Die katholischen Grenadiere, von welchen sich im Laufe der Zeit schon einige zusammengefunden hatten, besaßen keine Möglichkeit, einen Gottesdienst ihres Glaubensbekenntnisses zu besuchen. So wurde für sie sonntags zum Appell geblasen, und zu früher Morgenstunde wurden sie zur katholischen Kirche nach Vinningen gebracht.
Dies geschah unter strengster Bewachung durch eine eigens dafür abkommandierte Husareneskorte, welche sich solchen Spezialaufgaben zu widmen hatte.
Die Husaren sollten unter allen Umständen eine Fahnenflucht verhindern und jeden schnell wieder ergreifen, welcher auf dem langen Marsch eine günstige Gelegenheit wahrgenommen hatte, sich unerlaubterweise von der Truppe zu entfernen. Für einen Grenadier, den einmal das Heimweh gepackt hatte, gab es so gut wie kein Hindernis, und der Marsch durch die Felder und Wälder nach Vinningen bot manche Gelegenheit.
Gerade in jenen Jahren häuften sich die Desertionen, ja sie waren geradezu an der Tagesordnung. Erst ab etwa 1752 konnten sie durch noch strengere Vorkehrungen und Strafen einigermaßen eingedämmt werden.
Bei der Kirche in Vinningen angekommen, konnten die Soldaten am Gottesdienst teilnehmen, während die Husaren mit scharfgeladenen Gewehren das Gelände

---

[81] Immerhin hatte das Dorf mit 130 Wohnhäusern schon eine, wenn auch geringe, Zunahme erfahren. Gegenüber 1735 waren 92 Gebäude dazugekommen, und gegenüber 1741 ergab sich eine Zunahme von 50 Gebäuden. Nach Errechnung müßte das Dorf jetzt ca. 780 Einwohner gehabt haben, wozu 791 Soldaten gezählt werden müssen. Vergleiche auch Tabellen Seiten 108, 126 und 183.

ringsum absicherten. Nach Beendigung der Andacht ging der Marsch unter gleicher Bewachung wieder zurück in die Garnison.
In den kommenden Jahren geschah in dem Dorfe Pirmasens nicht allzu viel. Irgendwelche Aufzeichnungen sind wieder einmal äußerst spärlich.

*

1752 Der Erbprinz war seit zwei Jahren abwesend und betrieb von Prenzlau aus die Geschicke seines Soldatendorfes. Offenbar wurde eine Steigerung des Militärs absichtlich gebremst, denn es fehlten einfach die Voraussetzungen dazu. Die bereits erwähnte Wohnungsnot war bei weitem noch nicht behoben, denn nach wie vor gab es Einquartierungen bei den Bürgern, und wenn schon einige Grenadiere gewillt waren, ihre Familien nachkommen zu lassen – was durchaus im Sinne des Erbprinzen geschehen sollte – so ergaben sich Komplikationen in jeder Beziehung.
Aus solchen Gründen läßt sich auch die Stagnation des Militärs ableiten, denn zwischen 1752 und 1756 wuchs die Soldatenkolonie nur um 17 Mann [82], während sich zu anderen Zeiten Zunahmen von über 200 Mann innerhalb eines Jahres ergaben.

---

[82] Vergleiche auch Mannschaftsbestand im Anhang.

Dieser großzügige und erneut korrigierte Ausbauplan, „Levé et dessiné par Masson Grenadier de SA", hielt sich im großen und ganzen an eine Erstausfertigung (siehe Plan Seite 48). Allerdings hatte man anscheinend einsehen müssen, daß die schwierigen geografischen Verhältnisse in dem Dorf Pirmasens nicht so leicht zu umgehen waren. Aus besagtem Grund wurde die Schloßanlage nunmehr verkleinert und innerhalb der geplanten Stadtmauer verlegt. Außerhalb verblieb nur der Pulverturm. Ansonsten ergaben sich gegenüber früheren Plänen keine großen Veränderungen, und das Dorf wird zur Stadt so ausgebaut werden, wie es die Pläne vorsahen. In etwa ist auch noch der Verlauf des Zaunes aus Schanzpfählen zu erkennen, welcher ab dem Jahr 1758 das Dorf umgab und welcher den Pulverturm mit einschloß. Die Stadtmauer war jetzt schon so projektiert, wie sie späterhin auch erbaut wurde. Bemerkenswert sind die Siedlungen außerhalb dieser Mauer, die niemals bestanden haben. Aber man wollte ja für die Zukunft planen und dem Landesherrn das Bild einer zukünftigen Residenzstadt vorlegen. An die Vergänglichkeit jeglichen Lebens wollte man bei solchen Betrachtungen nicht erinnert werden. Aus diesem Grunde wurde wohl auch der erste Pirmasenser Friedhof hinter der Unteren Kirche nicht gekennzeichnet. Ein neuer Friedhof erscheint erstmals 1762 auf einer Zeichnung und war direkt vor dem Buchsweiler Tor vorgesehen, um bald darauf und endgültig in der gedachten Verlängerung der Alleestraße angelegt zu werden. Steinerne Zeugen einer Herrschaftlichkeit sollten entstehen und nach Jahrhunderten noch Zeugnis ablegen von einer Blütezeit sondersgleichen und einem rapiden Wachstum vom unbedeutenden Wald- und Pfarrdorf zur Residenzstadt eines regierenden Fürsten. Mit berechtigtem Stolz sollten alle Nachkommen an jene Zeit erinnert werden. Andernorts ist dies bis zum heutigen Tage auch gelungen – allein für Pirmasens werden solche Vorzüge nicht bestehen bleiben. Ein hartes Schicksal, politische und kriegerische Ereignisse und die Sorgen und Nöte um ein Überleben und um neue Existenzgrundlagen werden die Erinnerungen an die Landgrafenzeit zurücktreten lassen. Aus verständlichen Gründen wird man eines Tages für nostalgische Dinge kein Interesse mehr haben und mehr und mehr Zeugen jener Epoche müssen wichtigeren Dingen weichen. Wenn man ausgangs des 19. Jahrhunderts als Stadt wieder bedeutend sein wird und sich gerne der Vergangenheit erinnern will, wird es zu spät sein. Nur einzelne Heimatforscher werden sodann mit offenen Augen Reste der stolzen Vergangenheit im Stadtgebiet erkennen, an welchen das hektische Leben einer Industriestadt vorbeipulsiert. Die Ausdehnungen der Industriestadt werden erneut Opfer der herrschaftlichen Vergangenheit fordern, und das wenige, das auf photographischen Platten noch festzuhalten war, wird eines Tages den Bomben alliierter Flugzeuge zum Opfer fallen. Wenn eine zweite Nostalgiewelle ausgangs des 20. Jahrhunderts hereinbrechen wird, werden nur einzelne Zeugen vorhanden sein und an den großzügigen Ausbau von damals erinnern. Allerdings wird das charakteristische Oval des Stadtmauerverlaufs an die Planungen von damals erinnern, ebenso wie der große Exerzierplatz, welcher sich heute noch in verkleinertem Umfang dem Beschauer darbietet.

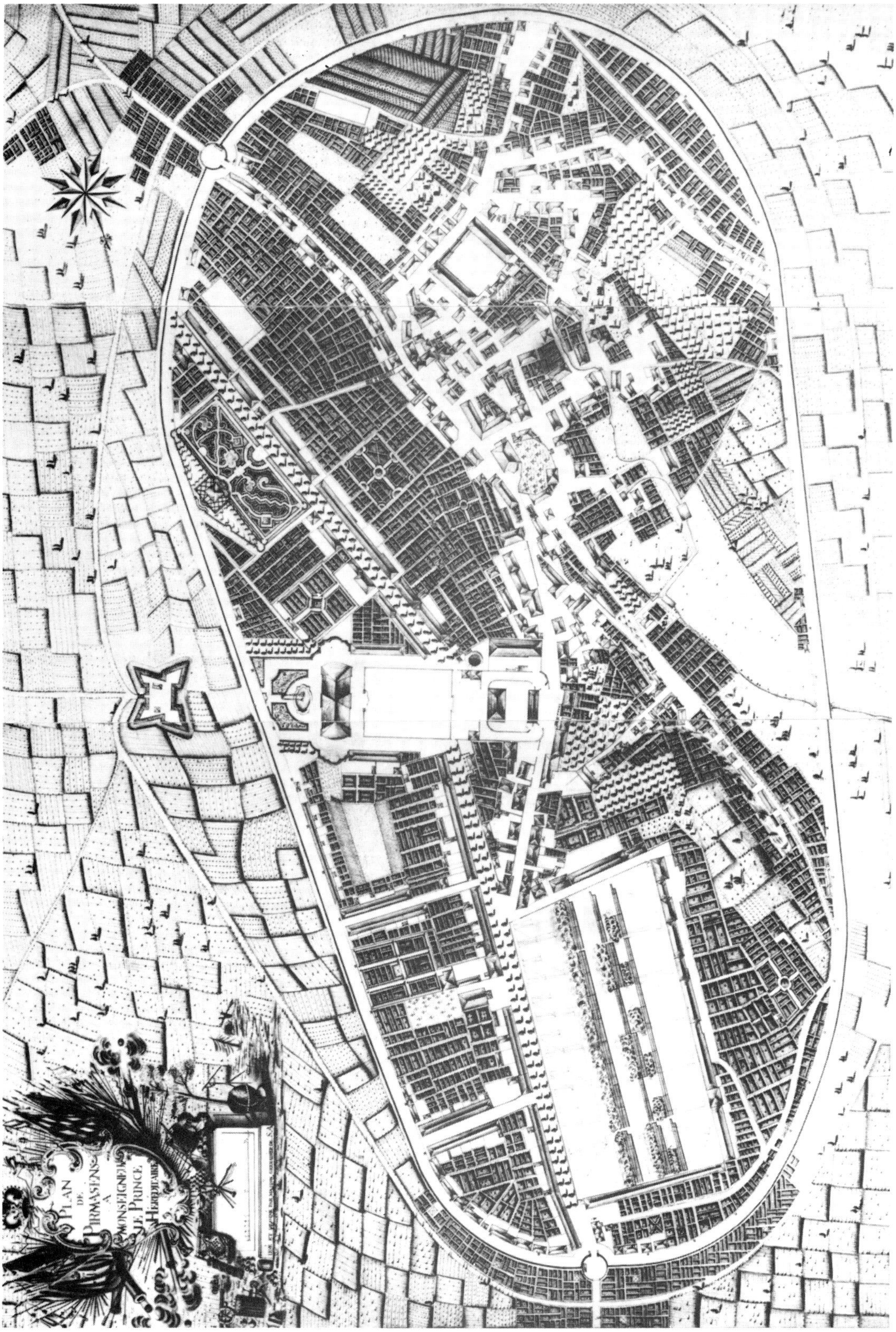
PLAN
DE
PIRMASENS
A
MONSEIGNEUR
LE PRINCE
HEREDITAIRE

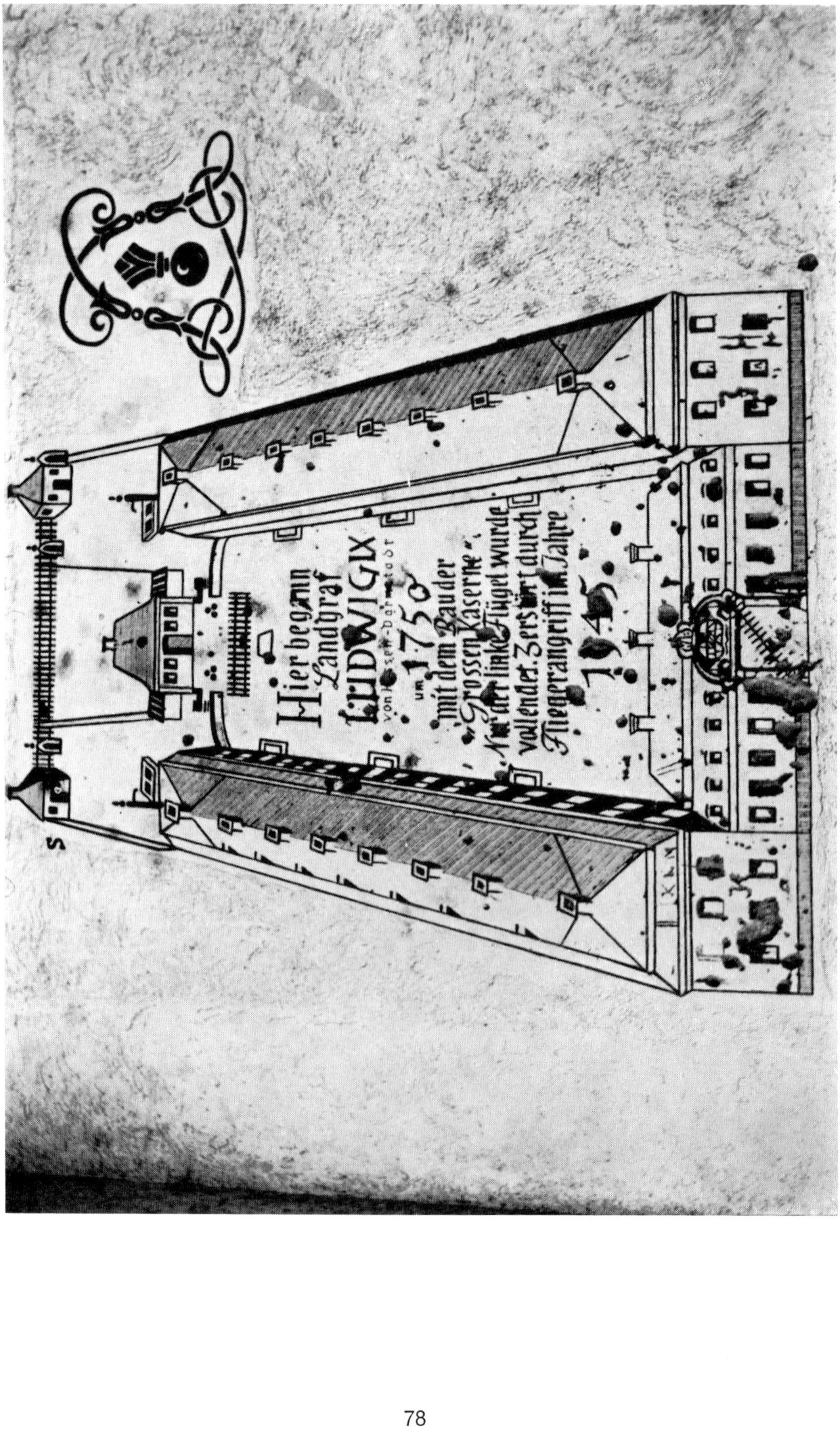
Hier begann
Landgraf
LUDWIG IX
um 1750
mit dem Bau der
"Grossen Kaserne".
linke Flügel wurde
vollendet. Zerstört durch
Fliegerangriff im Jahre

Jetzt mußte man einfach den Bau einer großen Kaserne forcieren, denn bevor ein solcher Bau nicht vollendet war, konnte das Dorf einfach keine Zunahme mehr verkraften.

*

Am 14. Dezember 1752 kaufte der Forstadjunktus und spätere Oberförster Gebhard Pfersdorff von seinem Onkel Johann Christian Pfersdorff[83] ein Gartengrundstück, gelegen an der Ecke „Schloß-Gaß" und Haupt-Strashe".
Laut Kaufvertrag vom 14. Dezember heißt es: „Im Dorf dahier an der Strasse, einerseits der Landstrasse (Hauptstraße, d. V.), andererseits der alten Strasse (Schloßstraße, d. V.), oben spitzt sich zwischen gemeldeten Strassen aus."
Damals bestand also der Name „Ecksteinsau" für diese „Spitzecke" noch nicht, sonst wäre er wohl erwähnt worden.
Im Jahr 1756 bebaute Gebhard Pfersdorff das erworbene Grundstück mit einem zweigeschossigen Wohnhaus, zur damaligen Zeit, in welcher die kleinen primitiven Grenadierhäuschen massenweise entstanden, schon etwas Besonderes. Auf dem 1756 gelegten Fundament wird im Laufe der Jahre und nach einigen Umbauten eines der schönsten Häuser von Pirmasens entstehen. Es wird sozusagen zu einem Blickfang; denn wenn angekommene Besucher, nach strapaziöser Reise endlich die Kreuzung Rodalber Straße, Dankelsbach- und Gärtnerstraße erreicht hatten, gab sich ihnen der Blick zur Hauptstraße und zum Exerzierplatz hin frei. Diese Ecke, Spitzkehre und spätere Ecksteinsau[84], vermittelte, wenngleich der letztgenannten Bezeichnung wegen weniger, von jeher einen städtischen Charakter[85].

---

[83] In der Rangier-Liste des späteren Landgrafen steht unter der Rubrik „Charges" der Major Christian Pfersdorff, Alter 62, Datum: „Pirmasenß 14. Aprilis 1770, Vatterland: Pirmasenß". Nach ihm wurde späterhin die Christiansgasse benannt.

[84] Die Bezeichnung „Ecksteinsau" ist wohl um 1839 entstanden, als damals die neue Landstraße geplant wurde. Diese führte sodann nicht mehr durch die Schloß- und Alleestraße (Alte Strashe), nach Ruhbank-Beckenhof-Ruppertsweiler, wie die zu diesem Zeitpunkt im Bau befindliche „Neue Kunststraße", sondern nahm später ihren Verlauf etwa der heutigen B 10 entsprechend. Damit wurde der Durchgangsverkehr nach außerhalb der Stadt verlegt.

[85] Das schöne Gebäude wurde am 9. August 1944 ein Opfer alliierter Fliegerbomben, wobei viele andere Zeugen aus jenen Jahren ebenfalls vernichtet wurden.

Im Jahr 1751 wurde mit dem Bau einer großen Kaserne begonnen, die fast im tiefstgelegenen Teil des Dorfes (Sandgasse/Kasernengasse) entstehen sollte. Zuerst wurde ein Teil der Südfront in Angriff genommen, und späterhin sollte sich das stattliche Gebäude nach Norden hin ausweiten. Bereits hier müssen Gedanke und Planung für eine riesige Anlage bestanden haben, welche eine große schnurgerade Paradeallee vorsahen. Die gesamte Anlage sollte eines Tages ein Schmuckstück der Soldatenstadt werden, jedoch fiel der weitere Ausbau wohl den strapazierten Finanzen zum Opfer. 1771 war die „alte Kaserne", also ein Teil der Anlage, fertiggestellt. Über 100 Jahre später, 1865, wurde die Kaserne teilweise umgebaut, und bis zum Jahr 1924 trug das Gebäude an seiner Stirnseite das Emblem des Landgrafen. Jetzt wurden Teile der alten Kaserne niedergerissen. Bei diesen Arbeiten ergaben sich unter anderem auch Funde von Tierknochen, die alle kreisrunde Aushöhlungen aufwiesen. Sie stammten von einer Knopfmacherei, wobei die ausgeschnittenen Teile mit Tuch überzogen und als Knöpfe verwendet worden waren. Für die Knöpfe bestand in der Soldatenstadt große Nachfrage, denn ganz streng war auf eine ordnungsgemäße Uniform geachtet worden. In den Fenstersteinen konnte man auch Löcher vorfinden, welche einstmals eiserne Gitter getragen hatten und auf Haftzellen schließen ließen.

Am 14. Dezember 1752 kaufte der Forstadjunktus Gebhard Pfersdorff von seinem Onkel Johann Christian Pfersdorff ein Gartengrundstück, gelegen an der Ecke „Schloß-Gaß" und „Haupt-Strashe". Im Kaufvertrag heißt es: „Im Dorf dahier an der Straße, einerseits der Landstraße, andererseits der alten Straße, oben spitzt sich zwischen gemeldeten Straßen aus". 1756 wurde diese Spitze sodann bebaut, und es entstand eines der schönsten Häuser im damaligen Soldatendorf und, nach mehreren Renovierungen, ein stolzes Gebäude der Soldatenstadt. Es war ein herrschaftliches Haus und 188 Jahre lang eine Zierde der Oberstadt. Um 1839 entstand für diese Spitzkehre, die im 20. Jahrhundert den Verkehrsplanern einige

1753 Im April 1753 waren es nun schon 3 Jahre, seit der Erbprinz von Pirmasens abwesend war und in Prenzlau weilte.

Es ist bezeichnend, wie sehr ihm die Geschicke seines Soldatendorfes Pirmasens am Herzen lagen, denn niemals riß die Verbindung hierhin ab, was in Anbetracht der großen Entfernung schon bemerkenswert war.

In Prenzlau muß sich unser Erbprinz ausnehmend wohl gefühlt haben, denn sein kleiner Hofstaat bildete wohl den Mittelpunkt des gesellschaftlichen Lebens in dem kleinen Städtchen. Natürlich standen die Exerzierübungen und der Drill der Soldaten in jeder Beziehung im Vordergrund, wovon die Tagebucheintragungen des Erbprinzen Zeugnis ablegen. So schrieb er zum Beispiel am 6. Dezember 1753 nieder: „nachm. Secial-revue von meinem Regiment. Ihro Majestät haben bezeugt mit dem Regiment vollkommen zufrieden gewesen zu sein." Also muß diese Garnison schon einigermaßen bedeutend gewesen sein, wenn sich „Ihro Majestät" höchstpersönlich zur Besichtigung dorthin begeben hatte.

Allerdings bestand auch Abwechslung in anderer Hinsicht, denn häufige Reisen nach Berlin unterbrachen den militärischen Dienst, und in jener Zeit überboten sich die Fürsten geradezu in der Veranstaltung von Ballfesten und anderen gesellschaftlichen Feiern. Die amourösen Abenteuer bildeten einen wichtigen Gesprächsstoff, und auch unser Erbprinz scheint gegen solche Dinge nicht gefeit gewesen zu sein. Am 30. April 1753 vermerkte er in seinem Tagebuch: „Heute ist die Mademoiselle Reggiana hier angekommen und zwar mir zu Gefallen."

Aus dieser Bekanntschaft hatte sich sodann mehr als eine Freundschaft entwickelt, welche in dem ehelichen Zusammenleben des Prinzenpaares nicht ohne Folgen geblieben sein dürfte. Die Mademoiselle Reggiana beschäftigte sogar die Prinzessin

Rätsel aufgeben wird, der Name „Ecksteinsau", wahrscheinlich abgeleitet von „Säule". Diese Säule diente zum Anschlag von Bekanntmachungen und sonstigen Plakaten. Auf dem nebenstehenden Bild, welches wohl um 1885 entstanden ist, ist eine Gaslaterne zu sehen, welche auf besagter Säule aufgesetzt war. Nachdem am 5. März 1898 das städtische Elektrizitätswerk in Betrieb genommen wurde, errichtete man schleunigst an dieser verkehrsreichen Ecke eine hohe Bogenlampe, wie die Abbildung aus dem Jahr 1902 zeigt. Auch dieser Zeuge der herrschaftlichen Vergangenheit sank am 9. August 1944 in Schutt und Asche.

Karoline in ihren Briefen, denn am 4. Februar 1754 schrieb sie, „daß der Prinz ihr in allen Ehren die Cour macht", und weiter: „er ist toll in sie verliebt und viel zu unvorsichtig, um sich zu verstellen." [86]
Irgendwie schien sich diese Liaison wieder aufgelöst zu haben, worüber allerdings nichts bekannt geworden ist. Immerhin wurden unserem Prinzenpaar zur Zeit seines Aufenthaltes in Prenzlau insgesamt vier Kinder geboren [87].
Wie sehr dem Erbprinzen der weitere Ausbau seiner Soldatenkolonie und des Dorfes Pirmasens am Herzen lag und mit welchen ganz bestimmten und intensiven Voraussetzungen er eine Stadtgründung betrieb, können wir aus verschiedenen Erlassen entnehmen, welche in seinem ganzen Herrschaftsbereich Gültigkeit hatten und von allen Untertanen befolgt werden mußten.
Bereits unter dem Datum 10. September 1749 war folgender Befehl ergangen: „Nachdeme Wir den hiesigen Orth bekandlich gerne in Aufnahme gebracht sehen möchten und zu dem Ende denen Fremden, welche sich dahier etabliren wollen, eine fünfzehnjährige Freyheit zugestanden; Als befehlen Wir Unserem Amtmann Hopfenblatt und Cammerrath Reuß hierdurch gnädigst, alle diejenigen, welche sich zu dem Ende bereits gemeldet haben oder noch ferner melden werden, favoriblement zu tractiren, Alles so Viel möglich zu facilitiren und sie dergestalten zu halten, damit andere ihrem Exempel zu folgen dadurch angefrischet werden mögen."

---

[86] Lt. Eberlein ergeben sich Unstimmigkeiten in der Datumsangabe. Das Zitat soll aus einem Brief vom 4. Februar 1753 stammen, während der Erbprinz erst am 30. April 1753 in seinem Tagebuch vermerkte, „daß Mademoiselle Reggiana angekommen" sei.
[87] Vergleiche auch Stammbaum Seite 42.

Seitdem waren knapp vier Jahre vergangen, und der Ausbau des Dorfes scheint dem Erbprinzen doch etwas langsam vorangegangen zu sein. Also mußte er zu drastischeren Maßnahmen übergehen und verfaßte unter dem Datum 20. März 1753 folgenden Befehl: „Ich erfahre täglich mit dem allergrößesten Verdruß, daß denen Neubauenden zu Pirmasens meinen ausdrücklichen Befehlen zuwieder ihr Vorhaben schwer gemacht wird, anstatt es ihnen erleichtert werden sollte. Ich verordne hierdurch nochmalen und will und befehle aufs schärfste, daß man denen Neubauenden allen Vorschub erweisen und sie freundlich aufnehmen und tractiren soll, um andere dadurch zu animiren, ihrem Exempel zu folgen und durch neues Anbauen den Orth zu vergrößern und in Aufnahme zu bringen."

Jetzt wurde auch eine gesonderte Kommission aufgestellt, welche „vor das etablissement derer Neubauenden überhaupt zu sorgen, die Neubauenden bey der ihnen versprochenen fünfzehnjährigen Freyheit zu schützen und nicht zuzugeben (hatte), daß ihnen im geringsten zu wehe gethan und sie von ihrem Vorhaben abgeschreckt werden, welches Letztere Ich auf das äußerste und schärfste an denjenigen, die sich dergleichen zu Schulden kommen lassen, sie mögen seyn wer sie wollen, bestrafen werde ... und damit Meine Absicht wegen Anbauung des Orths Pirmasens desto bekander bleibe, so haben obvermelte Comissarien die Verfügung zu thun, daß der Befehl die Neubauende und deren Freyheit betreffend alls Sonn- und Feyertage von den Cantzlen öffentlich abgelesen werden solle, bey 50 Reichsthalern Strafe, so oft und vielmahl als solches meiner ordre zuwieder, nach Publicirung dieses Befehls wird unterlassen werden. Denn dieses ist Mein ernster Wille und Meinung, wonach sich zu achten."

Dies bedeutete also, daß alle Prediger, Schultheißen und andere Amtspersonen angewiesen wurden, bei jedweder Versammlung den Willen ihres höchsten Landesherrn zu verkünden, welcher mit anderen Worten da lautete: Kommt in das aufstrebende Soldatendorf Pirmasens, genießt die Vergünstigungen, wie sie andernorts nicht bestehen, und helft mit, das Dorf weiter auszubauen, wobei das Endziel eine Soldatenstadt und der Regierungssitz eines Landesfürsten sein wird.

Inwieweit Zuwiderhandelnde in dieser Angelegenheit bestraft wurden, ist nicht bekannt. Anscheinend hat es nur einige gegeben, denn in einem Nachtrag zu obengenanntem Befehl – hier zeigt sich wieder einmal die Genauigkeit und Gründlichkeit des Erbprinzen – wurden noch weitaus härtere Strafen angedroht. Im ersten Vergehungsfalle bestand eine vierteljährliche Turmstrafe und in einem Wiederholungsfalle trat eine Landesverweisung in Kraft.

Solch intensive Werbung mit den Lockmitteln einer 15jährigen Abgabefreiheit von herrschaftlichen und bürgerlichen Lasten, der Erwerb billigen Bodeneigentums und dazu noch die Zurverfügungstellung billigen Bauholzes, das alles verfehlte seine Wirkung nicht, und ein Ende war immer noch nicht absehbar. „Der Ruf dieser Verheißungen erscholl durch alle deutschen Gaue und binnen kurzer Frist kamen Handwerker jeglicher Art und jedweden Bekenntnisses hier an."

1754 Im Jahr 1754 zog es auch einen Johann Ludwig Keller, seines Zeichens Bierbrauer aus Kaiserslautern, nach Pirmasens, und bereits ein Jahr später konnte er beim zuständigen Hofkommissarius den Bau eines zweistöckigen Hauses in der Schloßstraße anmelden. Des Herrn Erbprinzen höchster Wunsch war es gewesen, daß die einigermaßen wohlhabenden Zugezogenen, auch die „neubauenden Bürger" genannt, sich nicht im tiefergelegenen Dorf ansiedeln sollten, sondern in der Nähe des Schlosses in Richtung des Exerzierplatzes.

Gewollt entstand dadurch eine Erweiterung des Dorfes, dessen Zentrum zur damaligen Zeit nach wie vor im tiefer gelegenen Gebiet, um die protestantische Kirche herum, lag. Auf der Ebene Schloß- und Exerzierplatz ließen sich im Laufe der Zeit mehr und mehr höher gestellte Offiziere und Geschäftsleute nieder, so daß hier einer der vornehmsten Straßenzüge im Soldatendorf entstand. Eine Art „Bauaufsicht“ herrschte schon vor, denn zweistöckige Häuser waren damals etwas Besonderes und konnten nur an bestimmten Plätzen erstellt werden.

Der Baumeister Schild erhielt in diesem Jahr den allerhöchsten Befehl, den Grundriß und die Planungen zum Bau einer neuen Kirche zu erstellen, denn es war absehbar, daß die nunmehr 3. Kirche in der Hauptstraße nicht mehr allzu lange standhalten würde.
Eine neue lutherische Kirche sollte für die Zukunft erbaut werden und einer künftigen Stadt entsprechen. Höchst wahrscheinlich dachte der damalige Erbprinz auch daran, wie und wo seine sterblichen Gebeine einmal zur ewigen Ruhe gebettet werden sollten, und da gab es eigentlich nur eine einzige Wahlstätte: In seinem geliebten Pirmasens.
Zwar stand er im besten Mannesalter – zum Zeitpunkt unserer Schilderungen hatte er sein 35stes Lebensjahr erreicht –, aber niemand konnte voraussagen, ob nicht eines Tages ein unvorhergesehenes Ereignis urplötzlich sein Leben beenden würde. Immerhin war er Soldat und mußte in kriegerischen Auseinandersetzungen zu seinen Pflichten stehen. Dabei konnte das Schicksal unbarmherzig zuschlagen, gleichsam so, wie er es bei der Teilnahme am Böhmischen Feldzug beinahe erlitten hätte und wie es in absehbarer Zeit nochmals der Fall sein wird.

Zum Zeitpunkt 1754 weilte der Erbprinz, wie bereits erwähnt, in Prenzlau in der Uckermark. Von hier aus wurden die Geschicke seines Soldatendorfes gesteuert und wichtige Entscheidungen getroffen, wie zum Beispiel auch der Neubau besagter Lutherkirche.
Genau wie beim Bau der Oberen Kirche (Johanniskirche) wurde nunmehr wieder der Obrist Grandfil herangezogen, denn unter dem Datum 26. Februar 1756 verfügte er an seinen Obristen: „Da die evangelisch-lutherische Kirche zu Pirmasens wegen der vielen Brüche, die sie bekommen, von Grund aus baufällig sein soll, daß mit Ausbesserungen nichts mehr daran zu helfen ist und man ohne Gefahr nicht länger mehr in selbige soll gehen können, so befehlen Wir, daß nach Antrag des Obristen Grandfill eine neue lutherische Kirche aufgebauet werden soll, wovon Wir die Förderung des Bauwesens vermelten Obrist übertragen haben wollen. Dieses wird unserem fürstlichen Konsistorium zu Buchsweiler sowohl als dem Obristen Grandfill hiermit bekannt gemacht.“
Damit waren wieder einmal klare Entscheidungen getroffen worden, denn kaum 14 Monate später konnte der Grundstein zur Hof- und Garnisonskirche gelegt werden. Auf dieses Ereignis werden wir noch zu sprechen kommen.

1755 Kaum war die neue Johanniskirche fertig geworden, sollte die alte lutherische Kirche in der Hauptstraße wegen Baufälligkeit abgerissen werden. Außerdem erwies sie sich infolge der Zunahme der Bevölkerung als zu klein [88].
Für den Neubau stand jedoch wieder zu wenig Geld zur Verfügung. So mußte von allen Bürgern in dem Dorf eine Umlage erhoben werden. Dies führte erneut zu Streitigkeiten, denn die Reformierten hatten immer noch die Schuldenlast ihrer Kirche zu tragen.
Zum andern hatten die Reformierten weitere Pläne, denn sie wollten ja auch noch Schul- und Pfarrhaus erstellen, was mit nicht geringen Kosten verbunden war.
Der Erbprinz konnte nur durch Briefe von den Ereignissen im Dorf unterrichtet werden, denn er weilte nunmehr schon seit fünf Jahren in Prenzlau, und die politischen Ereignisse der damaligen Zeit stellten eine Rückkehr in sein geliebtes Pirmasens nicht so schnell in Aussicht.
So wurde er im April 1755 von den erwähnten Spannungen in Pirmasens unterrichtet. Wie wichtig ihm eine Ruhe in seinem Soldatendorf war, geht daraus hervor,

[88] Vergleiche auch Text 1747, 1754, 1757 und 1761.

daß er seinen Erlaß zu dieser Angelegenheit sogar drucken ließ, um jedermann die Wichtigkeit zu demonstrieren:

Gedruckter Erlaß: Prentzlow den 2./3. April 1755

Von Gottes Gnaden Wir Ludwig Erb-Printz und Land-Graf zu Hessen, Fürst zu Hersfeld, Graf zu Catzenellenbogen, Dietz, Ziegenhayn, Nidda, Schaumburg, Hanau, Isenburg und Büdingen ec. ec.
Haben den Reformirten im Amt Lemberg erlaubt eine Kirche Pfarr- und Schul-Hauß zu bauen; Da wir nun vernehmen müssen, dass sie in ihrem Religions Exercitio und Freyheiten behindert werden: Als befehlen wir Unserer Fürstl. Regierung zu Buchsweiler alles Ernstes folgenden Puncten genau nach zu leben.

1. Soll den Reformirten erlaubt seyn ihren Pfarr und Seel-Sorger zu halten auf ihre Kosten, derselbige soll zu leben haben und von Unserer Regierung den sämtlichen Reformirten vorgestellt, und die Kirchen Vorsteher und Aeltesten in Pflicht genommen werden.
2. Sollen alle Reformirten die Tauf, Copulation und Begräbnis von den Reformirten Pfarrern und Leuten ihrer Confession verrichten lassen.
3. Sollen ihre Kinder nach ihren Glaubens-Bücher und von Schulmeister ihrer Confession unterrichtet werden.

Endlich ist Unser Wille: Weil die Reformirten Hauß-Vätter in Pirmasens so vor Anno 1749 angesessen gewesen, dem Evangelischen Pfarrern zu Pirmasens, und Lutherisch Brun 45. Kreutzer zahlen müssen, und es nicht lange her ist, daß sie dazu gezwungen worden sind; Als befehlen Wir, daß diese Zahlung so lang von jenen Alt-Reformirten geschehen soll, als die beyden allweiligen Pfarrern an benannten Orten am Leben sind: So bald aber einer oder der andere Pfarrer verstirbt, so sollen diejenigen, so denselbigen beygetragen haben, von aller Zahlung an den Evangelischen Pfarrer befreyt, und gehalten seyn, selbige ihren Reformirten Seelsorgern zu entrichten.
Uebrigens befehlen wir Unserer Fürstlichen Regierung zu Buchsweiler, diese Privilegien so gleich in Druck vor Unserer Retour auszufertigen: Bey Unserer Ungnad, wovor Unser Obrister Grandfil zu sorgen hat. Gegeben in Prentzlow den 2 ten April 1755.

NB. Manu Clementissima scriptum
Dieser Befehl soll absolute und strictissime beobachtet werden, dann ich nicht länger über meine Befehle criticirt, sondern beobacht wissen, coute qui coute, ohne alle die geringste Widerrede und das absollument, ohne alle gegen Vorstellungen.

Ludwig Erb-Printz zu Hessen

NB. Manu Clementissima scriptum
Nunmehro finde ich noch zu erinnern, daß der Cantzler Otto über dieser Ordre gestorben nunmehro ich keinen anderen darüber setzen werde, also ich gantz allein dieses Etablissement, so wie zu Freystätt denen Catholischen ihr Exercitium erlaubt, also ich den Reformirten in Pirmasens erlaubt. Derjenige, welcher hierüber etwas einwenden wird, dem will ich eine harte Ahnung vorbehalten, solte es auch die Regierung selber seyn, wornach sich zu achten.

Ludwig Erb-Printz zu Hessen

Allein diese unmißverständlichen Anordnungen genügten immer noch nicht, die Streitigkeiten der beiden Konfessionen zu beseitigen. Das lutherische Konsistorium in Buchsweiler wollte einfach die Vormachtsstellung nicht aufgeben.
Endlich sollte das Dekret von Bad Ems vom 7. November 1757 für Ordnung sorgen. Dieser Erlaß wurde anläßlich eines Aufenthaltes des Erbprinzen dortselbst verfertigt und umfaßte 18 Paragraphen. Selbst diese Ausführlichkeit konnte sodann nicht verhindern, daß der Erbprinz nach seiner Rückkehr nach Pirmasens eine freie Religionsausübung für alle Reformirten erneut auf Pirmasens beschränkte. Was hierzu der Anlaß war, ist uns leider nicht überliefert.

Im Jahr 1750 war der Erbprinz Ludwig zu den Fahnen des Preußenkönigs geeilt und hatte für lange Zeit Aufenthalt in Prenzlau in der Uckermark genommen. Von hier aus dirigierte er die Geschicke seines Soldatendorfes und betrieb unter anderem auch die Einrichtung einer eigenen Münzprägeanstalt, der Pirmasenser „Münz". 1756 nahm diese ihren Betrieb auf. In rascher Folge und in illegaler Weise entstanden einige Produkte (und dies nicht nur in Pirmasens, sondern auch bei vielen anderen Landesfürsten in ganz Deutschland), wobei selbst heute noch keine endgültige Klarheit über Anzahl, Prägejahre und Werte besteht. Nach heutigen Erkenntnissen sollen auf Anweisung des Erbprinzen folgende Münzen geprägt worden sein:

1 Kreuzer (Jahrgang oder Prägejahr unbekannt)
2 Kreuzer (mit Jahreszahl 1759 bekannt)
4 Kreuzer (mit zahlreichen Varianten bekannt)
5 Kreuzer (diese Ausgabe ist fraglich)
10 Kreuzer (diese Münze wurde 1760 aus dem eingeschmolzenen 1/6-Thaler geprägt)
12 Kreuzer (Prägejahr unbekannt, bisher nur 1 Stck. vorgelegen)
2 Albus (Prägung fraglich)
1/6 Thaler (zahlreiche Varianten bekannt, siehe Abbildung)
1 Dukat (mit Prägejahr 1758 in Literatur benannt, bislang jedoch nicht aufgetaucht)

Alle die Münzen, die mit der Pirmasenser Prägeanstalt, bzw. mit dem Erbprinzen Ludwig in Zusammenhang stehen, sind selten. Dazu trägt die Tatsache bei, daß die Ausgabe eigener Währungen ungesetzlich war und die Pirmasenser Münze im Jahr 1760 ihren Betrieb einstellen mußte. Einschmelzungen ließen den größten Teil der Münzen verschwinden. (Zur Zeit ist eine möglichst genaue Beschreibung mit Abbildungen aller in Pirmasens geprägten, bzw. der auf Anordnung des Erbprinzen verausgabten Münzen in Vorbereitung.)

*

1756 Der Erbprinz Ludwig stand also seit dem Jahre 1750 in den Diensten des Preußenkönigs und weilte in Prenzlau. So wurde von dort aus im Jahre 1756 eine Einrichtung in Pirmasens betrieben, die einigermaßen unüberlegt und auch ungesetzlich war. Am Rande des späteren großen Exerzierplatzes und ganz in der Nähe des Husarenstalls (heute südliche Ringstraße, d. V.) wurde eine Münzprägestätte errichtet. Sie hatte einen recht eigentümlichen Charakter, und unter den genannten Voraussetzungen sollte sie auch ein unrühmliches Ende erfahren.

Unter einem finanziellen Druck hatte der Preußenkönig im Jahre 1755 ein bisheriges staatliches Monopol, das der Münzherstellung, an private Unternehmer verpachtet. Die schnelle Folge davon war, daß andere Landesherren diesem Beispiel folgten und ein Verfall der damaligen Währungen eintrat. Der Erbprinz, welcher den Verlauf intensiv und ganz nahe verfolgen konnte, wollte dem nicht nachstehen.

So war diese „Münz" also entstanden und anscheinend ganz fleißig wurden hier die 1/6-Taler (siehe obige Abb.) in sechs Varianten geprägt und auch in Umlauf gebracht, bis man eines Tages, anläßlich eines Mißgeschicks, amtlicherseits auf die „Heckenmünze" zu Pirmasens aufmerksam wurde.

1756 Die Entdeckung dieser Heckenmünze schlug damals hohe Wellen und wurde letztlich durch Kaiser Franz I. in einem kaiserlichen Dekret vom 27. März 1760 angeprangert. Bei harter Strafandrohung wurde der Besitz, Erwerb und Handel solcher Münzen aus Pirmasens verboten.
Damit war schon im Jahre 1760 das Ende der Münze gekommen. Der Erbprinz kam zwar noch glimpflich davon, denn andernorts wurden solche Vergehen mit Gefängnis bestraft. Trotzdem war es ein großer Verlust für ihn, denn er hatte die Beschlagnahmung ansehnlicher Beträge zu tragen, das restliche „Geld" war wertlos geworden, und darüber hinaus hatte er wegen der Aufdeckung der ganzen Angelegenheit großen Ärger.
So heimlich, wie die Pirmasenser Münze entstanden war, mußte sie im Jahre 1760 wieder verschwinden. Der Münzmeister Fleischeldt aber wollte den Erbprinzen im darauffolgenden Jahr nochmals dazu bewegen, die Einrichtungen der Prägeanstalt in Gang zu setzen. Der Erbprinz hatte jedoch aus den Erfahrungen gelernt und ließ wohlweislich nunmehr die Finger davon.
Ob ein Vorkommnis 17 Jahre später damit in Zusammenhang gebracht werden kann, mag dahingestellt bleiben. Jedenfalls vermerkte der Landgraf unter dem Datum 18. Oktober 1773 in seinem Tagebuch: „wurde der Leutnant Krafft[89], weil er beim Falschmünzen impliciert geworden, cassiert und zum Tor hinaus auf die Grenze gebracht." Angesichts dieser harten Strafe könnte auch gesagt werden, daß der Landgraf auch noch nach 17 Jahren an die Unannehmlichkeiten von damals dachte.

*

Was den Kirchenneubau der zukünftigen Hof- und Garnisonskirche anbelangt, so war dies keine leichte Sache. Insbesondere das Aufbringen der notwendigen Gelder verursachte Schwierigkeiten, denn der Kostenvoranschlag des Bauschreibers Schild lautete über 8.258 Gulden, und ein aus Zweibrücken eingeholter Bauriß lag mit 9.562 Gulden noch deutlich darüber.

Ein Hofrat Faber verpflichtete zu je einem Drittel die Herrschaft, die Kirchschaffnei und das Kirchspiel zur Aufbringung der Gesamtkosten.
Und so kam es, daß im ganzen Herrschaftsbereich des Erbprinzen zur Spende aufgerufen wurde, wobei schon ansehnliche Summen zusammenkamen. Aus dem Amt Willstädt gingen 60 Gulden ein, aus der Kirchschaffnei Ingweiler bei Buchsweiler sogar 400 Gulden und dazu zwei Vorschüsse in Höhe von 500 Gulden. Andere Kirchschaffneien, wie zum Beispiel Brumath und Wörth gaben Darlehen in Höhe von 300 und 200 Gulden. Auf Anweisung eines Konsistoriums in Buchsweiler mußte der Spitalschaffner Müller in Buchsweiler 325 Gulden auszahlen, der Kirchenschaffner Kuder in Brumath 400 Gulden, Kirchenschaffner Izstein in Wörth 500 Gulden und der Kirchenschaffner Alberti in Bischofsheim sogar 900 Gulden. Ein weiterer Kirchenschaffner Winter in Bischofsheim wurde mit nur 75 Gulden zur Kasse gebeten, und aus der fürstlichen Kirchenkasse in Darmstadt flossen 60 Gulden nach Pirmasens.
Unter dem Datum 28. August 1756 wurde das gesamte Bauwesen an den Gerichtsschöffen Johann Friedrich Schmitt vergeben, und bald schon konnte es an den Abriß der alten Kirche gehen.
Für die kirchenlose Zeit stellte der Erbprinz einen Saal in seinem Schlosse zur Verfügung. Da dieser Raum jedoch alsbald die vielen Gläubigen nicht mehr fassen konnte, wurde ein größerer Raum im Marstall zur Abhaltung der Gottesdienste vorgesehen.
Jeder Gewerbetreibende im Dorfe durfte sich des Abbruchmaterials bedienen, natürlich unter gerechter Verteilung und unter Aufsicht. So wanderten viele Steine, Ziegeln, Fenster, Dielen, Holz und Eisen der alten Pirmasenser Kirche in viele Häu-

---

[89] In der Stammrolle der Oberoffiziere: Krafft Gottlieb, Geislingen, 35 Jahr, 10 Zoll, 1763 Korporal, 1764 Sergeant, 1767 Leutnant, 1762-1773 im Regiment „Erbprinz", Strafentlassung am 18. 10. 1773.

ser des Dorfes, und manche Grenadierhäuschen wurden mit dem Material neu erstellt. Für die Beischaffung des neuen Baumaterials gab es eigentlich keine Probleme, denn alles, was Pferd und Wagen im Amt Lemberg besaß, wurde einfach zu Frondiensten verpflichtet. Ausgenommen waren dabei die Schultheißereien Bärenthal und Obersteinbach.

Im Spätjahr 1756 wurde mit dem Aushub und der Errichtung einer Stützmauer gegen die Schäfergasse zu begonnen. Die Aufbauarbeiten setzten sodann im Früh-
1757 jahr 1757 ein, so daß der Grundstein am 5. April 1757 nachmittags um 14.00 Uhr gelegt werden konnte, leider immer noch in Abwesenheit des Erbprinzen. Ganz sicher war er mittels eines Kuriers von dem bevorstehenden Ereignis in Kenntnis gesetzt worden. Zu besagtem Zeitpunkt mag er wohl unter den Fahnen Preußens in Richtung Prag marschiert sein und in Böhmen geweilt haben.

Viele Soldaten, Beamten und Bürger hatten sich in der „Haupt Strahs“ versammelt, und unter Leitung der beiden Pfarrer Müller und Morhard wurde das Lied gesungen „Es wolle uns Gott gnädig sein“. Nach der Weihrede des Pfarrers Müller wurde ein Zinnkästchen in den ausgehöhlten Grundstein versenkt, welches in der hinteren Mauer, „einseits neben der Pfarrgaß und unten auf das Schulhaus“ eingelassen wurde. Während dieser Zeremonie läuteten die Glocken der oberen Johanniskirche, und sie endete mit dem feierlichen Lied „Nun danket alle Gott“, in welches alle Versammelten frohen Herzens einstimmten, denn wieder hatten sie allesamt Grund zur Freude, erneut waren die Fundamente zu einem Bau gelegt worden, welcher bezeugte, daß die Entwicklung des Dorfes zur blühenden Soldatenstadt unaufhaltsam vor sich gehen würde.

Mit dem hinterlegten Zinnkästchen hatte es eine besondere Bewandtnis.

Zunächst interlegte man „zwey Pergamentene Brieffe“, welche die damalige Soldatenstärke mit 762 Mann angaben [91]. Ferner wurde eine Art Preisliste für Getreide beigegeben, 2 mit Pfälzer Weiß- und Rotwein gefüllte Flaschen und 26 verschiedene Sorten Münzen, bestehend aus Gulden, Batzen und Kreuzern. Eine hohenlohische Denkmünze trug zum Beispiel die Inschrift

„**C**hr**I**st**I** **VV**ort **I**st **LV**thers **L**ehr
DI**e** **V**ergehet n**V**n n**I**t **M**ehr“

Hierbei handelt es sich um ein Chronogramm, sozusagen um ein Zahlenspiel, welches im 18. Jahrhundert gebräuchlich war und sich großer Beliebtheit erfreute. Die Aufschlüsselung ergibt folgende Rechnung

1 M	= 1 x	1000 =	1000
1 D	= 1 x	500 =	500
1 C	= 1 x	100 =	100
2 L	= 2 x	50 =	100
5 V	= 5 x	5 =	25
5 I	= 5 x	1 =	5
			1730

Das Prägejahr der hohenlohischen Denkmünze war 1730. – Die lateinische Inschrift auf einem „Pergamentnen Brieff“ lautete:

a**VXILI**o
So**LIV**s **D**e**I**
a**V**sp**ICII**s
LVDo**VICI** non**I** Pr**I**n**CI**p**I**s Hass**I**ae
Latet
h**IC**
Lap**I**s ang**VL**ar**I**s“

(zu deutsch: „Durch des alleinigen Gottes Hilfe unter der Regierung Ludwigs, Prinzen von Hessen, liegt hier verborgen der Eckstein“)

91 Gegenüber den offiziellen Zahlen des Militärbestandes ergibt sich eine Differenz von 62 Mann, was jedoch wohl auf den Zeitpunkt der Erfassung zurückzuführen ist.

Im Jahr 1754 hatte der Baumeister Schild den allerhöchsten Auftrag erhalten, einen Bauriß für eine neue Kirche in der Hauptstraße zu erstellen. Die nunmehr vierte Kirche an gleicher Stelle sollte ein Prunkstück der zukünftigen Soldatenstadt werden. Obwohl der Erbprinz seit langer Zeit von Pirmasens abwesend war und eine alsbaldige Rückkehr nicht in Aussicht stand, betrieb er den Bau der Kirche. Unter dem Datum 26. Februar 1756 übertrug er seinem vertrauten Obristen Grandfil die Bauaufsicht, zusammen mit dem Gerichtsschöffen Johann Friedrich Schmidt. Die alte Kirche mußte abgerissen werden, und am 5. April 1757, nachmittags 2 Uhr, konnte der Grundstein zur neuen Kirche gelegt werden. (Vergleiche auch Text 1756/57 Seite 87 ffg.).

Hier ergibt sich ebenfalls ein Chronogramm:

2 D	= 2 x 500 =	1000
4 C	= 4 x 100 =	400
6 L	= 6 x 50 =	300
1 X	= 1 x 10 =	10
6 V	= 6 x 5 =	30
17 I	= 17 x 1 =	17
		1757

Damit war das Geheimnis der Großbuchstaben gelüftet, denn die Zahl 1757 ergab das Jahr der Grundsteinlegung.

Der Erbprinz konnte aus bekannten Gründen die beigelegten Urkunden nicht persönlich unterschreiben. Alle anderen Honoratioren des damaligen Dorfes setzten aber ihre Unterschrift darunter, um der Nachwelt ihre Namen zu erhalten:

Grandfil, Obrist
Werner, Major
Fentzling, Leutnant und Adjutant
Reuß, Kriegs- und Kammerrat
Müller, Pfarrer
Morhard, Diakon
Hopffenblatt, Rat und Amtmann
Molther, Amtsschreiber
Pfersdorff, Oberförster
Schreibeißen, Amts- und Kirchenschaffner
Schild, Baumeister und Landbereiter
Faul, Schultheiß
Stutz, Gerichtsschöffe
Schmidt, Gerichtsschöffe
Breithaupt, Apotheker
Busch, fürstlicher Kellermeister
Linck, fürstlicher Hofmaler

Über die Jahreswende 1758/59 war das Langhaus der Kirche fertig geworden, und im Jahr 1760 war der Turm vollendet.
Auf die Einweihung dieser stolzen Kirche werden wir noch zu sprechen kommen. Zunächst aber ging es eifrig an den Neubau heran, und schon ein Jahr später konnten die ersten Gottesdienste in der neuen Kirche abgehalten werden. Allerdings war sie noch lange nicht fertig, aber man wollte eben den Notbehelfen ein Ende bereiten.
Der weitere Ausbau und die Gesamtfertigstellung zogen sich sodann bis ins Jahr 1761 hinein. Erst im März 1761 sollten Windfahne mit Löwe und Schwan auf dem Turm aufgesetzt werden, als äußeres Zeichen der Fertigstellung.
Der Obrist Georg Höfle, damals eine bedeutende Persönlichkeit im Soldatendorf, stiftete zur Einweihung der neuen Kirche eine Sonnenuhr auf der Südseite über dem Pfarrgasseneingang [93].
Langsam näherte man sich dem Zeitpunkt, zu welchem die neue Hof- und Garnisonskirche eingeweiht werden sollte. An diesem Festtag sollte der Erbprinz teilnehmen, und wahrscheinlich betrieb er seine Rückkehr nach Pirmasens ob dieses Ereignisses.

Seine siebenjährige Abwesenheit war nicht gerade von Vorteil für das Soldatendorf gewesen. Einmal hatte die Zunahme des Militärs stagniert, und zum anderen war in baulicher Hinsicht nicht allzuviel geschehen. Es hatte eben die ordnende Hand gefehlt.
Wahrscheinlich hätte seine Abwesenheit von Pirmasens noch länger gedauert, wenn sich die politischen Verhältnisse damals nicht schlagartig geändert hätten:
Im Mai 1756 hatte Frankreich mit Österreich ein Verteidigungsbündnis geschlossen, und dies führte zwangsläufig zu der Tatsache, daß ein deutscher Fürst, welcher zudem ein Großteil seiner Besitztümer in Frankreich liegen hatte, auf Feindesseite bei den Preußen unter Friedrich dem Großen in Diensten stand.

---

[93] Diese Sonnenuhr ist, wenngleich 1960 renoviert, heute noch vorhanden. Auf der Südseite trägt sie die Inschrift „1762 Höfele Obrist“. Damit ist eine dritte Schreibweise gegeben, jedoch sollte der Name Höfle als richtig angesehen werden, da unter dem 16. 5. 1701 im Taufbuch auch so aufgeführt.

Vordem hatte der Erbprinz auf preußischer Seite am Siebenjährigen Krieg (Dritter Schlesischer Krieg) teilgenommen. Er war 1756 zum „Generallieutenant avanciert" und hatte in dieser Eigenschaft das Kommando über 10 000 Mann erhalten. Diese setzten sich aus den Regimentern „Darmstadt", „Amsel", „Württemberg", „Prinz Franz von Braunschweig" und aus Seydlitz-Husaren zusammen. Er hatte den Befehl erhalten, mit seinen Truppen nach Pommern zu ziehen und sich dort mit Feldmarschall Lewald zu vereinigen. In Pommern hatte er 6 Wochen lang gestanden, um sodann zu der Armee des Königs von Sachsen zu stoßen, die bald darauf in Böhmen einfiel.

Die Preußen hatten das größere Kriegsglück gehabt, denn sie gewannen am 6. Mai 1757 eine Schlacht bei Prag über die Österreicher unter Führung des Herzogs von Lothringen und Browne, mußten jedoch am 18. Juni bei Kollin eine Niederlage hinnehmen.

Bei den Rückzugsgefechten wurde es für unseren Erbprinzen brenzelig, denn unter dem Datum 20. Juni 1757 vermerkte er in seinem Tagebuch: „es ist mir beim Ausmarsch aus Prag der Haarzopf durch eine Kanonenkugel weggenommen worden. Die Kanonade dauerte 5 Stunden lang."

Am 30. August 1757 war der Erbprinz sodann aus preußischen Diensten ausgeschieden, nachdem er, wie er wieder in seinem Tagebuch vermerkte, 13 Jahre, 36 Wochen und 3 Tage dem preußischen König gedient hatte. Ein endgültiger Abschied wurde ihm erst am 14. August 1764 zuteil.

Seine Demissionierung war ein wohlüberlegter Entschluß, zu welchem ihm von allen Seiten wohlwollend geraten worden war, denn der Verlust seiner im Elsaß liegenden Ländereien war zu befürchten.

Indessen sah der Erbprinz in seiner Eigenwilligkeit die Gefahren nicht so gravierend, denn nur widerwillig stimmte er zu. Er begab sich wieder einmal in die hessischen Bäder Langenschwalbach und Ems, um sich von den ausgestandenen Strapazen zu erholen.

Genau am 24. Dezember 1757, also an Weihnachten, war der Erbprinz nach Pirmasens zurückgekehrt. Er hatte den preußischen Dienst für immer verlassen, zur Genugtuung seines Vaters, eines überzeugten und treuen Anhängers des Hauses Habsburg. Nicht zuletzt dürfte der Abschied auch zum Gefallen seiner Frau gewesen sein, die zeit ihres Lebens eine Anhängerin des Hauses Hohenzollern war. Nichts Eiligeres hatte der Erbprinz zu tun gehabt, als so schnell wie möglich sein Pirmasens zu erreichen, um das Weihnachtsfest in seiner Garnison feiern zu können. Hier fühlte er sich wohl, und das Familienfest wollte er in seiner Großfamilie begehen. Sieben Weihnachtsfeste hatte er in der Fremde erleben müssen, das achte wollte er unter allen Umständen zu Hause verbringen.

Es war zu einem Zeitpunkt, zu welchem die lutherische Kirche, welche alsbald den Namen Garnisonskirche erhalten sollte, entstand und eingeweiht werden konnte. Nun hatte das Soldatendorf schon zwei stattliche Kirchen, und die Anwesenheit des Erbprinzen sollte dem weiteren Ausbau des Dorfes zugute kommen.

Aber dazu bedurfte es nach wie vor zahlreicher Voraussetzungen. In den letzten Jahren hatte das Pirmasenser Militär keinen nennenswerten Zuwachs erfahren. 1751 dienten 793 Mann in dem Soldatendorf, und im Jahr 1757 waren es erst 824. Die Kirchenbauten hatten finanzielle Opfer gefordert, und dadurch war auch eine private Bautätigkeit ins Hintertreffen geraten. Die ansehnlichen Kosten für die Kirchenbauten mußten von allen Einwohnern getragen werden.

Die jahrelange Abwesenheit des Erbprinzen hatte sich gleichfalls bei seinem Offizierscorps negativ bemerkbar gemacht, was dem obersten Kriegsherrn sehr zum Mißfallen war: Viele „Officiers" hatten aus irgendwelchen Gründen ihren Dienst aufgekündigt, sei es, daß es an einer ordnenden Hand gefehlt haben mag, oder aber auch wegen der abseitigen Lage dieser Garnison, in welcher sich das ganze Leben und Treiben in einem immer noch äußerst primitiven Dorf abspielte, das wenig Abwechslung bot.

Mit Gewalt wollte der Erbprinz nunmehr der Reduzierung und Schwächung seiner Garnison entgegentreten, im ersten Überschwang mit zu harten Anordnungen. Von seinen Offizieren, die letztlich für die Zunahme des Militärs sorgen sollten, verlangte er eine schriftliche Erklärung, daß sie ihm zeit ihres Lebens treuen Dienst bezeugen sollten.
Solche Maßnahmen schienen den Unmut seiner höhergestellten Untergebenen hervorgerufen zu haben, denn schon kurze Zeit später mußte er eine Einschränkung erlassen.
Unter dem Datum 20. Mai 1759 wurde sodann noch eine Art Altersversorgung eingeführt, welche den so treu Ergebenen die Sache etwas schmackhafter machen sollte. Die Versorgung sah vor, daß bei Erreichen eines gewissen Alters, bzw. Ausscheiden durch Krankheit, ein Ruhegehalt gezahlt werden sollte, welches sich nach den Dienstjahren richtete. Solche Einrichtungen sollten sodann auch ihre Früchte tragen.
Somit schien wieder Ruhe eingekehrt zu sein, und andere Anordnungen, die hauptsächlich den weiteren Ausbau des Dorfes betrafen, überzeugten die Widerwilligen und Mißmutigen. Um eine Bautätigkeit in jeder Beziehung zu fördern, hatte der Erbprinz Ludwig allen Bauwilligen eine 15jährige Abgabefreiheit gewährt. Verdienten Soldaten, den Vertrauten, die bereit waren, sich mit ihren Familien in Pirmasens seßhaft zu machen, stellte er 2 Morgen Ödland kostenlos zur Verfügung. Zum Bau ihrer bescheidenen Häuschen erhielten sie sodann auch noch das benötigte Bauholz gratis zur Verfügung gestellt.
Mit wahrem Eifer ging es nun an den Ausbau des Dorfes. Aus dem gesamten Hanauer Land wurden Maurer, Schreiner, Zimmerleute und viele andere Handwerker zusammengetrommelt und nach Pirmasens beordert, um den Westabhang des Horebs nach den erstellten Ausbauplänen zu vollziehen.

Das Dorf hatte jetzt etwa 2 700 Einwohner, und nun entstanden in rascher Folge und in großer Anzahl die Grenadierhäuschen in ihrer primitiven einstöckigen Bauweise. Ganz vereinzelt wurden sogar zweistöckige Häuschen erbaut, und manchmal erhielten die Häuser auch einen Dachausbau mit einem oder zwei Dachfenstern. Bis zum 2. Weltkrieg waren die primitiven Gebäude charakteristisch für das Stadtbild von Pirmasens [94].
Aber auch andere, größere und schönere Gebäude entstanden im Dorf. An der Stelle des Hauses Sieber in der Hauptstraße entstand die Schloßbrauerei, eine sehr wichtige Einrichtung zur damaligen Zeit.
Rechts neben dem später zu erbauenden Rathaus wurde das „Blaue Palais“ erstellt, und in unmittelbarer Nähe des Buchsweiler Tores wuchs das große Militärhospital (später im Besitz von Albert und Gustav Schneider) empor.
Ein repräsentatives Gebäude wurde das landgräfliche Offizierskasino (später im Besitz von Dr. Brüll), gleichfalls in unmittelbarer Nähe des Buchsweiler Tores [95].

1758 Die Folgen solcher Maßnahmen konnten sodann nicht ausbleiben. Während sechs Jahre lang kaum eine Zunahme des Militärs in Pirmasens zu registrieren war, erfuhr dieses ab dem Jahr 1758 wieder einen Aufschwung, denn mit 1 010 Mann wurde erstmals die Tausendergrenze überschritten.

---

94 Vergleiche auch Bildtext Seite 92 und 170.
95 Das Gebäude fiel ebenfalls dem Bombenhagel des 2. Weltkrieges zum Opfer. Heute erinnert nur noch ein dreieckiger Stein an der Fassade des Neubaues Hauptstraße Nr. 102 an das landgräfliche Offizierskasino. Einstmals schmückte der Stein die Eingangssäulen über der zweiten Etage. Alle drei Ecken wurden durch sprühende Granaten verziert, und die jetzt noch vorhandene Jahreszahl 1780 deutet auf Renovierungen in späteren Jahren hin.

Typisch für die Vergangenheit von Pirmasens und die einstmals blühende Soldatenstadt waren die Grenadierhäuschen, welche bis zum 2. Weltkrieg im gesamten Stadtgebiet vorzufinden waren. Fast lückenlos hatten sie einmal den Exerzierplatz umsäumt, aber auch an anderen Stellen fand man sie reihenweise vor. Erst im letzten Viertel des 19. Jahrhunderts mußten zahlreiche dieser primitiven Bauten anderen größeren Häusern weichen. In den abfallenden Gassen und Straßen, von welchen es ja in Pirmasens zahlreiche gab, hatte man einfach Treppen angebaut, die wahllos, entweder von der einen oder von der anderen Seite zum Hauseingang führten. Zusammen mit vielen anderen Verbindungstreppen innerhalb des Stadtgebietes, bedingt durch die ungünstige geografische Lage, ergab sich auch, neben den Bezeichnungen „Soldatenstadt", „Industriestadt" und „Schuhstadt", der Beiname „Pirmasens – die Treppenstadt".

Baugesuch eines Unterthänigen

Durchlauchtigster Erb Printz, Gnädigster Fürst und Herr.

Ewer Hochfürsten Durchlaucht geruhen gndgst. sich Von mir dem zu Endunterzogenen unterthänigsten Supplicanten in Tieffster Submißion vorzutragen, wasmaßen ich gesonnen bin, mich dahier Häußlichen niederzulaßen, an Vorderiß aber eine Behaußung hiehernacher Pirmasens zu erbauen, um Erhaltung der 15. jährigen Freyzeit. Gleich wie aber letzteres ohne Vorwißen und Einwilligung des durchlauchtigsten nicht geschehen kann; Also ergehet an Ewer Großfürsten Durchlaucht mein unterthänigstes Bidden, daß höchst dieselben gnädigst geruhen, mir nicht nur solche 15. jährige Baufreyheit Gnädigst zu Willfahren, sondern auch verfügen zu laßen, daß mir zur Erbauung einer Behaußung der nöthige Platz angewiesen werden möchte. Ich getröste mich gnädigster Erhör und verharre mit all nur ersinnlichem Respect.

Ewer Hochfürsten Durchlaucht Unterthänigster Mathias Castor
leediger Schreinergesell von Treist Chur Trierischer Herrschaft

Unterschrift
Placet. Ludwig

1758 „Der Exerzierplatz, welcher 15 Morgen, 2 Viertel, 16 Ruthen enthält“, wurde im Jahr 1758 von dem Erbprinzen zu 90 fl per Morgen angekauft. Bei einer Mannstärke von über tausend mußte einfach für Bewegung der Soldaten gesorgt werden, und nahezu hatte der Erbprinz das erreicht, was er in der abgelegenen Garnison von Anfang an vorgehabt hatte: Seine Militärgarde war schon recht ansehnlich geworden, und nun konnte er diese befehligen und exerzieren lassen, ganz wie er sich dies auch vorgestellt hatte. Er konnte nun darangehen, aus den vielen Soldaten eine Elitetruppe herauszuziehen, um diese wiederum zu einer Perfektion zu bringen, die ihresgleichen in weitem Umkreis suchen sollte.
Der Exerzierplatz, welcher damals noch außerhalb des Dorfes gelegen war[96] und der mehr und mehr in die Ausbreitung des Dorfes einbezogen werden sollte, war anfänglich mit einem Holzstangengeländer eingefaßt worden. Ringsum wurde er mit Ulmen bepflanzt, die zu diesem Zwecke extra aus der Baumschule in Zabern/Elsaß hierhergebracht worden waren.
An der Ostseite (Schloßstraße) stand ein 10 Schuh langes, 11 Schuh breites und 10 Schuh hohes Aufenthaltsgebäude[97], dessen Wände innen mit Holz getäfelt waren. Es war sozusagen auch ein Befehlsstand, der einmal dem Erbprinzen zur Bequemlichkeit diente, andererseits aber auch zur Bewirtung angereister Militärexperten und zur Lagebesprechung diente. Zu weit wollte man vom Schauplatz der Exerzierübungen nicht entfernt sein, zumal sich diese oftmals den ganzen Tag über ausdehnten.

Das Heerlager in dem Dorf bedurfte auch strengster Disziplin und einer intensiven Aufsicht. Eigentlich ist es verwunderlich, daß keinerlei Aufzeichnungen bekannt geworden sind, die auf irgendwelche Ausschreitungen oder strengen Ungehorsam hinweisen, abgesehen von kleinen Schlägereien, wie sie in einer Zusammenballung von Menschen verschiedenen Schlages und in dieser Form geradezu vorkommen mußten. Als eingefleischter Soldat wußte der Erbprinz schon, welche Maßnahmen er zu ergreifen hatte, um Ungehorsam zu verhindern und seine Garnison in Disziplin zusammenzuhalten.
Desertionen waren nach wie vor nicht zu verhindern. Zwar hatte man diese eingedämmt, so gut es eben ging, aber das Heimweh eines Grenadiers mißachtete alle Befehle, Erlasse und Hindernisse, und nicht zuletzt auch oftmals harte Strafen bei Wiederergreifung.
Nichts konnte den Erbprinzen mehr in Rage bringen als Meldungen über solche erfolgten Fluchten. Dies war Fahnenflucht, und sein Vorbild, Friedrich der Große, ahndete solche Vergehen oftmals mit der Todesstrafe. In diesem Zusammenhang wurde bis zum heutigen Tage kein Urteil Ludwigs bekannt, das annähernd an eine solche Strafe hinreichte. Bei dem friedlichen Charakter des Pirmasenser Militärs hatte ein aufgegriffener Deserteur zwar mit Kerker und verschärfter Haft zu rechnen, aber letztlich erhielt er seine Freiheit wieder. Solche Gnade und der Verzicht auf härtere Strafen trugen nur zu Beliebtheit und Achtung seiner Person bei. Allerdings sei eines hervorgehoben: Sobald es sich um vorsätzliche Auslöschung eines Menschenlebens handelte, quasi Mord, verzichtete auch der Erbprinz nicht auf ein Urteil vom Leben zum Tod, wie wir noch erfahren werden.

---

[96] Nach erfolgtem Ausbau hatte der Exerzierplatz eine Länge von 270 m und eine Breite von 150 m, also 4 ha.

[97] Französischer oder Pariser Fuß = 0,32484 m = 12 Zoll oder 2,707 cm; rheinländischer Fuß = 0,31385 m = 12 Zoll oder 2,615 cm.

1758 Eine humane Behandlung der ergriffenen Deserteure war aber zeitweise ausgeschaltet, insbesondere dann, wenn sich die Desertionen häuften und sogar ganze Gruppen die Flucht ergreifen wollten.
Anscheinend hatten auch die Wachmannschaften unter Konsequenzen zu leiden. Es ist sogar anzunehmen, daß Belobigungen für die Wachen ausgesprochen wurden, unter denen die wenigsten Desertionen vorkamen. Die jeweils Betroffenen aber entluden ihren Zorn über einen Deserteur in besonderer Art und Weise. Sie verfluchten den Fahnenflüchtigen durch symbolisches Aufhängen in Form einer Puppe oder eines primitiven Bildes. Dafür gibt es Beweise, wie z. B. bei dem Grenadier Merckel Johann, über welchen in der Stammrolle der Vermerk angebracht wurde: „fahnenflüchtig, daher am 5. September 1748 im Bilde am Galgen aufgehängt". Offensichtlich bestand der Befehl, die Deserteure lebend zurückzubringen, um mit harten Strafen andere von einer Fahnenflucht abzuschrecken. Nur vereinzelte Hinweise bestehen über den Tod von Deserteuren, wie z. B. bei dem Grenadier „Gebhard Georg, Winzeln, 22 Jahr, 5 Zoll, 2 Fuß, erschossen am 13. August 1748."
Allein vom Jahr 1741, also vom Zeitpunkt der Errichtung einer ersten Kompagnie, bis zum Jahr 1749 gingen 549 Mann durch Desertion und Tod ab. Dies waren also über 60 Mann im Jahr, was bei der geringen Mannstärke einen ungemein hohen Prozentsatz ausmachte.
Wenn der Erbprinz nicht tatenlos zusehen wollte, wie die Stärke seines Militärs immer mehr zurückging, statt sich zu vermehren, so mußte er einfach drastischere Maßnahmen ergreifen. Die „Akten über Deserteurs" vom 4. November 1747 gaben darüber Aufschluß:

„Nachdem die höchste Notwendigkeit erfordert, um die bisher allzu stark eingerissene, pflichtvergessene Desertion zu steuern einmal ein Exempel zu statuieren, so ist das ganze Bataillon mit allem Nachdruck zu erinnern, daß fernerhin keine Gnade mehr zu hoffen sey; es werde aber noch schörffer gegen diejenigen verfahren werden, welche gar etwas vom Gewehr mitzunehmen oder sich gegen die Nachstellenden zu Gewehr stellen, sich erfrechen sollten, indem es alsdann bei der ordinairen Straf nicht bleiben sondern solchen befindenden Dingen nach in Handabhauen, pfählen und Verviertheilen verwandelt werden soll, wovor sich also ein jeder zu hüten hat."

Pirmasens, 4. November 1747 LUDWIG

In einem Eiltempo sondersgleichen wurde das Soldatendorf in der Zeit vom 22. August bis 4. September 1758 mit einem Zaun aus Schanzpfählen umgeben. Tag und Nacht mußte gearbeitet werden, um den riesigen Zaun, Pfahl an Pfahl, zu erstellen. Nicht gegen äußere Feinde sollte dieser Zaun schützen, sondern vielmehr die sich häufenden Desertionen der Grenadiere verhindern. Die Planungsskizze gibt den genauen Verlauf des Zaunes wieder, welcher einen noch größeren Umfang hatte, als die spätere Stadtmauer. Der alte Friedhof, direkt am Buchsweiler Tor eingeplant, sowie der Pulverturm auf dem Horeb lagen innerhalb des Zaunes. Viele Wachthäuser, die alle auf dem Plan vermerkt sind, sorgten zusätzlich für die Überwachung des überdimensionalen Zaunes. Wie man weiterhin der Skizze entnehmen kann, wurde der Zaun jeweils in schnurgeraden Richtungen gezogen, ungeachtet der bestehenden Geländeschwierigkeiten. Für heutige Begriffe ist es fast unvorstellbar, wie ein solcher Zaun, ohne technische Hilfsmittel, überhaupt innerhalb 14 Tagen erstellt werden konnte. Nach fünf Jahren hatte dieser Zaun schon wieder seine Bedeutung verloren, denn der Erbprinz gab sich keinen Halbheiten hin. Seine Soldatenstadt sollte standes- und ordnungsgemäß umfaßt sein, wobei sich ein Zaun aus Holzpfählen schlecht ausnahm. Also ordnete er den Bau einer steinernen Mauer an, die sich zudem noch eleganteren Formen anpaßte. Der Verlauf dieser Stadtmauer, welche ebenfalls auf der abgebildeten Skizze projektiert wurde, ergab sodann ein charakteristisches Oval, welches bis zum heutigen Tag vorherrschen wird. Der Grundstein zur Stadtmauer wurde am 7. März 1763 gelegt, und zwar an der Stelle, an welcher heute Zweibrücker, Rodalber und Dankelsbachstraße zusammentreffen und die ausdrücklich in der Planskizze vermerkt wurde.

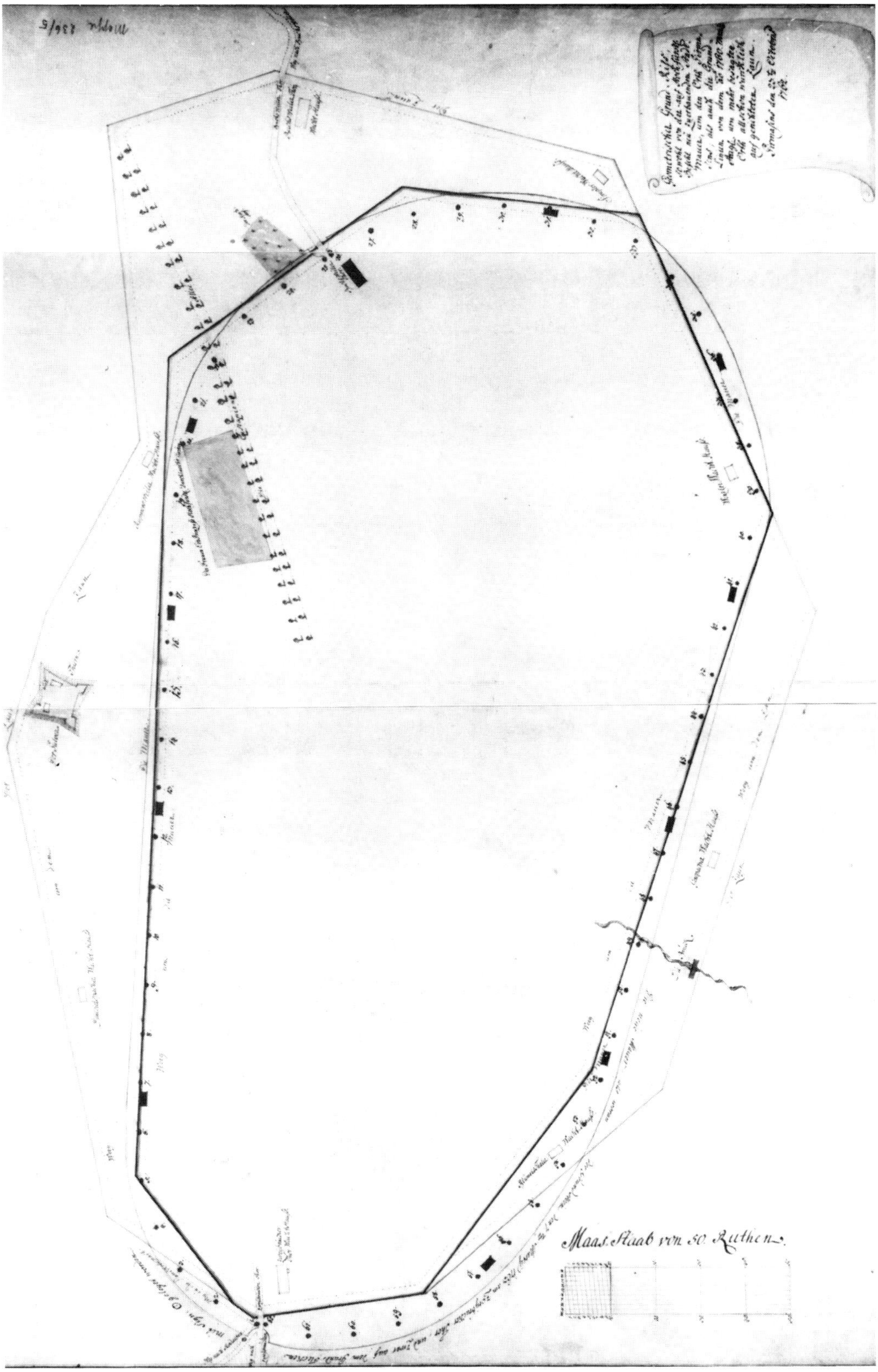
Maas-Staab von 50. Ruthen

Solche Worte waren aber mehr oder weniger Androhungen, denn niemals ist belegt, daß solche Strafen auch ausgeführt wurden. Allerdings wurde das „Spießrutengehen“ für ganz hartgesottene Deserteure im Laufe der Jahre zur ständigen Einrichtung, und manch einer büßte dabei sein Leben ein oder ward für immer zum Krüppel.
Die Desertionen wurden im Tagebuch festgehalten, und oft fand sich ein Sterbekreuz hinter einem Namen, nachdem „er drei- oder viermal Spießruten gegangen“. So wissen wir auch aus einem Nachtrag im Tagebuch des Landgrafen aus dem Jahr 1782, daß einmal 20 Grenadiere auf einmal versuchten, zu desertieren. Bis auf 3 wurden sie alle wieder eingefangen, und bei 5 von ihnen fand sich hinter dem Namen das Sterbekreuzchen.
Zu erwähnen verbleibt in diesem Zusammenhang, daß der Erbprinz im Jahr 1748 sogar einen Auslieferungsvertrag mit Frankreich abgeschlossen hatte. Der Erbprinz wollte französische Deserteurs an Frankreich ausliefern und erwartete die Auslieferung seiner in Frankreich ergriffenen Deserteure. Den Untertanen beider Länder wurde dabei strengstens untersagt und „verbotten“, den Ausreißern irgendwelche Hilfe zu gewähren, „weder Pferd, Gewehr, Bagage und Kleidung noch überhaupt sonsten etwas, es mag Namen haben, wie es will, noch denselben einigen Unterschlupf oder Aufenthalt zu gestatten, dieselben zu verstecken oder zu ihrer Entwischung behilflich zu seyn.“
Sehr oft bekamen die zurückgebliebenen Angehörigen den ganzen Zorn des Erbprinzen zu verspüren, denn auch verheiratete Söldner ergriffen die Flucht, unter Zurücklassung ihrer Familien. Der sonst Armut gegenüber nicht unempfindliche Landesherr gab die Frauen und die Kinder der bittersten Not preis, „da es das einzigste Mittel ist, die Desertionen zu verhindern und der Nachlaß zur Konsöquenz gereicht“.

Um die unliebsamen Desertionen einigermaßen einzudämmen, wurden keine Kosten gescheut. In einem Eiltempo wurde das Pirmasenser Heerlager in der Zeit vom 22. August bis 4. September des Jahres 1758 mit einem Schutzzaun aus Schanzpfählen umgeben.
Sicherlich war dies kein leichtes Unterfangen. Man muß bedenken, daß dabei Holzpfahl an Holzpfahl gesetzt werden mußte, und in geografischer Hinsicht bestanden doch einige Schwierigkeiten. Allein die Überwindung der beiden durch das Dorf laufenden Felswände und die dabei zutage tretenden Höhenunterschiede dürften schon einige Rätsel aufgegeben haben.
Der Schutzzaun hatte einen weit größeren Umfang als die später entstehende Stadtmauer. Er wurde auch in schnurgeraden Richtungen gezogen, während sich die Stadtmauer mit ihrem Oval moderneren Formen anpassen wird.
Auf einer erhalten gebliebenen Zeichnung [98] ist der Verlauf des Schutzzaunes zu erkennen, wie auch die Einfriedung aller damals wichtigen Häuser des Dorfes.
Mit welcher Dringlichkeit dieser Zaun errichtet wurde, geht aus der verhältnismäßig kurzen Bauzeit hervor. Tag und Nacht wurde gearbeitet, Samstag und Sonntag mit inbegriffen. In genau 14 Tagen war die mühsame Arbeit vollbracht.
Allerdings schien dieser Zaun nur anfänglich seine eigentliche Aufgabe erfüllt und den Fahnenflüchtigen einigen Respekt eingeflößt zu haben, denn die Desertionen gingen zurück. Nachdem man aber im Laufe der Zeit auf einige Tricks gekommen war, diesen Zaun doch überwinden zu können, mußte man sich gut 4 Jahre später etwas anderes einfallen lassen. Davon wird noch die Rede sein.

---

[98] Vgl. Abb. Seite 95.

PROSPECT: Pirmasens:
Erklärung derjenigen Häuser:
Erstens die schwartz gezeichneten seynd die alten häuser
Zweytens die rothen seynd die neu gebauten häuser
Drittens die grünen seynd die ausgesteckten Plätze
Viertens die gelben können noch gebauet werden
No 1 Der Pulver Thurn
No 2 Die Lohmühle
No 4. Die alte Ziegel hütte
No 5 Die Neue Ziegel hütte
No 7 Ein Platz der Holtz Magazin
LHB Darmstadt
Mappe 236/4

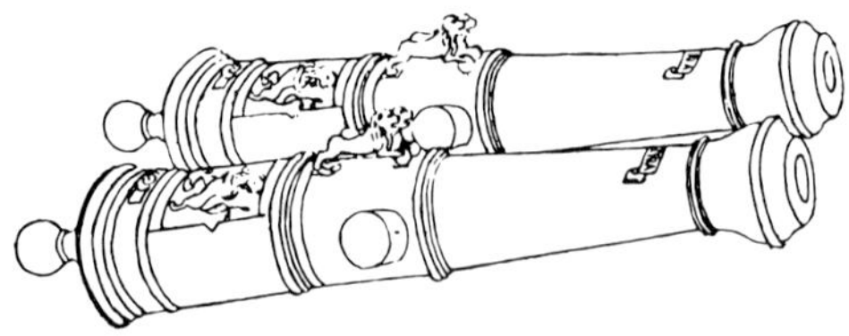

Leider ist uns nicht überliefert, wer die umseitige Dorfansicht von Pirmasens zu Papier gebracht und koloriert hat. Ebenso fehlt eine Angabe über das Entstehungsjahr. Man kann daher nur den Versuch anstellen, anhand verschiedener Daten und Unterlagen das Entstehungsjahr erstmals zu bestimmen, und eigentlich ist es bedauerlich, daß diese Dorfskizze niemals reproduziert wurde. Wahrscheinlich geschah dies einmal aus Kostengründen und zum anderen deswegen, weil die Straßenführungen und die geografischen Verhältnisse vom Zeichner keinerlei Berücksichtigung fanden. Jedem Betrachter erscheint das Dorf Pirmasens auf ebener Fläche gelegen, mit enorm breiten Straßen und einer Prachtallee in schnurgeradem Verlauf. Die vielen in Gelb eingezeichneten Häuser bestanden zum Zeitpunkt der Anfertigung überhaupt noch nicht, denn der Zeichner vermerkte: »Die gelben können noch gebauet werden.« Was sodann noch verblieb, schmälerte das ganze Ausmaß des Soldatendorfes kolossal. Um das Entstehungsjahr bestimmen zu können, muß man die Zeichnung aus der Vogelperspektive näher betrachten. Zunächst wird vermerkt, daß die »Schwartz gezeigneten die alten Häuser« von Pirmasens sind. Sie liegen alle in den tiefer gelegenen Teilen des Dorfes, waren zum Zeitpunkt der Zeichnungserstellung schon längst vorhanden und geben nur Aufschluß über die Größe des vormaligen Dorfes. »Die rothen seynd die neu gebauten Häuser.« Dieser Hinweis ist schon wichtiger, denn daraus ist zu entnehmen, daß die Skizze nach 1750 entstanden sein muß, denn die Obere Kirche, die Johanniskirche, hatte ihren festen Standort. Der Grundstein dazu war am 17. März 1750 gelegt worden. Natürlicherweise erfolgte die Vergrößerung und Ausbreitung des Dorfes vom Zentrum her, wobei die nordöstliche Richtung den Vorzug erhielt. Es war schon ein Wagnis, in dieser Richtung neue Höhen anzugehen, und wie einsam mögen sich damals die wenigen Häuser hier ausgenommen haben. Nach dem Höfle'schen Wohnhaus, Ecke Schloßstraße/Höfelsgasse, war die Johanniskirche mit das letzte Gebäude in Richtung Zweibrücken. Allerdings ließ der Zeichner seiner Phantasie freien Lauf, denn er »zeignete« die Hauptkaserne in der Sandgasse in einem Umfang ein, welchen diese niemals erreichte. Vielleicht hatte er diese große Anlage einfach aus bestehenden Plänen übernommen. Einen wichtigen Hinweis über das Entstehungsjahr der Zeichnungen ergeben die »grün gezeigneten« Häuser, sie »seynd die ausgestellten Plätze«, das heißt wohl, die im Bau befindlichen Häuser. An einem ganz markanten Punkt, an der späteren Ecksteinsau, erscheint das Pfersdorff'sche Haus in grüner Farbe, also im Bau befindlich. Man weiß, daß dieses Haus 1756 erbaut wurde. Darüber hinaus ergibt sich ein weiterer Hinweis, welcher das Entstehungsjahr der Zeichnung deutlich werden läßt: Die Lutherkirche in der Hauptstraße mußte 1755 wegen Baufälligkeit abgerissen werden. Im Spätjahr 1756 konnte mit den Wiederaufbauarbeiten der Hof- und Garnisonskirche begonnen werden. Der Zeichner konnte diese Kirche offensichtlich im fertigen Zustand nicht gesehen haben, denn er setzte den Turm dieser Kirche auf die rechte statt auf die linke Seite. Damit kann man mit Sicherheit annehmen, daß die aufschlußreiche Zeichnung im Jahr 1756 entstanden ist. Abgesehen von einigen Planungen, welche der Zeichner damals einfach übernahm (Kaserne, Lustgarten, Pavillon am Exerzierplatz, Pulverturm usw.), dürfte das Dorf Pirmasens so ausgesehen haben. Während die herrschaftlichen Anlagen keine besondere Erwähnung fanden, wurden »Pulver Thurm«, »Lohmühle«, »der Dankelsbacher Brunnen«, die »alte und neue Ziegel Hütte«, »das Gerbhaus unter dem dankelsbacher Brunnen« und ein »Platz vor Holtz Magazin« hervorgehoben, das waren damals, nach Ansicht des Zeichners, die wichtigsten Einrichtungen im Dorf Pirmasens. Hervorzuheben ist der sehr frühe Hinweis auf eine Lohmühle und auf ein Gerbhaus im Dorf.

1759 Die langjährige Abwesenheit des Erbprinzen hatte offenbar auch negative Folgen beim Pirmasenser Offizierskorps gehabt, deren Auswirkungen sich nunmehr im Jahr 1759 zeigten. Insbesondere bei den Offizieren adliger Abstammung hatte sich offenbar ein Standesdünkel breitgemacht, welcher für einige Unruhen in dem Soldatendorf sorgte.
Hiervon berichtet eine anonyme Aufzeichnung, welche allerdings erst im Jahr 1806 entstand, jedoch angeblich von einem vertrauten Zeitgenossen verfaßt wurde. Dieser schilderte die Verhältnisse so: „Bei Errichtung des sogenannten Bataillons zu Pirmasens nahm der damalige Erbprinz Ludwig jeden Offizier an, wenn er nur exerzieren konnte; allein später, wo er selbst gegenwärtig war, so griff er öfters ziemlich stark durch. Dies verdroß die adligen Offiziers und sie glaubten sich in ihren Prärogativen herabgesetzt. Da nun einige ihren Abschied forderten, so wurde Ludwig aufgebracht und ließ ihnen einen Akt vorlegen, welcher sie zu lebenslänglichen Diensten verbindlich machen sollte; da sich nun einige weigerten zu unterschreiben, so ließ er allen Adligen samt und sonders die Dimission zugehen. Dieser Fall geschahe 1759. Die Adligen, welche dimittiert wurden, sind

Hans Adam von Seebach aus Storndorf, 10. Mai 1764 als ein unverdienter General dimittiert wegen Mangel an Respekt von Serenissimus;
Thomas Friedrich Wilhelm von Seebach aus Schönwerda in Sachsen, beabschiedet 10. Mai 1760;
Karl von Tornschild aus Schweden, kassiert 10. September 1748 (Strafentlassung);
Friedrich Ludwig von Pöllnitz aus Ansbach, beabschiedet 29. Mai 1759;
Friedrich August von Pöllnitz jun. aus Ansbach, beabschiedet 18. Mai 1759;
August von Borck aus Esseck/Ungarn, beabschiedet 30. März 1748;
Gustav von Zyllnhardt, Freiherr aus Fröschweiler (oder Sulzbach), beabschiedet 29. Mai 1759;
Franz Anton von Kaipff aus Rodalben, beabschiedet 29. Juni 1759;
Jakob Albrecht von Wacker, beabschiedet 1755;
Friedrich Ludwig von Poly aus Guntersblum, beabschiedet auf sein Nachsuchen am 26. Juni 1765;
Ludwig von Passern aus Homburg v. d. H., beabschiedet 26. März 1761;
Eugenius von Revay aus Brieg in Schlesien, desertiert am 4. September 1776.

An ihre Stelle promovierte der Erbprinz nunmehr Unterofficiers, wovon nicht wenige aus preußischen Diensten kamen. Ein großer Teil der Leute war von niederer, durchaus aber bürgerlicher Herkunft. So war z. B. der General Johann Wilhelm de Grandfil Jäger, der spätere General Wencke Zimmermann, der Johann Georg Höfle Strohschnitter, der General Bernhard Müller Schneider und der General Petermann Schäferknecht. Unter den anderen Officiers fanden sich frühere Schuhmacher, Strumpfweber, Küfer, Sattler, Weißbinder, Zimmerleute, Schneider, Bäcker, Gürtler, Barbiere, Bauern, Studenten und Kandidaten der Theologie. Unter den ehemaligen gemeinen Soldaten, welche den Aufstieg schafften, waren Jäger, Schreiber, Schulmeister, Pfarrers- und Offizierssöhne, usw. und gelegentlich ging auch ein „ehemaliger Regimentschirurgus wegen Verdruß mit dem Leibmedicus von der Hygiea zur Bellona über". Ohngeachtet dieser Officiers größter Teil von sehr geringer Herkunft war, so trugen doch die mehrsten einen gewissen militärischen Pli an sich, ... ja einige hatten sich eine überaus gute Gebietsbildung zu geben gewußt. Der Generalleutnant Wencke hatte nicht nur das wahre Militärische des Soldaten und eine edle Haltung, sondern was noch mehr ist, er verstand außer seinen Exerzierreglements auch Staatswissenschaften; er las die besten Schriften und sogar französische, er hatte viele tiefe und gründliche Einsichten und besonders eine nüchterne Urteilskraft; er war seinem Herrn von ganzer Seele ergeben und genoß sein Vertrauen. Der General Müller war ... ein tüchtiger Soldat, er hatte ein ebenso kriegerisches Ansehen wie Wencke ... und war gleichfalls ein enthusiastischer Verehrer seines Fürsten. Der General Petermann dagegen war ein guter

Exerziermeister, aber ein roher bäurischer Mensch und noch mehr als dies, er hörte nie auf grob und tyrannisch zu sein, daher war er durchaus verhaßt. Der Obrist Bechtold und sein Bruder, der damalige Kapitän Bechtold waren gebildete und ausgezeichnete Männer; der Obrist Preibisius (ein Pfarrerssohn, geboren in Schaafheim am 19. 3. 1724 und später Stadtkommandant von Pirmasens) war ein gebildeter Offizier, voll Ernst, Wahrheit und Kenntnisse, er war hypochondrisch aber menschenfreundlich und schonend."
Diese interessanten Schilderungen decken sich nicht ganz mit den späteren Äußerungen von Karoline, der angetrauten Ehefrau unseres Erbprinzen. Sie, die niemals Verständnis für die militärischen Neigungen ihres Mannes zeigte und Pirmasens mied, um nicht zu sagen: haßte, soll in späteren Jahren geäußert haben, daß unter den Vertrauten welche seien, die verdienten gerädert und gehängt zu werden.

*

Der „Religionskrieg" zwischen Lutheranern und Reformierten war immer noch nicht beigelegt. Die Umlagen zum Aufbau der lutherischen Hauptkirche hatten die Gemüter erregt, und so sahen sich die Reformierten genötigt, sich in einem Gesuch an den Erbprinzen persönlich zu wenden:

Durchlauchigster Fürst und Landgraf,
Gnädigster Fürst und Herr!

Nach denen uns concedirten aller gnädigsten Privilegien haben Ewer Hochfürstlichen Durchlaucht aus hohen Gnaden geruhet und Dero getreuen reformirten unterthanen von der dahiesigen Evangelisch Lutherischen Kirche zu erlassen und der unserigen der reformirten zu verpfarren, mit allerhöchstem genädigsten Befehl hinkünftigen unter derselben lediglichen zu stehen, welche hohe Gnade wir auch mit lebenswürdiger unterthänigster Dankbarkeit nicht genugsam zu verehren wissen. Wann aber gegentheilig Dero Höchsten Befehl und genädigsten Verordnungen, die dahiesige Evangel. Lutherische Kirch uns noch beständig anzuziehen suchet und gegenwärtig annoch in das zu ihrer neu erbauten Kirchenthurms Layen Geld als ihre eigene Glieder geleget und auff dessen Erlegung mit execution und verpfändung bedrohet, als sehen wir uns nothgedrungen uns immediatest an Ewer Hochfürstliche Durchlaucht unseren aller gnädigsten Landes Vatter unterthänigst zu wenden und Dero hohe Hülffe fußfälligst zu emploiren uns von Dero Landes Vätterlichen hohen fürstlichen Huld und Genade getröstende, daß höchstens Dieselben uns bey unsern genädigst verliehenen Privilegien werden zu belassen geruhen, der wir nicht verfehlen werden solche hohe Gnade mit tieffster unterthänigkeit zu verehren, ersterbende.

Genädigster Fürst und Landgraff
unseres genädigsten Fürsten und Herren

Pirmasenß, den 22 ten 8 bris 1759

unterthänigst treugehorsamste	Mihel schar (?)
Glieder der reformirten Gemeinde	Jacob Dietz
Peter Traxel	Jacob Hieter
Andreas Ehrgott	Aberham Leyenberer (?)

Jetzt schaffte der Erbprinz Klarheit, denn eigenhändig schrieb er in den freien Raum des gleichen Briefes:

„So guth als ich Herr über die Reformirten Bin ohne eingepfarret so guth gehen die Glockenthurm Bau und Kirchen Bau zur Lutherischen Haubtkirche nicht zur entschuldigung da von nach denen Privilegiis Befreit zu seyn."

LUDWIG EPzHESSEN

(in anderer Handschrift:)
Pirmasenß den 22 ten octobr. 1759

Wie wichtig und dringend diese Entscheidung war, geht aus dieser, am gleichen Tage verfertigten Antwort hervor.
Ab diesem Zeitpunkt scheint bei den Gemeinden beider Bekenntnisse wieder Ruhe eingekehrt zu sein. Wie oftmals im Leben, traten wichtigere Dinge plötzlich in den Vordergrund und verdrängten nebensächliche Streitereien und Querelen: Das Dorf Pirmasens erfuhr weiteren Zuwachs an Militär und Bürgern – es war reif geworden, alsbald zur Stadt ernannt zu werden.

*

1760 Gleich zu Beginn der 60erJahre des 18. Jahrhunderts dienten 1 246 Offiziere und Grenadiere unter dem Befehl des Erbprinzen von Hessen in der Garnison!
Dies entsprach einer Zuwachsrate von 236 Mann innerhalb zweier Jahre. Wieder hatten viele der Söldner ihren Familienanhang mit nach Pirmasens gebracht. Wenn man im Durchschnitt nur 3 Personen annimmt, so ergab dies einen Zuwachs von rund 700 Menschen. Hinzugerechnet müssen die vielen anderen Zuwanderer werden, Gewerbetreibende und Handwerker. Auch das Verwaltungspersonal des Erbprinzen, die Hofhaltung, die Dienerschaft und alles andere, was eben zur Aufrechterhaltung eines kleinen Hofstaates und zur Führung des schon recht ansehnlichen Militärs gehörte. Angesichts solcher Tatsachen war es kein Wunder, wenn nach wie vor eine Wohnungsnot vorherrschte.

*

Wieder besteht ein vager Hinweis, daß in Pirmasens eine Postexpedition bestanden hat. Der Postexpeditor hieß Kalbfuß. Er muß jedoch nicht lange im Amt verblieben sein, denn schon 1763 wird in einer anderen Akte „vom vorherigen Stabhalter und Postexpeditor Kalbfuß" berichtet.
Von einer offiziellen Posteinrichtung kann immer noch nicht gesprochen werden. Vielleicht hat es sich dabei um eine Art „Postablage" gehandelt, das heißt, daß die von Pirmasens ausgehende Post an zentraler Stelle gesammelt wurde und ein- oder zweimal die Woche nach Zweibrücken verbracht wurde, was ganz sicherlich mit herrschaftlichen Kurierreitern erfolgt sein muß. Alle Briefe, die aus dieser Zeit stammen, tragen keine postalischen Vermerke, die auf Pirmasens als Abgangsort hinweisen, wie es bei offiziellen Posteinrichtungen der Fall war. Lediglich inhaltsmäßig sind solche Briefe auf Pirmasens zu bestimmen.

*

Im Jahr 1760 war endlich auch das Pfarrhaus der reformierten Gemeinde, direkt neben der Johanniskirche gelegen, bezugsfertig. Pfarrer Walther wollte jetzt auch seine Familie zusammenführen, was aber auf einige Schwierigkeiten stieß.
Zwar war seit geraumer Zeit eine Bautätigkeit in Pirmasens gefördert worden, aber sie konnte keineswegs Schritt halten mit dem Wachsen der Einwohnerschaft. Die Misere wird noch jahrelang anhalten.
So hatte der Erbprinz Ludwig während der Abwesenheit des Pfarrers Walther das neuerbaute Pfarrhaus einfach mit 12 Grenadieren Einquartierung belegen lassen, wahrscheinlich aus Mangel an anderen Unterbringungsmöglichkeiten. Die Pfarrfamilie mußte mit dieser Einquartierung zusammenwohnen. Das war aber noch nicht das Ende: Bis das Schulhaus vollendet war, mußten im Pfarrhaus noch Schule und Lehrer untergebracht werden. Die Pfarrfamilie bewohnte schließlich noch Stube und Kammer.

Was die Genehmigung zum Bau des eben erwähnten Schulhauses betrifft, so war Ludwig um eine Lösung im Sinne seiner Soldaten nicht verlegen. Er hatte wohlweislich zur Bedingung gemacht, daß neben dem Bau eines Schulhauses gleichzeitig auch ein Grenadierhaus zu erbauen sei, natürlich auf Kosten der Reformierten. Dabei stellte er das Bauholz, zur damaligen Zeit der wichtigste Baustoff überhaupt, kostenlos zur Verfügung, wohlbemerkt natürlich nur für das Grenadierhaus.

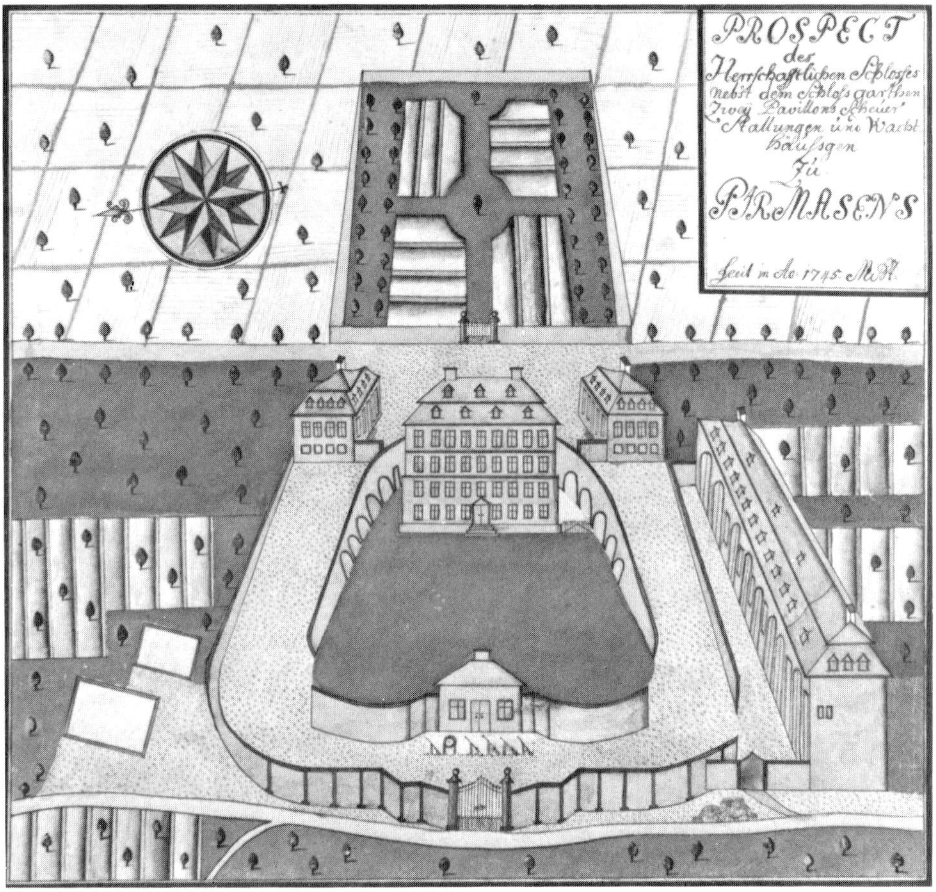

„Prospekt des Herrschaftlichen Schloßes zu Pirmasens", wie er im Jahr 1745 zu Papier gebracht wurde, und welches Aussehen das Schloß nach Fertigstellung haben sollte. Wahrscheinlich wurde auch diese Planung von dem Franzosen Masson entworfen, ebenso wie andere Ausbaupläne einer zukünftigen Soldatenstadt. Wie auch bei anderen Projektierungen wurden die bestehenden Geländeschwierigkeiten nicht oder nur andeutungsweise berücksichtigt. Der Höhenunterschied zwischen Haupt- und Schloßstraße sollte durch zwei breite Rampen ausgeglichen werden, denn der Haupteingang sollte an der Hauptwache in der Hauptstraße zu liegen kommen, gleich gegenüber dem 1771 erbauten Rathaus. Hier spielte sich das Leben und Treiben ab, denn ein „Hauptverkehr" lief immer noch die Hauptstraße hinab zur Kirche und zu den wenigen Häusern des Dorfes. Mehr und mehr wurde die Hauptwache aber zum zentralen Punkt. Hier war die Zufahrt zu den Verwaltungsgebäuden, zum Marstall und zu den Scheunen. Im Laufe der Jahre wuchs die herrschaftliche Hofhaltung gewaltig an, insbesondere nach der Regierungsübernahme der hessen-darmstädtischen Lande durch den Landgrafen im Jahr 1768. Mit der Bebauung der Höhen am Exerzierplatz verlagerte sich das Zentrum von Pirmasens zur Hauptwache hin, besonders aber nach dem Bau des Rathauses. Mit Ausnahme einiger kleinerer Änderungen wurde das Pirmasenser Schloß so erbaut, wie es im Jahr 1745 konzipiert worden war. Nur der herrschaftliche Lustgarten mußte den soldatischen Neigungen des Erbprinzen und späteren Landgrafen weichen, denn an seine Stelle kam im Jahr 1770 ein großes Exerzierhaus zu stehen.

Bereits damals schon trug sich der Erbprinz Ludwig mit dem Gedanken, das Dorf alsbald und so schnell wie möglich zur Stadt ernennen zu können. In der Stadternennungsurkunde bzw. Privilegienbestätigung vom 21. Juli 1769 ist nämlich die Rede davon, daß bereits 1760 „in verschiedenem Betracht vor eine Stadt zu declariren", Hochfürstliche Durchlaucht „gnädigst geruhet haben".
Wahrscheinlich ging der Ausbau des Dorfes doch nicht ganz so schnell und zügig vonstatten, wie es sich der Erbprinz gewünscht hatte, so daß nochmals einige Jahre ins Land ziehen mußten, bis es endlich so weit war.

Ab jetzt begann erst ein richtiges Leben in dem aufblühenden Dorfe. Bislang mußten einfach die Voraussetzungen für weitere Aufnahmen von Soldaten und Bürgern geschaffen werden, denn wir erinnern uns: „. . . als Ludwig zum ersten Male hinkam, fand er bloß 34 armselige Häuser daselbst vor".

1761 Seine Wohnstätte, das Schloß zu Pirmasens, war immer noch höchst bescheiden. Zur Westseite hin war es viergeschossig, also doch einigermaßen ansehnlich. Von dieser Seite aus (Hauptstraße) führten zwei Rampen [99] zum höher gelegenen Teil der Anlage in der Schloßstraße, also zur Ostseite. Diese Front war zu jener Zeit wohl der wichtigere Teil, denn auf der Ebene Exerzierplatz – Schloßplatz pulsierte das soldatische Leben und Treiben. Die Ostseite des Schlosses hatte immerhin auch noch zwei Geschosse à 9 Fenster und wurde bald mit zwei Pavillons eingerahmt, so daß sich das Schloß, vom Schloßplatz aus gesehen, ansehnlich darbot [100].
Die südliche Rampe wurde von einem stattlichen Wirtschaftsgebäude begrenzt. Hierin befanden sich auch Marstall und die Scheuern.

Im Dorfe selbst waren im Jahre 1761 schon 25 Soldatenwirtschaften und 11 Schildwirtschaften vorhanden. Der General de Grandfil hatte verfügt, daß die vertrauten Soldaten nebenbei einen Wirtschaftsbetrieb unterhalten durften, und zudem waren die Inhaber bei Zahlung der Tranksteuer bevorzugt worden. Die besuchteste Soldatenwirtschaft war die „Zum Gotte Mars".

In das Jahr 1761 fiel die Vollendung der Hof- und Garnisonskirche, denn am 14. Oktober konnte endlich die Kirchweihe festlich gefeiert werden. Sechs lange Jahre hatte man auf den Tag warten müssen, bis das Werk vollendet war.
7 895 Gulden hatte der stattliche Bau letzten Endes verschlungen, aber er war zu einem Schmuckstück des Soldatendorfes geworden.
Die Garnisonskirche hatte drei Eingänge: Den Turmeingang, den Pfarrgaßeingang und gegen die Hauptstraße zu den Haupteingang. Jeder dieser Eingänge hatte einen besonderen Schmuck erhalten. Hatte man den Turmeingang betreten, so sah man eine mächtige Schrift mit dem Lutherwort „Ein' feste Burg ist unser Gott".
Der Haupteingang war mit dem Emblem der Landgrafschaft Hessen-Darmstadt verziert worden. Krone, Wappen und Löwen versinnbildlichten die Herrschaftlichkeit, während das Kriegsgerät aller Art sich auf die Garnison beziehen sollte. Dieser Türschmuck war ein Werk des Zweibrücker Bildhauers Michael Weltzenberger [103].
Der Pfarrgaßeingang wurde durch die bereits erwähnte Sonnenuhr verziert, welche ein Jahr später von dem Obristen Höfle gestiftet wurde.

---

[99] Hieraus läßt sich der vor dem 2. Weltkrieg gebräuchliche Ausdruck „Rambatreppen" ableiten. Die Treppen (früher Rampen) führten auf beiden Seiten des späteren Café Luitpold und dem danebenliegenden Schneiderschen Anwesen zur höher gelegenen Schloßstraße (siehe auch Abb. bei S. 113). Andere Deutungen basieren auf dem französischen Wort „rempart" = Wall, Bollwerk.
[100] Eine schöne Radierung des Schlosses wurde von Rob. Jak. Bock angefertigt.
[103] Der Türschmuck ist heute noch erhalten.

Das Innere der Kirche war mit schwerem Eichenholzgestühl ausgestattet. Der Altar stand in der Mitte. Gegen die Schäfergasse zu lagen in einer Nische die Kanzel und der Pfarrstuhl. An dieser Stelle sollten einmal die sterblichen Überreste Ludwigs ruhen. Hier in Pirmasens, und nirgendwo anders wollte er einstmals zur Ruhe gebettet werden, und jetzt schon war Vorsorge getroffen worden.
Gegenüber von Altar und Kanzel lag zwischen Haupt- und Turmeingang die Hofloge [104]. Die drei dem Berg zugewandten Seiten waren mit Emporen versehen. Gegen die Pfarrgasse zu stand auf einer Empore eine mächtige Orgel mit einem wundervollen Barockgehäuse.
Welch herrlichen Anblick bot der sonntägliche Gottesdienst, wenn die Grenadiere in ihren schmucken Uniformen zur Garnisonskirche zogen, um den erbaulichen Worten ihres Feldprobstes Venator zuzuhören. Für Ruhe und Ordnung wurde dadurch gesorgt, indem alle drei Ausgänge während des Gottesdienstes bewacht wurden.

Eine besondere Bewandtnis hatte es noch mit der Turmspitze. Das Pfarrspiel Pirmasens wollte dem Turm einen Löwen und einen Schwan aufsetzen, und dies in Kupfer und vielleicht auch etwas überdimensional. Das Konsistorium in Buchsweiler hatte aber dafür kein Verständnis, zumal man als Dorf nur einen „Hahn" beanspruchen konnte. Die Regierung in Buchsweiler schaltete sich ein und empfahl ebenfalls einen „Hahn", da das geplante Vorhaben den Kirchenbau zu lange aufhielte, die Kirchenarbeiten schon vergeben seien und der Buchsweiler Kupferschmied 150 Gulden für die „aufwendige Spitze" verlange.
Alle aber hatten die Rechnung „ohne den Wirth" gemacht. Als der Erbprinz von den Querelen Kenntnis bekam, verfügte er kurzerhand: „Es wird ein Löw' aufgesetzt!"
Die herrliche Spitze entsprang einer Zeichnung des Baumeisters Schild und zeigte als Gerippe ein eisernes Kreuz, an welchem sich Turmknauf und die beiden Wappentiere Schwan und Löwe emporrankten.
Der Pirmasenser Schlosser Christian Schröder verfertigte das Kreuz für 7 Gulden und 3 Batzen. Die übrigen Arbeiten wurden von dem Buchsweiler Kupferschmied Johann Michel Böhm ausgeführt. Dafür erhielt er 200 Gulden. Der Löwe wog allein 130 Pfund.
In den Knauf der Turmspitze hinterlegte man noch verschiedene Urkunden und Münzen der damaligen Zeit, und endlich konnte die Krönung der Garnisonskirche, unter dem Jubel der Bevölkerung und unter Anwesenheit einer Ehrengarde des Pirmasenser Militärs, hochgezogen werden [105].

Ab diesem Zeitpunkt zierten also die beiden Wappentiere Löwe und Schwan die Turmspitze der Hof- und Garnisonskirche.
Der Löwe war das Wappentier von Hessen-Darmstadt und der Schwan das von Lichtenberg in der Grafschaft Hanau-Lichtenberg. Nach heutigen Begriffen würde man sagen können, daß damit eine Personalunion zum Ausdruck gebracht werden sollte. Da der Löwe über dem Schwan stand, wurde damit verdeutlicht, daß in der gemeinsamen Verwaltung das Haus Darmstadt von Vorrang hatte.

---

104 1930 standen in ihr noch die Stühle aus der Landgrafenzeit.

105 Im Jahr 1863 hat man die Spitze heruntergenommen, um sie nach über 100 Jahren neu zu vergolden. Im neuen Glanz sollte die Spitze zum ersten Säkularfest im Jahr 1863 im Sonnenschein erstrahlen. Auch der Knauf wurde damals geöffnet und zu den Urkunden aus dem Jahr 1761 solche aus dem Jubeljahr 1863 beigegeben. In der Nacht vom 28. auf den 29. Januar 1884 wurde die Spitze von einem heftigen Sturm abgerissen. Die Spitze polterte über das Kirchendach herunter und zerschellte auf dem Pflaster der Hauptstraße. Alle Bürger waren sich damals einig: Eine neue Spitze, welche der alten genau gleichen sollte, mußte aufgesetzt werden. Die Spenden dazu flossen reichlich, vor allen Dingen aus der geschäftlichen Nachbarschaft, so daß am 25. Okt. 1884 Löwe und Schwan hochgehievt werden konnten, unter Teilnahme einer großen Menschenmenge. Bis zum 9. August 1944 waren die beigegebenen Dokumente wohl verwahrt. Zu diesem Zeitpunkt aber sanken Kirche und große Teile der Stadt, damals ohne jegliche strategische Bedeutung, in Schutt und Asche. Die Bomben englischer und amerikanischer Flugzeuge ließen auch diese Zeugen der herrschaftlichen Vergangenheit verschwinden.

Sechs Jahre lang hatte der Bau der Hof- und Garnisonskirche in der Hauptstraße gedauert, ehe man am 14. Oktober 1761 die Kirchweihe feiern konnte. 7 895 Gulden hatte der stolze Bau verschlungen, und im gesamten hanau-lichtenbergischen Herrschaftsbereich war zur Spende für diesen Neubau aufgerufen worden. Das zur Stadt aufstrebende Soldatendorf wollte die Kirchturmspitze entsprechend gekrönt haben, jedoch wollte das Konsistorium in Buchsweiler nur einen Hahn für die Kirche des Dorfes gutheißen. Die Streitigkeiten wurden bis zur Regierung in Buchsweiler vorgetragen, und auch diese empfahl nur einen Hahn. Alle hatten aber die Rechnung „ohne den Wirt“ gemacht, denn der Erbprinz entschied: „Es wird ein Löw‘ aufgesetzt“. Die Abbildung zeigt die Zeichnung des Baumeisters Schild mit den beiden Wappentieren Löwe und Schwan. In den Knauf der Kirchturmspitze hinterlegte man einzelne Urkunden und Münzen der damaligen Zeit, und unter dem Jubel der Soldaten und der Bevölkerung konnte endlich die überaus schwere und stolze Bekrönung hochgezogen und befestigt werden.

1761 Bereits seit nunmehr 20 Jahren bestanden die Verbindungen zu der Amtsverwaltung in Buchsweiler. Alle Amtsgeschäfte wurden über die Regierung in dem elsässischen Dörfchen abgewickelt, und es gibt vielerlei Hinweise, daß sich die Beamten der Regierung des hanau-lichtenbergischen Amtes jeweils in Vorkommnisse einschalteten, welche ihren Herrschaftsbereich betrafen.
Ganz selbstverständlich war es, daß ständig eine Verbindung aufrechterhalten werden mußte, um die verfaßten Protokolle, Gesuche, Erlasse, Befehle, Anordnungen usw. von Ort zu Ort zu verbringen.
Anfänglich genügte wohl ein Bote oder Kurier, welcher einmal in der Woche den Weg von Buchsweiler nach Pirmasens zurücklegte. Je mehr das Soldatendorf Pirmasens aber Zuwachs erhielt, um so mehr häuften sich die Amtsgeschäfte und sonstige verwaltungstechnische Aufgaben. Die Beamten in Buchsweiler hatten es keinesfalls leicht, ihren Pflichten gerecht zu werden. Einmal war Buchsweiler Regierungssitz, und zum anderen war Pirmasens fast der ständige Aufenthaltsort ihres obersten Landesherrn, von welchem sie oftmals genug mit überraschenden Anordnungen und Befehlen konfrontiert wurden, ohne informiert zu sein.
Dies mag wohl auch mit der Umständlichkeit und der weit entfernten Lage beider Orte zusammengehangen haben. Wie umständlich und zeitraubend die Verbringung einer Art „Post" noch im Jahr 1761 war, geht aus einem Kabinettsprotokoll Nr. 1.261 hervor.:

„Huber, der Postbote allhier klagt, er habe für jeden Gang nach dem Zinßlerhof nicht mehr als 7 Batzen. Im Winter könne er diesen Gang nicht in einem Tag verrichten, er verzehre alles und könne sonst wenig verdienen. Er bittet deshalb hochfürstl. Kammer um 2 Kreutzer Zulage und um einen Malter Korn jährlich."
Bis dahin ist dieses Protokoll insofern aufschlußreich, als der Postbote Huber „den Gang nach dem Zinßlerhof im Winter nicht mehr an einem Tag verrichten konnte".

Bei dem genannten „Zinßlerhof" kann es sich nur um ein Gehöft am Zinzelbach im Elsaß gehandelt haben, in der Nähe der Ruine Neuzinzel.
Die Entfernung von Pirmasens bis zum „Zinzlerhof" betrug immerhin über 20 Kilometer. Zwar hatte man im Laufe der Jahre die bequemsten und direktesten Verbindungswege ausfindig gemacht, aber die Zustände der „Straßen" und Wege waren immer noch äußerst dürftig.
Von Pirmasens aus blieb man sozusagen „auf der Höhe", denn der Weg verlief über Ruhbank-Kettrichhof nach dem Hochstellerhof. Von hier aus erreichte man über die „Lange Ahnung" und die Imsbacher Mühle das Tal der Trualb, um schließlich an das Halbziel, Eppenbrunn, zu gelangen. Entlang der Stüdenbach erreichte man das heutige Grenzgebiet und mußte den Staffelskopf umgehen. Sodann führte der Weg in fast gerader und südwestlicher Richtung nach dem „Zinßlerhof" [106], wobei der Riesenberg umgangen wurde.
Der Postbote Huber hatte aber noch ein anderes Anliegen, denn „außerdem bittet er um eine Montirung auf eine gewisse zu bestimmende Zeit."
Wenn es sich um „Montirungen", also um Uniformen handelte, so wurde der Erbprinz hellhörig, und speziell in diesem Falle kann man erkennen, wie sehr auf eine äußere Erscheinung Wert gelegt wurde, wie wir auch noch in einem anderen Falle erfahren werden. Der Erbprinz Ludwig bestimmte: „Placet; das Mittelschild soll mit einem Fürstenhut und mit einem doppelten Löwen versehen, der Rock von blauem Tuch und mit rothen Aufschlägen so, wie des Amtsschaffneiboten gemacht werden."
Ab jenem Zeitpunkt begegneten sich also die Amts- und Postboten in schmucken

[106] Noch heute heißt dieser Weg im Elsaß „Prinzenhandweg" oder „Prinzenweg". Im weiteren Verlauf führte der Weg an der Ruine Waldeck vorbei, entlang der Waldecker Forststraße, über die Kreuzung Bärenthal/Mutterhausen, um über Reipertsweiler schließlich Ingweiler und Buchsweiler zu erreichen. Im letzten Teil ihres Verlaufes führte die Straße entlang einer alten römischen Straße, die von Zabern nach Niederbronn verlief.

Uniformen auf der langen Verbindungsstraße Pirmasens-Buchsweiler und legten Zeugnis ab von ihrer herrschaftlichen Zugehörigkeit.
Schließlich war es noch dem Kriegsrat Hopfenblatt zu verdanken, daß besagter Huber außer der Montierung noch die 2 Kreuzer Zulage erhielt.

Die Stärke des Militärs betrug 1761 schon 1357 Mann, hatte also schon wieder zugenommen.
Der Erbprinz Ludwig hatte damit sein gestecktes Ziel fast erreicht: Seine Grenadiergarde war recht ansehnlich geworden[107], und die Bewohner des Dorfes konnten tag-täglich die Exerzierübungen und, bei besonderen Anlässen, die Paraden der Elitetruppen bestaunen. Der Erbprinz selbst hatte seine wahre Freude daran, die einzelnen Regimenter zu besichtigen und zu befehligen. Bei den Exerzierübungen war er fast immer anwesend, sofern er nicht gerade außerhalb von Pirmasens weilte. War dies einmal der Fall, so widmete er sich nach der Rückkehr um so intensiver dem Drill seiner Garde, denn anderswo hatte er irgendwelche Neuerungen gesehen, die er sogleich bei seinem Militär in die Tat umsetzen konnte.
Alles mag einem Nichteingeweihten sonderbar vorkommen. Für das Dorf Pirmasens selbst war dies jedoch von größter Wichtigkeit und Bedeutung. Die Folgen werden auch nicht spurlos sein, ja sie werden eines Tages zu einem bestimmenden Faktor über Sein oder Nichtsein.

Eine weitere Tatsache sei noch herauszugreifen: Wenngleich sich Pirmasens zu einer ausgesprochenen Soldaten- oder Militärstadt entwickelt hatte, so entsprach dies der Laune eines Fürsten, von welcher das unbedeutende und abgelegene Wald- und Pfarrdorf profitiert hatte. Dem Erbprinzen sei aber zugute gehalten, daß er zeit seines Lebens niemals daran dachte, seine Elitetruppen in einen kriegerischen oder militärischen Einsatz zu bringen, ja letztlich es ablehnte, seine Truppen zu einem kriegerischen Einsatz auszuleihen, wie es damals bei vielen anderen Fürsten der Fall war.
Exerzierübungen, Paraden, Uniformen und Ausrüstungen waren nur auf Schau und auf exzentrische Absonderlichkeiten ausgerichtet, ja sie wurden schon bald zum Beispiel für Experten des Militärwesens auch außerhalb von Pirmasens. Man war auf das Soldatendorf aufmerksam geworden.

*

Unter solchen Neigungen litt natürlich auch das Familienleben Ludwigs, wenngleich er es weniger so empfand wie seine Frau. Sie hatte für diese militärischen Neigungen ihres Ehegatten keinerlei Verständnis, und nur selten führten sie ihre Wege nach Pirmasens. Nur einmal weilte Karoline für längere Zeit in dem Soldatendorf, nämlich im Sommer und im Herbst des Jahres 1761.
Nach 20 Jahren hatten sich beide Ehepartner auseinandergelebt, wobei nicht nur die exzentrischen Neigungen des Erbprinzen die wesentliche Rolle gespielt haben dürften. Die häufigen Trennungen hatten zur Folge, daß der Erbprinz eine amouröse Verbindung mit Ernestine Flachsland[108] einging. Am 6. Januar 1761, an welchem

---

[107] Vergleiche auch Tabelle Mannschaftsbestand im Anhang.
[108] Flachsland Ernestine, geboren 1742 in Reichenweier/Elsaß, war die Tochter des Amts- und Kirchenschaffners Johann Friedrich Flachsland.

der später geadelte Regierungsrat Andreas Peter Hesse seine Hochzeit mit Friederike Flachsland, einer Schwester der Ernestine, feierte, ward Ernestine Flachsland offiziell die Geliebte des Erbprinzen, ganz so, wie es damals an anderen Fürstenhöfen der Brauch war. Der am 10. November 1761 aus dieser Verbindung entstammende Sohn erhielt den Namen Ludwig Ernst von Hessenzweig [109]. Ende September 1774 wurde er zum Grenadierhauptmann in Pirmasens ernannt, starb aber kurze Zeit später in Zweibrücken im jugendlichen Alter von 13 Jahren.
In der Alleestraße hatte der Erbprinz seiner Geliebten sogar ein Haus errichten lassen. Solche delikaten Affären waren zur damaligen Zeit Staatsaktionen, und die Erinnerungen an „Madame" hielten sich sehr lange unter der Bevölkerung der Stadt, zumal doch einiger Aufwand bei ihrer Anwesenheit oder Ankunft getrieben wurde. Kehrte sie einmal von einer Reise zurück, so fand jedesmal eine Staatsparade statt, unter Teilnahme aller Offiziere und Beamten, wobei die neu Dazugekommenen Madame höchst persönlich vorgestellt wurden. War das militärische Zeremoniell beendet, „speißeten hernach Serenissimus mit Madame im offenen Zelt auf dem Exerzierplatz."
Dergestalt waren also die Verhältnisse und Spannungen, wenn die Prinzessin Karoline – selten genug – einmal den Weg nach Pirmasens fand.
Zum Zeitpunkt unserer Schilderung muß es gewesen sein, daß sich beide Rivalinnen auf einer Spazierfahrt vor dem Buchsweiler Tor begegneten. Hier kam es zu einem Vorfall, welcher für den Erbprinzen hätte peinlich ausgehen können, denn seine ihm angetraute Frau zog plötzlich eine Pistole unter ihrem Überhang hervor und schoß auf Ernestine Flachsland, ohne jedoch, und für den Erbprinzen glücklicherweise, zu treffen. Welche Nachwirkungen diese ernste Eifersuchtsszene hatte, ist leider nicht bekannt.
Nach dem Tode ihres Sohnes verließ Ernestine Flachsland die Stadt.

Der Erbprinz war schon eine eigentümliche Persönlichkeit. Während wir von seinen amourösen Abenteuern noch einiges erfahren werden, war zum Beispiel auch seine Hofhaltung extrem und ganz auf Schau abgestellt. Zeitweise wurden sogar 4 Mohren im Schloß beschäftigt, zur damaligen Zeit eine wahre Attraktion für die Pirmasenser Einwohner. In weitem Umkreis konnte man keine Neger im Dienste eines Fürsten finden. Mit einigem Glück konnte man vielleicht einen Neger auf Jahrmärkten in entfernt liegenden Städten zu Gesicht bekommen.

1762 Mag man dem Erbprinzen seine Eskapaden und seinen übernatürlichen Hang zum Soldatentum und den damit verbundenen Auswüchsen noch verzeihen, so mutet seine Liebe zur Musik und zu musikalischen Kompositionen geradezu phantastisch an. Er hielt sich für einen großen Komponisten, und was die Menge seiner musikalischen Erfindungen anbelangt, sicherlich auch zu Recht.
So hatte er bis zum April 1762 schon 1600 Märsche „fertiggemacht", und im Dezember des gleichen Jahres waren es schon über 3000 [110].

Aus dem Jahr 1762 kann noch ein wichtiger Vorgang vermeldet werden, welcher einerseits die damaligen Verhältnisse durchleuchtet, andererseits für die Zukunft von Pirmasens von einiger Bedeutung sein wird:

Hanau-lichtenbergisches Kabinettsprotokoll von 1762

„Rotgerbermeister Seitz aus Zweibrücken will eine Gerberey allhier anlegen und das Leder zum Dienste des Battl. zu dem Preis verkaufen wie solches zu Zweibrücken deppetiret worden. Zur Treibung seiner Profession aber will er die Wasser-

---

[109] In der Stammrolle der Ober-Offiziere: Hessenzweig von, Ludwig Ernst, Pirmasens, Regiment „Landgraf", 1774 Kapitän, gestorben zu Zweibrücken am 22. Dezember 1774.
[110] Tagebucheintragung Dezember 1762: „1.000 marches sind in diesem Monat fertig geworden."

strecke[111] um eine Abschätzung übernehmen. Die neubauende Kommission berichtet[112], Sublikant sei ein vermögender Mann und dörfte sein Auszug nach hier nützlich sein. Man fragt also zuvor an, ob Sublikant gesonnen sei die Wasserstrecke zu einem solch Gebrauch abzugeben."
Die Entscheidung des Erbprinzen lautete: „Die Wasserstrecke ist mir ohnehin zu nichts nutze. Man kann sie abgeben".

Zu einem sehr frühen Zeitpunkt erfahren wir durch dieses Protokoll etwas über ein Gewerbe, welches sich in dem Soldatendorf breitzumachen versuchte. Ganz sicher bestand schon zu diesem Zeitpunkt großer Bedarf an Leder, und bislang war solches anscheinend aus Zweibrücken hierher „deppetiret" worden. Was lag also näher, als eine Ortsansässigkeit eines vermögenden Mannes zu befürworten[113].

*

1762 standen 1 428 Mann in Diensten des Erbprinzen, also erneut eine Zunahme von 71 Grenadieren innerhalb eines Jahres. Gegenüber einer authentischen „Compact-Liste" vom 29. August 1762 ergeben sich zwar Schwankungen, die nur dadurch erklärbar sind, daß zwischen den Zählungen großer zeitlicher Raum bestand.

COMPAKT-ETAT

Nr.	Compagnien und Stab	Offiziers	Feldscherers Pfeifers Tambours Zimmer-Leuthe	Gemeine	Summa Totalis
1.	Gren.Obrist-Lieut. Werner	18	21	175	214
2.	Major Wenke	18	20	176	214
3.	Leib-Compagnie	21	14	193	228
4.	Brigad de Grandville	20	14	169	203
5.	Obrist Höffle	18	14	156	188
6.	Capit. Müller	17	13	156	186
7.	Capit. Kuhlen	16	14	155	185
8.	Unter-Staab				36
	zusammen	128	110	1180	1454

Die 36 Mann „Unter-Stab" gliederten sich wie folgt auf: Regiments-Quartier-Meister, Adjoutant, Feld-Probst, Auditeur, Regiment-Feldscherer,Regiment-Schreiber, Wachtmeister-Lieutenant, Regiment-Pfeifer, Regiment-Tambour, Trompeters, Hautboisten, Regiment-Büchsenmacher und Schäfter, Constabler, Krankenwärter, Invaliden, Profoß und Uebercompl. Pfeifers.

*

1763 Die Einwohnerzahl des Dorfes Pirmasens dürfte im Jahr 1763 nach vorsichtigen Schätzungen bei etwa 4500 gelegen haben, alles inclusive.
Während die Stärke des Pirmasenser Militärs immer und immer wieder fein säuberlich und höchst genau registriert wurde, gibt es kaum Unterlagen darüber, wie hoch die private Einwohnerzahl war. Diese Misere wird noch einige Jahrzehnte anhalten. Nur ganz vereinzelt ergeben sich Hinweise auf die Anzahl der Bürger, und auch in

[111] Gemeint ist das Strecktal.
[112] Die „neubauende Kommission" bestand damals aus dem Oberstleutnant Werner, Regierungsrat Hopfenblatt und Amtmann Reuss.
[113] Zu einem Erwerb besagter Wasserstrecke scheint es nicht gekommen zu sein, denn 1765 bewarb sich ein Feldwebel Groß als „Pathengeschenk" darum.

1763 der Folge werden solche nicht zahlreicher. Soweit Zahlen belegt sind, wurden diese übernommen [114], während die Einwohnerzahlen in den dazwischenliegenden Jahren angenommen werden müssen.
Allerdings ist uns überliefert, wieviele Gebäude im Jahr 1763 in Pirmasens vorhanden waren und welchen Zuwachs das Dorf in den letzten rund 30 Jahren erfahren hatte: „Erstlich haben sich bei der Höchstgesegneten ersten Anherkunft Ihro Hochfürstl. Durchlaucht in Anno 1735 an Gebäuden dahier nicht mehr befunden als

Häuser	Scheunen	Ställe	Anbau	Schopf
35	26	5	0	0

Seit solcher Zeit aber hat sich dieser Ort so sehr vermehrt, daß sich bei der in Anno 1763 geschehenen ersten Untersuchung nach Abzug obiger Anzahl weiter vorgefunden haben"

Häuser	Scheunen	Ställe	Anbau	Schopf
334	67	73	14	7

Damit hatte das Dorf immerhin rund 560 Gebäude, wenngleich ein Großteil davon nicht als wirkliche Gebäude zu bezeichnen war, denn darunter zählten auch Scheunen, Ställe, Anbauten und Schopfe.
Gegenüber 66 armseligen Häusern, Scheunen und Ställen im Jahr 1735 war dies jedoch ein gewaltiger Fortschritt, wobei einem weiteren Ausbau noch lange kein Ende gesetzt sein wird.
Angesichts solcher Tatsachen und einer ständigen Zunahme des Militärs sowie der Einwohnerschaft war es für den Erbprinzen Grund genug, das Dorf alsbald zur Stadt zu erheben. Seinen ganzen Ehrgeiz hatte er darangesetzt, und nichts hatte ihn von seinem Plane abbringen können. Allen Zweiflern und Besserwissern wollte und mußte er einfach beweisen, daß seine jahrelangen Bemühungen endlich von Erfolg gekrönt waren und ein Ende noch lange nicht absehbar sein würde.
Bevor es aber so weit sein sollte, wollte er seiner zukünftigen Soldatenstadt auch einen entsprechenden Charakter verleihen. Neben den Planungen neuer militärischer Zweckbauten und Förderungen privater Bauvorhaben wollte er seine Soldatenkolonie mit einer stattlichen Stadtmauer umgeben. Sie sollte seine kleine Residenz hermetisch abschließen, Desertionen verhindern und letztlich eine strenge Kontrolle ermöglichen.
Feinde von außen waren nicht zu befürchten, und so bekam diese Mauer eine recht eigenartige Aufgabe zugewiesen: Nicht gegen äußere Feinde sollte sie die Einwohner schützen, sondern sie sollte bezwecken, daß die darin Wohnenden zusammengehalten wurden.
Daher erfolgte am 7. März 1762 die Grundsteinlegung der Pirmasenser Stadtmauer, und die letzte Lücke am Pulverturm [115] wurde bereits am 19. August des gleichen Jahres geschlossen.

Nur zwei schmucke Stadttore gewährten Ein- und Auslaß. Der Schlüssel zum Buchsweiler Tor, damals wohl das wichtigere von beiden, wurde dem Erbprinzen am 21. Oktober 1763 überreicht.
Die Stadtmauer hatte folgenden Verlauf: Zweibrücker Tor - Gärtnerstraße - Fröhnstraße - Bogenstraße - Höhstraße - Buchsweiler Tor - Bergstraße - Horebstraße - Dankelsbachstraße - Zweibrücker Tor. Mit 13 Schuh Höhe, also etwas über 4 Meter, war die Mauer schon ein gewaltiges Bauwerk.
In ihrem Verlauf gab die Mauer der Stadt eine ellipsenförmige Form, die bis zum heutigen Tage zu erkennen ist, wenngleich sich das Stadtgebiet weit über den Kern von damals hinaus ausgedehnt hat (siehe auch Abbildung bei Seite 112).

---

114 Vergleiche auch Zusammenstellung im Anhang.

115 An der Kreuzung Kloster- und Herzogstraße gelegen.

HÖHENPLAN DES DIE MAUER ENTLANG GEFÜHRTEN WEGS

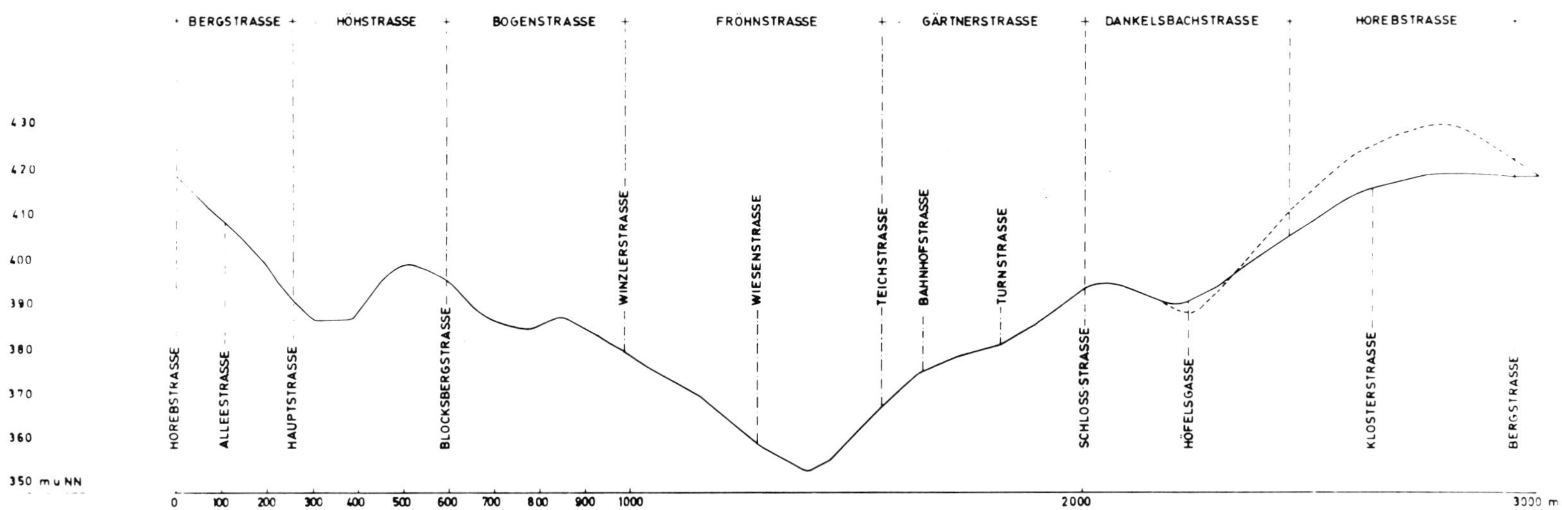

Angesichts der geografischen Verhältnisse in Pirmasens war der Bau der riesigen Stadtmauer eine Meisterleistung sondersgleichen. Gewaltige Höhenunterschiede waren zu überwinden, ungeachtet der Felswände, welche das Stadtgebiet durchzogen. In der Fröhnstraße lag der niedrigste Punkt bei 355 m ü. NN. Den höchsten Punkt erreichte die Mauer in der Horebstraße, kurz vor der Bergstraße mit 421 m ü. NN. Dazwischen lag ein ständiges Auf und Ab, je nach Beschaffenheit des Geländes. Und wieviel Schweiß mag beim Brechen der gewaltigen Sandsteinquader geflossen sein! Wieviel Mühe hatte es wohl gekostet, die Steine herzurichten und an Ort und Stelle zu verbringen! Und mit welchen primitiven Hilfsmitteln konnten die schweren Steine auf eine Höhe von über vier Metern gebracht werden? Innerhalb von rund fünf Monaten war dieses Wunderwerk geschaffen worden, bei einer Länge von 2 960 Metern! Über eine Stunde brauchte ein Wanderer, um die Mauer zu umlaufen! Für die Beschauer der damaligen Zeit muß die Mauer schon ein imposanter Anblick gewesen sein und manchen Respekt verursacht haben. Um so unverständlicher ist die Tatsache, daß von diesem gewaltigen Bauwerk so gut wie keine Einzelheiten über Baubegebenheiten, Materialbeschaffung und Arbeitsleistungen vorhanden sind. Dreißig Jahre lang wird die Mauer in ihrem ursprünglichen Zustand stehen und vereinzelt auf Zeichnungen festgehalten werden (vergl. Abb. Seite 212). Sodann aber hatte die Mauer ausgedient. Langsam aber stetig wird sie zerfallen, auf Abbruch versteigert werden, und mancher Quaderstein wird in das Fundament eines Pirmasenser Hauses wandern. Aber das wird das Schicksal vieler anderer Zeugen aus jener Zeit auch sein, denn noch niemals hatte man auf die Erhaltung solcher Dinge in Pirmasens Wert gelegt. (Vgl. auch Band II, ab 1797.)

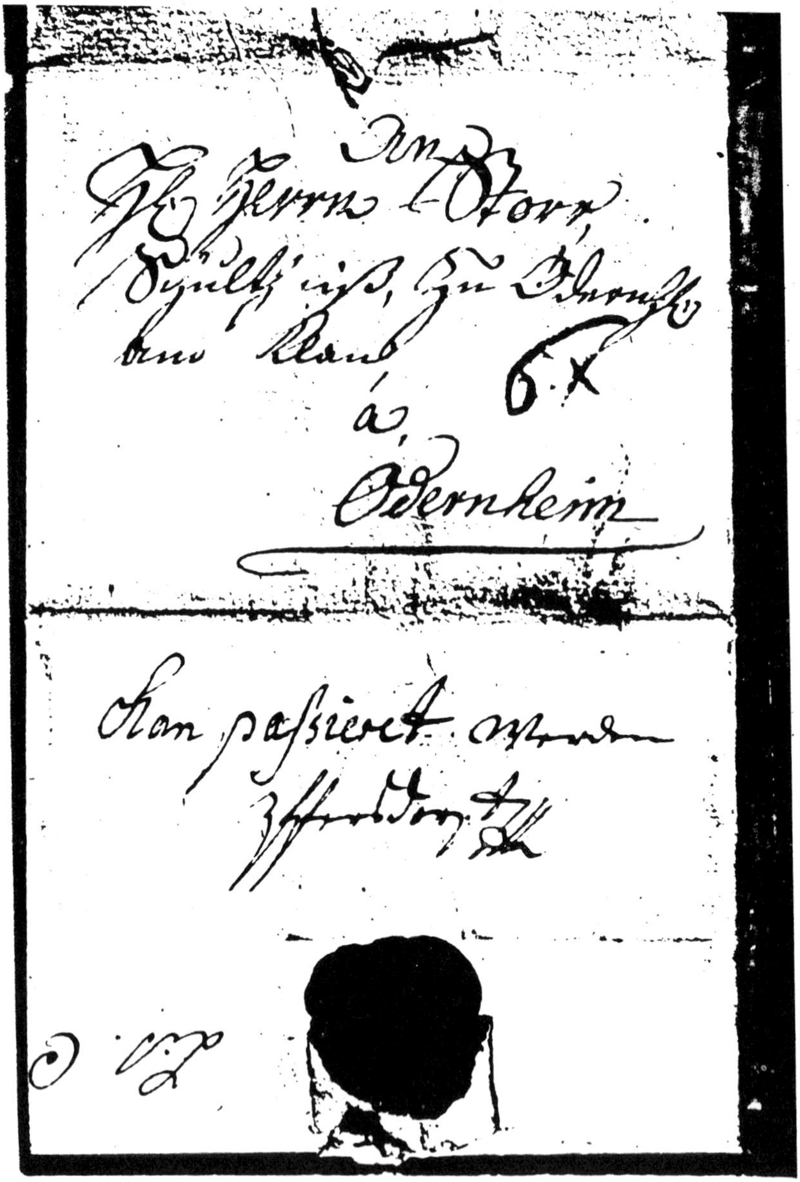

An
6 x
à
Odernheim

Kan passiert werden

Dieser Brief vom 13ten January 1763 wurde aus der Soldatenstadt Pirmasens nach Odernheim versandt. Er ist eines der äußerst wenigen Dokumente, welche wir aus jenen Jahren kennen. Es war damals üblich, die Briefe so zu falten und rückseitig so ineinander zu schieben, daß gleichzeitig daraus ein Kuvert entstand. Um ein Auseinanderklaffen zu verhindern, wurden die Briefe meist versiegelt, andererseits auch mit Aufklebern verschlossen. Die Vorderseite blieb der Anschrift vorbehalten. Der abgebildete Brief, welcher vor über 200 Jahren Pirmasens verließ, ist besonders interessant, da er vorderseitig die handschriftliche Röteltaxierung „6 x" (= Kreuzer) aufweist. Diese Taxierung, in diesem Falle 6 Kreuzer, war vom Empfänger zahlbar. Somit muß also im Jahr 1763 in Pirmasens eine Posttaxenüberwachung bestanden haben, über welche auch vage Hinweise bestehen. Der Postexpeditor hieß Kalbfuß, wurde aber wahrscheinlich im Jahr 1763 abgelöst. Was für Pirmasenser Verhältnisse ganz besonders wichtig ist, dokumentiert die rückseitig angebrachte handschriftliche Zensur und eigenhändige Unterschrift des damaligen Kapitäns Pfersdorff. In der Offiziersstammrolle ist aufgeführt: Pfersdorff Christian, Hornbach, 37 Jahre, 7 Zoll, 1749 Leutnant, 1759 Kapitän, 1769 Major, 5 Jahr im preuß. Dragoner-Rgt. Stoß, 1747 bis 1771 im Rgt. „Erbprinz" in Pirmasens, gestorben zu Pirmasens am 2. November 1771.

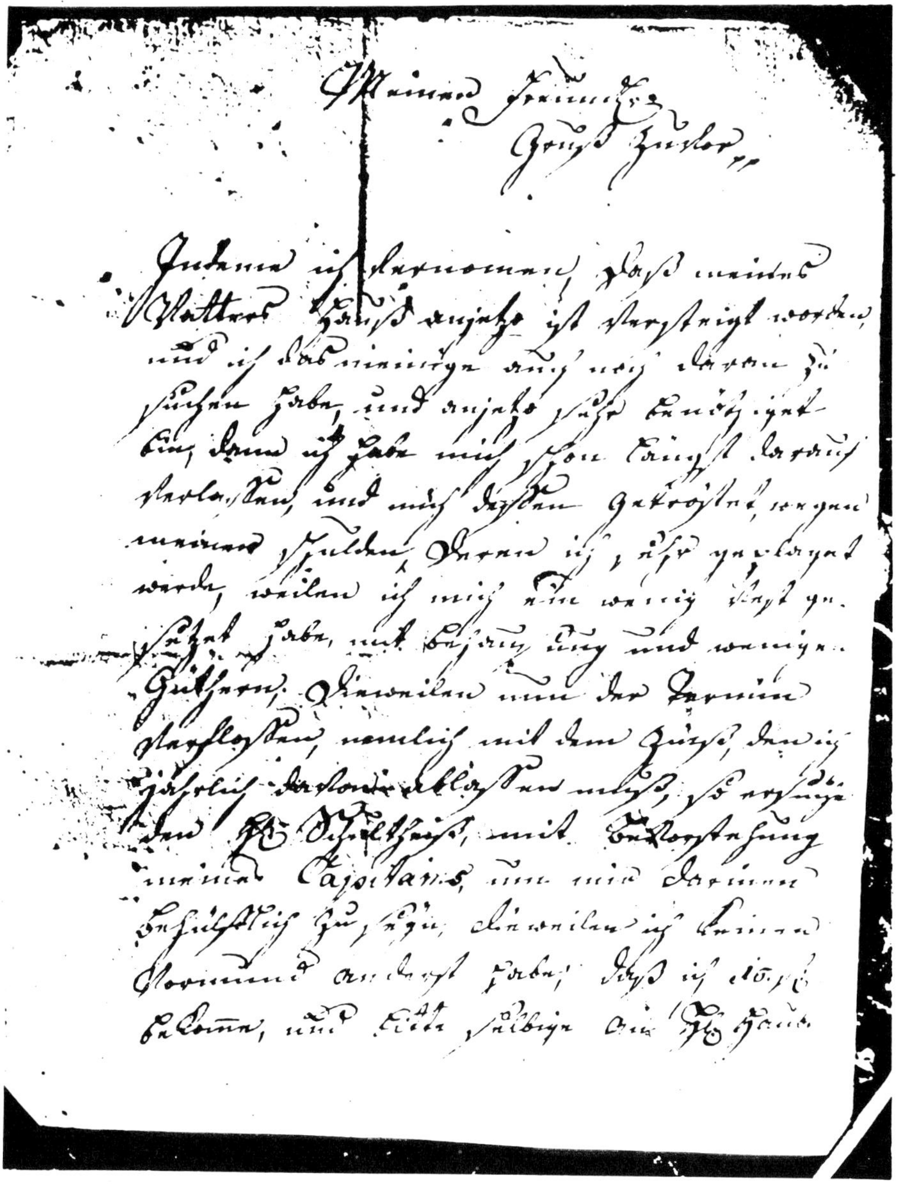

Inhalts-Teilangabe des erwähnten Briefes vom 13ten January 1763 aus Pirmasens nach Odernheim, welcher die rückseitige Zensur des damaligen Kapitäns Pfersdorff trägt. 1763 war dieser Pfersdorff schon eine wichtige Persönlichkeit, und die Zensur bezeugt die Wichtigkeit seines Amtes. Als er 1747 in Dienste des damaligen Erbprinzen trat, wurde er laut Rangier-Rolle vom 18. September 1748, mit „lediger Feldweibel – Vatterland Hornbach" registriert. – Absender dieses Briefes war wohl ein Grenadier, welcher sich „wegen meiner Schulden, deren ich sehr geplaget werde, weilen ich mich ein wenig fest gesetzet habe, mit Behausung und wenigen Güthern", an den Schultheiß zu Odernheim gewendet hatte. Dieser Brief ist damit eines der äußerst wenigen Dokumente von Pirmasenser Grenadieren, welche das Schicksal hierher verschlagen hatte. Angesichts der immer noch anhaltenden Desertionen war wohl die Überwachung und Zensur der ausgehenden Briefe angeordnet worden. Niemand sollte die Möglichkeit haben, von außerhalb der Stadt eine Fluchthilfe zu erbitten, wie es oftmals schon geschehen war.

Die riesige Stadtmauer, welche allein schon ein fast unüberwindliches Hindernis für Deserteure war, wurde innerhalb des Stadtgebietes zusätzlich noch durch insgesamt 15 Wachthäuser beaufsichtigt. Diese 15 Wachen sind jedenfalls in einem Plan aus dem Jahr 1788 eingezeichnet und sogar einzeln benannt. Neben den beiden wichtigsten Wachtgebäuden an den beiden Stadttoren, der Kasernenwache und der Hauptwache am landgräflichen Schloß in der Hauptstraße, wurde die Mauer durch elf in fast gleichmäßigen Abständen stehende Wachthäuser gesichert. In demselben Plan der Stadt Pirmasens (siehe Abbildung Seite 178) wurden die elf Wachthäuser mit einem X gekennzeichnet. In fast 200 Jahren hat man es in der Stadt versäumt, zumindest eines dieser Häuschen der Nachwelt zu erhalten. In ihrer primitiven Bauweise boten sie zu keinem Zeitpunkt ein Motiv, welches sich festzuhalten lohnte, weder in Zeichnungen noch in späteren Jahren durch fotografische Aufnahmen. Erst im Jahr 1977 erinnerte man sich wieder einmal eines angeblichen Wachthauses, nachdem dieses zum Abriß freigegeben wurde. Bis zu diesem Zeitpunkt stand das Häuschen völlig unbeachtet im Hinterhof des Hauses Bergstraße Nr. 1. Ob es sich tatsächlich um ein ehemaliges Wachthaus handelt, ist zu bezweifeln, da es auf keinem alten Plan erscheint. Auch die Bezeichnung als sogenanntes Ruf-Wachthaus läßt sich nicht aufrechterhalten. Mit dieser Bezeichnung sollte zum Ausdruck gebracht werden, daß die Verständigung von Haus zu Haus durch Zurufe erfolgte, wenn Gefahr im Verzuge war. In Wirklichkeit standen die Häuschen aber zu weit auseinander, als daß man sich durch Zurufe hätte verständigen können. Unbestritten ist jedoch das Alter dieses Zeugen aus der Soldatenzeit. Durch das Buchsweiler Tor, welches in unmittelbarer Nähe gelegen war, ging damals der Hauptverkehr in Richtung Buchsweiler und Bergzabern. Hier lagen einige wichtige Gebäude der Soldatenstadt, und wahrscheinlich beherbergte das Haus die Wachmannschaften zur Ablösung der in unmittelbarer Nähe gelegenen Wachthäuser entlang der Berg- und Horebstraße, aber auch der in der Höh-, Bogen- und Fröhnstraße. Imponierend sind die gewaltigen Sandsteinquader an der vorderen Ecke. Fast fugenlos waren sie ohne Mörtel einstmals aufeinandergesetzt worden und gaben dem Haus über 200 Jahre Festigkeit und Halt. Die zum Obergeschoß führende Holztreppe war zum Zeitpunkt der Aufnahme schon abgerissen worden. Einzelne Geländerverzierungen konnten erhalten werden. Sie waren einstmals mit der Axt zugerichtet worden, was von einer handwerklichen Fertigkeit zeugt.

Das bescheidene Pirmasenser Schloß war von Anfang an mit zwei seitlichen Auffahrrampen projektiert worden, welche den Höhenunterschied zwischen Haupt- und Schloßstraße ausgleichen sollten. Diese beinhalteten keinerlei Treppen, denn sie mußten mit Fuhrwerken befahren werden, da an der südlichen Rampe die Wirtschaftsgebäude und der große Marstall lagen. Eine Zufahrt mußte von der Hauptstraße aus erfolgen, denn hier lag die Hauptwache für die Kontrolle aller Aus- und Eingehenden. Die charakteristische Planung dieser Anlage war durch Masson erfolgt[101]. Nach dem Tode des Landgrafen hatte die ganze Anlage ihre Bedeutung verloren und verfiel immer mehr, bis sie eines Tages total niedergerissen wurde[102]. In der Industriestadt ausgangs des 19. Jahrhunderts entstanden sodann andere Gebäude, jedoch zeugten die beiden »Rambatreppen« immer noch von den einstmals breiten Auffahrten zur Schloßstraße. Das Bild aus den zwanziger Jahren des 20. Jahrhunderts vermittelt einen Eindruck vom damaligen unteren Schloßplatz mit den beiden Schloßtreppen. Nach dem 2. Weltkrieg wurde diese historische Stelle völlig neu konzipiert, und immer noch verblieb eine große Treppe hinauf zum Schloßplatz. Heutzutage sind diese beiden Plätze wieder in den Blickpunkt der Öffentlichkeit gerückt, und zwar in Verbindung mit einer Fußgängerzone.

[101] Vergleiche auch »Prospekt des Herrschaftlichen Schlosses zu Pirmasens« aus dem Jahr 1745, Seite 100.
[102] Vergleiche auch Band II, 1798, 1805, 1806 und 1864.

Text zur Vorderseite:
Die Luftbildaufnahme vom 13. Juli 1970 wurde aus einer Höhe von 3500 Metern aufgenommen und zeigt nach 215 Jahren immer noch das charakteristische Oval des ehemaligen Stadtmauerverlaufs. Sodann ist lediglich noch das Ausmaß des großen Exerzierplatzes aus der Landgrafenzeit erkennbar. Der Platz reichte einstmals von der nördlichen Ringstraße (heute Sackstraße) bis zur südlichen Ringstraße, also bis zur Abzweigung der Hauptstraße. In seiner Größe füllte er damals fast ein Zehntel des gesamten Stadtgebietes aus, womit die Wichtigkeit der Anlage bewiesen ist. Das Gebiet innerhalb der Stadtmauer war keineswegs dicht besiedelt. An die Mauer selbst durften keine Häuser gebaut werden, und zudem lagen viele Felder, Äcker und Gärten innerhalb der Mauer. So endete zum Beispiel die Amtmannsgasse und spätere Bahnhofstraße am Felsenberg. Erst über 100 Jahre später erfolgte hier ein Durchbruch zum neuerrichteten Bahnhof, und die neue Straße führte sodann »mitten durch Felder und Gärten«. (Vergleiche auch Band III, 1874)
Freigegeben von der Bezirksregierung Rheinhessen-Pfalz unter der Nr. 10031-3.

1763 Die Kinder der Einwohner mußten bis zum Jahr 1763 eine lutherische Dorfschule besuchen. Durch die ständige Zunahme der Bevölkerung und der damit verbundenen Mehrzahl an schulpflichtigen Kindern waren die Verhältnisse äußerst mißlich. Das sah auch der Erbprinz ein und errichtete im Jahre 1763 eine Garnisonsschule, die zuerst in der leerstehenden Münz untergebracht wurde. Alle Kinder seiner Grenadiere konnten ohne Entgelt die Schule besuchen, und der erste Bataillonsschulmeister wurde Christoph Albrecht Hirtzenach, welcher bis zum Jahr 1767 sein Amt innehaben wird.

Das Militär sollte sich einer neueren Zeit anpassen. Bei den Unter-Offizieren und auch bei den Mannschaftsdienstgraden wurde vorgeschrieben, zum Dienst blaue Wollhandschuhe anzuziehen, die Ober-Offiziere trugen dagegen nur weiße Handschuhe, was dem Ganzen ein noch schöneres Aussehen gab.
Pirmasens hatte jetzt schon fast städtischen Charakter erreicht, und der Ehrgeiz des Erbprinzen wollte so schnell wie möglich eine Stadternennung in die Tat umsetzen. Dazu hatte er sich einen besonderen Tag ausgesucht: Seinen Namenstag, den 25. August 1763 [116].
Endlich war für Pirmasens der bedeutsame Tag gekommen, und er sollte würdig und in Freude begangen werden, was letztlich auch der Fall war.
Neben einigen anderen Vorteilen sollte die neue Stadt auch einen Stadtrat von 8 Mitgliedern erhalten, deren Ernennung aus den „kapabelsten Subjekten" sich der Erbprinz vorbehielt. Bevor dieser Stadtrat tatsächlich fungieren konnte, vergingen nochmals einige Jahre, und wir werden in der Folge noch darauf zu sprechen kommen.
Jedenfalls konnte man ab diesem Zeitpunkt (25. 8. 1763) berechtigterweise von einer Stadt Pirmasens sprechen. Das abgelegene Wald- und Pfarrdorf hatte in den letzten 30 Jahren einen Aufschwung sondergleichen erfahren und ein Ende war immer noch nicht absehbar.
Allen Naturgesetzen widersprechend, hatte sich das hoch- und abseitsgelegene Dorf behauptet, wenn auch in sonderbarer Eigenheit. Schon vielfach war ihm ein vorzeitiges Ende vorausgesagt worden, und dies wird in der Geschichte der Stadt noch mehrmals geschehen. Was die geografische Lage der Stadt betrifft, so wird sie eines Tages die „Alpenstadt Pirmasens" genannt werden, den Technikern des Industriezeitalters einige Schwierigkeiten aufgeben und die Verkehrsplaner des 20. Jahrhunderts vor einige Rätsel stellen.

Eine Tatsache kann aber herausgegriffen werden: Sobald man der fleißigen Bevölkerung mit ein klein wenig Hilfe und Verständnis entgegenkommt, war sie noch immer bereit, mit neuen Hoffnungen und den besten Vorsätzen, verbunden mit einem unermüdlichen Fleiß an ihr Werk zu gehen. Gerade im Wissen um ihre abseitige und sonderbare Lage war die Bevölkerung schon immer zu außergewöhnlichen Anstrengungen fähig. Dies wird die Zukunft noch beweisen.

*

Zu vermelden bleibt noch die Concessionserteilung zur Betreibung einer Hof- und Feldapotheke „Zum Mars" am 1. Oktober 1763 durch den Erbprinzen. Das Vorhandensein zweier Apotheken war für die ständig wachsende Stadt eine dringende Notwendigkeit. Nach über 200 Jahren wird diese Apotheke immer noch in Familien-

---

[116] 1863 wurde das erste Säkularfest der Stadt gefeiert (vgl. auch Band II). Vom 12. bis 15. Juli 1963 feierte die Stadt Pirmasens das 200jährige Jubiläum der Stadternennung.

Schon recht frühzeitig, etwa ab 1743, mußte der Erbprinz Ludwig seine angeworbenen Soldaten beaufsichtigen lassen, denn niemals konnten die Desertionen verhindert werden. Zu diesem Zwecke wurden Husaren ausgebildet, welche die gesamte Umgebung von Pirmasens bei Tag und Nacht zu kontrollieren hatten. Je mehr das Soldatendorf an Militär zunahm, um so mehr häuften sich die Desertionen, so daß sich im Laufe der Jahre eine Spezialeskorte für die Überwachung des Dorfes und der späteren Stadt heranbildete. Hatte ein Fahnenflüchtiger einmal die strengen Bewachungen umgangen, so wurden die Husaren auf seine Fährte angesetzt. Selbst beim Bestehen eines Schutzzaunes aus Schanzpfählen und späterhin einer hohen, fast unüberwindlichen Stadtmauer gelang es einigen Heimwehgeplagten immer wieder, die Hindernisse auf irgendeine Art zu umgehen. Die Husareneskorte wurde daher niemals unentbehrlich. Außerdem wurde die Spezialtruppe auch zu anderen Aufgaben herangezogen. Einmal diente sie zur Repräsentation, und zum anderen wurde sie zur Begleitung bestimmter Frachtfuhren abkommandiert. Mit eine ihrer Hauptaufgaben war es, die Wagen zu empfangen, welche die Löhnung der Soldaten von Darmstadt nach Pirmasens brachten. Schon weit vor den Toren der Stadt wurden diese Wagen in Empfang genommen. Aber auch die Einfuhr wichtiger Nahrungsmittel stand unter dem Geleit des Husarenkorps. Sogar aus Holland wurden Gemüse und Obst mittels Schiffen den Rhein hinaufgebracht und ab Entladestation bis nach Pirmasens durch die Husaren beschützt. So war es auch nicht verwunderlich, daß diese Spezialtruppe im Jahr 1764 ein eigenes Gebäude zugewiesen bekam, nämlich den fast legendären Husarenstall in der südlichen Ringstraße. Zu diesem Zeitpunkt war aus dem Dorf gerade eine Stadt geworden. Als die Aufnahme im Jahr 1895 entstand, hatte sich am Zustand des Husarenstalls fast nichts geändert. Das Gebäude hatte oftmals seinen Besitzer gewechselt, und einige Jahre zuvor (1882) hatte hier ein Eduard Rheinberger angefangen, Schuhe herzustellen (vergleiche auch Band III).

besitz sein. Die genannte Feldapotheke „Zum Mars“ wurde zuerst in der Klosterstraße, in Nähe des späteren Exerzierhauses, eröffnet. Zu diesem Zeitpunkt bestand schon die Adlerapotheke in der Hauptstraße, in der Nähe der Garnisonskirche.

*

1764 1764 war die Soldatenstärke auf 1 514 Mann angewachsen [117] und weitere Gebäude wurden vorausgeplant oder schon erstellt, die – wie konnte es anders sein – in erster Linie den Grenadieren, aber auch deren Familien zugute kamen.
So wurden der Marstall und das Zeughaus (später im Besitz von Peter Matheis) erbaut sowie zwei „Thorschreiberhäuser“ und zwei Wachthäuser. In der Ringstraße entstand der Husarenstall.
Die Reiterschar, welche hier ihre Unterkunft fand, war schon 1759 ins Leben gerufen worden, und dies in ganz besonderer Absicht. Sie hatte nächtliche Patrouillenritte vorzunehmen, die insbesondere der Verfolgung von Fahnenflüchtigen galt. In weitem Umkreis hatten die Husaren alle Fremden zu kontrollieren und, auf ausdrücklichen Befehl, das Ehrengeleit zu stellen, wenn sich hoher Besuch der Stadt näherte. Im Laufe der Zeit war die Husarenschar auf 60 Mann angewachsen. Bei festlichen Anlässen war die Schar eine Repräsentation der gesamten Garnison, denn bei Paraden ritt ihr ein Trompeter voraus, sozusagen als Vorhut und Einleitung eines militärischen Schauspiels.
Aber auch zu weniger erfreulichen Anlässen wurde die Husarentruppe herangezogen, so zum Beispiel, wenn pflichtvergessene Offiziere zur Inhaftierung auf die Marxburg am Rhein geleitet werden mußten.
Auch die Amts-Gasse wurde weiter ausgebaut, und jetzt schon hatte sie ihren Namen zu Recht, denn neben bereits bestehenden Amtshäusern wurde 1764 ein großes Amtshaus errichtet, und in der Folge entstanden hier weitere Bauten der Verwaltung.
Damals reichten die Häuser dieser Amtsgasse nur bis zum Felsenberg, so daß sie eine Sackgasse war. Am Felsenberg, ungefähr an der späteren Münztreppe, stand das Breith'sche Anwesen quer zur Gasse. Es bestand aus Wohnhaus, Scheuer und Stall und deutete jedem unmißverständlich an: Bis hierher und nicht weiter [118].

*

Am 2. Dezember 1764 erteilte der Erbprinz seinen vertrauten Grenadieren und Husaren die Erlaubnis, die Bürgerrechte der Stadt zu erwerben und noch mehr einer nebenberuflichen Arbeit nachzugehen. Hauptberuf war und blieb aber immer noch der eines Soldaten.
In der Garnison hatten sich im Laufe der Zeit schon einige Spezialisten herangebildet, und die erworbenen handwerklichen Fähigkeiten sollten nicht nur dem Militär vorbehalten bleiben. Welch weites Betätigungsfeld bot sich den Handwerkern hier an!
Noch war aber kein Gewerbe irgendwie dominierend, aber Lederer und Schuhmacher muß es eine ganze Reihe gegeben haben. Allein die Unterhaltung des Schuhwerks von 1 500 täglich exerzierenden und paradierenden Soldaten bedurfte einiger Voraussetzungen; dazu kam die Herstellung und Instandhaltung von Koppelzeug, der breiten Schulterriemen, aber auch die Instandhaltung des Geschirrs vom Fuhrpark und des Husarenstalls. So war es durchaus nicht verwunderlich, daß es zahlreiche Spezialisten gab, die jetzt die Möglichkeiten nebenberuflicher Arbeiten nutzen konnten.

---

[117] Damit wurde erstmals die Zahl 1.500 überschritten. Eine wesentliche Zunahme erfuhr das Pirmasenser Militär nicht mehr, so daß angenommen werden muß, daß eine Mannstärke zwischen 1.500 und 1.600 beabsichtigt war. Vergl. auch Tabelle im Anhang.

[118] Erst 1874, beim bevorstehenden Anschluß an das Eisenbahnnetz, beeilte man sich, den Querbau zu beseitigen, vergl. auch Band III.

Im Jahr 1909 erinnerte man sich gerne mit solchen Ansichtskarten an die herrschaftliche Vergangenheit von Pirmasens. Bis dahin hatte sich allerdings die Bezeichnung „Landauerthor“ eingebürgert, während eigentlich das einstmalige Buchsweiler Tor abgebildet wurde. Die Zeichnung gibt keinesfalls die Größe dieses bedeutenden Stadttores wieder, denn in Wirklichkeit hatten zwei, sich nach unten verdickende, mächtige Säulen aus Sandsteinquadern die sprühenden Granaten getragen (vergleiche auch Abb. Seite 118). Die abgebildete Mauer dürfte allerdings ihrer ursprünglichen Größe entsprochen haben, denn sie hatte mehr als vier Meter Höhe. Im Laufe der Zeit ergaben sich weitere Bezeichnungen für diese wichtige Stelle an der Kreuzung Haupt- und Bergstraße, wie zum Beispiel „am Landauer Tor“, „draußen am Landauer Tor“, usw. Schuberths Kunstverlag hatte um die Jahrhundertwende diese Karte aufgelegt wie auch viele andere, welche sich auf die Vergangenheit von Pirmasens bezogen. Leider fiel das umfangreiche Archiv Schuberths den Bomben des 2. Weltkriegs zum Opfer.

Am 14. August 1764 hatte der Erbprinz den schriftlichen Bescheid seines Austritts aus preußischen Diensten erhalten. Was ihn bewogen haben mag, sofort in österreichische Dienste einzutreten (3. Oktober 1764), ist nicht bekannt. Ganz gewiß hatten die politischen Verhältnisse dabei eine wesentliche Rolle gespielt, und die Sehnsucht nach einem Befehligen noch größerer Truppenteile, verbunden mit einem Rangwachstum und finanziellem Erfolg hat wohl sein übriges dazugetan.
Der Erbprinz wurde schon am 23. Januar 1765 zum General-Feldzeugmeister ernannt. Durch Kaiserlichen Erlaß erhielt er am 15. Januar 1767 ein Regiment in Pilsen zugeteilt, und nachdem er die Fußtruppe 7 Jahre, 3 Wochen und 2 Tage angeführt hatte, schied er im Jahr 1771 aus dem kaiserlichen Heeresdienst aus.

Hanau-lichtenbergisches Kabinettprotokoll vom 15. Juni 1765

„Feldwebel Groß bittet die im Pirmasenser Tal erbaute Strecke ihm als Pathengeschenk angedeien zu lassen. Sie ist von keinem Nutzen. Wegen Mangel des Wassers und wegen des hohen Werts der Wiesen, die ruiniret würden, kann daraus weder eine Mehl- noch Oehlmühle gemacht werden. Der Besitzer des Platzes, worauf die Strecke stehet, ist noch nicht indemnitiret; wird solche weggeschafft, so kann er mit seinem eigenen Gut bezahlet werden. Die Schaffnei erbittet also Befehl, ob die Strecke verschenkt oder versteigert werden soll“ [119].
Entscheidung des Erbprinzen: „Soll versteigert werden“.

Am 27. Dezember 1764, einem rauhen Wintertag, an welchem man keinen Hund hätte vor die Tür jagen mögen, entstanden allein 130 Märsche. Bis zum Jahresende war eine Zahl von 10 000 komponierten Musikstücken erreicht [120].
So war es auch weiter nicht verwunderlich, daß der spätere Landgraf bis zu seinem Lebensende, also in den kommenden 25 Jahren noch eine stattliche Anzahl hinzu „fertigmachte“, denn 1790 waren es über 92 000 Kompositionen [121]!
Die allermeisten davon entstanden auf dem Klavier. Für die Bevölkerung, gleichwohl ob Soldaten oder Bürger, sowie für die Dienerschaft war es schon ein besonderes Ereignis, wenn damals solche Wunderinstrumente von Zweibrücken nach Pirmasens verbracht wurden.
„Neben 150 verschiedenen Grenadiermärschen des 18. Jahrhunderts, deren Namen ein Spiegelbild deutscher Kleinstaaterei darstellen [122], andererseits aber auch nach bedeutenden Heerführern oder Regimentern des 18. Jahrhunderts gewählt sind, enthält dasselbe (ein Buch mit den Kompositionen, welches sich 1933 noch in Familienbesitz befand, d. V.) zweiunddreißig von dem Landgrafen Ludwig verfaßte Marschweisen resp. Grenadiermärsche. In diese erste Gattung dürften wohl die unter der Bezeichnung „Vergatters“ [123], „Fahnentropps“, „Arbeit“ und „Zapfenstreiche“ enthaltenen Kompositionen eingereiht werden. Außerdem sind in dem Büchlein, von dem Kapellmeister Meschker komponiert, ein Präsentiermarsch und zwei Grenadiermärsche sowie zwei von Brunner verfaßte, enthalten. Stil, Tonart und musikalischer Aufbau sind fast bei allen gleich. Was die Tonart betrifft, so stehen die sämtlichen in der Sammlung enthaltenen Märsche in G-Dur, was wohl

---

[119] Nach einem anderen Kabinettsprotokoll lag an der „Strecke“ (Streckweg) auch eine Tabaksmühle, deren Besitzer Deripe hieß.

[120] Tagebucheintragung vom 3. März 1784: „Heute den 3. Martius habe die 70.000 Hautboisten Marches fertig gemacht ohne die Reveillen, Zapfenstreich, Fahnen-, Trops, Figatter, Menuetts und Grenadier-Marches;“

[121] Vergl. auch Tagebucheintragung vom 29. Dezember 1789;

[122] Folgende Bezeichnungen ergeben sich hier: von Zerbst, Holstein, Zweybrücken, Darmstadt, Pfalz, Nassau, München, Württemberg, Baireuth, Waldeck, Preußisch Anspach, Eisenach, Trier, Cassel, Frankfurth, Mayntz, Hanau, Hechingen, Hannover, Wolfenbüttel usw. oder Prinz Carl Marwitz, Kleist, Dessau, Printz Ferdinand, Printz Wilhelm von Hessen, Cassel usw., auch Royal Deuxpont, Schaafheimer, Royal Bavier u. a. m.;

[123] Vergatters waren Marschweisen, welche bei Ablösung der Wache am Schloß gespielt wurden.

Das Buchsweiler Tor muß wohl bis zum Jahr 1790 das bedeutendere der beiden Stadttore gewesen sein. Während uns von dem Zweibrücker Tor überhaupt keine Zeichnungen überliefert sind, bestehen von dem Buchsweiler Tor einige primitive Zeichnungen und Skizzen, ja sogar Reste dieses wichtigen Stadtausgangs sind uns erhalten geblieben. Die Oberteile der beiden Säulen zieren heute eine Einfahrt zur Wittelsbachschule in der Pasquaystraße und vermitteln einen Eindruck von der einstmaligen Größe des Tores. Immerhin führte damals die wichtigste Straße nach Buchsweiler hinaus, denn dort hatte die Verwaltung des hanau-lichtenbergischen Amtes ihren Sitz, und über sie liefen so ziemlich alle Amtsgeschäfte. Andere Zeichnungen von diesem Tor bringen bei weitem nicht die Größe zum Ausdruck, welche das Stadttor einmal besaß.

mit der ziemlich primitiven Konstruktion der damals im Gebrauch befindlichen Querflöte in Zusammenhang gebracht werden dürfte. Sämtliche Märsche bestehen aus zwei Sätzen, die häufig nur je 5-6 Takte zählen, wie z. B. der in der Sammlung enthaltene von „Serenissimus" in Königsberg komponierte „Preußische Grenadiermarsch". Auch fand ich bei einem Grenadiermarsch den ersten Satz mit dem eines anderen gleichlautend, während die zweiten Sätze einen anderen musikalischen Aufbau zeigten ... Nicht nach Grundsätzen hochwissenschaftlicher Kompositionskunst wollen diese Marschkompositionen bewertet werden, sondern als ein übersinnliches Mittel, die Person des Landgrafen, der dieselben nach zeitgenössischem Rezept schuf und das militärische Treiben im alten Pirmasens unseren Augen und unseren Herzen menschlich näherzubringen ... Mögen die Ansichten über ihren Wert oder Unwert auseinandergehen, bei jedem alten Soldaten werden sie jedoch Erinnerungen wachrufen" [124].

[124] Aus Dr. A. Jaffé, „Die Pfalz am Rhein", Pfälzische Touristenzeitung, 1933;

1766 Bei der bunten Zusammensetzung des Pirmasenser Militärs, in welchem sich Söldner aus aller Herren Ländern zusammengefunden hatten, darunter auch zwielichtige Gestalten, mußte eine strenge Disziplin vorherrschen.
Nur vereinzelt bestehen Dokumente, welche über Ausschreitungen in der Soldatenstadt berichten. Kam es einmal zu disziplinarischem Ungehorsam, so mußte dem Erbprinzen schriftlich darüber berichtet werden, und er traf sodann seinen Schuldspruch, nicht ohne jedoch vorher eine genaue Lage der Dinge eingehend zu prüfen. Die Schuldigen trafen sodann harte Strafen, die anderen als abschreckendes Beispiel dienen sollten [125].

Nur einmal hatte der Erbprinz sogar ein Todesurteil erlassen, als es sich um offensichtlichen Mord handelte. Die Unterlagen darüber haben sich über 200 Jahre erhalten, und andere Dokumente über Leben und Tod sind bislang nicht bekanntgeworden.
Das eigenhändig unterzeichnete Todesurteil (siehe Abbildung Seite 120) ist daher ein einzigartiges Dokument. Folgender Vorfall hatte sich in der Garnison am Abend des 16. März 1766 abgespielt:
Seit 1760 soll in Pirmasens eine Postexpedition bestanden haben. Während genauere Angaben über eine solche Einrichtung bislang fehlen, wird im Jahr 1766 ein Posthalter Johann Adam Kiefer erwähnt, welcher gleichzeitig Löwenwirt in der Hauptstraße war.
In dieser Wirtschaft „Zum Löwen" wurde am Abend des 16. März offensichtlich ausgiebig gezecht, und zwischen dem Registrator König, damals 30 Jahre alt, und dem herrschaftlichen Koch Carl Loth kam es zu einem heftigen Wortwechsel und zu einem Streit.
Der Koch Loth zog plötzlich ein Messer und stieß es seinem Kontrahenten in den Unterleib. Die Verletzungen Königs waren so schwer, daß er noch am gleichen Abend verstarb.
Der Mord entfachte den ganzen Zorn des Erbprinzen, und da ein abschreckendes Beispiel statuiert werden sollte, um solche Vorkommnisse allzeit zu verhindern, erging eine eingehende Untersuchung des Vorfalls. Die Akten häuften sich in der Untersuchungszeit vom 16. bis 18. März auf insgesamt 90 Seiten.
Die Vielzahl der Akten deutet darauf hin, daß der Erbprinz keineswegs leichtfertig eine Entscheidung über Leben und Tod treffen wollte. Auch der Mörder sollte sich rechtfertigen können, was aber in Anbetracht des Vorgangs nichts eintrug. Am 18. März schrieb der Erbprinz sodann sein Urteil eigenhändig darunter:

„Nach Bewanden Umständen soll der Koch Loth den 22 ten dieses morgens gantz frühe mit dem strange Vom Leben zum Thothe gebracht werden.

Pirmasens den 18 ten Martii 1766. Ludwig Erb Printz zu Hessen."

Eine Befürwortung des Urteils war vorausgegangen, welche unterzeichnet war von Herzog, Meßinger (Untersuchungskommission?) und dem in Pirmasens ansässigen Amtmann Hopfenblatt (siehe Abbildung Seite 120).
Die Hinrichtung Loths geschah am „Alten Galgen" auf der Husterhöhe und war für alle Einwohner der Stadt eine Sensation. So oft konnte man ein solches Schauspiel nicht zu Gesicht bekommen, und seit Menschengedenken hatten hier keine Hinrichtungen mehr stattgefunden.
Daß die Vollstreckung des Urteils tatsächlich auch geschehen sein muß, geht aus einer nachträglichen Forderung des Sergeanten Knapficht hervor, welcher „an den verstorbenen Carl Loth, gewesener herrschaftlicher Koch, zwey gulden und fünf Kreuzer" zugute hatte [126].

---

[125] Vergleiche auch Text aus dem Jahr 1758, Seite 93.
[126] Vergleiche auch Abbildung dieser Forderung vom 25 ten Marty 1766, Seite 121.

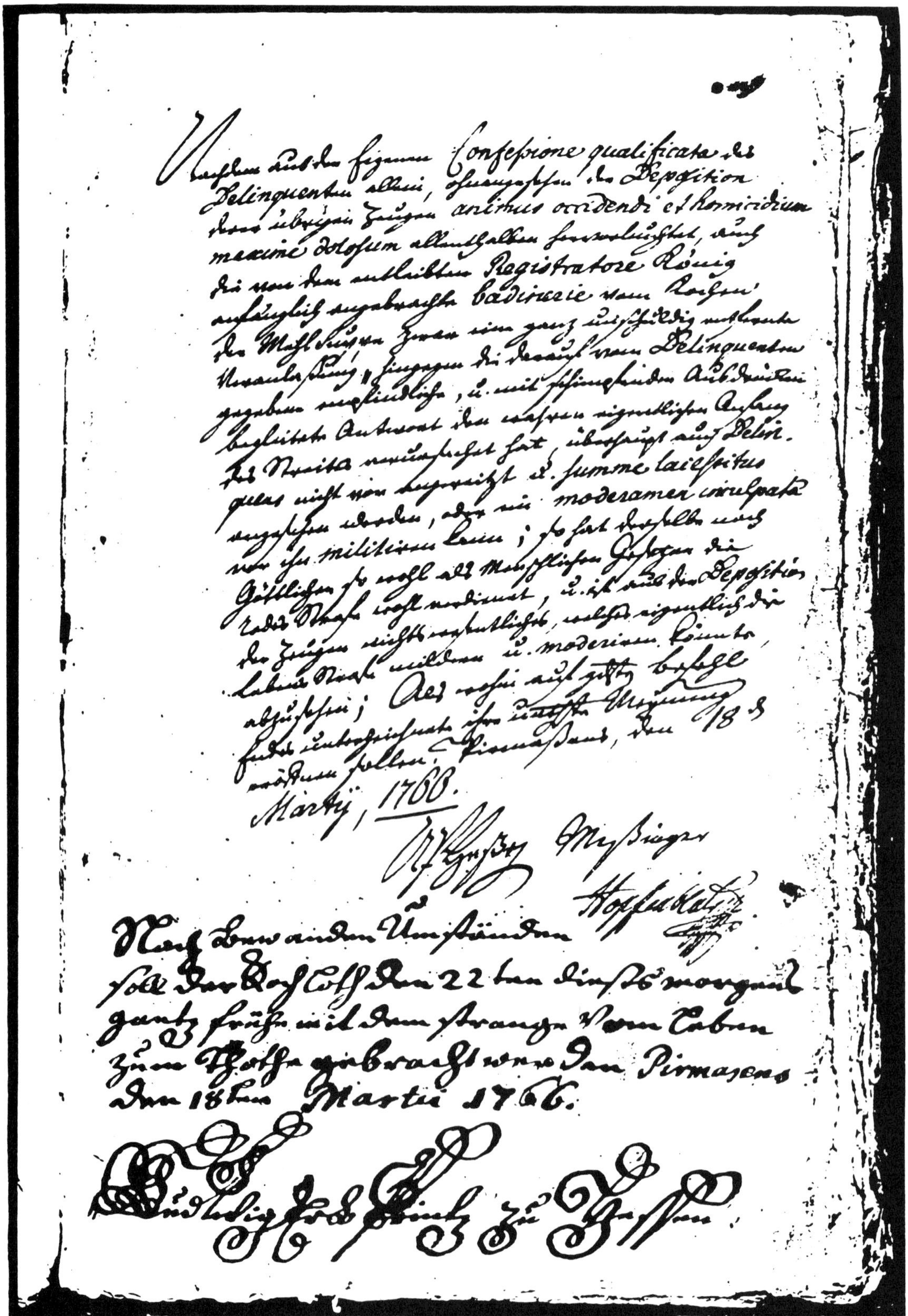
Nachdem aus der eigenen Confessione qualificata des
Delinquenten allein, ohnangesehen der Deposition
der übrigen Zeugen animus occidendi et homicidium
maxime dolosum allenthalben hervorleuchtet, auch
die von dem entleibten Registratore König
anfänglich angebrachte badinerie vom Rechen
der Wachtstuben zwar eine ganz unschuldige entfernte
Veranlassung, hingegen die darauf vom Delinquenten
gegebene unanständige, u. mit schimpfenden Ausdrücken
begleitete Antwort den wahren eigentlichen Anfang
des Streits verursachet hat, überhaupt auch Delin-
quens nicht [illegible] gereizt u. summe lacessitus
angesehen werden, oder ein moderamen inculpatae
vor sich militiren kann; so hat derselbe nach
denen Göttlichen so wohl als Menschlichen Gesetzen die
Todes Strafe wohl verdienet, u. ist aus der Deposition
der Zeugen nichts ersichtlich, welches eigentlich die
Lebens Strafe mildern u. moderiren könnte,
abzusehen; Als wäre auch [illegible] befehle
finden unterschriebene ihre [illegible] Meinung
eröffnen sollen. Pirmasens, den 18ten
Martij, 1766.

[illegible] Meßinger
[illegible]

Nach denen andern Umständen
solle der [illegible] den 22ten dieses morgends
ganz früh mit dem strange vom Leben
zum Tode gebracht werden Pirmasens
den 18ten Martii 1766.

Ludwig Erb Prinz zu Hessen

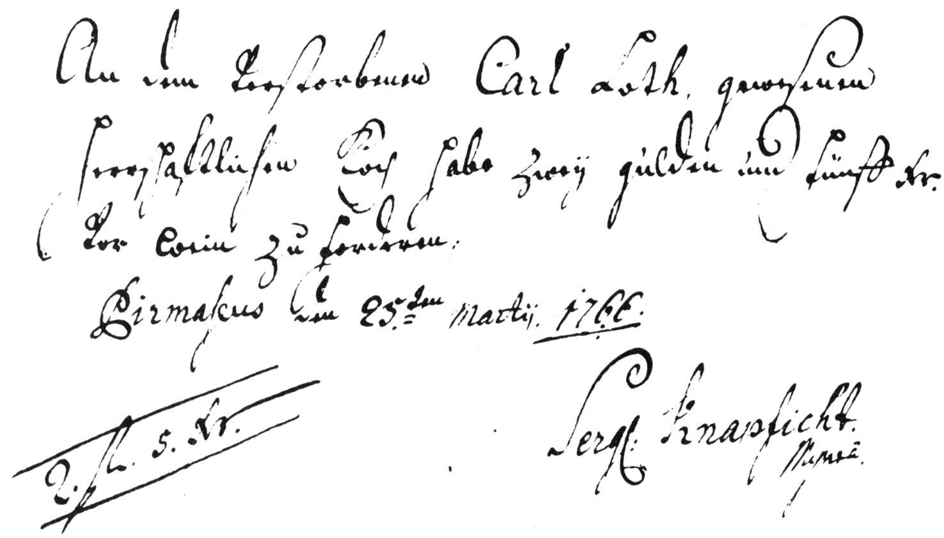

Zeit seines Lebens soll der Erbprinz und spätere Landgraf Ludwig nur dreimal ein Todesurteil gefällt haben. In diesem Falle haben wir den Beweis, im zweiten Falle bestehen einige wenige Hinweise [127], von welchen noch zu sprechen sein wird, während über eine dritte Vollstreckung bislang nichts bekanntgeworden ist.

In diesem Zusammenhang sei noch erwähnt, daß der Alte Friedhof vor dem Buchsweiler Tor im Jahr 1765 schon bestanden hatte. Er war ursprünglich direkt an diesem Stadttor eingeplant worden (1762), wurde aber etwas weiter höher gelegt. Jetzt lag er im weiteren Verlauf der Alleestraße, die jedoch zu dieser Zeit urplötzlich an der Stadtmauer endete. Für lange, lange Zeit wird dieser Friedhof die sterblichen Überreste aller Pirmasenser aufzunehmen haben [128].

1767 In diesem Jahr war der erste Bataillonsschulmeister Christoph Albrecht Hirtzenach verstorben, und als Nachfolger wurde der Organist Johannes Gangloff ernannt (bis 1778). In seine Amtszeit fiel eine gewaltige Zunahme der schulpflichtigen Kinder, denn die Einwohnerzahl stieg ständig an, und die Verhältnisse waren zusehends besser geworden. Jetzt waren es schon über 500 Kinder, welche die Schule besuchen sollten, und so wurde eine weitere Klasse angegliedert. Auch für sie fand der Unterricht in der leerstehenden „Münz" statt, bis man für Abhilfe sorgte und 1773 ein neues Schulhaus neben der lutherischen Kirche erbauen wird. Die Leitung der neuen Klasse wurde einem Friedrich Greding übertragen. Vielleicht war dieser

---

[127] Vergleiche auch Text über Sabotage in der Exerzierhalle, Seite 143.

[128] In manchen Beschreibungen über Alt-Pirmasens wird erwähnt, daß der Alte Friedhof im Jahr 1765 angelegt worden sei. Auf einer Zeichnung von Pirmasens aus dem Jahr 1762 (siehe Seite 95) ist der Friedhof schon eingeplant. Zwar liegt er noch an falscher Stelle direkt vor dem Buchsweiler Tor, jedoch ist anzunehmen, daß kurz darauf eine richtige Situierung erfolgte.

nach kurzer Zeit schon der mißlichen Verhältnisse überdrüssig, denn schon bald darauf wurde ein Heinrich Gangloff, ein Bruder des Organisten, sein Nachfolger. Im Jahr 1776 wird Greding nach Darmstadt und später nach Pfungstadt versetzt werden.

*

Eigentlich ist es nach wie vor verwunderlich, daß sehr wenige Aufzeichnungen und Dokumente bestehen, welche über die genaue Einwohnerzahl des Dorfes Aufschluß geben könnten.
Die Soldaten wurden fein säuberlich und genauestens registriert, ja sogar bis ins Detail beschrieben, wie zum Beispiel Alter, Größe, Konfession, Vaterland (Heimatort), Dienstzeit und Rangstufen.
Von einer Registrierung der Bürger aber ist nirgendwo etwas Genaues nachzulesen. So müssen wir uns weiterhin auf Vermutungen beschränken, unter Berücksichtigung aller zur damaligen Zeit vorhandenen Gegebenheiten. Auch einzelne Literaturhinweise werden berücksichtigt werden, soweit vereinzelt solche bestehen. So ist beispielsweise auch die Einwohnerzahl von ca. 4 600 im Jahr 1767 angenommen, jedoch dürfte sie der tatsächlichen Zahl entsprochen haben. Im besagten Jahr standen 1 516 Grenadiere in der Garnison Pirmasens.

*

Die drei kommenden Jahre werden wieder etwas turbulenter sein. Offensichtlich hatte man dabei für andere Dinge wenig Zeit, denn es gibt kaum Schilderungen über irgendwelche Vorkommnisse.
Die junge Stadt mußte sich ihrer neuen Bezeichnung anpassen, und da fehlte es an mancherlei Dingen. Wieder mußten weitere wichtige Gebäude in Angriff genommen werden, ältere Häuser wurden erweitert, Straßen wurden neu angelegt und teilweise auch gepflastert, und andere bestehende Verkehrswege mußten in einen besseren Zustand gebracht werden. Alsbald sollten diese Vorkehrungen von größter Wichtigkeit sein.

1768 Am 17. Oktober 1768 übernahm Ludwig von Hessen, im 49. Jahr seines Lebens, auch die Regierungsgeschäfte seiner hessischen Lande und wurde zum Nachfolger seines verstorbenen Vaters zum Landgrafen von Hessen-Darmstadt ernannt.
Nichts hätte näher gelegen, als nunmehr seinen Wohnsitz in Pirmasens aufzugeben und nach Darmstadt zu übersiedeln. Es wurde auch alles mögliche versucht, ihn dazu zu bewegen – allein vergebens. Er war jedem Prunk und jeglicher Verschwendung abgeneigt. Er zog einen weiteren Wohnsitz in seinem geliebten Pirmasens vor, um von hier aus seine Lande zu regieren.
Für solche extremen Entscheidungen hatte man am Darmstädter Hof keinerlei Verständnis, und es gab mancherlei Ärger ob einer solch eigenwilligen Entscheidung. Allein die Entfernung von Darmstadt nach dem abgelegenen Pirmasens bedingte einige Schwierigkeiten in den Regierungsentscheidungen. So mußten ab sofort die Anträge des Geheimratskollegiums in Darmstadt in Referaten und Protokollen festgelegt werden, um mit Estafetten (reitenden Boten) nach Pirmasens verbracht zu werden. Nur hier konnten die Entscheidungen des regierenden Fürsten eingeholt werden, um auf gleiche Art und Weise wieder nach Darmstadt zurückzugelangen. So wurde Pirmasens mehr und mehr zu einem Mittelpunkt zwischen Darmstadt und Buchsweiler, denn der Amtssitz der hanau-lichtenbergischen Regierung mußte ja in Buchsweiler verbleiben.
Dort aber, im Schlosse zu Darmstadt, wo ihn alle Bequemlichkeiten erwarteten, die einem Fürsten wie ihm zustanden, wollte man einfach nicht begreifen und wahrhaben, daß der regierende Fürst Landgraf Ludwig IX. die Abgeschiedenheit und Unbequemlichkeiten eines unbedeutenden Pirmasens vorzog.
Seine Frau, die große Landgräfin, war dagegen schon im Jahr 1765 nach Darmstadt gezogen und hatte dort ihren ständigen Aufenthalt genommen.
Dieser Entschluß war ihr nicht gerade leicht gefallen, denn die engen verwandtschaftlichen Bindungen bestanden zwischen Zweibrücken, Buchsweiler und Bergzabern, wo ihre Mutter lebte. Aber der Tod ihres Schwiegervaters, des alten Landgrafen Ludwig VIII., war absehbar, und im Schlosse zu Darmstadt sollte wenigstens ein Partner des Prinzenpaares und des kommenden Herrscherpaares anwesend sein.
Damals schon zeichneten sich am Darmstädter Hof einige Intrigen und eine immer größer werdende Verschuldung ab, die in den kommenden Jahren noch ihre Auswirkungen haben werden, insbesondere was die finanziellen Aufwendungen des Landgrafen in Pirmasens betraf.
Unter solchen Voraussetzungen reist der neue Landgraf Ludwig IX. noch nicht einmal zur Beisetzung seines Vaters nach Darmstadt. In Pirmasens vermerkte er in seinem Tagebuch: „17 Oktober 1768: NB! den 17ten Abends um 9 Uhr seyend mein nun in Gott ruhender Herr Vater Seelig in der Comedie eben da sie geendigt war, und dieselben noch gantz vergnügt in dero Hände Klatscheten und prabo sagten, plötzlich gestorben, im 77. Jahr 27. Woche und 6ten Tage."

Am 17. Oktober des Jahres 1768 übernahm der Erbprinz Ludwig auch die hessischen Regierungsgeschäfte und folgte als Landgraf Ludwig IX. von Hessen-Darmstadt und Graf zu Hanau-Lichtenberg in der Erbfolge nach. Er stand auf dem Höhepunkt seines Lebens, und in dieser Pose stellte er sich dem Maler Joh. Conr. Linck (1720-1793). Das Ölgemälde befand sich einstmals im Schloß zu Pirmasens. Nach vielen Irrwegen kam es in den Besitz der Stadt und befindet sich heute im Heimatmuseum. Zu einem Symbol der Soldatenstadt wurden nach der Regierungsübernahme die beiden verschlungenen L mit der Bezeichnung der Rangfolge. Es waren die beiden Anfangsbuchstaben der Titelbezeichnung Landgraf Ludwig. Dieses Emblem fand man damals an vielen Dingen angebracht, wie auch die sprühende Granate. So zum Beispiel trugen alle 16 Öfen, mit welchen die Exerzierhalle geheizt wurde, diese Verzierungen. Aber auch an vielen Gebäuden waren die beiden Zeichen angebracht.

„19. Oktober ist der Herr v. Riedesel in der Nacht einpassieret und hat mir vom Todt meines Herrn Vatters berichtet." So nahe schien der Tod des Vaters unseren Landgrafen nicht berührt zu haben, denn gleich hinter diese Tagebucheintragung fügte er hinzu: „Der 23458te march ist fertig. dato hat das bataillon die Musterung passieret und hat auch exerzieret."
„den 21. Oktober ist der General Werner, der v. Riedesel nebst dem Geheimrat Hesse nach Darmstadt als Comissari von hier abgereist. dato ist der Herr Landgraf Hoch Seelig Andenkens in der Stille beigesetzt worden."

*

Was die neue Residenzstadt Pirmasens betraf, so wollte der Landgraf nun erst recht allen Besserwissern und Zweiflern beweisen, wie sehr er gewillt war, sein Lebenswerk fortzusetzen und es nahezu zur Vollendung zu bringen.
Noch mehr wurde das militärische Schauspiel in der Stadt forciert. Allein die tägliche Wachtparade galt dabei par excellence, denn zu ihr wurden 300 Mann abkommandiert, 258 Grenadiere, 9 Offiziere, 18 Unteroffiziere, 8 Tambours und 7 Pfeifer. Damit übertraf die Pirmasenser Wachtparade an Mannstärke sogar die seiner Vaterstadt und das hatte Ludwig IX. wohl auch beabsichtigt und gewollt.

Geradezu einer wahren Maskerade glichen die ständigen Änderungen der Uniformen. Es war schon beachtlich, welcher Aufwand getrieben wurde, bis endlich der Zeitgeschmack und die Vorstellungen des Landgrafen getroffen waren:
1741 „Trug die Gard blaue Röcke mit rothen Klappen und Aufschlägen und gelben Litzen, gelbe Commißöler und Hosen und gelbe Treßen auf den Hüthen aber auf der Montirung hatten keine Quasten."
1742 „Wurde die Krumcowische oder sog. La Mattische Montirung getragen."
1743 „folgte die sog. Holsteinische Montirung ohne Klappen."
1744 „Wurde die Holst. Montirung mit rothen Klappen getragen."
1745 „wurde die sog. Markgraf Carlische veränderte Montour mit rothen Klappen angezogen."
1746 „Folgte die Montour wie des Königs in Preußen Mayest. Garde mit weißen Schlepfen und Achselbändern."
1748 „bekam das löbl. Bataillon die sog. Leopoldische Montour."
1750 „zog das löbl. Bataillon die sog. Donauische Montour an."
1751 „Folgte die sog. Erbprintz Darmstädtische neue Montour."
1755 „Bekam das löbl. Bataillon abermals die neue Erbprintz Darmstädtische Montour."
1759 „den 3 ten Juny hat das löbl. Bataillon zum erstenmal weiß, leinene Hosen angezogen und darinnen paradirt."
1760 „trug das löbl. Bataillon, die auf das hohe Geburtstags-Fest den 9. Martz 1759 erhaltene neue Erb-printz Darmstädtische Montirung fortan."
1761 „den 15 ten Decembris als auf das hohe Geburtstags-Fest Sr. Hochfürstl. Durchlaucht des Herrn Erbprintzen hat das löbl. Bataillon abermals die neue sog. Erbprintz Darmstädtische Montirung bekommen und sofort getragen."
1765 „... wie dann auf den besagten Tag das Leib Hußaren Corps neue Montirung bekommen und angezogen."
1771 „den 15 Dec. wurde abermals die sog. Erbprintz Darmstädtische Mondour angezogen u. die neue Casques derer Zimmerleuthe zum erstenmal aufgesetzt den 13 Junii 1772 wurde solche ausgegeben u. contium fortgetragen."
1773 „den 15 Dec. wurde abermals die Erbprintz Darmst. Mondour verfertigt u. auf Parade angezogen, sodann solche bei Zukunft s. Hochfürstl. Durchlaucht den 1 te 1774 angezogen und fortgetragen." [129]

[129] Bei den Uniformen der Grenadiere dominierten jedoch stets die hessischen Landesfarben, blau, weiß und rot.

Um sich eine Vorstellung über die vorerwähnten handwerklichen Spezialisten machen zu können, sei hierbei nur einmal daran erinnert, mit welchen Arbeitsleistungen zum Beispiel die Schneider konfrontiert wurden. Von Schuhzeug ist zwar hierbei nicht die Rede, jedoch ist es ganz selbstverständlich, daß den jeweiligen Uniformen auch die Stiefel angepaßt werden mußten. Darüber hinaus ergaben solche ständigen Änderungen auch eine gute Beschäftigungslage in der Soldatenstadt, wobei selbstverständlich auch die Einwohner in jeder Beziehung profitierten. „Nachdem der Landgraf zur Regierung gekommen war, gab er sich seiner Hauptpassion, der Liebe zum Militär, zu den Wachtparaden, dem Gamaschendienst und zum Exerzieren hin. Er glich darin ganz dem Vater Friedrichs des Großen. Zu seinem Potsdam machte er Pirmasens, damals ein kleines Städtchen in wüster Sand- und Waldgegend über dem Rhein bei Zweibrücken an der französischen Grenze.“ [130]

Welches Ausmaß die Bauförderungen des Landgrafen bis zum Jahr 1768 angenommen hatten, zeigt die nachstehende Tabelle. Ein Ende war immer noch nicht absehbar, und erst eine Gesamtübersicht aus dem Jahr 1780 [131] vermittelt einen Überblick über das weitere Wachstum der Stadt.
Jeder, aber auch jeder Geringste, welcher sich in der Soldatenstadt niederlassen wollte, war der Förderung seines Vorhabens durch den Landgrafen gewiß. Jeder Bauantrag wurde wohlwollend beschieden, wobei finanzkräftigere Bauherren einen gewissen Vorzug erhielten. Ihre großzügigere Gebäude sollten an die wichtigsten Straßen zu stehen kommen, verbunden mit der Auflage, diese zumindest zweigeschossig zu erstellen.

„Sodann sind von Anno 1763 bis 1768 weiters ausgeführt worden“:

Häuser	Scheunen	Ställe	Anbauten	Schöpfe
104	26	10	8	3

Nach den bereits aufgeführten Tabellen [132] ergab sich damit im Jahr 1768 eine Gesamtzahl von

Häuser	Scheunen	Ställe	Anbauten	Schöpfe
473	119	88	22	10

Eine Spezifikation erstellte der Landgraf höchst persönlich unter dem Datum 25 ten January 1768:

Verzeichniß

Sämtlicher Häußer und Gebäuden welche sich in Pirmasens gegenwärtig aufgeführet befinden und als bereits angefangen – und angewiesen annoch künftigen Sommer aufgebauet werden sollen

an	Häußer	Scheunen	Stallungen	Anbäue	Schöpfe
Herrschaftlichen Gebäuden sind incl. der Zeug Häußer, Thorschreiber, Wacht- und Piquet Häußer	63	1	8	1	7
Privat-Gebäude, incl. der Kirchen, Pfarr- und Schulhäuser	396	114	80	21	3
so dann an angefangenen Gebäuden	14	4	–	–	–
und endlichen an angewiesenen	24	1	–	–	–
Total	497	120	88	22	10

Damit ergibt sich genaue Übereinstimmung mit den vorherigen Aufstellungen, wobei lediglich die angewiesenen Gebäude (25) hinzugezählt wurden.

---

[130] Eduard Vehse „Süddeutsche Fürstenhöfe“.
[131] Vergleiche Tabelle aus dem Jahr 1780, Seite 183.
[132] Vergleiche Tabellen aus den Jahren 1735 und 1763, Seite 108 sowie Seite 183.

1769 Die Privilegien, die der Landgraf seiner Stadt erst am 22. Juli 1769 verlieh und die aus insgesamt 11 Paragraphen bestanden, waren nicht allzu bedeutend. Von der Leibeigenschaft wurden die Bürger zwar befreit, von sonstigen Zugeständnissen war aber kaum die Rede.
Interessant ist die Feststellung, daß von Jagdfronden „mit Einbegriff derer Streif- und Wolfsjagden, als welche jedermann zum Nuzen gereichen und Schaden abwenden, vor uns beneben dem gewöhnlichen Frohngeld zu präsentieren" die Rede war. Wie unermeßlich groß und wildreich der Wald um Pirmasens war, läßt sich aus dieser Erwähnung ableiten, ja es wurde sogar von Wolfsjagden gesprochen.
Daß den soldatischen und militärischen Neigungen des Landgrafen in erster Linie Rechnung getragen wurde, verstand sich von selbst. Im einzelnen umfaßt die Urkunde 11 Paragraphen (siehe Abbildung Seite 128 ffg.), die im Auszug folgende wichtige Dinge enthält:

Erstlichen befreyen Wir die Bürger dieser Stadt gänzlich von derjenigen Leibeigenschaft, womit sie und ihre Kinder Uns und Unseren in Gott ruhenden Vorfahren bis dahier zugethan gewesen, jedoch dergestalten, daß keiner von Ihnen oder ihrer Kinder ohne zuvor von Uns oder Unseren nachgesetzten Fürstlichen Rent-Cammer erhaltene Erlaubnis, aus Unseren Landen ziehen dörfte, und da einem oder dem anderen zu Verbeßerung seines Glücks oder anderen nothringenden Umständen halber, die Erlaubnis zum Abzug gegeben würde . . . – auch keiner von Unseren Bürgers Söhnen, von der enrollirung zu Unseren Krieg Diensten eximiret seyn."
Zweytens zu Bestreitung forthaner Bußgabe zu einigen Revenüen, jährlich ein achtel an dem alhier ertragenden sämtlichen Accis aus erstvermeldeter Amtsschaffnerey
Drittens von völligen Ertrag des ganzen hiesigen Mehlwaag Geldes
Viertens das auf denen dahiesigen Jahr Märkten eingehende völlige Standgeld
Fünftens zu dem zu erbauen vorhabenden RathHauße das erforderliche Bauholz gratis, nebst dem freyen Weinschank, ohne die mindeste Abgabe an Uns
Sechstens wollen Wir, daß nicht alleine die hiesige Herrschaftliche – sondern auch die Stadt Brunnen von Herrschaftswegen mit deren nöthigen Deicheln ohne Entgeld versehen, dagegen aber solche von der Stadt, exclusive des Schloß Brunnens, als welchen Wir ferneres durch Unser Amtsschaffney besorgen laßen werden, auf ihre Kosten herbey geführt werden sollen.
Siebendens gnädigst, daß derselben der Wald Flemschachen, jedoch nicht anderst als zur Weide vor das Vieh eingeräumt werden, aber kein Holtz daraus zu holen erlaubt seyn solle
Achtens die Stadt mit ihren Einwohnern in guter Ordnung unterhalten und über ihre Einkünfte richtige Rechnung geführet werden möge; So wird vor dieselbe ein Stadt-Rath aus acht Personen ernannt, deßen Ernennung Wir Uns auch jedesmahlen auf vorherigen Amtlichen unterthänigsten Vorschlag, der capabelsten Subjekten, vorbehalten. Vor jezo aber solle der Land Commißarius Martin das Gerichts-Schultheißen Amt dabey versehen, und Heinrich Schneider den bißherigen Schultheißen ernennen Wir zum Stadt-Schultheißen, welchen der Posthalter Johann Adam Kieffer als Stadtschreiber zugegeben wird, dahingegen Wir die Bißherige Vorstehende Friedrich Schmidt, Jakob Kalbfuß und Mattheis Heller, wir nicht weniger den Hof Mezger Johann Adam Helmstetter und Hof Bader Georg Christian Metzger zu Mitglieder und Rathsverwandten in Gnaden ernennen . . .
Neuntens verbunden nicht nur die Stadt Mauer und ihre Waßer Ausläufe samt denen Thoren, sondern auch die Feuersprizen, imgleichen das alte und noch in Zukunft verfertigende neue Pflaster vom Buchsweiler- biß zum Zweybrücker Stadt Thor, nebst denen Neben Straßen in hiesiger Stadt . . . aus ihren Einkünften in gutem Stand, und in allen daran nöthigen Reparationen zu unterhalten . . .
Zehendes haben die Stadt Unterthanen die preßanten Bau- und Kriegs- wie auch Jagd-Frohnden, mit Einbegriff derer Streif und Wofls Jagden, als welche jedermann zum Nuzen gereichen und Schaden abwenden, vor Uns, beneben dem gewohnlichen Frohngeld zu praestiren.

Von Gottes Gnaden Wir
Ludwig der IX. Landgraf zu Hessen,
Fürst zu Hersfeld, Graf zu Catzenellnbogen,
Dietz, Ziegenhayn, Nidda, Hanau, Schaum-
burg, Isenburg und Büdingen, Ihro Römisch
Kayserlichen, auch zu Hungarn und Böheim
Königlich Apostolischen Mayestäten bestellter
General-Feld-Zeugmeister, des Königlich
Preussischen schwarzen Adler Ordens Ritter.

Urkunden und fügen hiemit in Gnaden zu wissen:

Demnach Wir den diesseitigen – größtentheils
erst unter Unserer Regierung der Grafschaft
Hessen Hanau, Lichtenberg, zu Unserer
Residenz erwählten Ort Pirmasens bereits
in Anno 1763. in verschiedenem Betracht
vor eine Stadt zu declariren gnädigst
geruhet haben, und auch darauf hin unterm
27ten passato von denen Vorstehern
und verschiedenen Einwohnern vor sich
und im Nahmen ihrer Mit Bürger um

[illegible] Ertheilung der Stadt Gerechtigkeiten [illegible]
zu [illegible] [illegible] [illegible] [illegible]
Landen befindlichen Städten Freygebig[illegible]
unterthänigst angegangen worden;

Also haben Wir in Rücksicht der - einnehmen Orthes alhiesigen Hoflagers an Denenselben vielfältig wahrgenommenen Treue, Liebe und ohnermüdeten Eifer vor Unser Fürstliches Interesse, gerne in ihr unterthänigstes Gesuch gewilliget, und solchemnach dieser Stadt einige Gerechtigkeiten accordiren, somit darüber gegenwärtiges Privilegium unter nachfolgenden Bedingnissen, aus besondern Gnaden ertheilen wollen.

Erstlichen befreyen Wir die Bürger dieser Stadt gänzlichen von derjenigen Leibeigenschafft, womit sie und ihre Kinder Eltern und Ahnen in Gott ruhenden Vorfahren bis dahero zugethan gewesen, jedoch

dergestalten, daß keiner von Ihnen oder
ihren Kindern ohne zuvor von Uns oder
Unseren nachgesetzten Fürstlichen Rent Cammer
erhaltene Erlaubniß aus Unseren Landen
ziehen dürfte, und da einem oder dem
andern zu Verbesserung seines Glücks
oder anderer nothdringenden Umständen
halber, die Erlaubniß zum Abzug gegeben
würde, solle derselbe oder dieselbe gleichwohlen den von Unseren gedachten Rent-
Cammer zu regulirenden Abzugsschilling
statt des sonst gewöhnlich gewesenen
Manumissions Quanti nebst dem zehenden
Pfennig abzurichten schuldig - auch keiner
von Unseren Burgers Söhnen, von der
enroollirung zu Unseren Kriegs Diensten
eximirt seyn.

Und weilen die Stadt nunmehro nach der
von derselben übergebenen - und von
Unserem Amt dahier mit pflichtmäßigem

Gnädigsten, Uns unterthänigst vorgelegten
Punctation, worauf Wir Uns vornehm-
lichen beziehen, nachstehende Unterhaltung
und Ausgaben übernommen, welche
bishero aus Unseren hiesigen Amtschafften praestiret worden; so ordiniren
Wir denenselben

Zweitens zu Bestreitung sothaner Ausgaben
zu einigen Revenüen, jährlich ein achtel
an dem allhier eintragenden sämtlichen
Accis aus ersammelten Amtschafften,
sodann

Drittens den völligen Ertrag des
ganzen hiesigen Mehlwaag Geldes,
wie nicht weniger

Viertens das auf denen dahiesigen
Jahr Märckten eingehende völlige
Standgeld, imgleichen

Fünftens zu dem zu erbauen vorhabenden Rathhauße das erforderliche

Bauholz gratis, nebst dem freyen Weid-gang, ohne die mindeste Abgabe zu Strub oder deren fermiren.

Sechstens wollen Wir, daß nicht allein die hiesige Herrschaftliche – sondern auch die Stadt Brunnen von Herrschaftswegen mit denen nöthigen Deicheln ohne Entgeld versehen, dagegen aber solche von der Stadt, exclusive des Schloß Brunnens, als welchen Wir fernerhin durch Unsere Amtsfuhrung besorgen lassen werden, auf ihre Kösten herbey geführt werden sollen.

Gleichwie nun auch der hiesigen Stadtgemeind durch Eigenmachung der Güther bißher viele Weide vor ihrem jährlich zuhaltenden Viehstand entzogen worden; so befehlen Wir

Siebendens gnädigst, daß denselben der Wald-flamhecken, jedoch nicht anderst,

als zur Waide vor das Vieh eingeräumt
werden, aber kein Holtz darauß zu hauen
erlaubt seyn solle.

Damit aber auch

Achtens die Stadt mit ihren Einwohnern
in guter Ordnung unterhalten und über
ihre Einkünften richtige Rechnung geführt
werden möge; So wird vor dieselbe
ein Stadt-Rath aus acht Personen ernannt
dessen Ernennung Wir Uns auch jedesmahlen auf vorherigen Amtlichen unterthänigsten Vorschlag, der capablesten
Subjecten, vorbehalten.

Vor jezo aber solle der Land Commissarius
Martin das Gerichts-Schultheißen Amt
dabey versehen, und Heinrich Schneider
den bißherigen Schultheißen ernennen
Wir zum Stadt Schultheißen, welchem der
Posthalter Johann Adam Kieffer als
Stadtschreiber zugegeben wird, dahingegen

Wir die bisherige Vorstehere Friedrich
Schmidt, Jacob Kalbfuss und Matthias Haller,
wie nicht weniger den Hof Metzger
Johann Adam Helmstetter und Hof Becker
Georg Christian Metzger zu Mitglieder
und Rathsverwandten im Städtlein ernennen,
sofort diesem Stadtrath nicht allein die
Erlaubnis ertheilen, in denen in der Stadt
vorfallenden Civil-Sachen unter und bis
zu 6. fl. Salva Appellatione an Unser sondern
dahiesig Fürstliches Amt zu Kirchheim,
zu diesem Ende auch wochentlich ein- bis
zwey mahl Session auf dem Rathhaus
zu halten, dabey zugleich das Beste der
Stadt, und wie eine gute Ordnung darinnen
sowohlen eingeführt, als auch erhalten
werden könne, in Deliberation zu ziehen,
verbunden seyn sollen. Vor allen Dingen
aber bleibt dieser Stadtrath mit ihrer
Bürgerschaft dem gedachten Fürstlichen Amt

dasein in allen Städten untergeben, und
hat jenen demselben wegen ihren
Handlungen Red und Antwort zu geben,
auch ihre Stadt Rechnung bey demselben
alljährlich abzulegen.

Was aber hingegen die Praestationen, welche
die Stadt künfftighin zu übernehmen ,
concerniret, so ist solche

Erstens verbunden nicht nur die
Stadt Mauer und ihre Wasser Ausläuffe
samt denen Thoren, sondern auch die
Hauptstrassen, imgleichen das alte und
noch in Zukunfft verfertigende neue Pflaster
vom Buchsweiler= biss zum Zweybrücker
Stadt Thor, nebst denen Nebenstrassen in
hiesiger Stadt, wie auch alle Herrschafftliche
und Stadt brunnen, exclusive des Schlossbrunnens
davon im Spho VI. gedacht worden, auf
ihren Einkünfften im guten Stand, und
in allen daran nöthigen Reparationen

zu unterhalten, auch das abgängige an
allen diesen Stücken von neuem-
wieder herzustellen, die zu deren
Zäunen erforderliche Däuchel aber
werden Wir wie oben bemelten
Paragrapho gedacht worden, von Herr-
schafts wegen gratis fourniren lassen.

Zehendens haben die Stadt Unterthanen
die praestanten Bau- und Kriegs- wie auch
Jagd-Frohnden, mit Einbegriff deren Treib
und Wolfs Jagden, als welche jedermann
zum Nuzen gereichen und Schaden abwenden,
von Alters her dem gewöhnlichen
Frohndgeld zu praestiren.

schließlichen und
Eilftens sollen dieselben künftig
auf die weise wie bisher dahero geschehen,
Unseren alhier liegenden Garnison
die erforderliche quartier Häuser einräumen,

und nach den bisherigen Einrichtung mit Klafter Holz machen und andere zu fahren continuiren.

Urkundlich dessen und zu mehrerer Bekräftigung dieses Privilegii, haben Wir solches eigenhändig unterschrieben und Unsern Fürstlichen Insiegel vordrucken lassen.

Gegeben Pirmassens den 22ten Julii 1769.

Ludwig Landgraf zu Hessen

Elftens sollen dieselben künftighin auf die weise wie biß daher geschehen Unserer alhier liegenden Garnison die erforderliche quartier ferner einräumen . . ."

Die sodann ernannten acht „capabelsten Subjekten", aus welchen der erste Stadtrat in Pirmasens bestand, unter Leitung des ersten Pirmasenser Stadtschultheißen Heinrich Schneider[133] begehrten ihrerseits einige Wünsche und hatten einige Anliegen:

Freiheit von der Leibeigenschaft
Die Hälfte des Ohmgeldes in der Stadt
Die Hälfte der Akzise (Accis)
Die Mehlwaage als Stadtwaage
Das Standgeld der Jahrmärkte
Das Bauholz zum Rathausbau und freien Weinschank dortselbst
Neue Brunnenröhren für die zahlreichen Brunnen in der Stadt
Den kleinen Glasberg als Stadtwald

Teilweise wurde diesen Anliegen entsprochen, und langsam konnte man an den weiteren Ausbau der Stadt herangehen, um ihrer Bezeichnung nach gerecht zu werden. Insbesondere mußten auch Gebäude für die bürgerliche Verwaltung erstellt werden.
Im Vergleich zu anderen Städten der näheren und weiteren Umgebung schnitt die Stadt Pirmasens schlecht ab, denn wenn jetzt städtische Einrichtungen und Bauten entstehen sollten, so waren solche andernorts schon selbstverständlich.
Im übrigen gibt es einen weiteren Hinweis, daß der neuernannte Stadtrat aus dem Stadtschultheiß, dem Stadtschreiber, dem Gerichtsschultheißen und aus fünf Mitgliedern der Bürgerschaft, später Senatoren geheißen, bestanden hat. Sie hatten auch die Gerichtsbarkeit in Bürgersachen auszuüben bis zu sechs Gulden Strafe, vorbehaltlich einer fürstlichen Berufung.

Jetzt erhielt die Stadt Pirmasens, wie es sich auch geziemte, ein eigenes Stadtsiegel. Es zeigte eine malerische (?) Stadtansicht mit einem von Vögeln umflatterten Turm, auf welchem ein (hessischer?) Löwe stand. Die vorhandenen Blitze sollten höchst wahrscheinlich die Wehrkraft der Soldatenstadt dokumentieren.[134]

Seinen Grenadieren aber gestand der Landgraf in einer gewissen Relation einen Stimmanteil beim Kriegsgericht zu. Den Angeklagten war das Recht zugestanden worden, befangene Richter und Ankläger abzulehnen. Dies alles waren Bräuche und Sitten, die andernorts auf Unverständnis stießen, ja sie führten dazu, ihn als militärischen Ketzer zu bezeichnen. Die vielfach angefeindeten Erlasse und Befehle sorgten aber in der Soldatenstadt selbst für Gehorsam, Disziplin und Ruhe.

---

[133] Johann Heinrich Schneider, 1. 12. 1718 bis 29. 12. 1782, Amtszeit vom 22. 7. 1769 bis zu seinem Tode am 29. 12. 1782. Vgl. auch „Bürgermeisterübersicht", Band III, Anhang.

[134] Im Laufe der Zeit ergaben sich vielfältige Veränderungen dieses Stadtsiegels oder Stadtwappens, wobei der Phantasie keine Grenzen gesetzt waren. Im Prinzip zeigt es aber immer eine dreitürmige Burg, wobei der Mittelturm überhöht ist. Auf ihm steht ein Löwe mit Schwert, und vom Turm gehen zwei oder mehrere Blitze aus. 1845 wurde dieses Motiv von König Ludwig I. von Bayern offiziell der Stadt als Wappen verliehen. Vgl. auch Folgebände.

Von der Disziplin

§ 1 Weilen nächst dem Soldatenwesen nichts notwendiger ist, als die Soldaten in scharfer Disziplin zu halten, als befehlen Seine Hochfürstl. Durchlaucht, daß der Kommandeur dieselbe, auch die Kapitän ihre Kompagnien in gehöriger und scharfer Disziplin halten und keiner Ausschreitung durch die Finger sehen.

§ 2 Die Bursche sollen zu aller Kirchenordnung, von der Religion sie sind, angehalten werden wie es gebräuchlich ist.

§ 3 Es sollen keine öffentliche Huren in der Kaserne und in denen Quartieren gelitten werden und wann eine Hur betroffen wird, so soll selbige der Kommandeur wegjagen lassen.

§ 4 Es sollen den Unteroffizieren und Gemeinen kein Spiel verstattet werden und wann ein Soldat oder Unteroffizier betroffen wird, soll er nach den Kriegsartikeln abgestrafet werden.

§ 5 Alle Unteroffiziere oder Soldaten, die besoffen auf Parade kommen, auf der Wacht sich besaufen, ohne Urlaub von der Wache gehen, auf der Schildwache schlafen oder vor der Ablösung von ihrem Posten gehen, werden nach den Kriegsartikeln bestraft.

§ 6 Alle Gewalttätigkeiten, ingleichen alles Räsonieren gegen Oferoffizier und Unteroffizier, im Dienst und außer Dienst, alle Widersetzlichkeit und Bedrohung oder gar Gegenwehr gegen einen Oberoffizier oder Unteroffizier, sollen mit der größten Schärfe, laut Hochfürstl. Befehl und Kriegsartikeln, bestraft werden. Wann Beurlaubte Ausschreitungen begehen, so sollen sie sogleich festgenommen und in Arrest gehalten, auch nach Befinden bestraft werden.
Dabei wird es sämtlichen Oberoffizieren verboten, gegenwärtiges Reglement einem fremden Offizier, noch sonst jemand zu zeigen, vielweniger zu geben oder lehnen, sondern dasselbe wohl verwahren, um es bei erforderlichen Umständen richtig und sauber abliefern zu können.

Von der Reinlichkeit

§ 1 Alle Offiziere sollen im Dienst allezeit ihre Uniformen anhaben, desgleichen weiße Stiefeletten mit messingnen Knöpfen, gelbe Lederhandschuhe, weiße Halsbinde; auch die Haare oder Perücke mit einem Band geflochten haben. Wann sie aber außerhalb Herrendienste sein, können sie blaue einfache Röcke und Stiefeln tragen.

§ 2 Es sollen sämtliche Offiziere dahin sehen, daß die Unteroffiziere und Soldaten in und außer Dienst ihre Kleidung wohl in Richtigkeit haben; im Dienst mit gutem und reinem Weißzeug, Halsbinde eingeflochten, frisiertem Haar und angestrichenem Lederzeug erscheinen.

§ 3 Die Haare sollen allezeit gut geschnitten, in 7 Locken aufgewickelt und ausgekämmt und auf der Parade wohl gepudert sein.

§ 4 Die Haare sollen 2 fingerbreit vom Kopf mit einem Band eingeflochten werden und die Zöpfe sollen bis ans Kreuz herunterhangen.

§ 5 Die Soldaten müssen in allen Stücken zur Reinlichkeit angehalten werden, unter anderen Hand und Gesicht waschen, auch den ganzen Leib rein halten, daß sie nicht mit der Krätze behaftet werden. Die Bärte sollen stark in die Höhe gezogen, mit weißem Wachs aufgestutzet und des Nachts mit einer Binde gebunden werden.

§ 6 Die Paillekomisöler und Hosen müssen, so oft die Bursche zur Parade kommen, allezeit weiß angestrichen sein, ingleichen das Lederzeug; nachgehends aber rein ausgebürstet werden, daß es an der Montirung nicht abfärbt. Die Unteroffiziershandschuh müssen auch weiß angestrichen sein.

§ 7 Im Dienst werden die Grenadiermützen und außer Dienst die Montierungshüte getragen; deshalb müssen niemals außer Dienst die Soldaten ohne ihren Montierungshut, auch nicht ohne Sabel auf der Straße gehen.

§ 8 Im Gewehr muß keine Mütze abfallen, weswegen sie fest auf den Kopf gesetzt und gebunden wird. Die Kappen und Hüt müssen nicht hinten in den Nacken, sondern hinten hoch und recht auf die Nasen gesetzt werden.

§ 9 Die Halsbinden müssen fest umgebunden, die Stiefeletten glatt aufgezogen, die Wickel 2 fingerbreit umgeschlagen, so hoch als möglich gebunden und nebst dem übrigen Weißzeug gewaschen werden.

§ 10 Die Sabelgehänke sollen recht angetan und Sabelquaste, Hut- und Mützenbüschel müssen allzeit rein und proper sein.

§ 11 Die Unteroffiziere sollen niemals auf der Straße ohne Stöck und Seitengewehre sich sehen lassen und wann sie im Dienst sind, hängen sie den Stock auf der rechten Seite an den 2. Knopf an der Klappe.

§ 12 Wann Rekruten kommen, müssen ihnen gleich die Haare verschnitten und gegelehret werden, wie sie diese aufwickeln, ingleichen wie sie das Gewehr und übrigen Montierungsstücke putzen sollen.

§ 13 Alle Offiziere und Unteroffiziere müssen arbeiten, auf daß die Soldaten Ehrliebe bekommen und von selbst sich proper halten. Denn wann ein Soldat nicht zu seinem eigenen Leib Lust hat, so ist nicht der Soldat sondern der Bauer in ihm.

§ 14 Auf allen Wachtparaden sind nebst dem Gewehr inskünftig auch die Montierung so wohl zu besichtigen, daß nicht das Geringste daran zerrissen, sondern alles wohl ausgeflickt ist; auch weder Knöpfe, Quästchen noch sonst was fehlt.

§ 15 Die Sabelscheiden müssen mit Wachs angestrichen werden, daß sie sauber bleiben. Die Gewehre und Taschen nebst Messing- und Eisenwerk müssen jederzeit wohl poliert und lackiert sein. Insonderheit müssen die Mützenblech und Trommeln spiegelblank und letzte wohl ausgebeult sein.

1769 Das Ansehen des Landgrafen stieg von Jahr zu Jahr, und dies nicht nur bei seinen militärischen Untergebenen, sondern auch bei deren Familienangehörigen und überhaupt bei allen Einwohnern der Stadt.

Er, der alleinige Herr und Gebieter, scheute sich nicht, sich um das Wohl der Familienangehörigen seiner Vertrauten zu bekümmern und die Hütten und primitiven Häuschen der Allerärmsten zu betreten. Kamen ihm irgendwelche Klagen zu Ohren, so konnten die Treuergebenen sicher sein, die Unterstützung ihres Landgrafen zu erhalten. Nicht selten geschah es, daß er den Hochzeitsschmaus oder die Kindtauffeier eines seiner Vertrauten aus eigener Tasche bezahlte.

Bauwilligen Grenadieren, soweit diese auch als Vertraute galten, gewährte er nicht nur die bereits erwähnten Vergünstigungen in Form von Bodenschenkungen, zeitlich begrenzter Abgabefreiheiten und kostenloser Zurverfügungstellung des Bauholzes, sondern stellte ihnen sogar Handwerker unentgeltlich zur Verfügung. Fehlte es einmal an den Bestattungskosten für einen Familienangehörigen seiner Vertrauten, so übernahm er auch diese.

Für die Invaliden seiner Garnison richtete er im Jahr 1769 einen Unterstützungsfond ein, während er die seit 1759 bestehende Altersversorgung verbesserte. Die Altvertrauten bezogen daraus ihre Rente. Diejenigen, die weniger als 15 Jahre in seinen Diensten gestanden hatten, erhielten 3 Kreuzer Tagesgeld [135] und ihre tägliche

[135] Im Jahr 1793, nach des Landgrafen Tod, fanden die „3 Kreuzer-Männchen" oft Erwähnung. Mehr darüber siehe Band II.

Brotration sowie Brand für die Wintermonate. Je nach Dienstzeit erhöhte sich die Rente, denn die Treue ging über alles und sollte belohnt werden. Starb ein Invalide, so gingen die Bezüge auf dessen Witwe über.
Altgedienten Soldaten, die irgendwann aus seinen Diensten ausgeschieden waren, jedoch in der Stadt verblieben, besorgte er in einem Sondererlaß vom 20. Juni 1769 weitere Vergünstigungen: Er ordnete an, daß bei Neubesetzung von Stadt- oder Staatsstellen den Ehrensöldnern der Vorzug einer Einstellung gewährt werden solle. Als Nachtwächter, Schützen, Glöckner, Amtsdiener, Gerichtsdiener, Unterförster und dergleichen sollten sie eingestellt werden.
So zeichneten also Gerechtigkeit und Großzügigkeit gegenüber seinen treuen Untergebenen den Landgrafen aus. Im Gegensatz zu seinem Vorbild, dem Preußenkönig, der seinerseits den militärischen Werdegang eines Soldaten weitgehendst von dessen Geburt und Abstammung abhängig machte, negierte der Landgraf selbst bei seinem Offizierscorps eine adlige Abstammung und setzte eine Befähigung im militärischen Dienst an erste Stelle.
Solches trug zwar in seiner eigenen Soldatenkolonie ungemein zu seiner Beliebtheit und Achtung bei, brachte aber gleichzeitig die Tatsache mit sich, daß angestammte Adlige seine Dienste mieden und wieder andere alsbald ihren Abschied nahmen.
Von seinen Offizieren erwartete er das Vorhandensein eines unbedingten Ehrgefühls gegenüber den gemeinen Grenadieren. Er hob den Persönlichkeitswert seiner Führungskräfte immer wieder hervor und verbot in absoluten Befehlen die damals gebräuchliche Prügelstrafe. Allein diese Anordnung war eine Neuerung, die die Achtung steigerte und seine Beliebtheit vergrößerte. Der Gebrauch von beleidigenden Schimpfworten war verpönt und letztlich sogar verboten.

1770 Was den weiteren Ausbau der Stadt betraf, so waren die 70er Jahre des 18. Jahrhunderts wohl die bedeutendsten. Nun hatte der Landgraf anscheinend auch mehr Geld zur Verfügung, denn mit dem ständigen Wachstum und der Zunahme der Bevölkerung, der Gewerbefreiheit, dem Standgeld der Jahrmärkte, den Bau-, Kriegs- und Jagdfronden und zahlreichen anderen Einnahmequellen konnte schon manches investiert werden. Hinzu kam der Ehrgeiz gegenüber seiner Vaterstadt, denn nachfolgend werden wir noch erfahren, wie sehr der Landgraf bemüht war, Darmstadt in manchen Dingen zu überflügeln.
Außerdem ist zu berücksichtigen, daß der allergrößte Teil des ansehnlichen Soldes seiner Soldaten in der Stadt verblieb, denn zum Ausgeben des Geldes außerhalb der Stadtmauer bestand so gut wie gar keine Möglichkeit.

Also begann der Landgraf zunächst und unter anderem mit dem Bau eines Exerzierhauses gegenüber seinem Schloß [136]. Hier war zwar in ursprünglichen Planungen ein großer Lustgarten vorgesehen gewesen, er war aber nie angelegt worden. Vielleicht bestand schon recht frühzeitig der Gedanke zum Bau des Exerzierhauses, denn der Lustgarten wurde in die Alleestraße verlegt. Kurz vor der Stadtmauer zog er sich am Berg Horeb entlang, „mit Pavillon, Garten mit Bosquets“. Von hier aus hatte man einen schönen Fernblick, und im Pavillon wohnte die Landgräfin bei ihren seltenen Besuchen in der Stadt.
Der Bau des Exerzierhauses aber sollte weit und breit seinesgleichen suchen, und er sollte auch größer werden als ein Exerzierhaus in Darmstadt.

---

[136] Das Exerzierhaus lag an der Stelle der heutigen Pirminiuskirche. Ab 1790 war der schöne Bau wertlos geworden und verfiel. 1804 verschenkte Napoleon das „Nationalgut“ an die katholische Gemeinde. Um 1805 wurde die Halle auf Abbruch versteigert, die Reste wurden zum Aufbau einer neuen katholischen Kirche verwendet. Siehe auch Band II, 1806 ffg.

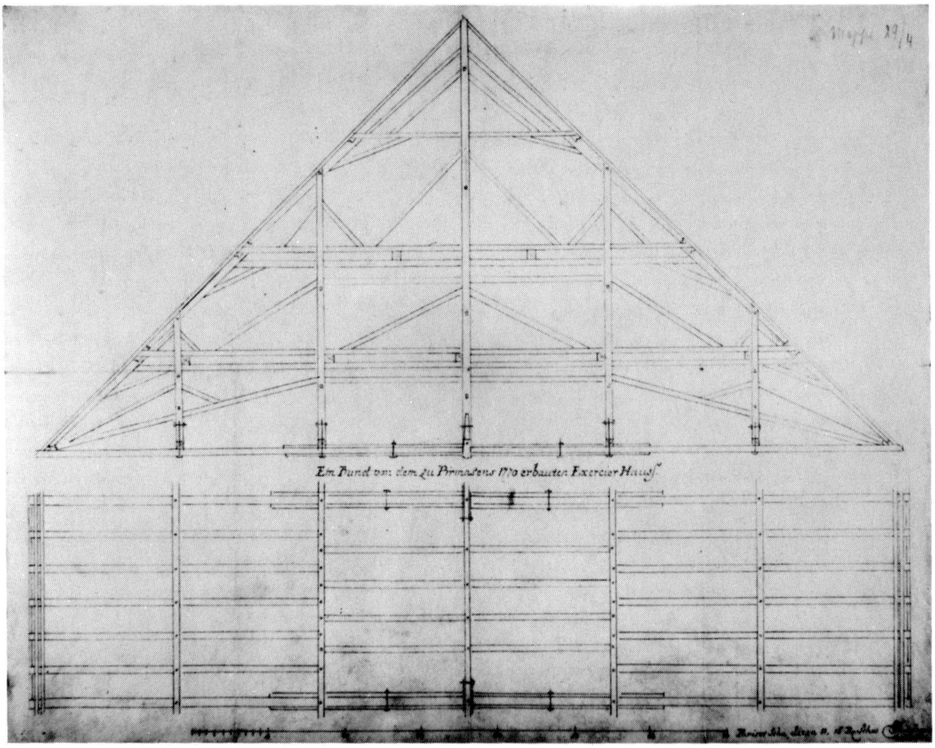

„Ein Bund von dem zu Pirmasens 1770 erbauten Exercier-Hauß". Die Bauzeichnung zeigt uns die gewaltige freitragende Konstruktion des Dachstuhles, aus welchem man hätte vier Dachböden machen können. Die Maßstabsangabe des damaligen Architekten in „Pariser Schu" ergibt ein völlig anderes Maß als jenes, welches uns von einem Besucher der Stadt aus dem Jahr 1789 überliefert wurde. Darüber hinaus gibt es noch andere Maßangaben, wie zum Beispiel 212 Schuh Länge und 112 Schuh Breite, was einer Größe von ca. 69 x 36 Metern gleichgekommen wäre. Damit ergab sich eine überdachte Fläche von ca. 2 480 Quadratmetern. Spätere Recherchen ergaben ein Ausmaß von 70 Metern Länge und 43 Metern Breite. Diese Angaben dürften dem tatsächlichen Maß auch entsprochen haben. Das Dach überdeckte demnach 3 010 Quadratmeter, und somit ist es auch nicht verwunderlich, daß man in halb Europa von diesem stolzen Bau sprach. Damit war der Bau in seiner Konstruktion ein kleines Wunderwerk und für Pirmasens ein Wahrzeichen und der ganze Stolz der Soldatenstadt. Der Erbauer war ein J. M. Schuhknecht (auch Schuknecht, 1724-1790), welcher sodann auch das Exerzierhaus in Darmstadt erbaute, nachdem er anscheinend in Pirmasens Erfahrungen gesammelt hatte. Zuvor war ein Baudirektor Mann mit der Erstellung eines Exerzierhauses in Darmstadt beauftragt worden, jedoch fand das fast fertiggestellte Haus nicht den Beifall des Landgrafen. Er ließ es auf der Stelle wieder niederreißen, und Mann wurde unter eine Pritsche gesteckt. Der unglückliche Architekt, dem Hohne der Soldaten preisgegeben, starb an der Alteration. Das sodann von Schuhknecht entworfene Gebäude wurde in einer Rekordzeit von neun Monaten erstellt, wobei auch des Nachts bei Fackelschein gearbeitet werden mußte. Im November 1771 war das Darmstädter Exerzierhaus sodann fertiggestellt, und die Kaiserin Katharina II. ließ sich ein Modell des merkwürdigen Gebäudes nach St. Petersburg bringen. Ganz sicher wurde der Kaiserin auch ein Modell des Pirmasenser Exerzierhauses zur Begutachtung vorgelegt. Oftmals wurde schon behauptet, das Exerzierhaus in Pirmasens sei nach dem von St. Petersburg das größte in Europa gewesen, was in etwa auch stimmen dürfte. 1 500 Mann konnten im Pirmasenser Exerzierhaus gleichzeitig exerzieren, und die Übungen waren ab dem Zeitpunkt seiner Fertigstellung wetterunabhängig.

Nach Fertigstellung war es sodann auch ein stattlicher Bau [137], und das gewaltige Dach wurde ein Wahrzeichen der Soldatenstadt, welches man weithin sehen konnte. Leider ist uns der Erbauer der Halle nicht bekannt, jedoch könnte es J. M. Schuhknecht gewesen sein, welcher ein ähnliches Exerzierhaus 1771 in Darmstadt erstellte.
Die Konstruktion des freitragenden Dachstuhls war schon eine einmalige Leistung zur damaligen Zeit. Damit viel Sonne und Helligkeit in die große Halle einfallen konnte, wurden an der Längsseite zum Schloße hin (Westseite) 16 große Rundbogenfenster eingesetzt [138].
Wenn man einem zeitgenössischen Bericht Glauben schenken darf, so hatte die Halle ein Ausmaß von 130 x 86 Pariser Schuh, was in etwa einer Größe von 40 x 26 Metern gleichgekommen wäre, also einer Exerzierfläche von über 1 000 Quadratmetern. Diese Angaben eines Besuchers in späteren Jahren sind völlig unzutreffend. In Wirklichkeit hatte das Gebäude 70 Meter Länge und eine Breite von 43 Metern, was einer überdachten Fläche von über 3 000 Quadratmetern gleichkam [139].
Während des Winters wurde die riesige Halle mit 16 gußeisernen Öfen geheizt, von welchen jeder ein Prachtstück seiner Art war. Ein jeder Ofen war aus 5 Teilen zusammengesetzt, wobei sich die einzelnen Teile nach oben verjüngten. Die Höhe eines Ofens betrug 1,93 m, und jeder Ofen war mit 13 sprühenden Granaten, dem Symbol des Landgrafen, verziert. Den höchsten Abschluß bildete ebenfalls eine solche Granate. Der mittlere Teil eines jeden Ofens zeigte auf der Vorderseite die beiden verschlungenen L = Landgraf Ludwig, sowie die Jahreszahl 1770.

Im Zusammenhang mit der freitragenden Dachkonstruktion ward ein zweites Todesurteil bekannt, welches der Landgraf in Pirmasens erließ.
Ein Gardist Gilbert, aus Frankreich stammend, hatte freien Zugang zur Exerzierhalle, um die 16 gußeisernen Öfen zu bedienen. Im Winter mußte dies ganz früh morgens geschehen, und da er sich um diese Zeit unbeobachtet fühlte, kam er eines Tages auf den Gedanken, die wichtigsten Mutter- und Verbindungsschrauben am Dachgebälk zu lösen. Einmal wurde behauptet, daß er dabei Eisen entfernen wollte, um dieses zu verkaufen, andererseits wurde sein leichtsinniges Handeln als Sabotage ausgelegt.
Das ganze Dachwerk, welches ein ansehnliches Gewicht hatte, konnte über der exerzierenden Truppe zusammenbrechen und wäre einer Katastrophe gleichgekommen.
Jedenfalls wurde das Vergehen rechtzeitig aufgedeckt, und der Übeltäter sollte dafür am Rabenkreuz büßen, das heißt, durch den Strang vom Leben zum Tod befördert werden. Der Landgraf wollte den Täter zwar begnadigen, aber der Feldprobst Venator bejahte der Vorschrift nach die Todesstrafe.
Wir hätten keinerlei Hinweis über eine tatsächlich erfolgte Hängung des Täters und über eine weitere in Pirmasens erfolgte Hinrichtung, wenn der Darmstädter Kriegsgerichtsrat Johann H. Merck nicht in einem seiner Briefe, welcher sich inhaltlich auf die Größe der Pirmasenser Grenadiere und Offiziere bezog, dabei insbesondere die Größe des Generals Wenke [140] würdigte, ein besonderes Vorkommnis geschildert hätte: „In Pirmasens hat der General Wenke, der ein Zimmermann ist, bey der Hinrichtung des Kerls, der das Exerzierhaus vorm Jahr bestohlen hatte, da die

---

[137] Oftmals wurde schon behauptet, das Pirmasenser Exerzierhaus sei nach dem von St. Petersburg das größte in Europa gewesen.

[138] Dies ergibt sich jedenfalls aus Zeichnungen. Ein Besucher im Jahr 1784 beschrieb die Halle mit 40 Fenstern. Davon ausgehend, daß auf beiden Längsseiten je 16 Fenster vorhanden waren, ergeben sich je 4 Fenster auf den Schmalseiten.

[139] Vergleiche auch Bildbeschreibung Seite 142 sowie Fußnote 73.

[140] In der Stammrolle: Wencke Bernhard, Bremen, geb. 1719, 11 Zoll, 1742 Grenadier, 1746 Leutnant, 1749 Kapitän, 1761 Major, 1764 Oberstleutnant, 1766 Obrist, 1768 Brigadier, 1769 Generalmajor, 1780 Generalleutnant, 1742-1777 im Rgt. „Erbprinz", gestorben zu Pirmasens am 22. Oktober 1797.

Zimmerleute und die Schinder den Pfahl dazu aufrichteten, und dieser nicht stehen wollte, das obere Ende davon mit eigener Hand gehalten. Vor ongefähr 3 Monaten hat eben dieser Mann in einem Dispute mit seiner Frau die Sache so ernst haft getrieben, daß er ihr den Arm entzwey geschlagen hat."
Dieser Schilderung nach kann fest angenommen werden, daß eine Hinrichtung tatsächlich erfolgte, nachdem der Riese Wenke mit einer Hand den Galgen am obersten Ende festgehalten hatte, wozu die Zimmerleute und Schinder wahrscheinlich eine Leiter gebraucht hätten.
Der Riese Wenke mußte überhaupt eine legendäre Gestalt in der Garnisonsstadt gewesen sein. Auch Dr. Bruch erinnert sich in seinen „Kindheit und Jugenderinnerungen" an den riesigen General, allerdings zu einer Zeit, zu welcher der Glanz der Soldatenstadt Pirmasens schon wieder erloschen war: „So erinnere ich mich noch der riesenhaften Gestalt eines alten Generals Wenke, dessen Haus an mein väterliches stieß. Er war ursprünglich Zimmergeselle und aus Pommern gebürtig. Er schwebt mir noch vor als ein alter, baumlanger Kerl in einem langen, blauen Überrock und mit einer weißen Schlafmütze, wie er, auf sein großes spanisches Rohr gestützt, in die Apotheke meines Vaters kam und sich Kraftküchlein kaufte."
Nach Fertigstellung des Exerzierhauses konnte der Landgraf seine Soldaten bei jeder Witterung exerzieren lassen und seine Freude daran haben, die Übungen auch bei schlechtem Wetter und besonders im Winter in der großen Halle zu beobachten und zu befehligen [141].
Die Vollendung des Exerzierhauses und das mustergültige Soldatentum in Pirmasens hatten überall in Deutschland und dem nahen Frankreich aufhorchen lassen. Man war auf die Soldatenkolonie aufmerksam geworden, und schon kamen Militärexperten, oftmals von weither, nach Pirmasens angereist, um die Soldatenstadt mit ihren vorbildlichen militärischen Einrichtungen zu besichtigen.

1770 Was die Familien der Soldaten anbelangt, so war der Landgraf stets bemüht, deren Nebenverdienst in irgendeiner Form zu verbessern. Bis zu diesem Zeitpunkt ergaben sich noch keine Möglichkeiten, die erlernten Handwerksberufe der Soldaten nebenberuflich weiterzuführen oder sogar auszubauen. Insbesondere – was ein später auftauchendes Schuhherstellungsgewerbe anbelangt – deshalb, weil die Voraussetzungen noch dazu fehlten und man sich mit anderen Dingen befaßte, welche landgräflicherseits einen Vorzug hatten.
Der Landgraf hatte mit einem Kaufmann Roechling aus Saarbrücken Verhandlungen aufgenommen, in Pirmasens eine Tuchfabrik errichten zu lassen. Einmal bestand großer Bedarf an Leinen, Barchent und Spitzen in der Soldatenstadt selbst, und zum anderen hatte der Stadtherr den Nebenverdienst der Soldatenfrauen im Auge.
Der Kaufmann muß die gebotene Chance in geringer Weise auch wahrgenommen haben, aber die Versuche schlugen fehl. Eine Fabrikationsstätte litt unter der Abgelegenheit der Stadt, und zudem bestand in dem umliegenden armen Land zu wenig Kaufkraft.

---

[141] Die ursprünglichen Vorstellungen des Landgrafen basierten auf einer Länge von 700 Schuh, was einem Maß von über 200 Metern entsprochen hätte. Die maximale Tragfähigkeit eines ungestützten Daches wäre damit weitaus überschritten worden. Die Baukosten betrugen 140.000 fl. und wurden aus der Privatschatulle des Landgrafen bezahlt.

W. Irlinger
Wohltätigkeits-
Bazar
zum Besten des
Roten Kreuzes
am 13., 14. und
15. Januar 1906.
PIRMASENS

In der guten alten Zeit wird es Mode werden, sich der Vergangenheit zu erinnern. Im Zuge einer Nostalgiewelle kurz nach der Jahrhundertwende wird man der herrschaftlichen Vergangenheit gedenken und Erinnerungen aufleben lassen. Gerade zu Beginn des 20. Jahrhunderts werden zahlreiche Motive erscheinen, die sich alle auf die Soldatenzeit beziehen und den Stadtgründer ehren. Als Industriestadt ist man nunmehr bedeutend geworden, und der Dank gilt eben jenem Fürsten, der einstmals die Grundlagen dafür geschaffen hatte. So erinnerte man sich anläßlich des Wohltätigkeitsbazars zum Besten des Roten Kreuzes im Januar 1906 an die Soldatenepoche. Zwei namhafte Pirmasenser Unternehmen waren an der Herstellung solcher Andenken beteiligt: Der Verlag Braun & Kohlermann und die Druckerei W. Neumann. W. Irlinger brachte die Zeichnung zu Papier, und von ihm werden wir noch manche schöne Zeichnung von Alt-Pirmasens zu Gesicht bekommen.

Vielleicht mag dieser Fehlschlag dazu beigetragen haben, daß sich viele Frauen nach einem anderen Erwerbszweig umsahen und irgendwann eines Tages auf den Gedanken verfielen, aus den vielen Stoffen billige Stoffschuhe herzustellen. Zu welchem Erfolg sie dabei gekommen sind, werden wir 14 Jahre später erfahren.

Nachdem 1769 der Stadt zur Auflage gemacht worden war, ein Rathaus zu erstellen, wie es sich für eine junge Stadt auch geziemte, wurde 1771 mit dem Bau eines solchen begonnen. Der Bau wurde von dem Baumeister Rochus Pfeiffer ausgeführt. Das alte Pirmasenser Rathaus stand seit Menschengedenken hinter der lutherischen Kirche in der Schäfergasse und war längst für die ständig gewachsene Stadt zu klein geworden. Nach Verlegung der Amtsräume in das neue Rathaus diente das alte Gebäude bis ins Jahr 1817 hinein als Gefängnis.
Das neue Rathaus sollte aber eine Zierde der Stadt werden, und mit Absicht war der Platz in der Hauptstraße gegenüber dem herrschaftlichen Schloß und der landgräflichen Hauptwache dafür bestimmt worden.
Im November 1772 konnte schon das Türmchen auf den stattlichen Bau aufgesetzt werden, und im darauffolgenden Jahr konnten die in Zweibrücken gegossenen Rathausglocken aufgehängt werden [142]. 1774 war das Pirmasenser Rathaus fertig, und ab diesem Zeitpunkt verkündete eine der Glocken durch weithin hörbares Läuten die Mittagszeit. Zur Einweihung des Rathauses vererbte der Landgraf seiner Stadt ein Portraitbildnis von sich, das die Bürger immer an den Gründer und Förderer ihres Pirmasens erinnern sollte.
Im gleichen Jahr gingen die Bestrebungen aus, ein neues Schulhaus für die sogenannte Lateinschule zu erbauen. Dieses entstand sodann auch direkt deben der unteren Kirche.

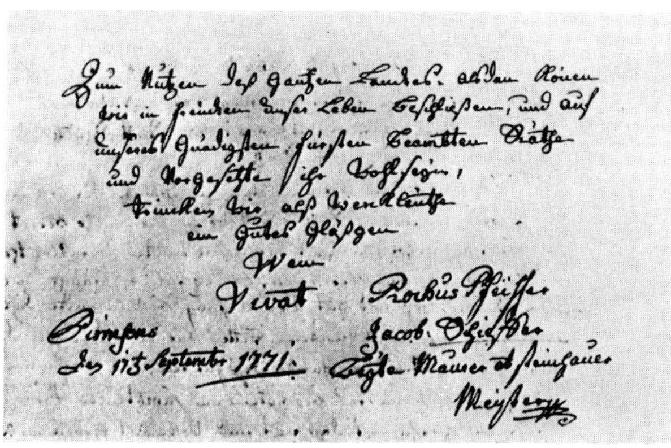
Vivat Rochus Pfeiffer
Pirmasens den 13 September 1771

1771 Zwei andere Zeugen entstanden gleichfalls im Jahr 1771, die glücklicherweise heute noch vorhanden sind: Um allen Ankommenden in der Soldatenstadt Pirmasens einen städtischen Charakter zu vermitteln und den Abreisenden zu zeigen, wohin ihre Wege führten, wurden vor den beiden Stadttoren 2 Wegweiser errichtet. Einstmals standen diese weit vor den Toren der Stadt und zeigten die Richtungen nach Buchsweiler, Zweibrücken und Bergzabern [143] und eine Hand zeigte direkt nach unten, um allen Besuchern zu sagen: Endlich bist du hier in Pirmasens, der landgräflichen Soldatenstadt, angelangt! Wenn deine Wege auch weit und strapaziös waren – du hast es endlich geschafft!

---

[142] Vergleiche auch Bildbeschreibung Seite 167.

[143] Die Originalinschriften lauten: Busweiller, Zweybrvcken, Bergzabern, Pirmasens; 1976 wurden die beiden Wegweiser renoviert, und einer davon erhielt mit einer schmiedeeisernen Umzäunung ein würdiges Aussehen.

In den Jahren 1770/71 wurde die große Exerzierhalle gegenüber dem Schloß erbaut. Diese für damalige Verhältnisse riesige Halle wurde, nach einem Reisebericht eines lutherischen Pfarrers im Jahre 1784, im Winter mit 16 Öfen geheizt. Nur ein einziger dieser herrlichen Öfen ist über 200 Jahre erhalten geblieben, dank dem heimatgeschichtlichen Interesse einiger Familiengenerationen. Im Jahr 1808 war noch ein zweiter Ofen vorhanden, „in einem Wirtshaus auf der Höhe zwischen Burgalben und Donsieders", wie uns ein Besucher zu berichten wußte (vgl. Band II, 1808). Wie die Abbildung zeigt, waren es Prachtstücke. Es ist nicht erwiesen, wohl aber anzunehmen, daß die gußeisernen Öfen in „den vier Eisenwerken des Herrn von Dietrich", die im benachbarten Elsaß gelegen waren, gegossen wurden, zumal das Amt Lemberg „einen Überfluß an dem schönsten Bau- und Brennholz hatte", welches zur Betreibung der Schmelzöfen und Hammerwerke der Eisenhütten diente.

1771 war die Rede davon, den ortsansässigen Rot- und Weißgerbern die Erlaubnis zur Ausübung ihres Handwerks und den Zusammenschluß zu einer Zunft durch den Landgrafen zu erteilen. Es waren jetzt 4 Gerber in der Stadt ansässig, unter anderem wurden der Gerber Welsch, Johannes Diehl aus Annweiler und Ludwig Detreux aus Zweibrücken erwähnt. Ein Jahr später wurde ein Heinrich Böhmer mit der gleichen Berufsbezeichnung aufgeführt.
Als Gerbstoff diente damals vornehmlich Eichenrinde. Mühlen zum Mahlen waren in der Umgebung von Pirmasens genug vorhanden, so zum Beispiel und unter anderem die Moschelmühle und der Hombrunner Hof [144].
Lange Zeit hat sich in Pirmasens ein Ausdruck gehalten, der wohl aus jenen Jahren stammt: Die ausgelaugte Lohe wurde damals barfüßig ausgetreten, und der Rückstand wurde zu sogenannten Lohkuchen geformt, welcher in den Wintermonaten ein begehrtes und billiges Brennmaterial darstellte. Diejenigen aber, welche den „Kuchen" austreten mußten, wurden als „Lohkeesträppler" bezeichnet.

Im gleichen Jahr begaben sich neun landgräfliche Soldaten nebenberuflich in eine Art Leinenweberzunft, und von anderen wissen wir, daß sie als Fahrtunternehmer, Roßlenker, Steinbrecher, Taglöhner, Erntearbeiter, Kleintierzüchter, Laternenanzünder, Brunnenputzer, Reisigbinder, Holzhauer, Holzsäger u. dgl. mehr ihren Sold aufzubessern versuchten.

*

„Pirmasens, den 2 ten Februar 1771 ist der Münzschlosser Johann Georg Bayerle von Pirmasens, aus Nürtingen in Württemberg stammend, im Wald ohnweit dem Hungerpfuhl (Neuhof, d. V.) am herrschaftlichen Kopf tot aufgefunden und in der Stille begraben worden, wo er schon bei vier Wochen gelegen. Denn den 7. Januar ging er mit dem Bauschreiner Castor nach Rodalben, wo sie im Wirtshaus getrunken und abends acht Uhr hierher gingen, wo ein starker Wind ging und schneite, daß es wie eine Windsbraut war und ziemlich kalt. Letzterer wurde, wo der Weg auf das Haseneck geht, morgens im Schnee tot gefunden und da er reformiert war, vom hiesigen reformierten Pfarrer ordentlich begraben. Dieser Bayerle aber konnte wegen des tiefen Schnees nicht gefunden werden, bis heute, da der Schnee weg war und also still begraben wurde, eodem da man ihn fand. Er war evangelischer Religion."

*

Im Sommer dieses Jahres kam hoher Besuch in das fernliegende Buchsweiler, und da der Besucher, Johann Wolfgang von Goethe, seine Eindrücke von der Grafschaft Hanau-Lichtenberg festhielt (Dichtung und Wahrheit, II. Teil, 10. Buch), sollen diese hier wiedergegeben werden, denn er schrieb: „. . . vor allem anderen war hier wie im ganzen Ländchen der Name des letzten Grafen Reinhard von Hanau ein Segen, dessen großer Verstand und Tüchtigkeit in allem seinem Tun und Lassen hervortrat und von dessen Dasein noch manches schöne Denkmal übrig geblieben war."

*

In Pirmasens hielt eine private Bautätigkeit immer noch an, und ständig wurden in den Gassen und Straßen der Stadt irgendwelche Lücken geschlossen, so daß sich das Gesamtbild verschönerte. Oftmals fielen die Genehmigungen und Entscheidungen des Landgrafen knapp und exakt aus, wie zum Beispiel ein Erlaß vom 13. September 1771, in welchem er kurz und bündig entschied: „Vier Häuser zu 45 Schuh lang und zwey zu 44 schuh lang. Diese Häusser müssen verbauet werden es sey durch Christen oder Juden."

---

[144] Weitere Mühlenbauten waren durch den Landgrafen gefördert worden, wie z. B. Altenwoogsmühle, Eppenbronner Mühle, Glashütte, Stephanshof, Wolfsägerhof, Langmühle, Salzwoog, Storrwoogerhof, „Lang Köhler Seg Mühl", „Pulwer-miehl" usw.

Das Jahr 1771 stand erneut im Zeichen einer regen Bautätigkeit in der zur Blüte aufstrebenden Soldatenstadt. Ein stattliches und repräsentatives Rathaus sollte entstehen, ein neues Schulhaus für die Hof- und Lateinschule war im Bau befindlich, viele militärische Zweckbauten wurden erweitert und vergrößert, andere konzipiert, und wieder andere sahen ihrer Fertigstellung entgegen. Erstmals dachte man auch an Äußerlichkeiten, denn mehr und mehr wurde die mustergültige Soldatenkolonie andernorts zum Gesprächsthema. So konnte es nicht ausbleiben, daß zahlreiche Besucher nach Pirmasens angereist kamen, um die vorbildlichen Einrichtungen zu besichtigen. Also mußte man den Besuchern schon außerhalb der Mauer einen entsprechenden Eindruck vermitteln. Es entstanden zwei Wegweiser in ansehnlicher Höhe, denn einstmals standen sie auf einem gut zwei Meter hohen gemauerten Sockel. Denjenigen, welche die Stadt nicht betreten wollten oder durften, wurde der Weg nach Buchsweiler, Zweybrücken oder Bergzabern um die Mauer herum gezeigt. Dies waren

damals die wichtigsten Orte in der weiteren Umgebung, und ausschließlich dorthin bestanden geschäftliche und private Verbindungen. Über 200 Jahre haben die beiden steinernen Zeugen das Leben und Treiben in Pirmasens wahrgenommen und alle Schicksale miterlebt. Sie haben vier Kriege überstanden und die Besatzungen, als Folgen verlorener Kriege, gesehen. Sie haben den Bombenhagel ausgangs des 2. Weltkriegs wunderbarerweise überstanden und stehen heute noch rank und schlank wie ehedem an Stellen, an welchen damals wie heute der Verkehr der arbeitsamen Stadt vorbeipulsiert. Einstmals gaben sie den Verkehrenden den Hinweis, wohin sie ihre Schritte oder Fuhrwerke zu lenken hatten – heute regeln andere Verkehrszeichen nach weit entfernteren Zielen den Verkehr des 20. Jahrhunderts. 1976 entsann man sich seit langer Zeit wieder einmal dieser beiden Zeugen. Die Wegweiser wurden restauriert und der südliche sogar mit einer Anlage umgeben, so daß beide ein würdiges Aussehen erhielten, das ihrer heimatgeschichtlichen Bedeutung gerecht wurde.

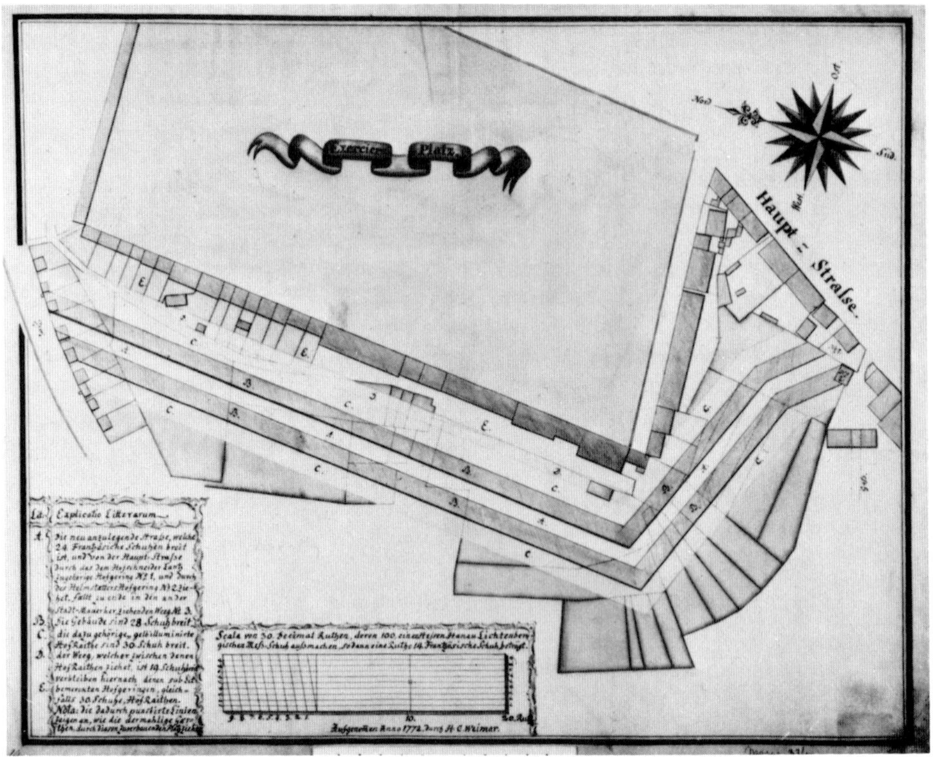

„Der Exerzierplatz, welcher 15 Morgen, 2 Viertel, 16 Ruthen enthält“, wurde im Jahr 1758 von dem damaligen Erbprinzen Ludwig zu 90 fl. per Morgen angekauft. Bis zu diesem Zeitpunkt wurden die Exerzierübungen auf einem Platz auf der Husterhöhe abgehalten. Nachdem das Soldatendorf in der Zeit vom 22. August bis 4. September 1758 mit einem Zaun aus Schanzpfählen umgeben worden war, konnte man daran denken, die Übungen nunmehr innerhalb des Schutzzaunes abzuhalten. Der Exerzierplatz wurde mit die wichtigste Einrichtung überhaupt, und in allen noch existierenden Plänen nimmt er einen ungewöhnlich großen Raum ein. Er war, zusammen mit dem 1771 erbauten Exerzierhaus, sozusagen das Prunkstück der Soldatenstadt. Von Anfang an waren die Häuser ringsum lückenlos geplant und sukzessive wurden sie auch erstellt. Für auswärtige Militärexperten, die die Einrichtungen der Soldatenkolonie besichtigten, war das Ganze schon eine faszinierende Anlage. Nachdem die Stadtmauer am 21. Oktober 1763 vollendet war (auf der Zeichnung ist ein Stück davon zu erkennen), wollte man auch den westlich vom Exerzierplatz gelegenen Stadtteil großzügig ausbauen. Bereits jetzt bestanden die Ausbaupläne für die tiefer gelegene Ebene Hauptstraße/Gärtnerstraße, etwa dem Verlauf der späteren Bahnhofstraße entsprechend. „Die neuanzulegende Straße, welche 24. Frantzösische Schuhen breit ist, und von der Haupt-Straße durch das dem Hofschneider Lantz Zugehörige Hofgering No. 1, und durch das Helmstatters Hofgering No. 2 ziehet, faellt zu ende in den an der Stadt-Mauer her, ziehenden Weeg No. 3.“ Allerdings wurde der Ausbau nicht durchgeführt, wie so viele andere Vorstellungen und Planungen des Erbprinzen und späteren Landgrafen. Immerhin ist bemerkenswert, daß solch frühe Planungen Hand und Fuß hatten, denn über einhundert Jahre später wird man doch eine Verwirklichung herbeiführen.

1772 Im Jahr 1772 zeichnete sich ab, daß die seit nunmehr ca. 20 Jahren bestehende evangelisch-lutherische Dorfschule den Erfordernissen der Soldatenstadt längst nicht mehr gewachsen war.
Allzeit lag dem Landgrafen das Wohl und die Erziehung der Kinder seiner Untertanen am Herzen, und so war es auch weiter nicht verwunderlich, daß er nunmehr ein stattliches Schulgebäude errichten lassen wollte, welches auf Jahre hinaus den Notbehelfen eines Schulunterrichtes ein Ende bereiten sollte.
Die „lateinische, teutsche und Garnisonsschule" sollte direkt neben die evangelische Kirche in der Hauptstraße zu stehen kommen und ab dem Zeitpunkt ihrer Fertigstellung alle männlichen und weiblichen Nachkommen zum geordneten Schulunterricht in sich versammeln.

Das neuerbaute Schulgebäude konnte im Jahr 1773 fertiggestellt werden. Jetzt konnten alle primitiven Unterrichtsräume aufgegeben werden, so zum Beispiel auch die Münz, welche bislang zweckentfremdet benutzt worden war.

Ein seltenes Dokument gibt uns darüber Aufschluß, welche Einwohner im Jahr 1772 in Pirmasens vorhanden und bürgerlicher Herkunft waren. Es ist dabei bezeichnend, daß einmal nur diejenigen Familien zum bürgerlichen Stand gezählt wurden, die keinerlei Verbindung zum Militär-Stadtstaat hatten, während alle Familienangehörigen des Militärs demselben zugezählt wurden. Zum anderen zählten die Angehörigen des Hofstaates und der fürstlichen Garderobe zu der Bürgerschaft.

VERZEICHNIS

derer und wieviel Menschen sich in dem Jahr 1772 dahier zu Pirmasens, so unter die Bürgerschaft gehörig, wie folgt:

	Mann	Frau	Sohn	Tochter	Knecht	Magd
Hans Adam Bombartsy	1	1	–	1	–	–
Jakob Weißgerber	1	–	–	–	–	–
Lorenz Weißgerber	1	1	1	–	–	–
Jerg Jakob Weißgerber	1	1	2	3	–	–
Jakob Saußer	1	–	2	2	–	–
Zacharias Vetter	1	1	–	–	–	–
Jerg Adam Hoffmann	1	1	1	1	–	–
Ludwig Krebs	1	1	–	1	1	–
Daniel Täuffer	1	1	–	1	–	–
Georg Hoch	1	1	1	2	2	–
Christian Herzogs Wittib	–	1	–	1	–	–
Andreas Krepp	1	1	2	–	–	–

	Mann	Frau	Sohn	Tochter	Knecht	Magd
Jerg Graff	1	1	–	–	–	1
Michel Heppen Wittib	–	1	2	–	–	–
Jerg Greßen Wittib	–	1	2	1	–	–
Konrad Litz	1	1	–	1	–	–
Henrich Teutschmann	1	1	1	1	–	–
Adam Balzer	1	1	1	3	–	–
Johannes Soßenberger	1	1	2	2	–	–
Reinhard Dot	1	1	1	–	–	1
Henrich Eißemann	1	1	–	–	–	–
Nicklaus Leibham	1	1	–	1	–	–
Jakob Bauer	1	1	4	3	–	–
Joseph Subrodts Frau	–	1	1	–	–	–
Konrad Burckhart	1	1	–	1	–	–
Johannes Herel	1	1	3	1	–	–
Peter Werner	1	1	–	1	–	–
Christian Lorang	1	1	1	2	–	–
Niklaus Lorangs Wittib	–	1	–	–	–	–
Henrich Bierle	1	1	–	–	–	–
Henrich Mangold	1	1	–	2	–	–
Jakob Wallmers Wittib	–	1	–	–	–	–
Daniel Faull	1	1	2	–	–	–
Niklaus Pfeiffer	1	–	1	1	–	–
Jakob Heitz	1	1	1	–	–	1
Johannes Weiß	1	1	1	–	–	1
Christian Faull	1	1	3	–	–	–
Philipp Fridrich	1	–	–	–	–	–
August Karl Faull	1	1	3	1	1	–
Jerg Schöffer	1	1	–	1	–	1
Matheis Bauer	1	1	1	–	1	–
Jakob Roller	1	1	–	–	1	–
Feldscherer Pien	1	1	1	–	–	–
Nikolaus Büttel	1	1	2	2	–	–
Valentin Kettring	1	1	1	1	1	–
Heinrich Bischoffs Wittib	–	1	–	1	–	–
Jerg Röther	1	1	–	1	–	–
Abraham Diener	1	1	–	–	–	–
Kaspar Will	1	1	2	2	–	–
Weickhardt Layer	1	1	–	–	–	–
Karl Mangold	1	1	1	–	–	–
Torschreiber Henr. Pfersdorff	1	1	1	–	–	1
Peter Mößer	1	1	–	1	1	–
Friedrich Scherrer	1	1	1	1	2	1
Gottfried Göltz	1	–	2	2	–	–
Christian Metzger	1	1	–	–	4	2
Niklaus Bock	1	1	–	–	–	–
Peter Mayer	1	1	1	2	1	–
Friedrich Lung	1	1	1	2	2	–
Heinrich Täuffer	1	–	–	–	1	–
Johannes Täuffer Wittib	–	1	–	–	–	–
Daniel Breidt	1	1	2	1	–	–
Jakob Anstett	1	1	–	–	–	–
Jerg Anstett	1	1	–	1	1	1
Michel Seyller	1	1	–	–	1	–
Jakob Dauenhauer	1	1	1	1	–	1

	Mann	Frau	Sohn	Tochter	Knecht	Magd
Jakob Brenners Wittib	–	1	–	1	–	–
Michel Kleckners Wittib	–	1	1	1	–	–
Henrich Fucks	1	1	–	–	–	–
Karl Abendroth	1	1	2	–	1	–
Kaspar Kellers Wittib	–	1	1	3	–	–
Daniel Werner	1	1	1	–	–	–
Clemen Wittib	–	1	–	–	–	–
Jakob Litz	1	1	–	1	–	–
Peter Huber	1	1	–	–	–	–
Jakob Kutter	1	1	1	–	–	–
Konrad Pfeiffer	1	1	2	1	–	–
Jakob Kutter senior Wittib	–	1	3	–	–	–
Samuel von Huffen Wittib	–	1	–	–	–	–
Georg von Huffen	1	1	–	–	–	–
Konrad Schöffer	1	1	–	1	2	–
Daniel Schneider	1	1	3	1	–	1
Laufpässer Kehler	1	1	1	–	–	–
Philipp Stilb	1	1	1	–	–	–
Andres Brandstetter	1	1	3	1	–	–
Georg Jakob Dauenhauer	1	1	–	–	3	–
Gottfried Dauenhauer	1	1	1	1	–	–
Georg Jakob Heilbrunn	1	1	–	3	1	–
Philipp Jakob Faull	1	1	–	2	1	–
Jerg Wilhelm	1	1	–	–	1	–
Jakob Kreß	1	1	2	1	–	–
Engelhart Faull	1	1	–	3	1	–
Heinrich Faull	1	1	3	3	–	1
Johannes Buschart	1	1	1	–	–	1
Peter Scherer	1	1	1	2	1	–
Gerber Diehl	1	–	–	–	–	–
Benedikt Seyller	1	1	1	3	–	–
Gottfried Heilbrunn	1	1	2	–	1	–
Henrich Schneider	1	1	2	1	1	1
Hans Adam Sommer	1	1	2	1	–	1
Friedrich Küffer	1	1	–	2	1	1
Hans Adam Küffer	1	1	–	–	–	1
Posthalter Küffer	1	1	1	2	2	2
Jakob Brönner	1	1	3	2	1	–
Lorenz Amling	1	1	–	–	–	–
Johann Adam Keller	1	1	–	–	1	1
Ludwig Keller	1	1	1	1	3	2
Jakob Kalbfuß	1	1	4	1	2	1
Heinrich Anstett	1	1	2	–	2	1
Gottfried Stutz	1	1	2	–	2	1
Georg Ritter	1	1	–	3	–	–
Kaspar Schauffert	1	1	2	2	–	–
Christian Stengel	1	1	3	–	–	–
Philipp Jakob Grünenwald	1	1	1	–	–	–
Johannes Lender	1	1	1	–	–	–
Adam Mörschel	1	1	–	–	–	1
Andres Erckel	1	1	2	–	1	–
Schieferdecker Reichahrt	1	1	1	5	3	1
Samuel Kull	1	1	2	1	2	1
Jakob Wingert	1	1	–	–	–	1

	Mann	Frau	Sohn	Tochter	Knecht	Magd
Matheis Heller	1	1	3	2	3	1
Gottlieb Langer	1	1	—	—	—	1
Jerg Nickel Weiß	1	—	1	—	—	1
Hans Jerg Schmitt	1	1	—	—	—	1
Friedrich Ohr	1	1	—	—	2	—
Karl Burmann	1	1	1	1	2	—
Henrich Oßwalds Wittib	—	1	—	2	—	1
Johannes Sutter	1	1	1	1	—	—
Ernst Boßler	1	1	2	—	—	—
Christov Zimmermann	1	—	—	—	—	—
Andres Zimmermann	1	1	1	—	—	—
Peter Pricaltino	1	1	—	—	—	—
Laufpässer Keßel	1	1	1	1	—	—
Gottfried Stengel	1	1	2	3	1	1
Gottfried von Huffen	1	1	2	1	—	—
Oswald Oehmig	1	1	—	—	—	—
Friedrich Sohn	1	1	—	—	1	—
Peter Amams Wittib	—	1	1	1	—	1
Jakob Frantz senior	1	1	1	1	4	1
Jakob Frantz junior	1	1	—	—	1	—
Michel Bauer	1	1	1	2	1	1
Heinrich Hecht	1	1	1	2	—	—
Friedrich Schmitts Wittib	—	1	—	—	—	—
Herrn Bauschreiber Castoren Wittib	—	1	1	1	2	1
Peter Staller	1	1	2	1	1	—
Jakob Eydams Wittib	—	1	—	—	—	—
Matheis Ehmann	1	1	1	1	—	—
Konrad Ehmann	1	1	1	2	—	1
Franz Haining	1	1	2	1	1	1
Henrich Rencker	1	1	2	—	—	—
Philipp Christ	1	1	2	3	—	—
Andres Weber	1	1	2	—	—	—
Johannes Heldiß	1	1	1	1	—	—
Matheis Rebholtz	1	1	1	—	3	—
Wilhelm Hospel	1	1	1	1	—	—
Georg Rohaußer	1	1	1	2	—	—
Niklaus Zimmer	1	1	1	1	—	—
Jerg Uhl	1	—	3	1	—	1
Christian Uhl	1	—	—	—	—	1
Martin Münch senior	1	1	—	—	—	—
Martin Münch junior	1	1	—	—	2	—
Friedrich Heilbrunn	1	1	—	3	1	1
Rochus Pfeiffer	1	1	3	3	9	—
Johann Jakob Sommer	1	1	1	—	1	—
Jakob Kaull	1	—	1	—	1	—
Valentin Hornberger	1	1	2	3	1	1
Matheis Helli	1	1	2	—	—	—
Herr Torschreiber Schneider	1	1	1	1	—	1
Joseph Gaßerts Wittib	—	1	—	—	—	—
Leonhard Weber	1	—	—	—	—	—
Henrich Müller	1	1	1	1	1	—
Philipp Peter Plith	1	1	1	—	—	—
Georg Adam Faull	1	1	—	1	1	1
Michel Kriegers Wittib	—	1	—	—	—	—

	Mann	Frau	Sohn	Tochter	Knecht	Magd
Jerg Härtter	1	1	1	1	–	–
Johannes Heßler	1	1	2	–	–	–
Georg Morgenthaller	1	1	2	1	–	–
Peter Johannes	1	1	1	1	1	–
Paul Schmitt	1	1	2	–	1	–
Josef Würtz	1	1	–	2	1	1
Jerg Ziliox	1	1	2	2	–	1
Jerg Heilbrunn	1	1	3	1	–	–
Jerg Werner	1	1	2	–	4	–
Marx Kraut	1	1	2	2	2	–
Benjamin Graff	1	1	1	–	–	–
Friedrich Krettner	1	1	1	1	2	–
Jakob Gumbert	1	1	–	–	1	–
Philipp Bäcker	1	1	1	–	2	1
Viktor Willmuth	1	1	3	3	1	–
Peter Willmuth	1	1	2	–	1	–
Adam Trautmann	1	1	2	–	–	1
Jakob Bühler	1	1	–	3	–	–
Henrich Hartmuths Wittib	–	1	3	1	–	–
Peter Müller	1	1	–	1	–	–
Gerg Arnhold	1	1	5	2	–	–
Niklaus Wetzstein	1	1	–	–	–	–
Hermann Gundelwein	1	1	2	2	–	–
Paul Brodt	1	1	–	2	–	–
Friedrich Schmitt	1	1	–	–	5	–
Christian Rind	1	1	–	2	1	1
David Rind	1	1	2	1	1	1
Philipp Rind	1	1	–	–	1	–
Henrich Böhmer, Sattler	1	1	1	–	2	–
Franz Detter	1	1	–	2	–	–
Johann Adam Helmstetter	1	–	–	–	–	–
Philipp Helmstetter	1	1	2	1	3	3
Peter Schepp	1	1	2	1	–	–
Schultheiß Faullen Wittib	–	1	1	–	–	1
Adam Amann	1	1	–	1	–	–
Jerg Geißler	1	1	–	–	–	–
Eberhard Schöffer	1	1	1	3	1	–
Valentin Trautmans Wittib	–	1	1	1	–	–
Gerg Jakob Schaff	1	1	2	–	1	–
Adam Man	1	1	5	2	–	–
Kaspar Maßers Wittib	–	1	–	–	–	–
Peter Jacoby	1	1	–	1	–	–
Hageßen Wittib	–	1	1	–	–	–
Konrad Schaffen Wittib	–	1	–	–	–	–
Joseph Morgenthaller	1	1	2	1	1	1
Johannes Roßers Wittib	–	1	–	–	–	–
Abraham Hültz	1	1	2	–	–	1
Henrich Mörschel	1	1	2	1	–	–
Kaspar Moßer	1	1	1	–	–	–
Paul Schöffer	1	1	1	2	–	–
Balzer Klöckner	1	1	–	–	–	–
Ludwig Mößer	1	1	1	1	–	–
Niklaus Staab	1	1	1	1	–	–
Theobald Kreß	1	1	1	1	–	–

	Mann	Frau	Sohn	Tochter	Knecht	Magd
Philipp Jakob Knörr	1	1	–	–	1	–
Johann Jacob Knerr	1	1	–	1	–	–
Peter Kleber	1	1	1	1	–	–
Engelhard Ohr	1	1	1	2	1	–
Jakob Reußen Wittib	–	1	–	1	–	–
Valentin Kreßen Wittib	–	1	1	–	–	–
Jerg Füscher	1	1	2	4	–	–
Jerg Hochwärther	1	1	1	1	–	–
Wilhelm Urban	1	1	–	1	2	–
Abendroths Wittib	–	1	–	–	–	–
Hans Jerg Faullen Wittib	–	1	–	–	–	–
Jerg Heinrich Schneider	1	1	1	2	–	1
August Fidler	1	1	1	2	–	–
Jerg Jakob Sommer	1	1	2	1	–	–
Friedrich Neßling	1	1	3	1	2	–
Niklaus Rinds	1	1	2	3	–	–
Schultheiß Stuzen Wittib	–	1	–	–	–	–
Johannes Hergert	1	1	–	1	–	–
Christian Schneider	1	1	1	–	3	1
Jerg Burckhart	1	1	1	1	4	–
Heinrich Böhmer der Gerber	1	1	–	–	2	–
Johannes Heß	1	1	–	–	–	–
Karl Buri	1	1	–	–	–	–
Jakob Müllers Frau	–	1	1	1	–	–
Wittib Therees	–	1	1	–	–	–
Andres Seuffert	1	1	1	1	2	2
Paul Beck	1	1	–	1	–	–
Jakob Siegrist	1	1	2	4	1	1
Wilhelm Bühler	1	–	–	–	2	1
Bernhard Steier	1	1	–	–	1	–
Jerg Krebs	1	1	–	–	–	–
Henrich Engel	1	1	3	–	–	–
Modellschreiner Sußener	1	1	–	1	–	–
Wilhelm Helmstetter	1	1	2	–	4	2
Daniel Benckler	1	1	7	2	–	–
Jakob Dötter	1	1	–	3	2	–
Christian Gro	1	1	2	1	1	1
Franz Jenne	1	1	–	–	–	–
Laufpässer Gottfried Petzinger	1	1	2	–	–	–
Laufpässer Webing	1	1	–	1	–	–
Justus Krammer	1	1	1	–	–	–
Laufpässer Gottfried Heumach	1	1	–	1	–	–
Laufpässer Krummel	1	1	2	2	–	–
Laufpässer Geißel	1	1	2	1	–	–
Ferang	1	1	–	1	–	–
Der alte Lehn	1	–	–	–	–	–
Laufpässer Loßekan	1	1	–	–	–	–
N. Loßekan der Markedenter	1	1	–	–	–	–
Laufpässer Schmitt	1	1	–	3	–	–
Laufpässer Zimpfer	1	1	2	1	–	–
Herr Regierungsrat Hopfenblath	1	1	2	3	–	2
Herr Amtsverweser Fasco	1	1	–	1	3	2
Herr Amtsschaffner Schreibeisen	1	1	1	4	4	2
dessen Jngfr. Schwägerin	–	1	–	–	–	–

	Mann	Frau	Sohn	Tochter	Knecht	Magd
Herr Amtsschaffner Werner	1	–	–	–	–	–
Herr Landkommissarius Goßenhoffer	1	–	–	–	1	–
Herr Oberjäger Pfersdorff	1	1	2	3	2	1
Herr Pfarrer Morhart	1	1	5	1	2	2
Herr Pfarrer Schunck	1	1	–	1	–	1
Herr Pfarrer Schröther	1	1	–	–	–	–
Herr Pfarrer Jäger	1	–	–	–	–	–
Herr Pfarrer Gulde	1	1	1	1	–	1
Herr Hofapotheker Brüll	1	1	1	3	2	2
Herr Hofschneider Lantz	1	1	3	1	1	2
Herr Landbereiter Römmig	1	–	–	–	–	–
Schuldiener Walther	1	1	3	1	–	–
Schuldiener Kaller	1	1	1	–	–	–
Frau Kammerrat Reußin	–	1	2	–	–	1
Frau Amtsverweser Moltherin	–	1	–	–	–	1
Frau Oberförst. Pfersdorffin	–	1	–	–	–	–
Frau Kammerfur. Schemeßin	–	1	2	1	–	–
Amtsdiener Zitzmann	1	1	3	–	–	–
Herr Amtsfiskal Cottler	1	1	1	3	1	–
Herr Amtsadvokat Neber	1	–	–	–	–	–
Judenschaft						
Salomon Alexander	1	1	1	5	1	1
Coppel	1	1	–	–	1	1
Jeßel	1	1	2	3	–	–
Kaufmann	1	1	–	–	–	–
Meyer	1	1	–	1	–	–
Hof						
Serenissimi	1	–	–	–	–	–
Herr Kammerdirektor Koch	1	1	1	1	–	2
Herr Hofrat Neßel	1	–	–	–	–	1
Herr Leibmedikus Spach	1	1	–	–	–	1
Herr Rat Stauch	1	1	1	–	1	2
Herr Rat Cappes	1	1	1	1	1	1
Kanzlist Otto	1	–	–	–	–	–
Fürstl. Garderobe						
Herr Kammerdiener Jeambey	1	1	–	–	–	2
Herr Kammerdiener Neidhard	1	1	2	–	–	2
Herr Kammerdiener Pilger	1	–	–	–	1	–
Herr Kammerdiener Jordi	1	1	–	–	–	1
Fürstl. Läufer Zeitzner	1	1	–	–	–	1
Lakei Harteneck	1	1	5	1	–	1
dessen Mutter	–	1	–	–	–	–
Lakei Conrad	1	1	–	1	–	–
Lakei Kohler	1	–	–	–	–	–
Lakei Dimmel	1	–	–	–	–	–
Lakei Prentzlau	1	1	1	2	–	1
Wolff	1	1	–	1	–	–
Michel Kieffer	1	–	–	–	–	–
Loßmann	1	1	–	–	–	1
Werthmann	1	–	–	–	–	–
Gaeckler	1	1	1	1	–	1

	Mann	Frau	Sohn	Tochter	Knecht	Magd
Herr Küchenmeister Schlößing	1	1	2	1	–	1
Herr Mundkoch Götz	1	1	2	2	–	1
Aide Koch Römer	1	1	1	–	–	1
Kochjung Pfersdorff	1	–	–	–	–	–
Bratenwender Schultz	1	1	–	–	–	–
Küchenmagd Werthmännin	–	1	–	–	–	–
Hofconditor Otto	1	–	–	–	–	–
2 Offiziers Mägd	–	2	–	–	–	–
Jgfr. Beschließerin Friedericy	–	1	–	1	–	–
4 Waschmägde	–	4	–	–	–	–
die Silbermägde	–	2	–	–	–	–
Herr Kellermeister Busch	1	1	2	2	3	2
Hofmaler Linck	1	1	2	4	–	1
Kapellmeister Metschker	1	1	1	2	–	–
Kapellmeister Brunner	1	1	–	–	–	–
Musikus Schüler	1	–	–	–	–	–
Stallbediente						
Leibkutscher Krautwurst	1	–	–	–	–	–
Kutscher Walther	1	1	1	2	–	–
Kutscher Hirsch	1	1	–	2	–	–
2 Reitknechte	2	–	–	–	–	–
1 Fuhrknecht Peter N.	1	–	–	–	–	–
2 weitere Fuhrknechte	2	–	–	–	–	–
Vorreiter Müller	1	1	1	1	–	–
Vorreiter Barthel	1	1	–	1	–	–
Vorreiter Eichberg	1	1	1	–	–	–
Klepperknecht Görig	1	1	1	1	–	–
Stallknecht Krügers Wittib	–	1	2	1	–	–
2 Arbeitsknechte	2	–	–	–	–	–
3 Taglöhner beim Bauamt	3	2	1	–	–	–
Buchdrucker Rost	1	1	2	–	1	1
Buchbinder Korn	1	1	–	1	–	–

Pirmasens, den 11. Juni 1772

Dieses Dokument, welches vollinhaltlich übernommen wurde, ist das einzige überhaupt, welches uns seit langer Zeit Aufschluß über die bürgerlichen Einwohner der Soldatenstadt gibt. Vor genau 50 Jahren haben wir die Namen der wenigen Bewohner des Dorfes erfahren, und nochmals wird es rund 50 Jahre dauern, bis wieder Hinweise auftauchen, wie die Bewohner unseres Pirmasens geheißen haben. Daher erscheint es wichtig, diese Volkszählung aus der Soldatenstadt näher zu betrachten.
Zunächst kann daraus entnommen werden, daß sich die Bürgerschaft im Jahr 1772 wie folgt aufgliederte:

	Mann	Frau	Sohn	Tochter	Knecht	Magd
Bürgerschaft	262	281	303	261	168	87
Judenschaft	5	5	3	9	2	2
Hof	7	4	3	2	2	7
Fürstl. Garderobe	26	29	19	18	4	16
Stallbediente	19	11	9	9	1	1
zusammen	319	330	337	299	177	113

Insgesamt gab es also im Jahr 1772 in Pirmasens 1575 bürgerliche Einwohner.

Wann eine evangelisch-lutherische Dorfschule in Pirmasens errichtet wurde, ist nicht genau bekannt. Wahrscheinlich war dies schon vor 1750, denn die Erziehung der Kinder seiner Untertanen lag dem damaligen Erbprinzen und späteren Landgrafen sehr am Herzen. Als die Pirmasenser „Münz“ ausgedient hatte, bzw. ihren Betrieb einstellen mußte, wurde der Unterricht der Dorfschule in das zwecklos gewordene Gebäude verlegt. Innerhalb von zehn Jahren, von 1750 bis 1760, stieg die Seelenzahl des Dorfes um über hundert Prozent. Damit zeichnete sich ab, daß die Räumlichkeiten für einen ordnungsgemäßen Schulunterricht bald nicht mehr ausreichen würden, wie so viele andere Einrichtungen auch. Endlich wurde sodann im Jahr 1773 mit dem Bau einer Hof- und Garnisonsschule in der Hauptstraße neben der Unteren Kirche begonnen, in welcher die „lateinische, teutsche und Garnisonsschule“ untergebracht wurde. Damit hatten die vielen Notbehelfe aufgehört, und die männlichen und weiblichen Nachkommen unserer Pirmasenser Vorfahren konnten einen ordnungsgemäßen und vorbildlichen Schulunterricht besuchen, wenngleich diese Einrichtung mehr den Kindern der Offiziere und Beamten vorbehalten blieb. Das Bild zeigt die Garnisonsschule, wie sie sich um 1900 darbot. 171 Jahre stand dieses schöne Gebäude, fiel aber den Bomben des 2. Weltkriegs ebenfalls zum Opfer. Ein Neubau wurde seinem Vorgänger angepaßt, und nur einige Steinmetzzeichen an den Grundmauern erinnern heute noch an das Jahr seiner Errichtung.

Nach dem Mannschaftsbestand des Militärs (siehe Anhang) dienten zu diesem Zeitpunkt (6. April 1772) 1556 Grenadiere unter dem Landgrafen. Offensichtlich wurden deren Familienangehörige nicht unter den bürgerlichen Stand eingeordnet, so daß man die gesamte Militärbevölkerung nach Lage der Dinge mit 3200 festsetzen kann. Damit kommen wir auf eine Gesamteinwohnerzahl von 4800.
Die fürstliche Hofhaltung beschäftigte 137 Menschen. Somit ist bewiesen, welchen Aufschwung der fürstliche Hof in den kommenden 6 Jahren nehmen wird, denn im Jahr 1778 werden 273 Menschen in der Residenz beschäftigt sein!
Da hier und in der Folge die einstmals notierten Namen so wiedergegeben werden, wie sie in Dokumenten enthalten sind, sei darauf hingewiesen, daß die Niederschrift nach dem Hören-Sagen erfolgte. Demnach ergeben sich die unterschiedlichsten Schreibweisen, wie zum Beispiel: Täuffer = Däufer, Greßen = Kress, Herel = Herl, Kleckner = Klöckner, Küffer = Kieffer, Arnhold = Arnold usw. usw.

1773 Die russische Kaiserin Katharina II. hatte schon seit geraumer Zeit an fast allen europäischen Fürstenhöfen nach einer Gemahlin für ihren Sohn und Thronfolger Paul Ausschau gehalten.
Durch diplomatische Aktivitäten und private Verbindungen, wie sie damals unter Fürstenhäusern bestanden und in welche sich auch Friedrich der Große einschaltete, waren die drei unverheirateten Prinzessinnen von Hessen-Darmstadt in die engere Wahl gezogen worden.
Ohne Brautschau wollte man allerdings eine so wichtige Verbindung nicht eingehen; denn sollte eine solche zustandekommen, so war sie gleichbedeutend mit der Thronbesteigung in einem der mächtigsten Reiche auf dem europäischen Kontinent.
Die Landgräfin erhielt mittels eines Sonderkuriers der Zarin eine Einladung überbracht, mit ihren drei Töchtern nach St. Petersburg zu kommen, damit der Thronfolger seine Wahl selbst bestimmen könne. Portraits der Prinzessinnen waren im voraus schon nach St. Petersburg geschickt worden.
Unserem Landgrafen mißfiel jedoch eine solche Verbindung, zumal diese mit einem Übertritt zur griechisch-orthodoxen Kirche verbunden sein mußte. In diversen Briefen warnte er seine Frau davor, denn mit nüchternem Blick hatte er auch den Scheinglanz des russischen Hofes und des Zarenreiches erkannt. Einmal soll er sogar den Ausspruch getan haben, daß ihm seine Töchter zu gut seien für diese Halbasiaten.
Allein die große Landgräfin wollte dem Glück einer ihrer Töchter nicht im Wege stehen, und was den Reichtum des russischen Hofes anbelangte, so wird auch dieser letztlich seine Wirkungen nicht verfehlt haben.
Wie sehr die Finanzen des darmstädtischen Hauses im argen lagen und man zu diesem Zeitpunkt noch gar nicht wußte, wie man eine solche Reise und die damit verbundenen Repräsentationen bewältigen sollte, geht u. a. aus einem Schreiben hervor, welches der mit den Unterhandlungen beauftragte Baron Achaz Ferdinand von der Asseburg unter dem Datum 16. Dezember 1772 verfaßte: „Mit den Einkünften von einer Million Gulden fehlt es der Familie des Landgrafen am Notwendigsten. Ihre Hoheit (die Landgräfin, d. V.) gab mir mehr durch ihre Verlegenheit und ihre Tränen als mit ausdrücklichen Worten zu verstehen, daß sie nicht wisse, wie sie auskommen könne."
Die Kaiserin Katharina II. zeigte sich darauf nicht kleinlich und ermöglichte die weite Reise durch Zusendung eines Wechsels in Höhe von 80.000 Gulden.

Die Versorgung und Unterhaltung der Soldatenkolonie und der übrigen Einwohner der Stadt bedurfte einiger Vorkehrungen und eines ansehnlichen Verwaltungsapparates. Es waren immerhin tagtäglich an die 5000 Menschen zu verpflegen, was mit den primitiven Transportmitteln der damaligen Zeit nicht immer ganz einfach gewesen sein dürfte. Zwar wurden Gemüse und Getreide in der Umgebung von Pirmasens angebaut und in ansehnlichen Mengen geerntet. Die Grundbirnen (Kartoffeln) waren das Hauptnahrungsmittel, und dieselben „hatten nicht den ätzenden Geschmack wie anderswo“, sondern waren von vorzüglicher Qualität. Ein Viehhof zur besseren Fleischversorgung wurde allerdings erst 1778 erbaut. Viele andere Erzeugnisse mußten aber „importiret“ werden.

Wie weit die Verbindungen zur Versorgung der Soldatenstadt damals reichten, geht aus dem nachstehend wiedergegebenen Beschwerdebrief des Landgrafen hervor (Original s. Seite 162):

„Dem Durchlauchigsten Fürsten, Herrn Carl Theodoro, Pfaltz Grafen bey Rhein, des Heil. Römisch. Reichs Ertz Schatzmeister und Churfürsten in Bayern, zu Jülich, Cleve und Berg Hertzogen, Fürsten zu Mörß, Marquis zu Bergen Opzon, Grafen zu Veldentz, Sponheim, der Marx und Ravensburg, Herrn R, Savenstring unserem freundlich geliebten Herrn Vettern Mannheim

Unsern Freund vetterlichen Dienst, auch was wir sonst mehr Liebes und Gutes vermögen jederzeit zuvor Durchlauchigster Fürst, freundlich geliebter Herrr Vetter.

Euer Lbd. sehen wir uns gemüßiget, hierdurch beschwerens vorzutragen, welchergestalt, als der Schiffsmann Jost Rach von Eddersheim im vorigen Frühjahr 660 Malter Früchten zur Bestreitung Unseres hiesigen Hof- und Militair Etats auf dem Rhein nach Speyer transportiret, bey der Retour von daher deßen beyde Schiffe von derostritigem Zoll-Amt zu Oppenheim mit Arrest beschlagen – sodann auf desfalls beschehene Demonstration zwar das eine Schiff wieder losgegeben – das andere hingegen bisher in Arrest behalten – auch die unterm 20 ten Mart: 1 ten Jun: und 14 ten Dec: a.pr. an derostritige Regierung zu Mannheim weiters erlaßene Beschwerungs-Schreiben sogar unbeantwortet gelaßen worden. Da nun das hierbey von dem Zollamt zu Oppenheim unternommene Verfahren um so weniger zu rechtfertigen,

E. Lbd. — remittatur

Unsern freundvetterlichen Dienst, auch was Wir sonst mehr Liebes und Gutes vermögen jederzeit zuvor; Durchlauchtigster Fürst, freundlich geliebter Herr Vetter!

Ew. Lbd. haben Wir Uns genöthiget, hierdurch Conformen vorzutragen, welchergestalt, als der Schiffmann Jost Rach von Edesheim im vorigen Frühjahr 660. Malter Früchten zu Bestreitung Unsers hiesigen Hof- und Militair Etats auf dem Rhein nach Speyer transportiret, bey der Retour von daher zwey von dessen Schiffen von Dero seitigem Zoll-Amt zu Germersheim mit Arrest beschlagen, sodann auf deshalb beschehene Remonstration zwar das eine Schif wieder losgegeben, das andere hingegen bisher in Arrest behalten, auch die unterm 28ten Mart: 1ten Jun: und 14ten Dec: a. pr. an Dero seitige Regierung zu Mannheim deshalb erlassene Ersuchungs-Schreiben, sogar unbeantwortet gelassen worden. Da nun das hierbey von dem Zoll-Amt zu Germersheim unternommene Verfahren um so weniger zu rechtfertigen, als die transportirten Früchte lediglich zu Bestreitung Unsers Hof- und Militair Etats verwendet worden, mithin der ohnabhängigen Observanz nach zollfrey passiret werden; gedachter Schiffmann Rach auch zum öfteren und noch neuerlich geziemend vorgestellet, daß sein Schif dem gänzlichen Verderben ausgesetzt, und er auch bey dessen Entbehrung in großen Verlust, ja gänzlich in Mangel der Nahrung gesetzt werde; So können Wir nicht umhin, Ew. Lbd. die Unbilligkeit solchen widerrechtlichen Verfahrens hiermit nachdrucksamst vorzustellen, und Dieselben freundnachbarlich

An
Herrn Churfürsten von der Pfalz.

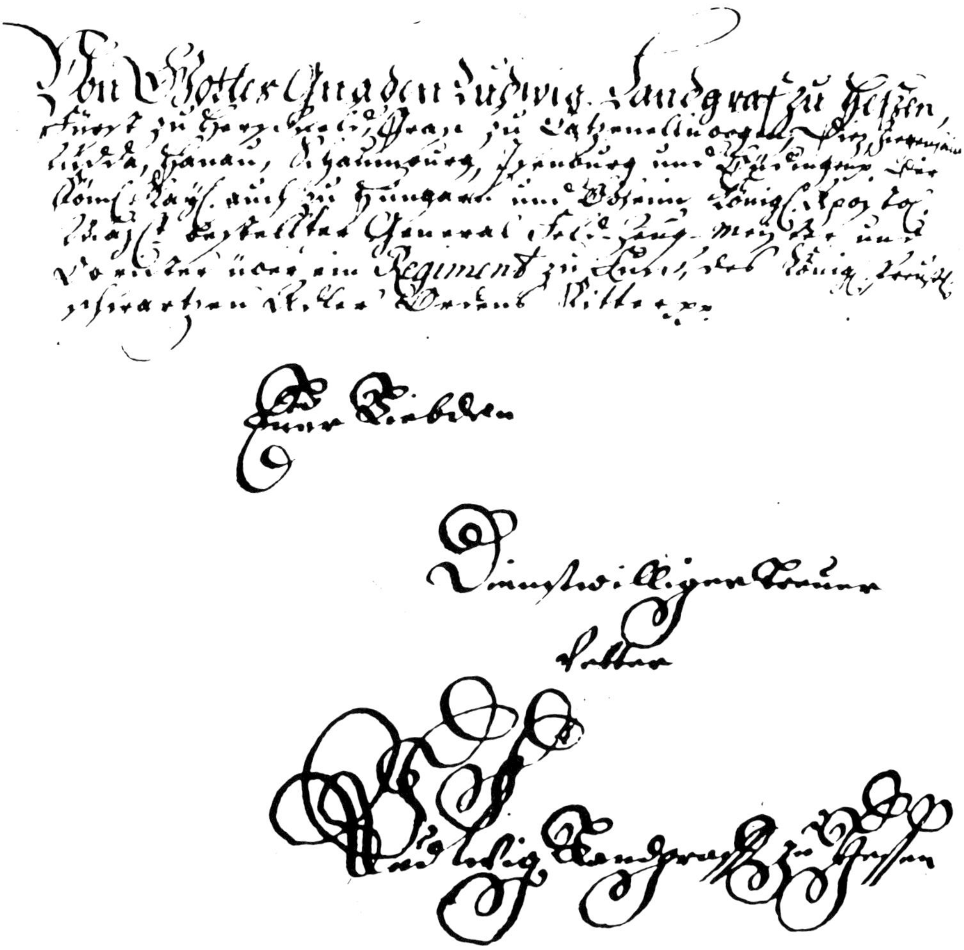

als die transportirten Früchte lediglich zu Bestreitung Unseres Hof- und Militair Etats verwendet worden, mithin der durchgängigen Observanz nach zollfrey paßiret werden, gedachter Schiffmann Rach auch zum öfteren und noch neuerlich geziemend vorgestellt, daß sein Schiff dem gäntzlichen Verderben ausgesetzt seye, er auch bey deßen Entbehrung in großen Verlust, ja bereits in Mangel der Lebsucht versetzt worden; So können wir nicht umhin, Euer Lbd. die Unbilligkeit solchen wiederrechtlichen Verfahrens hiermit nachdrucksamst vorzustellen und dieselben freund-nachbarlich zu ersuchen, baldgefällige Befehle zu ohngesäumter Loßlassung des Rachischen Schiffs an das Zollamt zu Oppenheim aus obangeführten triftigen Beweggründen ergehen zu lassen. Die wir übrigens zu allen angenehmen freund-vetterlichem Dienst Erweisungen stets willig und gefließen verbleiben.

Pirmasens, d. 1 ten Febr. 1772
Von Gottes Gnaden Ludwig Landgraf zu Heßen,
Fürst zu Herßfeld, Graf zu Katzenellnbogen, Diez, Ziegenhain,
Nidda, Hanau, Schaumburg, Isenburg und Büdingen.
Der Röm. Kayserl. auch zu Hungarn und Böheim,
Königl. Apostol. Majst. bestellter General Feld Zeugmeister und Obristen über
ein Regiment zu Fuß, des Königl. Preuß. schwartzen Adler Ordens Ritters.
Euer Liebden
Dienstwilliger Treuer Vetter
Ludwig Landgraf zu Hessen
Fußnote:
An Herrn Churfürsten von der Pfaltz."

Die geistreiche Prinzessin Karoline Luise, Pfalzgräfin von Zweibrücken-Birkenfeld und nachmalige „Große Landgräfin", wurde am 9. März 1721 im alten Rappoltsteiner Hof zu Straßburg geboren. Die Vermählung mit dem Erbprinzen Ludwig von Hessen fand am 20. August 1741 in Zweibrücken statt, und dabei konnte der Erbprinz erstmals seine eigene Pirmasenser Truppe in einer Stärke von 37 Mann präsentieren. Allerdings weilte die Große Landgräfin ganz selten bei ihrem Mann in Pirmasens. Sie zog einen Aufenthalt in Bergzabern und späterhin in Darmstadt dem abgelegenen „Pirmesenz", wie sie es in ihren Briefen zu nennen pflegte, vor. Die Erziehung der acht Kinder lag ganz in ihren Händen, und letzten Endes konnte der Landgraf mit dem Ergebnis höchst zufrieden sein. So zum Beispiel konnte die Fürstin im Mai 1773 ihre Tochter Wilhelmine nach St. Petersburg begleiten, wo die Hochzeit mit dem Großfürsten Paul von Rußland stattfand. Eine zweite Tochter war 1769 mit dem späteren König von Preußen, Friedrich Wilhelm II., vermählt worden. Die dritte Prinzessin, Luise, ward 1775 die Gemahlin Herzog Augusts von Weimar, welcher im Jahr 1793 der ehemaligen Soldatenstadt seines Schwiegervaters einen Besuch abstattete (vgl. auch Band II). Die vierte Prinzessin, Amalie Friederike, heiratete 1774 den Erbprinzen von Baden, Ludwig Karl, welcher 1801 auf einer Reise in Schweden tödlich verunglückte. Die fünfte Prinzessin, Karoline, heiratete 1768 den Landgrafen Friedrich von Hessen-Homburg. Von der strapaziösen Reise nach Rußland sollte sich die Große Landgräfin jedoch nicht mehr erholen. Sie starb am 30. März 1774 im Schloß zu Darmstadt. In ihrem Testament hatte sie den Schloßgarten als Begräbnisstätte bestimmt. Friedrich der Große ließ eine Urne aus weißem Marmor errichten, auf welcher geschrieben stand: „Sexu femina, vir ingenio" (an Geschlecht ein Weib, an Geist ein Mann).

1773 Am 3. Mai 1773 begann also diese strapaziöse Reise der Landgräfin Karoline mit ihren drei Töchtern Friederike Amalie, Wilhelmine und Luise Auguste, in Begleitung des Barons Riedesel und des Kabinettsekretärs Johann Heinrich Merck.

Die erste der drei genannten Töchter war zwar dem Erbprinzen Karl Ludwig von Baden so gut wie versprochen, und die Drittgenannte lernte bei dieser Reise und einem Aufenthalt in Erfurt Karl August von Weimar kennen, welchen sie einige Jahre später, am 3. Oktober 1775, heiraten wird [145].
So gesehen war es fast als vollendetes Glück anzusehen, daß die Wahl des Großfürsten Paul von Rußland auf die Prinzessin Wilhelmine fallen wird.

Die fürstliche Reisegesellschaft nahm ihren Weg über Fulda, Gotha, Erfurt, Potsdam, Lübeck und Travemünde. Die Zarin hatte ihrerseits den Baron Tscherkassow zum Empfang entgegengeschickt, und seit dem 1. Juni warteten drei russische Kriegsschiffe in Travemünde, die „St. Marc", die „Faucon" und die „Rapide", um die Gesellschaft an Bord zu nehmen und über die Ostsee nach Reval zu bringen. Hier traf man am 17. Juni ein, mußte aber noch einige Tage zuwarten, denn eine der Fregatten war in einem Sturm vom Kurs abgekommen. Ausgerechnet auf ihr hatte man das Gepäck mit der Garderobe der Damen verstaut.
Zarskoje-Selo erreichte man am 26. Juni und wurde mit großer Aufmerksamkeit und russischer Pracht empfangen. Die Landgräfin erhielt ein Zeichen russischer Großzügigkeit, indem sie 100 000 Rubel von Katharina II. in Empfang nehmen durfte. Damit konnte sie den Aufenthalt standesgemäß bestreiten und auch einem Übertritt ihrer Tochter Wilhelmine, auf welche die Wahl des russischen Großfürsten vom ersten Augenblick an gefallen war, zum griechisch-katholischen Glauben zustimmen. Um den daheimgebliebenen eigensinnigen Vater etwas günstiger zu stimmen, wurde dieser von Katharina zum russischen Feldmarschall ernannt, was wohl auch mit einer finanziellen Apanage verbunden gewesen sein dürfte. Eine schriftliche Bestätigung dieser Ernennung erhielt der Landgraf am 19. Mai 1774 zugesandt.

Von dem ungeheuren Reichtum, von welchem der Landgraf in Pirmasens nur brieflich unterrichtet werden konnte, wollte er auch etwas abbekommen. Er sandte seinen Minister Friedrich Karl von Moser nach St. Petersburg, um eventuell seine Interessen wahrnehmen zu können. Für seine Belange wollte Ludwig IX. die Provinz Kurland begehren, um hier – wie hätte es anders sein können – 4 000 Mann als Militär „zu etabliren".

Allerdings, und für seine Soldatenstadt Pirmasens vielleicht von Glück, wurde einem solchen extremen Wunsche nicht entsprochen. Die Landgräfin meinte hierzu: „Mit solchem Unsinn paßt er nicht in dieses Land."
Am 25. August 1773 nahm die Tochter des Landgrafen den russischen Namen Natalie Alexejewna an, und am 27. August fand sodann die Verlobung statt. Die Vermählung wurde mit großem Prunk am 10. Oktober gefeiert.
Für die Rückreise erhielt die Landgräfin abermals 20 000 Rubel, jede Prinzessin 50 000 Rubel und reichen Schmuck. Die Kavaliere, welche die Damen begleitet hatten, erhielten je 3 000 Rubel. Am 26. Oktober 1773, zu einer verhältnismäßig späten Jahreszeit, trat die Landgräfin die Rückreise über Memel, Potsdam und Berlin an und traf am Weihnachtsabend wieder in Darmstadt ein. Die Strapazen dieser langen und beschwerlichen Reise sollten für sie nicht ohne Folgen bleiben.

Die in Rußland gebliebene Großfürstin Wilhelmine-Natalie aber verstarb schon zwei Jahre später am 26. April 1776, ohne ihre Eltern nochmals gesehen und ohne ihrem Gemahl den ersehnten Erben geschenkt zu haben. Nach überlanger Schwangerschaft sollte auf Beratung zahlreicher Ärzte das Leben der Mutter geopfert werden, um das Leben des Kindes zu erhalten – man verlor aber beides.

---

145 Das Schicksal wird den Schwiegersohn des Landgrafen eines Tages nach Pirmasens bringen, allerdings zu einem Zeitpunkt, zu welchem der Glanz der Stadt schon wieder verloschen sein wird. Vergleiche auch Band II, 1793.

1773 Ab dem Jahr 1773 verkündeten die beiden Rathausglocken den Einwohnern der Stadt und denen der näheren Umgebung durch weithin hörbares Läuten die Zeit. Danach richtete sich das ganze Leben und Treiben, denn Taschenuhren stellten damals etwas Besonderes dar, und nur die Allerwenigsten verfügten über einen solchen Luxus. Eine der Glocken (sie befindet sich heute im Heimatmuseum) gab die vollen Stunden an, während eine zweite Glocke (siehe Abbildung) die Viertel einer Stunde verkündete, wie ihre Inschrift bezeugte:

WANN MEINE HELLE STIMME ERKLINGT DER STUNDEN VIERTEL ANZUGEBEN,
SO BETE JEDER UNTERTHAN UM LUDWIGS MEINES STIFTERS LEBEN.

Die abgebildete zweite Rathausglocke überstand die Wirren der Zeit nicht. Wahrscheinlich wurde sie im Kriegsjahr 1917, in welchem nebenstehende Aufnahme entstand, abgenommen, um eingeschmolzen zu werden. Beide Glocken waren sich sehr ähnlich, wurden in der gleichen Form gegossen und hatten einen Durchmesser von 81 cm. Einem Beschauer vermittelt zumindest die erhalten gebliebene Glocke auch heute noch den Eindruck herrschaftlicher Vergangenheit und einstmaliger Größe und Bedeutung unserer Stadt. Der Guß beider Glocken erfolgte in Zweibrücken, wobei sich lediglich in den Inschriften und der Benennung der Gießer eine Abweichung ergab. Die Inschrift der Stundenglocke lautet

ICH KUENDIGE DES TAGES STUNDEN AN
UND RUFE RATH UND BUERGERSCHAFT ZUSAMMEN.
DES NEUNTEN LUDWIGS HULD HAT MICH HIERHER GETAN,
MEIN KLANG SOLL JEDES HERZ ZU DIESEM WUNSCH ENTFLAMMEN.
ES LEBE UNSER FUERST, DER VATTER DIESER STADT
DER MICH HIERHER GESCHAFFT UND SIE ERBAUET HAT.
ZU ZWEYBRVCKEN GOSS MICH CHRISTOPH KLEIN VND CHRISTIAN COVTVRIE
MDCCLVVVVIII

Bei der nicht mehr vorhandenen Rathausglocke waren die Namen der Gießer einfach vertauscht worden. Die Unterschrift bei beiden Glocken war gleich

LVDoVICVs
MagnVs hasslae prInCeps

In den Großbuchstaben verbarg sich wiederum ein Chronogramm:

M	=	1000		=	1000
D	=	500		=	500
C	=	100	(2x)	=	200
L	=	50		=	50
V	=	5	(4x)	=	20
I	=	1	(3x)	=	3
					1773

Durch den Rathausbau und andere Verwaltungsbauten war die Stadt Pirmasens in finanzielle Bedrängnis geraten. Allein der erstgenannte Bau hatte mehr Geld verschlungen, als beabsichtigt war. Vielleicht war er mehr den Erfordernissen und dem Ansehen des Landgrafen zugestanden worden als den tatsächlichen bürgerlichen Verhältnissen.

Jedenfalls war das schmucke Gebäude nun fertig, und ganz bestimmt war es auch für die Zukunft gebaut worden. Seit seiner Entstehung war das Rathaus eine Zierde der Stadt [146]. Noch 170 Jahre später wird es ein repräsentatives Gebäude sein, Mittelpunkt und Zentrum einer bedeutenden Industriestadt. Auf unzähligen Abbildungen werden wir es im Laufe der Stadtgeschichte noch zu sehen bekommen.

---

[146] Im August 1944 fiel das Rathaus dem Bombenangriff zum Opfer.

Im Jahr 1773 konnten offensichtlich zwei neue Rathausglocken aufgehängt werden, und damit war das stolze Gebäude vollendet. Von seinem Baumeister Rochus Pfeiffer ist uns wenig überliefert. Lediglich einem Einwohnerverzeichnis aus dem Jahr 1772 (siehe Seite 154) ist zu entnehmen, daß Pfeiffer damals mit seiner Familie in der Stadt ansässig war. Er hatte drei Söhne und drei Töchter sowie neun Knechte. Diese würde man heute wohl als Baugehilfen bezeichnen. Damit zählte die Familie Pfeiffer zu den personenreichsten Familien des Bürgertums. Sodann ist noch ein Faksimile eines Schriftstückes vorhanden, welches seine Unterschrift trägt und wohl aus dem Grundstein des Rathauses stammt (vgl. Abb. Seite 145).

1774 Der sogenannte „Heimburger“ war, wie bereits erwähnt, längst durch einen Stadtschultheiß abgelöst worden. Seit 1769 hieß dieser Johann Heinrich Schneider [147]. Er wird das Amt bis zu seinem Tode innehaben. Dabei hatte er seine liebe Not mit den Stadtfinanzen, denn obwohl sich der Landgraf höchst persönlich mehrmals darum bemühte, das Wirtschaftsleben der Stadt auf irgendeine Art zu fördern, blieben entsprechende Erfolge aus.
So wollte er zum Beispiel Herstellungsbetriebe für Leinen und Tuche aller Art ins Leben rufen – es kam sogar zu einigen Fabrikgründungen – denn solches Material benötigte er ja in großen Mengen bei seinem Militär. Wenn solchen Gewerben gewisse Erfolge auch versagt blieben, so muß diese „Tuchindustrie“ doch irgendwie weiter dahinvegetiert haben, denn eines Tages wird sie zu einem ausschlaggebenden Faktor, wie wir noch erfahren werden.
Die Einnahmen der Stadt waren also äußerst spärlich, und eine grundlegende Änderung der Verhältnisse zeichnete sich so schnell nicht ab.

Elf in der Stadt ansässige Schildwirte beklagten sich erneut über die Zunahme vieler kleinerer Winkelwirte, die ihnen das Leben schwer machten. Dabei spielte wiederum die Tatsache eine Rolle, daß der Landgraf seinen vertrauten Grenadieren noch mehr erlaubt hatte, sogenannte Soldatenwirtschaften zu unterhalten.
Hatte ein Vertrauter schon eine solche Winkelwirtschaft in meist primitiven Räumlichkeiten eröffnet, so zog es selbstverständlich seine Kameraden dorthin. An einer zu zahlenden Tranksteuer konnte die Stadt nicht gerade reich werden, denn nach wie vor bestand für die Vertrauten der Vorzug einer Abgabenermäßigung.

Am 30. März 1774 verschied im Schloß zu Darmstadt des Landgrafen angetraute Ehefrau Karoline, die große Landgräfin [148]. Unser Landgraf aber, welcher alle Begebenheiten und Ereignisse in seinem Leben fein säuberlich und bis ins Detail festhielt, vermerkte in seinem Tagebuch: „Seit dem 12. August 1741 bin ich mit meiner Gemahlin vermählt gewesen bis den 30. März 1774: 32 Jahre, 13 Wochen, 6 Tage. Hievon bin ich bei Ihr gewesen: 14 Jahre, 13 Wochen, 2 Tage; also abwesend von Ihr 18 Jahre, 19 Wochen, 4 Tage. Seit der Zeit, als ich mit meiner Gemahlin versprochen, habe ich 2 555 Brief von Ihr erhalten.“
Solche fast minuziöse Eintragungen nahm der Erbprinz und spätere Landgraf zeit seines Lebens in Tagebüchern vor. Diese führte er ab dem Jahr 1738 bis zum Jahr 1790, wobei er die ersten Bücher selbst schrieb, die Eintragungen späterhin aber einem Sekretär überließ, selbstverständlich nach seinen Diktaten.
Jede tägliche Begebenheit wurde festgehalten, und oftmals besaßen die Eintragungen intimsten Familiencharakter. Anfänglich hatten die Bücher die Größe eines Neuen Testaments, wurden von Jahr zu Jahr umfangreicher und erreichten schließlich das Format einer Doppelbibel. In einem solchen Umfang und mit solch sta-

[147] Johann Heinrich Schneider, 1. 12. 1718 - 29. 12. 1782, Amtszeit 22. Juli 1769 bis 29. Dezember 1782.
[148] Vergleiche auch Bildtext Seite 164.

tistischer Genauigkeit dürften wohl selten Tagebücher von einem Fürsten geführt worden sein [149].

Es kam in Pirmasens sogar zu einem Druck einzelner Bücher. Ihr Titel hieß:

> „Schreib-Kalender auf das Jahr . . .
> Zum nützlichen Gebrauch Sr. Hochfürstlichen Durchlaucht
> Mit besonderem Fleiß auf den Meridianus zu Straßburg gestellt.
> Pirmasens, gedruckt bey Johann Fried. Seelig
> Hochfürstlicher Hof- und Kanzleybuchdrucker."

Daraus ist zu entnehmen, daß in der Stadt sogar ein „Hochfürstlicher Hof- und Kanzleybuchdrucker" namens Johann Friedrich Seelig sein Handwerk ausübte. Über die Entstehung dieser Hofbuchdruckerei ist uns sehr wenig überliefert, jedoch mußte sie im Laufe der Jahre zu einer vorzüglichen Einrichtung geworden sein.

Erst später, im Jahr 1780, erlangte J. F. Seelig mit dem Neudruck des Bragh'schen „Märtyrerspiegels" nochmals einige Bedeutung. Der Titel des Neudrucks lautete: „Der blutige Schauplatz oder Märtyrerspiegel der Tauf-Gesinnten oder Wehrlosen Christen, die um das Zeugnis Jesu ihres Seligmachers willen gelitten haben und seyn getödtet worden, von Christi Zeit an bis auf das Jahr 1660. Vormals aus unterschiedlichen, glaubwürdigen Chroniken, Nachrichten und Zeugnissen gesammlet und in Holländischer Sprach herausgegeben von T.J.v.Braght. Nachwärts von der Brüderschaft zu Ephrata in Pensylvanien ins Deutsche gebracht und daselbst gedruckt worden, Anno 1748. Nunmehro von etlichen der Brüderschaft nach obiger Uebersetzung und Druck aufs neue zum Druck befördert. Pirmasens, Gedruckt bey Johann Friedrich Seelig, Hochfürstl. Hof- und Canzley-Buchdrucker 1780."

Die Pirmasenser Ausgabe ist ein genauer Abdruck der in Amerika 1748 erschienenen Ausgabe, wahrscheinlich veranlaßt durch Mennoniten, welche in der Pfalz ansässig waren. Aus Amsterdam waren 105 Kupferplatten für die Abbildungen besorgt worden, und für den Druck war ein Papier von höchster Qualität ausgesucht worden. Das Buch ist ein Denkmal höchster Buchdruckerkunst und besitzt heute Seltenheitswert.

---

[149] Es ergaben sich die mannigfaltigsten Eintragungen, wie zum Beispiel: 13. November 1738 - „Sind wir bis an den Brumatherwald gegangen dem lieben Professor Schöpflin entgegen wo wir ihn auch getroffen haben". 12. April 1738 - „Heute habe ich mich zum erstenmal Rassieren lassen." 14. August 1738 - „Heute sind wir zu Schifflick gewesen. N. B. Sehr vergnügt." 28. Oktober 1739 - „Heute vor zwei Jahren hab ich mich angefangen zu unterreden mit der Prinzessin Caroline von Zweybrücken, ziemlich deutlich." 14. August 1739 - „Heute ein Jahr habe ich mich zu Schifflick mit der Prinzessin Caroline versprochen, vollkommnerweise."

2. August 1740: „Heut hab ich mich mit der Prinzessin von Zweybrücken versprochen, N. B. des Abends haben wir getanzt! N. B. Henriette, Caroline, Christine, Luise heißet sie."

27. November 1742: „Heute habe ich an meine Frau auf Arolsen den 106., 107., 108., 109. und 110ten Brief geschrieben."

6. September 1753: „nachm. Special-revue von meinem Regiment. Ihro Majestät (Friedrich d. Große, d. V.) haben bezeugt mit dem Regiment vollkommen zufrieden zu sein."

17. Oktober 1768: „NB! den 17ten Abends um 9 Uhr seyend mein nun in Gott ruhender Vater Seelig in der Comedie eben da sie geendigt war, und dieselben noch gantz vergnügt in dero Hände Klatscheten und brabo sagten, plötzlich gestorben, im 77. Jahre 27. Woche und 6ten Tage."

19. Oktober 1768: „ist der Herr v. Riedesel in der Nacht einpassieret und hat mir vom Todt meines Herrn Vatters berichtet . . Der 23 458 te march ist fertig. dato hat das bataillon die Musterung passieret und hat auch exerzieret."

18. Oktober 1773: „den 18. Oktober wurde der Leutnant Krafft, weil er beim Falschmünzen impliciert geworden, cassiert und zum Tor hinaus auf die Grenze gebracht."

22. Mai 1769: „Am 22. Mai hat das Regiment zum erstenmale die Handgriffe und die Charchierung durchgemacht. Am 19. Juni sind die neye Fahne eingebracht und hat das Regiment des erstemahl mit Feyer exerziert." (Abfeuern v. Salven, d. V.)

21. Juni 1769: „9 mahl blind in einer Minute gefeuert und 10 mahl geladen mit dem ganzen Regiment zugleich."

24. Juni 1769: „Heut hat das Regiment zum 28ten mahle exerziert und in 1 Minute 6 mal geladen und im Rückwärtsladen in 1 Minute 7 mal geladen und 6 mal gefeuert beim Niederfallen."

Wenngleich diese Aufnahme auch aus späteren Jahren stammt (1907), so zeigt sie uns doch das Vorhandensein der ehemaligen Grenadierhäuschen in der Blocksbergstraße. Hier und anderswo im Stadtgebiet gab es einige typische Stellen, an welchen sich solche Häuschen aneinanderreihten. Meist waren sie einstöckig und ohne Dachausbau. Wer in der ehemaligen Soldatenstadt ein zweistöckiges Häuschen bauen konnte (wie das fünfte Häuschen von links), der mußte schon etwas wohlhabender gewesen sein. Auch der Ausbau eines Daches, meist mit einem Dachfenster versehen, war etwas Besonderes und zeugte von einem höheren Rang bei den landgräflichen „Militärs".

1774 Unter dem Datum 21. Januar 1774 hatte der Feldpropst Venator ein Gesuch an den Landgrafen eingereicht, einen dritten Schulmeister für die Latein- oder Garnisonsschule bewilligen zu wollen. Dabei erwähnte er, daß er einem solchen den Winter über schon den Vorzug gegeben habe, denn der Schulunterricht war mit zwei Schulmeistern nicht mehr zu bewältigen gewesen. Venator bat darum, daß, wie gesagt, ein dritter Lehrer, ein gewisser Roth, bei einer Jahresbesoldung von 100 Gulden, nunmehr verbleiben dürfe. Venator genoß großes Vertrauen beim Landgrafen – und dies noch auf Jahre hinaus – so daß sein Handeln gutgeheißen wurde. Solche Eigenmächtigkeiten konnten sich nicht viele Untergebene erlauben. Hier aber hatte ein Venator gehandelt, und dies wohl auch ganz im Sinne des Landgrafen, denn es ging ja um die Erziehung der Kinder in seiner Stadt. Nachfolger des vorgenannten Roth wurde Friedrich Gruber, welcher 1790 das Zeitliche segnete.

1775 Eine Eigentümlichkeit des Landgrafen war es unter anderem, urplötzlich aus seiner Soldatenstadt zu verschwinden. Gerade wie er Laune dazu hatte, konnte es passieren, daß er innerhalb kurzer Zeit seine Kalesche anspannen ließ, um die Stadt in irgendeiner Richtung zu verlassen. Niemand wußte sodann, wo er war. Solche Angewohnheiten und Abwesenheiten wurden einige Sommer über fast zur Regelmäßigkeit. Er pflegte sich auf längere Zeit unsichtbar zu machen, blieb oft einen ganzen Monat lang weg, und kein Mensch konnte das Geheimnis seines auswärtigen Aufenthaltes ergründen. Unter dem Datum 8. September 1775 schrieb sein Kabinettsekretär Johann Heinrich Merck, ein Freund Goethes: „Der Landgraf ist noch immer in Paris.“

1776 In diesem Jahr folgte ein Johannes Barthmus als zweiter Schulmeister dem versetzten Gangloff nach, doch verschied auch er bereits im Jahr 1778. Nachfolger wurde ein Württemberger namens Johann Hardt.
Andere Einzelheiten über das Schulwesen in Pirmasens zur damaligen Zeit sind uns nicht überliefert, jedoch kann gesagt werden, daß die Garnisonsschule schon eine vorbildliche Einrichtung im weiten Umkreis gewesen war, wie auch die anderen Erziehungseinrichtungen in einem besonderen Blickpunkt standen.
Die Garnisonsschule ist uns erhalten geblieben, wenngleich in einem Wiederaufbau. Sie steht heute fast unbeachtet und schmucklos in einer Ecke der verkehrsreichen Hauptstraße direkt neben der Lutherkirche, als Zeuge herrschaftlicher Vergangenheit.[150].

Vom 3. August des Jahres 1777 an errichtete der Landgraf sein Leibregiment „Landgraf“, und ihm galt seine besondere Vorliebe. Hierin hatte er wahre Musterexemplare an großgewachsenen Soldaten im wahrsten Sinne des Wortes „gesammelt“, beziehungsweise aus seinen anderen Regimentern aussortiert. Bis zum 26. Mai 1784 wird das Regiment auf fünf „Compagnien“ erweitert.
Jetzt trug sich der Landgraf mit dem Gedanken, seine Soldatenstadt noch größeren Vorbildern anzupassen, ja sein geliebtes Pirmasens sollte eines Tages seine Vaterstadt in jeder Beziehung überflügeln.
So entstanden der Gedanke und die Pläne, in der Stadt eine Paradeallee zu erstellen, die ihresgleichen weit und breit suchen würde.
Sie sollte sozusagen das Prunkstück seiner Soldatenstadt werden. Die Hauptkaserne war ja großzügig projektiert worden, wenngleich der weitere Ausbau derselben zurückgeblieben war. Irgendwann, wenn die Staatsfinanzen es einmal zulassen sollten, wollte man den Bau zur Vollendung bringen.
Von dieser Hauptkaserne aus sollte in schnurgerader Richtung nord-nord-west, etwa dem Verlauf der heutigen Wiesenstraße entsprechend, eine Prachtstraße in einer Breite von 12.50 und einer Länge von ca. 400 Metern entstehen. Sie sollte an der Stadtmauer in der Fröhnstraße endigen, ganz so, als ob die Mauer in der Zukunft kein Ende mehr darstellen würde.
Wie noch weitere Planungen im Zusammenhang mit diesem Projekt verlaufen wären, können wir heute nur in etwa ahnen.

Die Planungen dieser Renommierallee konnten den Landgrafen monatelang, wenn nicht sogar jahrelang beschäftigen, denn erst 1780 lagen die Details dafür fest. Es war eine Prachtallee vorgesehen, beiderseits mit Bäumen bepflanzt. Die schmucken Grenadierhäuser sollten lückenlos rechts und links aneinandergereiht zu stehen kommen, von der Hauptkaserne aus bis zum Ende der Allee an der Fröhnstraße.
Letzten Endes fiel dieses großzügige Vorhaben aber den strapazierten Finanzen zum Opfer, wurde immer wieder zurückgestellt, und die Zeit eilte davon. Irgendwann einmal sollte das Projekt zur Verwirklichung kommen, aber das Schicksal nahm seinen ungehemmten Lauf und wird dem Ausbau sodann ein für allemal ein Ende bereiten.

---

[150] Der Schulbetrieb wurde 1773 in die „lateinische und teutsche“ Garnisonsschule verlegt, nachdem das Gebäude neu errichtet worden war. Es fiel am 9. August 1944 alliierten Fliegerangriffen zum Opfer und brannte aus. Nach dem Kriege wurde es wieder aufgebaut und erhielt fast das vorherige Aussehen. Bei den Wiederaufbauarbeiten ergaben sich Funde zahlreicher menschlicher Knochen, die alle aus dem ältesten Pirmasenser Friedhof stammten. Die Gebeine wurden gesammelt und in einem Kellergewölbe eingemauert. Vergleiche auch Abbildung Seite 159.

Die Soldatenkolonie in Pirmasens verschlang immerhin über 60 % aller Staatseinnahmen, wahrlich eine teure Leidenschaft des Landesherrn, derentwegen es schon genug Ärger gegeben hatte und noch neuen geben wird.
Hinzu kam die Tatsache, daß der Landgraf zum Zeitpunkt 1776 noch über weiteres Militär verfügte, welches nicht in Pirmasens stationiert war: Zu Darmstadt unterhielt er eine Leibgarde zu Pferd in einer Stärke von 70 Mann. Da es seine Heimatstadt war, mußte das Militär besonders repräsentativ sein, denn es war hier auch noch ein Leibregiment (1 486 Mann) sowie ein „Cyrassier-Regiment" mit 600 Mann garnisoniert.
Damit hatten die Leidenschaften des Fürsten aber noch kein Ende gefunden, denn eine Artillerietruppe in einer Stärke von 10 Mann, die Besatzung der Marxburg mit 30 Mann und vier reguläre Landbataillons mit 1 174 Mann mußten zusätzlich unterhalten werden.
Dies ergab eine Gesamtstärke von 4 989 Mann, wozu ab dem Jahr 1784 noch das Pirmasenser Regiment „Landgraf" mit 750 Mann kam, so daß sich eine Höchstzahl von 5 739 dienenden Soldaten ergab.
Die Schulden, die der Landgraf bei Übernahme der Regierung der hessen-darmstädtischen Lande „geerbt" hatte, waren durch solche Aufwendigkeiten und andere Eskapaden nicht geringer geworden, sondern betrugen im Jahr 1780 fast 100 000 Gulden mehr, nämlich 495 000 Gulden insgesamt.

1777 In diesem Jahr ließ der Landgraf einen Schießstand in der Gewanne „Im Teich" errichten [151], denn seine Soldaten sollten nicht nur im perfekten Exerzieren Meister ihres Fachs sein, sondern auch in der Waffentechnik ausgebildet werden. Schon seit Jahren hatte diese spezielle Technik einen hervorragenden Platz in den militärischen Übungen eingenommen, jedoch unterlag gerade dieses Gebiet damals erheblichen Schwankungen. Immer und immer wieder waren Erfindungen gemacht worden, und ständig gab es Verbesserungen in der Aufpflanz-, Lade- und Zieltechnik.
Gerade dieses Gebiet erregte die Aufmerksamkeit des Landgrafen von Anfang an. Sodann gab es für ihn nichts Wichtigeres, als Muster dieser Neuerungen nach Pirmasens kommen zu lassen, um diese eingehend zu begutachten. Hatten sie seinen Beifall gefunden, so wurden letztlich die Waffen auch angeschafft.

---

[151] An Stelle des ehemaligen Schießstandes kam später die Gärtnerei Härter zu stehen. Heute noch sind in den Kellergewölben die Spuren des besagten Schießstandes zu sehen, wobei die Räume damals in den Felsen gehauen werden mußten. Im 19. Jahrhundert hielten die Mitglieder der Pirmasenser Schützengesellschaft hier ihre Übungen ab. Dann entstand auf dem Gelände eine Gartenwirtschaft, „Parisers Garten". Anschließend hielten die Turner des Turnvereins von 1863 hier ihre Freiübungen ab. Vgl. auch die Folgebände.

Das Hessen-Hanau-Lichtenbergische Amt Lemberg reichte vom Mühlental/Bärenthal im Süden bis kurz vor Hermersberg im Norden. Im Osten lief die Grenze an „Saltzwoog" vorbei. Abgesehen von dem tiefen Einschnitt der „Lotharingischen Jurisdiction" mit den Besitztümern des Klosters Stürtzelbronn reichte das Amt Lemberg im Westen bis nach Riedelberg. Typisch für die damalige Kleinstaaterei sind die vielen „Graenz"-Bezeichnungen. Hier waren vorhanden die bereits erwähnte „Lotharingische Jurisdiction", die „Pfaltz Zweybrückische Graentze", die „Leiningische Graentze", die „Churpfaltz", die „Sickingische Graenze", die „Marggraeflich Baadische Jurisdiction" und die „Bischoeflich Speyrische Graenze". Hinter Fehrbach ergab sich eine Verengung des Amtsbereichs, das sich sodann wieder erweiterte und die Orte Neufröschen, Eisweiler (Thaleischweiler), Höheinöd, Bibermühle, die Muschelmühle, Donsieders und Burgalben mit erfaßte. Diese Karte ist zwar eingenordet, jedoch legte der Zeichner die Karte quer, um die Ortsbezeichnungen im Breitformat anzubringen. Sie entstand im Jahr 1775 und wurde von W. L. C. Linck ausgeführt.

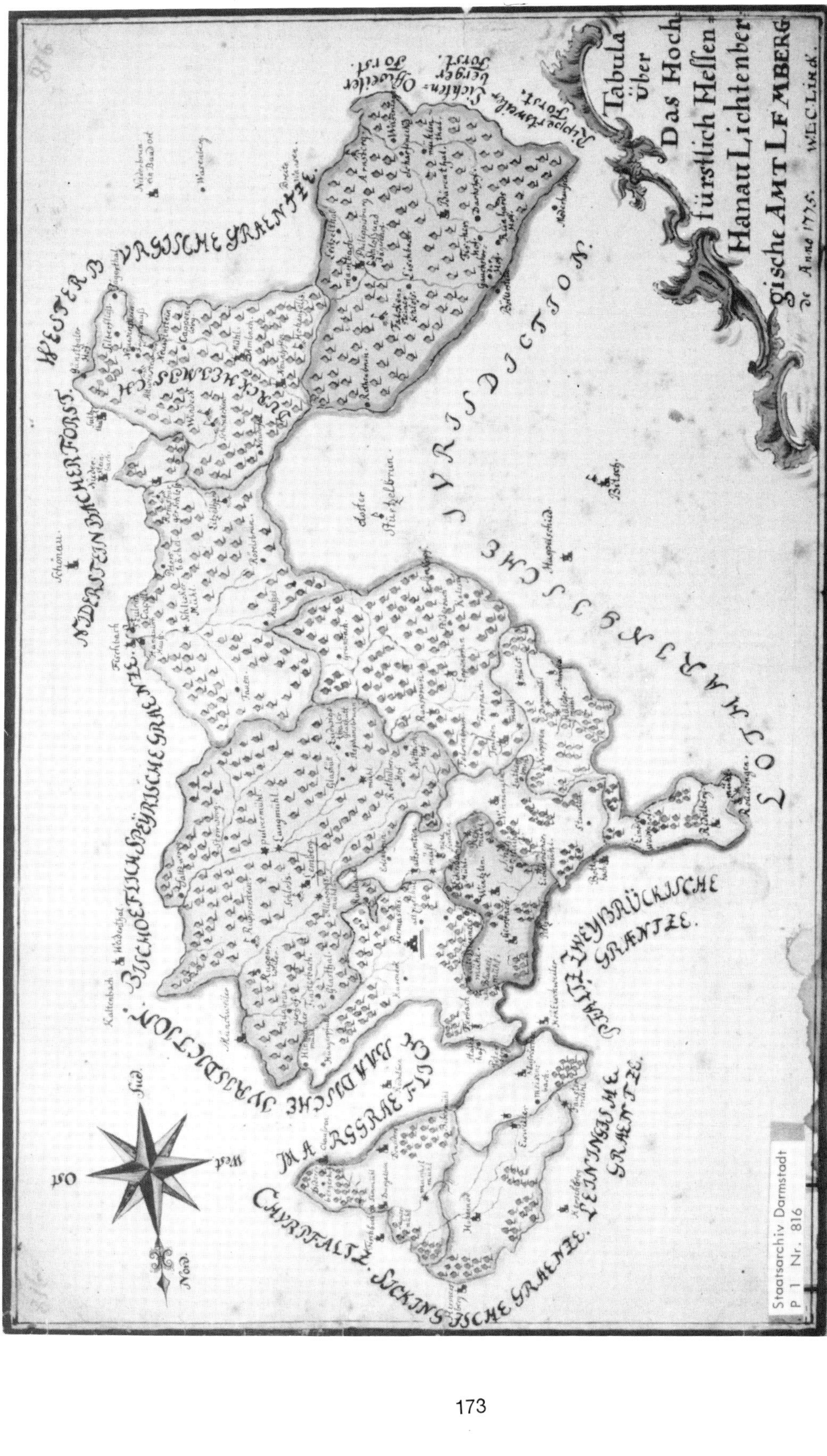
Tabula über Das Hoch fürstlich Hessen Hanau Lichtenberg gische AMT LEMBERG
de Anno 1775. W.E.C.Link.
SURSDICTION
LOTHARINGISCHE
BISCHOEFLICH SPEYRISCHE GRAENTZE
ZWEYBRÜCKISCHE GRAENTZE
Staatsarchiv Darmstadt
P 1 Nr. 816

So war es also kein Wunder, wenn ein entsprechender Schießplatz angelegt wurde, und ab diesem Zeitpunkt hallten die Salven der Übenden über die Senke zwischen Husterhöhe und Schachenberg.

1778 Zur besseren Fleischversorgung seiner Garnison wurde im Jahr 1778 ein neuer Viehhof erbaut, wovon natürlich auch alle anderen Einwohner profitierten. Über 6 000 Menschen bedurften tagtäglich einer abwechslungsreichen Verpflegung, womit bewiesen wird, mit welch umfangreichen verwaltungstechnischen Vorhaben die Verantwortlichen konfrontiert wurden. Immer und immer wieder kann festgestellt werden, daß vorhandene Einrichtungen dazu nicht ausreichten, denn das rapide Wachstum der Einwohnerschaft bedingte ständig neue Voraussetzungen.

Heutzutage kann man sich allgemein immer noch kein richtiges Bild von der damaligen Residenz in Pirmasens machen. Einerseits reichen die Vorstellungen einfach nicht aus, um sich in die primitive Zeit vor 200 Jahren zurückzuversetzen. Andererseits sind so wenig Dokumente, Zeugen und Dinge verblieben, welche uns heute Aufschluß über die damalige Lebensweise und den herrschaftlichen Aufwand geben könnten. Nur einigermaßen kann man sich also ein Bild davon machen, mit welchen ungeahnten Schwierigkeiten damals gekämpft werden mußte. Nicht zuletzt trug hier die Abgeschiedenheit der Stadt erheblich dazu bei.
Gerade wegen des Fehlens von Überlieferungen tritt oftmals die Vermutung in den Vordergrund, das alte Pirmasens in der Landgrafenzeit sei dürftig, um nicht zu sagen ärmlich gewesen. Dabei verkennt man durchaus die Bedeutung und den Aufwand des Residenzsitzes eines regierenden Fürsten von Hessen-Darmstadt.

Aber einen Hinweis haben wir dafür, wie aufwendig ein Hofstaat in Pirmasens geführt wurde, und man kann daraus etwa erkennen, daß von Armut, Dürftigkeit und Bedeutungslosigkeit längst keine Rede mehr sein konnte.
Allein die „Liste, deren Personen die bei der Fürstlichen Hofhaltung, samt Weib, Kinder, Knecht und Magd“ beschäftigt waren, gibt Aufschluß über die damaligen Verhältnisse.

Am 29. Dezember 1778 bezogen insgesamt 273 Personen aus der Hofhaltung zu Pirmasens ihren Unterhalt, denn viele der Beschäftigten hatten Frau und Kinder, aber auch Knechte und Mägde. In der nachfolgenden Aufstellung ist die Gesamtpersonenzahl in Klammern angegeben:

Ihro hochfürstliche Durchlaucht (1)
Madam A. Beckenbach (1)
Herr Geheimer Rat Roeßell (3)
Herr Geheimer Rat Spach (4)
Herr Regierungsrat Stauch (7)
Herr Regierungsrat Jeger (1)
Hofkammerrat Hirspirger (1)
Hofkammerrat Linck (6)
Baurat Höfflein (3)
Hofkammerrat Schambey (5) (Jambey)
Kammerdiener Neidhart (5)
Kammerdiener Bilger (6)
Kammerdiener Jordie (3)
Kammerdiener Dickel (5)
Kapellmeister Metzger (6)
Kapellmeister Schüler (1)
Kapellmeister Brunner (2)
Musikus Straus (2)
Hofkommissarius Schüler (4)
Assessor Ehrmann (1)
Kammerfurier Ries (3)
Hoffurier Wolff (2)
Kellerinspektor Busch (10)
Mundschenk Hardneck (11)
Hofkonditor Otto (3)
Küchenmeister Schlesing (9)

Mundkoch Goetz (5)
Mundkoch Rümer (6)
Koch Kerbst (1)
Koch Goetz (1)
Bratenmeister Kirbst (1)
Kabinettkanzlist Raquet (1)
Goldschmied Beck (7)
Goldschmied Weiginer (7)
Wagenmeister Geckler (5)
Wagenmeister Schlesing (5)
Hofgärtner Schwab (7)
Kammerjungfer (1)
Beschließerin Fridericka (1)
Läufer Seitzner (3)
Lackei Condrath (4)
Lackei Koler (4)
Lackei Brintzlau (6)
Lackei Timmel (3)
Lackei Wimnauer (3)
Lackei Seitz (1)
Lackei Werkmann (5)
Lackei Losmann (2)
Lackei Rabenau (6)
Lackei Diegel (2)
Lackei Wimnauer (1)
Küchenknecht Schultz (2)
Sattelknecht Bilau (8)
Kutscher Eigberg (3)
Kutscher Walter (5)
Kutscher Hirsch (4)
Kutscher Roth (3)
Kutscher Struth (3)
Vorreiter Müller (6)
Vorreiter Eigberg (2)
Vorreiter Walch (1)
Vorreiter Lentz (2)
Vorreiter Glock (3)
Vorreiter Meeser (3)
Reitknecht Bardel (4)
Reitknecht Wimer (3)
Beiläufer Walch (1)
Klepperknecht Simon Gehry (4)
Fuhrknecht Joachim Peter (4)
Offiziersmädel (1)
Silbermädelen (2)
Küchenmagd (2)
Garderobenmädel (1)
Waschmädel (5)
Hofläufer Johann Leonhard (4)
Hofläufer Johann Lagaren (3)
Hofläufer Johann Schetzler (2)

„Macht in Allem Summa 273 Seelen.
Pirmasens, den 29. Dezember 1778
Wolff."

Außer den militärischen Neigungen und der außerordentlichen Liebe zur Musik hatte der Landgraf aber auch noch andere Liebhabereien.
So zum Beispiel gibt es einen Hinweis, daß eine sehr große Menge an hölzernen Soldaten vorhanden war, alle naturgetreue Nachbildungen seiner Grenadiere. Sie hatten eine Größe von ca. 25 cm, und mit den Spielzeugsoldaten wurden Aufstellungen, Paraden und Revuen erprobt, die sodann bei den richtigen Soldaten in die Tat umgesetzt wurden. Leider hat sich keine einzige Figur dieser Holzsoldaten erhalten, es sei denn, daß sich die eine oder andere Figur in einem Nachlaß befindet, welcher im 2. Weltkrieg nach Schloß Fischbach bei Hirschberg/Schlesien (unter polnischer Verwaltung) ausgelagert wurde. Bemühungen des Verfassers, von besagter Schloßverwaltung irgendwelche Hinweise zu bekommen, waren bisher erfolglos (vgl. auch Fußnote 192).

Aber auch das, was er in seiner Soldatenstadt geschaffen hatte, sollte der Nachwelt bewiesen und erhalten werden und für alle Zeiten dokumentiert sein.
So beschäftigte der Landgraf zeitweise zwei Hofmaler in seinem Schloß, die sich fast ausschließlich mit dem Militär- und Soldatenwesen zu befassen hatten.
Die einzelnen Uniformen, das militärische Treiben, die einzelnen Exerzierübungen, die Gebäude und andere Einrichtungen und vieles andere mußten festgehalten werden. So ergab sich im Laufe der Zeit eine große Anzahl solcher Zeichnungen und Gemälde, die heute noch vereinzelt Aufschluß darüber geben, wie das Leben und Treiben damals verlief.
Über die dritte absonderliche Neigung des Landgrafen – neben dem Militär und der Liebe zur Musik – schrieb damals Johann Heinrich Merck an Ludwigs Schwiegersohn, den Herzog Karl August von Weimar, unter dem Datum 28. Sept. 1780: „Jahraus jahrein sind zwei Hofmaler beschäftigt, Soldaten in allen würklich existierenden oder noch möglich existierenden Uniformen auf Kartons einen bis anderthalb Schuh hoch zu malen. Auf seinen Reisen sieht er die Uniformen ab, läßt sichs

krokieren, und die Farben sowohl als die Anzahl und Qualität der Knöpfe und Schleifen und Schnüren wird unten mit Bleistift angemerkt. Wenn er zu Hause ist, werden nun diese Werke ausgeführt und ein gewisser Leutnant Stockmar, ein Maler, ist alle Tage ohnefehlbar bis nachts um zwölf damit beschäftigt. Nachmittags um vier Uhr legt sich der Landgraf zu Bette, allein als ein Kenner dieser Arbeit weiß er, was geschehen kann, und also hat dieser Mann seine volle Arbeit, um das zu prästieren, was man verlangt. Ein dritter Hofmaler ist damit beschäftigt, nichts wie französische Damen, sowohl würkliche als mögliche zu malen, und diese in allen Stellungen und Kleidungen. Zwei Kapellmeister sind mit ihren Untergebenen angehalten, von morgens acht bis nachmittags vier Uhr, wenn die Bettpfanne gebracht wird, da zu sein, um die Märsche in Noten zu setzen, die der Landgraf komponiert. Mit zwei Fingern spielt er auf dem Klavier die Märsche vor, und alsdann müssen sie gesetzt und auch oft sogleich probiert werden. Er hat es so weit gebracht, daß er in einem Tag gegen dreihundert komponiert hat, und gegenwärtig stehen von seiner Arbeit auf'm Papier 52 365 Stück Märsche. Die Anzahl der gemalten Soldaten ist unglaublich. Sie stehen in einem Saale hintereinander wie in einer Emporkirche oder Amphittheater, und sogar die Fensterambrasuren sind voll davon."

Leider wurde der größte Teil dieser Zeichnungen und Gemälde nach dem Tode des Landgrafen in alle Winde zerstreut und gelangte größtenteils in unberufene Hände. Selbst heute noch tauchen vereinzelt solche Dinge auf. Sie haben sich 200 Jahre lang in Familienbesitz befunden ohne das Wissen, daß sie in die Landgrafenzeit zu datieren sind und schon längst in ein Heimatmuseum gehören [152].

Weiterhin hatte der Landgraf eine umfangreiche Militariasammlung, vollgepfropft mit Souvenirs und Andenken aus vielen Feldzügen. Aber auch andere Errungenschaften, die jedoch fast ausschließlich das Militärwesen betrafen, sammelte er in einem Archiv.
Im Schloß zu Buchsweiler hatte er eine Montour- und Waffensammlung angelegt. Auf dem Dachboden des Schlosses waren fünf Gewandkammern eingerichtet worden, und ein dazu abgestellter Verwalter hatte über jeden einzelnen Zu- oder Abgang fein säuberlich Buch zu führen. Über das gesamte Inventar mußten genaue Beschreibungen bestehen.
Jede neue Erfindung des Militärwesens fand sein höchstes Interesse, sei es, daß neue Gewehrschlösser irgendwo auftauchten, neue Kaliber von Geschossen oder neue Aufpflanztechniken der Bajonette, jede Einzelheit wurde begutachtet, oftmals in Pirmasens praktisch ausprobiert und wenn möglich auch in das Archiv eingereiht. Nicht selten waren die Sammlungen Anlaß, daß Militärexperten nach Buchsweiler und Pirmasens angereist kamen, und dies geschah im zunehmenden Maß aus ganz Deutschland und Frankreich.

1780 Im Jahr 1780 bestand in der Landgrafenstadt eine israelitische Kultusgemeinschaft. Eine am Buchsweiler Tor errichtete Kaserne diente ursprünglich als Synagoge. Unter dem Datum 12. May 1780 ersteigerte die jüdische Gemeinde im späteren Judengässel Bethaus, Schulhaus und Hofraum für 300 fl. [153]

---

[152] Die bekanntesten Maler, die am Hofe des Landgrafen Beschäftigung fanden, waren Joh. Conr. Linck (1720-1793), Joh. Jak. Stockmar (1743-1806) und Joh. Michael Petzinger (1755-1833). Als reine Bildnismaler wurden K. F. Hirschberger und J. L. Strecker beschäftigt.

[153] Erst 1884 entstand auf diesen Grundmauern die neue Synagoge. Ab diesem Zeitpunkt hieß es Synagogenstraße, jedoch hat sich der Name „Judengässel" bis zum heutigen Tage erhalten.

Erläuterungen zum umseitig abgebildeten Plan der Stadt Pirmasens im Jahr 1780

Ein solches Aussehen hatte die Soldatenstadt Pirmasens im Jahr 1780, ein Jahrzehnt vor dem Tode des Landgrafen.

Dominierend waren die beiden Stadttore (A u. Q), der Exerzierplatz (D), das herrschaftliche Schloß und das große Exerzierhaus (M u. N), die Hauptkaserne (T) in der Sandgasse und der herrschaftliche Lustgarten (P). Alle diese Gebäude und Anlagen waren die wichtigsten überhaupt, und nach dem Plan beanspruchten sie auch die weitaus größten Flächen innerhalb des Stadtgebietes.

Auffallend sind die vielen kleinen Grenadierhäuschen, welche sich, immer der Stadtmauer gegenüberliegend, innerhalb derselben entlangzogen. An die Mauer durften keine Häuser gebaut werden.

Der Exerzierplatz dehnte sich damals von der heute nördlichen bis zur südlichen Ringstraße hin aus. Hier lagen auch der Husarenstall und die „Münz", der allerdings nur ein kurzes Leben beschieden war.

Die Amtsgasse (zuerst Neue Gasse, dann Neue Straße, Amtsgasse, Amtmannsgasse, Eisenbahnstraße, Bahnhofstraße, Straße des 12. Februar und wieder Bahnhofstraße), war damals eine Sackgasse, die am Felsenberg endete. Erst fast 100 Jahre später wurde ein Durchbruch vorgenommen, und die neue Eisenbahnstraße führte sodann, ab der Felsentreppe, durch Gärten und Felder in Richtung des neuerbauten ersten Pirmasenser Bahnhofs (vgl. auch Folgebände, 1874 ffg.).

Schloß-, Haupt- und Alleestraße waren die wichtigsten „Verkehrsadern" der Stadt. Der zentrale Punkt lag am unteren Schloßplatz, an der Hauptwache und dem gegenüberliegenden Rathaus, während das eigentliche Zentrum von Alt-Pirmasens auf dem Plan gut zu erkennen ist: In der Nähe der Pfarr-, Kümmel-, Schäfer-, Sand-, Kasernen-, Brunnen- und Hirtengasse standen die Häuser kreuz und quer – es waren die Urzellen unseres Pirmasens.

Eine gewisse Konzeption läßt sich bei allen anderen Gebäuden erkennen, die nach bestehenden Plänen, ab etwa 1745, erstellt wurden.
Bestehende Planungen zum großzügigen Ausbau des Dorfes zur Stadt mußten immer wieder revidiert werden, denn zwei gewaltige Felswände, die das Gelände durchzogen, durchkreuzten manchen Plan auf dem Papier.
Beide Felswände durchlaufen in Nord-Süd-Richtung das Stadtgebiet. Eine verläuft parallel zur Hauptstraße von der Ecksteinsau bis zur Bergstraße, während die andere den Verlauf der Schäfergasse bestimmt. Diese schwierigen geografischen Verhältnisse prägen bis zum heutigen Tage den Charakter der Stadt und werden ihr Beinamen zukommen lassen, auf welche wir noch im Laufe der Stadtgeschichte zu sprechen kommen werden.

Eine Verbindung zwischen Haupt- und Alleestraße bestand offensichtlich damals schon: Es war die spätere Nagelschmiedsbergtreppe, welche von der Hauptstraße hinauf zum landgräflichen Lustgarten führte. Zwischen Hauptstraße und Schäfergasse gab es ebenfalls einen wichtigen Verbindungsweg: Nur über die Brückengasse konnte man die tiefer gelegenen, nord-westlichen Stadtteile erreichen.

Pulverturm und Ziegelhütte, beides wichtige Einrichtungen zur damaligen Zeit, lagen außerhalb der Mauer.

Eine Paradeallee von der Hauptkaserne aus zur Fröhnstraße hin war noch nicht eingeplant, obwohl der Gedanke zur Errichtung zum Zeitpunkt 1780 schon bestand. Sie sollte einmal von der Kaserne (T) in schnurgerader nord-nordwestlicher Richtung verlaufen.

Bemerkenswert sind die vielen Wachthäuser entlang der Stadtmauer (X). Fast lückenlos wurde die riesige Mauer bewacht. Allein in ihrer Höhe war sie unüberwindlich, aber, und dies zeugt davon, wie sehr dem Landgrafen Desertionen verhaßt waren, sie mußte zusätzlich noch bewacht werden.

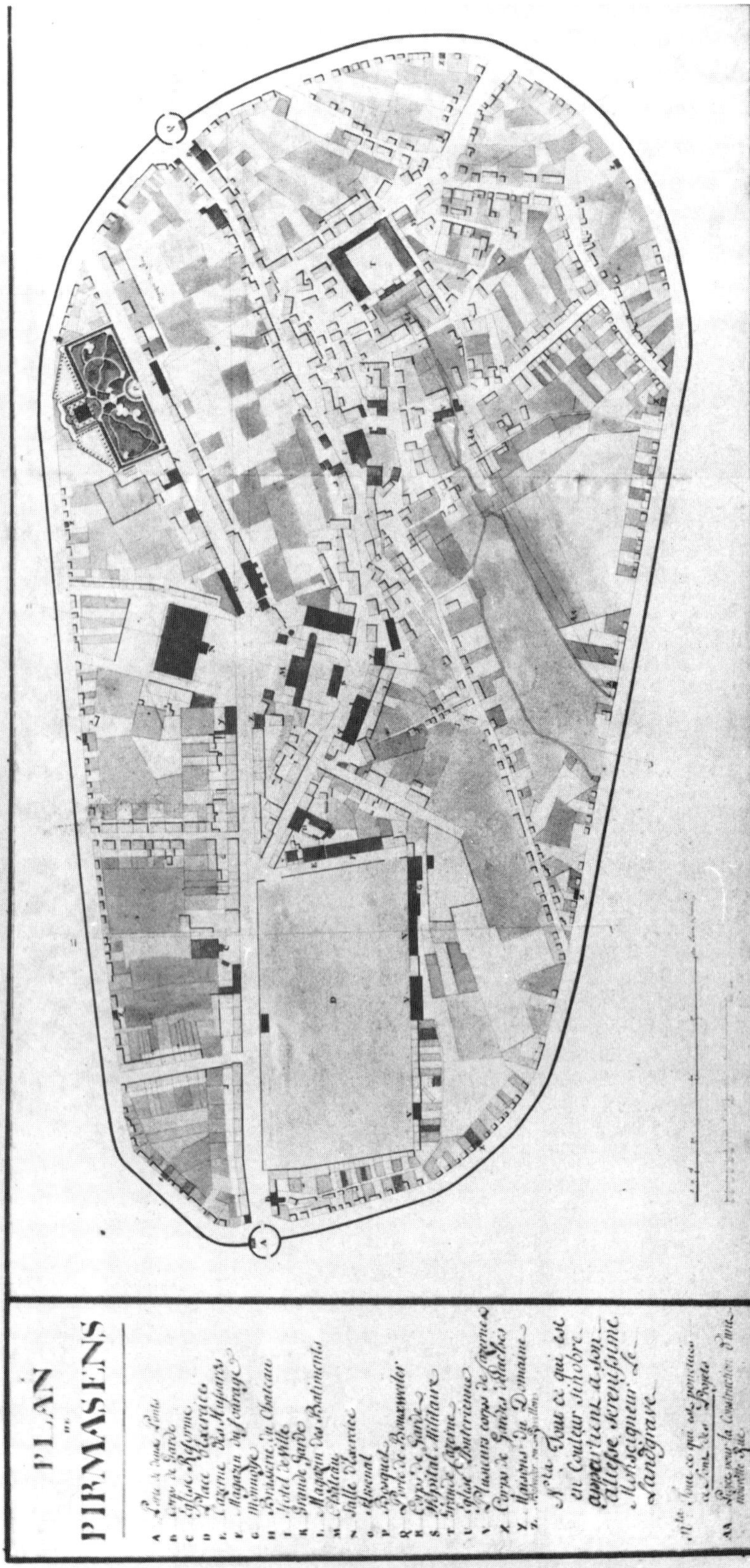

Erläuterungen siehe Seite 177

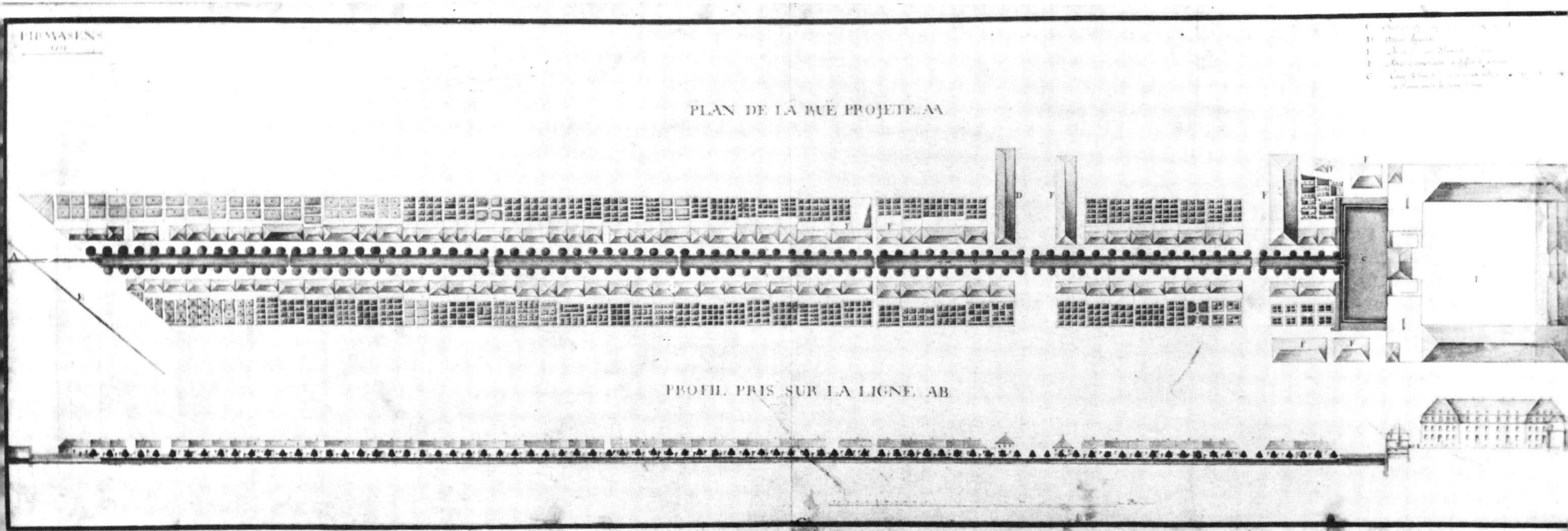

Erläuterung siehe Seite 187

Nunmehr bestanden in der Stadt 3 Grundschulen, wobei die lutherische und reformierte Grundschule meist den Kindern der Bürgerlichen zu Nutzen kamen, während die Garnisonsschule mehr oder weniger dem Nachwuchs der Soldaten vorbehalten blieb. Die Latein- oder Hofschule war damals schon eine Art Oberschule, die vornehmlich von den Kindern der höheren Soldaten, also den Leutnants und Offizieren überhaupt, als auch von denen der zahlreichen Beamten besucht wurde. Sie stand aber genauso den intelligenteren Kindern der Bürgerlichen offen. Seit dem Jahr 1778 unterrichtete hier ein Christoph Ulrich Benchel. Nach seinem Tod im Jahr 1788 wurde lt. Erlaß vom 18. Dezember 1788 ein Johannes Lachenmeyer eingesetzt.

1780 In diesem Jahr kam wieder einmal ein Besucher nach Pirmasens angereist, welcher seine Eindrücke später schriftlich festgehalten hat. Es war der Magister F. Ch. Laukhard, von welchem man heute sagen kann, daß er die damaligen Verhältnisse vortrefflich – man kann sagen einzigartig – zu schildern wußte und späterhin zu einem bekannten Darsteller der Kulturgeschichte und der Sittenbilder des 18. Jahrhunderts wurde. Er reiste als 1780 kurz nach Pirmasens und stieg hier bei dem bereits genannten Gerber Georg Boehmer ab, der ihn mit seiner Tochter Margareta, der späteren Ehefrau des Gerbers Ernst Fahr aufs herzlichste bewirtete. Laukhard faßte seine Pirmasenser Erinnerungen wie folgt zusammen: „Ich reiste also nach Pirmasens, wo Landgraf Ludwig 9. seine Residenz hatte. Pirmasens liegt in der Grafschaft Hanau-Lichtenberg, unweit der französischen Grenze. Es ist ein kleiner Ort, den der Landgraf voll Soldaten gesteckt hat. Dieser Fürst war nämlich ebenso in Soldaten verliebt, wie der Herzog von Zweibrücken in seine Jagdhunde und Katzen. Nach Darmstadt kam der Landgraf niemals, und die Regierungsgeschäfte waren gänzlich in den Händen seiner Bedienten und seiner Kreaturen. Er hatte immer Maitressen, die, welche er damals hatte, war ein gemeines Mädchen aus Reims, die lange in Paris als fille de joie gelebt hatte [154]. Der Fürste hatte die Gnade gehabt, ihr den Titel einer Komtesse von Lemberg zu geben.“ [155]
Mit diesen Schilderungen schnitt der Landgraf nicht gerade gut ab. Dies war aber weiter auch nicht verwunderlich, denn vielleicht wollte Laukhard ein klein wenig Rache üben; einstmals hatte er sich um eine Stellung beim Landgrafen beworben, was sich aber aus nicht bekannten Gründen zerschlagen hatte.

Was Laukhard aber unter „Bedienten und Kreaturen“ meinte, welche die Regierungsgeschäfte in Darmstadt betrieben, so sollte man sich auch mit diesen einmal befassen, um die Schwierigkeiten zu erkennen, welchen der Landgraf – fernab in Pirmasens – stetig ausgesetzt war.
Daß es mit den Finanzen nicht gerade zum besten stand, haben wir bereits vernommen. Die Geschäfte in Darmstadt führte seit dem Jahr 1772 der Sohn des berühmten württembergischen Landschaftskonsulenten Moser, ein Freiherr Friedrich Karl von Moser, welcher letztlich durch einen ebenso drastischen, aber minder ehrenvollen Sturz, als sein Vater erlitten hatte, bekannt geworden ist.
Mosers Auftreten als vornehmer Mann, seine kostbaren Liebhabereien, seine Lustgärten, Landgüter, Landhäuser, Gemälde und seine Neigung zur Verschwendung entfachten mancherlei Neid in der gesamten Landgrafschaft, oftmals sogar Haß. Unter solchen Voraussetzungen und in Anbetracht der pekuniären Lage konnte es nicht ausbleiben, daß Moser am 6. Mai 1782 des Landes verwiesen wurde, wobei andere Intrigen und Machenschaften gegenüber dem Herrscherpaar mit ausschlaggebend waren.

---

[154] Wahrscheinlich handelte es sich um Luise Magdalena Franziska Simon, die als armes Landmädchen in die Seinestadt gekommen war. Als Madame de Bickenbach kam sie nach Pirmasens. Nach dem Tode des Landgrafen heiratete sie den Hofchirurgus.

[155] Nach Eduard Vehse auch „Comtesse de Lamberg“ genannt, was wohl eine Verwechslung mit Lemberg ist.

Das landgräfliche Offizierskasino, in der Hauptstraße kurz vor dem Buchsweiler Tor gelegen, war eines jener Gebäude, welche bis zum Jahr 1944 Zeugnis von der herrschaftlichen Vergangenheit unseres Pirmasens ablegten. Der stolze Bau war im Jahr 1780 entstanden und trug über dem Eingang das Emblem des Landgrafen und die Symbole der Soldatenstadt. Das Kasino beherbergte einstmals die Offiziere, welche ohne Familienanhang in die Stadt gekommen waren. Hatten sie sich einmal zum Verbleib entschlossen, so konnten andere Unterkünfte bezogen werden. Nach hartem Tagesdienst fanden sich die „Ober- und Unter-Officiers" des Abends hier ein, um ihre Erfahrungen auszutauschen und nicht zuletzt bescheidenen Vergnügungen nachzugehen. Das Gebäude sank 1944 in Schutt und Asche, nachdem die vormaligen Besitzer stets darauf bedacht gewesen waren, es in seiner ursprünglichen Form der Nachwelt zu erhalten. Nur das Dreieck mit den verschlungenen L ist heute noch von diesem Bau übriggeblieben und verziert, heute kaum noch beachtet, die Fassade des Hauses Nr. 102 in der Hauptstraße.

Bezeichnend war sodann sein Wegzug nach Wien, wo der Landgraf als Preußenfreund gehaßt war. Hier klagte Moser beim Reichshofrat um sein vermeintliches Recht, und der Beschluß war selbstverständlich günstig für ihn.
Der Landgraf seinerseits setzte eine Untersuchungskommission zu Gießen ein und ließ gegen seinen ehemaligen Vertrauten einen Fiskalprozeß anstellen. Die Kommission entschied ihrerseits wegen Amtsmißbrauch, falscher Referate und Majestätsverletzung auf sechs Jahre Festungshaft und einen vorläufigen Schadenersatz von über 20.000 Gulden. Auf die im Hessischen liegenden Güter Mosers, welcher inzwischen nach Mannheim verzogen war, wurde Beschlag gelegt. Moser nahm seinen Rekurs an den Reichshofrat in Wien.
Dort schwebte noch der Prozeß, als Landgraf Ludwig IX. in Pirmasens starb [156].
Nachfolger Mosers wurde der seitherige Referendar Stauch. Er war gelernter Schneider aus Kirn an der Nahe und hatte sich auf seinen früheren Wanderschaften einige Welterfahrung angelernt. Außerdem sprach er perfekt Französisch und, was in einer darmstädtischen Kanzlei besonders wichtig war, er verfügte über eine schöne Handschrift.

Die Einstellung Stauchs entsprach ganz den Vorstellungen des Landgrafen, welcher ja auch bei seinen Soldaten eine adlige Abstammung negierte und eine Befähigung über alles setzte.
Stauch schmeichelte sich in die Schwächen des Landgrafen und regierte unter dem Titel Regierungsrat das Land. Trotzdem hatte er dabei bessere Erfolge als viele seiner studierten und adligen Vorgänger, was die Entscheidung des Landgrafen rechtfertigte.
Moser aber, welcher erst im Jahre 1796 seine Erfahrungen und Erlebnisse in seinen „Politischen Wahrheiten“ erscheinen ließ, also 6 Jahre nach des Landgrafen Tod, versuchte sein Verhalten zu rechtfertigen, indem er schrieb:
„Der Landgraf war nichts als Soldat und glaubte aufrichtig, daß in deren Menge eigentlich die Würde und Größe eines Fürsten zu suchen sei; von rechts und links der deutschen Länder- und Justizverfassung verstand er nichts; von der einen Hälfte seiner Dienerschaft war er verraten und von der anderen verkauft, sie verleiteten ihn, den damaligen Kaiserlichen Gesandten im Reich, Grafen von Neipperg, einen Mann, den sein eigener Vater seiner ungeheueren Verschwendungen wegen bereits gerichtlich enterbt hatte, zum Kommissarius in seinem Schuldwesen zu erbitten. Dieser übernahm mit Freuden einen solch einträglichen Auftrag; er machte dem tiefverschuldeten Mann (dem Landgrafen, d. V.) neuen Kredit bei Juden und Judengenossen, die, unter dem Vorwand beträchtlichen Nachlasses, vorzüglich vor anderen ehrlichen und rechtmäßigen Gläubigern, und ohne Untersuchung der Qualität und Legalität ihrer Forderungen, mit barer Zahlung befriedigt wurden. Um die Sache nicht nur halb schlecht zu tun, ward unter Neippergs Leitung ein Schulden-Zahlungsplan entworfen, nach welchem zu Abfindung sämtlicher sogenannter Kabinettskreditoren, unter denen sich so viele ehrliche Familien befanden, kein entbehrlicher Heller übrig blieb.“

„Landgraf Ernst Ludwig zu Hessen-Darmstadt und sein Schwager Friedrich Jakob zu Homburg hatten das Unglück gehabt, von einer Bande Betrügern, unter verheißendem Goldmachen, hintergangen und nach und nach in einen Abgrund von Schulden gestürzt zu werden.“ Solches berichtete Moser ebenfalls in seinen „Politischen Wahrheiten“, über den Vater des Landgrafen, womit verdeutlicht werden soll, unter welchen Voraussetzungen unser Landgraf Ludwig IX. vor nunmehr 12 Jahren die Regierungsgeschäfte seiner Lande übernommen hatte.

---

[156] Der Nachfolger unseres Landgrafen, Ludwig X., entschied sodann am 8. November 1791, daß der Prozeß niedergeschlagen werde, Moser sein in Beschlag belegtes Vermögen wiedererhalten und eine jährliche Rente von 3.000 Gulden erhalten solle. Moser starb 1798 zu Ludwigsburg.

Um sich ein Bild von der Größe der damaligen Soldatenstadt im Jahr 1780 zu machen, muß man einmal den Plan der Stadt Pirmasens aus den Jahren „um 1780" vergleichen [157] sowie die nachstehende Gesamtübersicht über die in den einzelnen Jahren entstandenen Gebäude berücksichtigen. Beides zusammen vermittelt einen Überblick, wie sich die Soldatenstadt Pirmasens im Jahr 1780 darbot und wie schnell sie gewachsen war. Dabei ragen die beiden Jahre 1773 und 1774 besonders heraus, wobei hervorzuheben sei, daß in diesen beiden Jahren besonders viele Anbauten entstanden, quasi Vergrößerungen der bestehenden Gebäude.

	Häuser	Scheunen	Ställe	Anbau	Schopf
1735 bestanden	35	26	5	0	0
bis 1763 dazugekommen	334	67	73	14	7
von 1763 bis 1768 ausgeführt worden	104	26	10	8	3
1768 wurden erbaut	33	7	5	4	0
Anno 1769 wurden erbaut	8	4	2	4	1
In Anno 1770 wurden erbaut	19	5	6	0	1
In Anno 1771 et 1772 erbaut	56	7	0	8	0
In Anno 1773 et 1774 erbaut	62	0	0	48	32
In Anno 1775 erbaut	14	4	4	4	0
In Anno 1776 erbaut	10	1	2	1	1
In Anno 1777 erbaut	10	6	5	8	0
Endlich sind in diesem 1778 Jahr neu erbaut und zu bauen angefangen worden	9	1	1	3	0
Summa	694	154	113 + [158]	102 +	45 +
Darunter befinden sich					
Herrschaftliche Gebäude	66	2	9	4	7
Privat Gebäude	628	152	94 +	98 +	38 +

„Sodann sind 3 Plätze zum Bauen angewiesen worden".

	Häuser	Scheunen	Ställe	Anbau	Schopf
In Anno 1779 sind neu erbaut und zu bauen angefangen worden	10	1	1	2	0
In Anno 1780 sind neu erbaut und zu bauen angefangen worden	7	1	3	1	0
Summa	711	156	117 +	105	45 +
Privat Gebäude davon	644	154	108 +	101 +	38 +

[157] Siehe Plan und Beschreibung Seite 177 und 178.

[158] + = In der „Summarischen Beschreibung" von L. Kampfmann (Heimatgeschichtliche Blätter, Jahrgang 1928) ergeben sich bei der Addition hier schon Fehler in der Reihenfolge 161 (statt 113), 86 (statt 102) und 13 (statt 45). Demnach ergibt sich eine falsche Endberechnung von privaten Gebäuden 156 (statt 108), 85 (statt 101) und 6 (statt 38).

In der Hauptstraße (später Haus Nr. 36) war ebenfalls ein herrschaftliches Haus vorhanden, welches zum Zeitpunkt der Aufnahme, etwa 1880, noch wohlerhalten war. Es ist uns nicht überliefert, welchem Zwecke es einmal diente. Auch muß es kurz nach dieser Aufnahme abgerissen worden sein, und wahrscheinlich hat es der Fotograf noch schnell „abgelichtet". Bis zum heutigen Tage ist das zurückliegende Haus Nr. 38 (heute Central-Hotel) charakteristisch für diesen Teil des Stadtgebietes geblieben, obwohl man lange vor dem 2. Weltkrieg eine Begradigung vorgenommen und die Häuser in eine Flucht gestellt hatte. Zum Zeitpunkt der Aufnahme hatte sich an dem baulichen Zustand des Gebäudes nicht viel geändert. Bezeichnend für die in der Landgrafenzeit entstandenen Häuser waren die großen Sandsteinquader an den Ecken, wie auch die geschwungenen Schieferdächer mit den Verkleidungen der Dachfenster.

1780 Zu jener Zeit war es auch, daß englische Truppenanwerber durch deutsche Lande zogen und einer in die Soldatenstadt Pirmasens kam, um beim regierenden Landgrafen von Hessen-Darmstadt sein Glück zu versuchen und eventuell Soldaten anwerben zu können.

Dies war ursächlich mit dem amerikanischen Unabhängigkeitskrieg zusammenzubringen, welcher seit nunmehr 4 Jahren im Gange war. Es war der erste Revolutionskrieg der neueren Geschichte, welcher die Gründung eines selbständigen Staates aus einer Kolonie zur Folge hatte.

Der englische König Georg III. wußte um die Qualität deutscher Soldaten Bescheid. Er versuchte von deutschen Landesfürsten Söldner zu erhalten, was ihm auch gelang. Im fernen Amerika wollte er die angemieteten Truppen für seine Interessen benutzen, allerdings unter ganz erheblichen Kosten für die englische Krone.

Andererseits waren deutsche Landesfürsten durchaus nicht abgeneigt, durch Truppenvermietungen ihre Staatskassen aufzubessern. Nach neueren Forschungen scheinen die Bedenken und die Moralitäten dabei nicht so groß gewesen zu sein, wie sie im nachhinein aufgebauscht wurden.

Immerhin flossen ansehnliche Summen in die Wirtschaft jedes einzelnen Landes und kamen indirekt der Allgemeinheit wieder zugute. Durch rege Bautätigkeiten profitierten der Staat, aber auch Handel und Gewerbe.
Nicht zuletzt konnten die Söldner in fremden Diensten mehr verdienen, als sie jemals zu Hause hätten erreichen können. Späterhin flossen ansehnliche Summen in Form von gespartem Geld von Amerika in die Heimat. Solche Überweisungen hatten sich schnell herumgesprochen und führten sogar zu Unruhen und Verärgerungen wegen einer Nichtberücksichtigung älterer Militärs bei der Ausleihung.
In einem absolutistischen Staat war das Soldatentum damals nicht nur eine Einrichtung zur Landesverteidigung, sondern diente sowohl zur Aufbesserung der Staatseinkünfte als auch zu Repräsentationen. Eigene Truppen wurden sozusagen als Staatsvermögen betrachtet. Inländische „Vermietungen" von Truppenteilen waren damals gang und gäbe, während stehende Truppenteile, so wie sie zum Beispiel auch in Pirmasens vorhanden waren, als kolossale Belastung der Staatsfinanzen betrachtet werden mußten.
Das stehende Heer der nordhessischen Landgrafschaft Hessen-Kassel unter Friedrich II., einem Verwandten des Landgrafen Ludwig IX., war damals in seiner hochgezüchteten Größe zu einer kaum mehr tragbaren finanziellen Belastung geworden. Dem Landgrafen Friedrich II. kam es daher sehr gelegen, seine Truppen gewinnbringend anlegen zu können. Am 15. Januar 1776 war es zwischen ihm und dem englischen König Georg III. zum Abschluß eines in lateinischer Schrift abgefaßten Subsidienvertrages gekommen.
Darin war die Teilnahme hessischer Truppen auf englischer Seite im amerikanischen Unabhängigkeitskrieg bis ins Detail festgelegt worden. Es war sozusagen ein Freundschafts- oder Beistandsvertrag, welcher in einzelnen Artikeln die Dienstfähigkeit regelte, die Bedingungen der Ausmusterung, die Inmarschsetzung der Truppen (15. Februar 1776), eine Aufgliederung einzelner Truppenteile usw. usw.
Aber auch die finanziellen Bedingungen – sehr wichtige Punkte des Vertrages – waren festgehalten worden: „Um die Unkosten gutzuthun, welche der durchlauchigste Landgraf aufwenden muß, besagtes Corps von 12.000 Mann zu bewaffnen, und in marschfertigen Zustand zu setzen, verspricht Se. Majestät der König von Großbritannien Sr. Durchlaucht für jeden Soldaten zu Fuß 30 Thaler Banco Werbegeld, sowohl für die Infanterie als für die Jäger und Artilleristen . . ."
Vom Tage der Unterzeichnung an verpflichtete sich der englische König, jährlich eine Summe von 450.000 Thaler Banco für die Gestellung der Truppen zu zahlen, und zwar so lange, wie das Corps in britischen Diensten stehe. Um in heutigen Worten zu sprechen, stellte der Vertrag quasi eine Vollkaskoversicherung dar.
Es wurde weiterhin vereinbart, daß die hessischen Truppen in ihrer Besoldung den englischen Truppen gleichgestellt seien. England mußte sich verpflichten, für alle weiteren Schäden aufzukommen, ob im Kriegsgeschehen oder durch Unglücksfälle. Sollte das Heimatland während der Abwesenheit der eigenen Truppe angegriffen „oder beunruhigt werden", so verpflichtete sich der englische König, allen erdenklichen Beistand zu leisten. Sollten Angehörige der vermieteten Truppen im englischen Befehlsbereich in Amerika als Deserteure aufgegriffen werden, so sollten sie ausgeliefert werden.

Damit war Vorsorge getroffen, daß sich keine Hessen in Amerika ohne die Zustimmung ihres Landesherrn seßhaft machen konnten.
Transportkosten und Briefporti der hessischen Soldaten von Amerika nach Hause gingen ebenfalls zu Lasten der Engländer.
Die ersten deutschen Truppen waren bereits am 12. August 1776 in New York an Land gegangen, und allesamt wurden sie kurzerhand als „Hessians" bezeichnet, wohl eine Folge des hohen Anteils der Hessen.
Schon bald stellten sich militärische Erfolge ein. General Washington konnte seinen Feinden keinen ernsthaften Widerstand entgegensetzen, so daß immer mehr Gebiete von den Engländern und Hessen erobert werden konnten.

Welch traurige menschliche Schicksale sich im fernen Amerika ergaben und wie auch Deutsche gegen Deutsche kämpften, ist aus einem besonderen Vorkommnis zu ersehen: Die hessischen Truppen unter dem Befehl von Oberst Rall hatten Anfang Dezember des Jahres 1776 den Delaware erreicht. Am 26. Dezember wurde ihr Winterquartier in Trenton von den Truppen Washingtons überfallen. Der verwundete Oberst Rall, welcher übrigens später seinen Verletzungen erlag, wurde von seinem Onkel, auch einem Oberst Rall, gefangengenommen. Dieser letztgenannte Oberst Rall, welcher auf amerikanischer Seite kämpfte, war einige Jahre zuvor aus der Pfalz nach Amerika ausgewandert.
Dergestalt waren also die innen- und außenpolitischen Verhältnisse zum Zeitpunkt unserer Schilderungen, welche sich auch bis nach Pirmasens herumgesprochen hatten. Der englische Truppenanwerber William Fawcett, welcher wohl in der Landgrafschaft Hessen-Kassel von der mustergültigen Soldatenkolonie in Pirmasens erfahren hatte – und wahrscheinlich auch von den finanziellen Belastungen des verhältnismäßig kleinen stehenden „Heeres" in der Soldatenstadt – wollte nunmehr sein Glück auch bei Ludwig IX. versuchen.
Mit vielen Worten wollte er unserem Landgrafen klarmachen, wie schnell alle finanziellen Sorgen verschwunden sein könnten – er brauche nur dem Beispiel anderer regierender Fürsten zu folgen.
So dringend notwendig der Landgraf Ludwig IX. zeit seines Lebens Geld benötigte, schlug er die verlockenden Angebote rundweg aus. Er widerstand den Versuchungen und Verlockungen ohne lange Bedenkzeit. Er war ein eingefleischter Soldat und wollte unter gar keinen Umständen einer Ausleerung seiner mühsam aufgebauten Soldatenstadt zustimmen. Seine Soldaten in seinem geliebten Pirmasens sollten nicht hinausziehen in ferne Länder, um für die Ideale und Interessen anderer zu kämpfen, und vielleicht dabei ihr Leben verlieren.
Das standhafte Verhalten unseres Landgrafen und der absolute Verzicht auf schnellen finanziellen Gewinn stießen auf Unverständnis der Werber, und manch anderer Landesfürst mag seine Charakterfestigkeit bewundert haben.
Als die Tatsachen jedoch in Pirmasens bekannt geworden waren, wußte dies jedermann zu schätzen. Der Landgraf hatte erneut ein Zeichen seiner Güte und Redlichkeit gegeben, und die Achtung gegenüber seiner Persönlichkeit wuchs noch mehr. Man war stolz, unter einem echten Fürsten dienen und leben zu dürfen. Er hatte stets das Wohl seiner Untertanen im Auge. Andere Landesherren, die den Versuchungen nicht widerstanden hatten, wurden als Sklavenhändler bezeichnet.

Erst im August 1783 begann die Rückfahrt der hessischen Truppen aus Amerika. Nur ein Teil kehrte dabei in die Heimat zurück. 1776 waren aus der Landgrafschaft Hessen-Kassel fast 12 000 Mann ausgezogen. Andere Länder, wie zum Beispiel Ansbach-Bayreuth, Anhalt-Zerbst, Hessen-Hanau und Waldeck hatten kleinere Truppenteile gestellt, so daß sich die Gesamtzahl auf etwa 19 000 Mann belief.
357 Hessen hatten während den kriegerischen Auseinandersetzungen in Amerika den Tod gefunden. 4 626 waren an Krankheit gestorben, und rund 3 000 Mann hatten die Truppe einfach verlassen und waren in der neuen Heimat verblieben. Dabei sei festzustellen, daß viele der Söldner ihre Familien anfänglich schon mitgenommen hatten, und wieder andere hatten die Familienangehörigen nachkommen lassen. So war die Zahl von rund 3 000 Deserteuren nicht weiter verwunderlich, denn ihnen war der Entschluß zum Verbleib in Amerika nicht weiter schwergefallen.
Zwar verfiel das „Vermögen" der Deserteure dem Staat, aber aus was konnte damals ein Vermögen schon bestehen? Manch einer hatte gerne auf seinen armseligen Besitz in der alten Heimat verzichtet. In der neuen Heimat konnte fast jeder schneller zu Besitz und Reichtum gelangen.
Eine Verlustquote des amerikanischen Abenteuers von nahezu 70% hätte wohl den Ruin der Stadt Pirmasens nach sich gezogen, nicht eingerechnet den Familienanhang der Ferngebliebenen. Die besser situierte Landgrafschaft Hessen-Kassel konnte einen solchen Schwund ohne nennenswerte Nachteile überstehen. Für die

abgelegene Stadt Pirmasens aber hätte eine andere Entscheidung des Landgrafen Ludwig IX. unweigerlich und höchst wahrscheinlich das absolute Ende bedeutet.

Statt dessen strebte die Soldatenstadt zu neuen Höhen empor, denn das Militär hatte 1780 eine Stärke von 1 571 Mann erreicht (4. April 1780). Fast war damit der Höchststand erzielt worden, denn nur noch einmal wird diese Zahl um 14 Mann überschritten werden.

1781 Am 22. Dezember dieses Jahres kam mehr oder weniger gezwungenermaßen ein Johann Ludwig Maurer als Amtsschaffner und Landkassenrechner nach Pirmasens zugezogen [159], denn so einflußreiche Beamte wollte der Landgraf offensichtlich gerne in seiner Nähe haben.

Wie uns Maurers Sohn später zu berichten weiß, hatte er eine umfangreiche Registratur sowie eine bedeutende Kasse zu verwalten. Er bezog sogleich die Wohnung seines Amtsvorgängers Georg Christoph Schreibeisen, dessen Haus „neben dem Zweibrücker Torwachthaus stand", ein einstöckiger Bau [160].
Was die Übersiedlung Johann Ludwig Maurers anbelangt, er hatte am 4. April 1782 seine ganze Familie nachkommen lassen, so scheint er von dieser Wohnortverlegung nicht erbaut gewesen zu sein, was wiederum beweist, wie ungern die höhergestellten Beamten der Regierung in Buchsweiler das abgelegene Pirmasens als Aufenthaltsort in Betracht zogen. In dieser Angelegenheit wurde Maurer sogar bei seinem Landgrafen vorstellig, aber dieser entschied: „Es bleibt bei der erteilten ersten Resolution; der Maurer muß hierher, es wird ihn hier niemand fressen, man kann überall ein ehrlicher Mann sein."

Nach wie vor trug sich der Landgraf mit dem Gedanken, weiter schönere Eigenheime für seine verdienten Soldaten erstellen zu lassen. Aus diesen Überlegungen heraus entstand im Jahr 1781 ein Plan, im tiefstgelegenen Teil der Stadt, von der Hauptkaserne in der Sandgasse aus, die hier gesammelten Wasser durch einen 6 Fuß breiten und 1 285 Fuß langen Kanal in Richtung Westen abzuleiten.
Wahrscheinlich stand diese Projektierung in engem Zusammenhang mit der Paradeallee. Zum endgültigen Ausbau der gesamten Anlage fehlte jedoch das Geld. Jedenfalls war es eine sehr großzügige Planung, denn auf beiden Seiten dieses Kanals, welcher sämtliche Wasser dieser Talmulde aufnehmen sollte und die sodann zu einem ansehnlichen Bach geworden wären, sollten einstöckige Grenadierhäuser zu stehen kommen. Jedes der schmucken Häuschen sollte auf der Rückseite einen eigenen Pflanzgarten bekommen (siehe auch Abb. Seite 179).

---

[159] 1798 finden wir besagten Maurer als Tranksteuereinnehmer in Darmstadt, gestorben 1803.

[160] Dem widersprechen die Schilderungen Diedrich Maurers, des Sohnes. Er schreibt: „Es war ein Haus von zwei Stock Höhe, welches das vorletzte Haus links, wenn man in der Hauptstraße dem Zweibrücker Tor zugeht." Das Gebäude wurde am 10. Juni 1790 von Landgraf Ludwig X. dem Grenadier Johann Jockers aus Sand, einem überrheinischen Ort, welcher 25 Jahre lang (1765-1790) dem Landgrafen die Treue gehalten hatte und 1790 als Invalide im Regiment Erbprinz in der Stammrolle aufgeführt wird, geschenkt.

Die Brückengasse war einstmals in der Soldatenstadt eine wichtige Verbindung zwischen Hauptstraße und Schäfergasse. Nur über sie konnte man, von der Hauptstraße aus, die nordwestlichen und tiefer gelegenen Teile des Stadtgebietes erreichen, denn die Amtsgasse (später Bahnhofstraße) endete am Felsenberg (heute Felsentreppen). Auch hier in der Schäfergasse standen viele primitive Häuschen, die zur Landgrafenzeit erbaut worden waren, wie zum Beispiel die „Restauration zum alten Fritz", welche ein Fritz Schäfer betrieb. 1899 finden wir diese Restauration in der Schäfergasse 24 vor. Bis zum Zeitpunkt dieser Aufnahme, etwa 1905, hatte sich das Milieu an dieser Stelle wenig verändert, und wahrscheinlich waren die beiden primitiven Häuschen uralte Zeugen aus der Soldatenstadt. Heute führt hier eine moderne Straße entlang, und nur einzelne der hier „abgelichteten" Personen können sich vielleicht noch an dieses Stück von Alt-Pirmasens erinnern.

In das Jahr 1781 fiel die Überschreibung eines Hofgutes in unmittelbarer Nähe der Stadt, welches in den kommenden Jahrhunderten eine wechselvolle Geschichte haben wird, heute noch besteht und durch tragische Ereignisse des Jahres 1944 einige Erinnerungen aufwerfen wird.
Der landgräfliche Major Bernhard Müller [161] erwarb ab dem Jahr 1765 in der Gemarkung „Finsterbach“ einiges Gelände, mit der Absicht, hier ein Hofgut zu erstellen, ähnlich einem Georg Höf(f)le, welcher schon 1746 sein Hofgut am Haseneck erbaut hatte.
Im Jahr 1781 war besagter Müller zum Generalmajor avanciert. Im Alter von 62 Jahren wollte er sich keinen großen Mühsalen mehr hingeben und überschrieb seinem Schwiegersohn, dem damaligen Leutnant Friedrich Adolf Franz Beck [162] das gesamte Gelände.
Beck ging mit Eifer daran, noch im selben Jahr ein Gebäude zu erstellen. Wahrscheinlich entstand zu jener Zeit die Bezeichnung „Beckenhof“, dessen Grundmauern heute noch so vorhanden sind, wie sie vor fast nunmehr 200 Jahren errichtet wurden.
Friedrich Adolf Franz Beck avancierte in der Soldatenstadt des Landgrafen noch zum Kapitän im Jahre 1789 [163]. Der Beckenhof hatte bis zum Jahr 1824 die verschiedensten Besitzer [164].

*

Obwohl die Stadt seit nunmehr fast 20 Jahren mit einer riesigen Mauer umgeben war, hielten die Desertionen offensichtlich immer noch an, wenn auch bei weitem nicht mehr in dem Ausmaß wie vor der Erbauung der Mauer.
Wir können heute nur ahnen, welche menschlichen Schicksale zu einer Fahnenflucht beigetragen haben mögen oder wie groß das Heimweh gewesen sein muß, wenn ein des Soldatenlebens Überdrüssiger mit allen Mitteln versuchte, aus der streng bewachten Stadt hinauszukommen, ungeachtet der harten Strafen, die bei Ergreifung drohten.
Hatte ein Grenadier aber einmal den Entschluß zur Fahnenflucht gefaßt, so hinderte ihn keine Macht der Welt daran, irgendwie aus der Stadt hinauszukommen, wie uns eine Tagebucheintragung des Landgrafen beweist:

14. April 1782: „In der Nacht vom 14. auf den 15. April ist die Desertion mit dem Grenadier Heinrich Freyer [165] geschehen und zwar folgendermaßen: An dem Canal, wo das Wasser in der Erde am Exerzierplatz den ordinairen Lauf durch die Stadt nimmt und auswärts an der Blümelsthaler Wacht [166] herauskommt, brach der Deser-

---

161 Müller Bernhard, Ber-, Bür- oder Darmstadt, geb. 1719, 73/4 Zoll, 1742 Grenadier, 1746 Leutnant, 1750 Kapitän, 1763 Major, 1766 Obrist-Leutnant, 1768 Obrist, 1769 Brigadier, 1780 Generalmajor, 1742-1777 im Regiment Erbprinz, gestorben zu Pirmasens am 19. Dezember 1789. An diesem Werdegang ist deutlich zu erkennen, zu welchen Rangstufen ein gemeiner Grenadier es bringen konnte, wenn er das Vertrauen des Landgrafen besaß.

162 In der Stammrolle der Oberoffiziere: Beck Frdch. Adolf Franz, Wolfsgarten (nicht aus Neu-Hemsbach), 16 Jahr, 8 Zoll, 1772 Korporal, 1773 Leutnant, 1789 Kapitän, 1770-1781 im Regiment Erbprinz, 1790 (bis 1791) im Regiment Hanau-Lichtenberg, 1792 im Hessischen Bataillon in Starkenburg.

163 Beck diente anschließend noch unter Napoleon und nahm auch am Rußlandfeldzug teil. Er wurde mit dem Großkreuz der französischen Ehrenlegion ausgezeichnet. Direkter Nachkomme war Generaloberst Ludwig Beck, welcher nach dem Scheitern des Attentats auf Hitler am 20. Juli 1944 Selbstmord beging.

164 Beck setzte um 1785 die Gebrüder Bixler aus Lemberg als Pächter auf den Hof. 1787 erwarben diese für 1.322 Gulden das Gut. Weitere Besitzer waren die Eheleute Jacob Ehrgott aus Ruppertsweiler, der Förster Georg Hammel und Johann Adam Siegesthaler aus Ruppertsweiler. 1824 erwarb der bayerische Staat das Gut für 2.150 Gulden und machte daraus eine Försterei.

165 Den Grenadier Heinrich Freyer, 19 Jahre, $7^1/_2$ Zoll, hatte es in seine Heimat nach Klein-Steinhausen gezogen, denn dieser Heimatort wird in der Stammrolle angegeben. Ohne Hilfe seiner Freunde wäre eine Flucht wohl nicht möglich gewesen. Aus dem Sachverhalt geht aber auch hervor, wie intensiv eine Flucht oftmals geplant und abgesprochen wurde.

166 Vergleiche auch Lage des „Blümelsthaler Wacht-Hauhses“ auf Lageplan aus dem Jahr 1762, Seite 95.

tierte neben an den gewölbten Quadersteinen ein Loch in den gedachten Canal, ohne das eiserne Gitter zu beschädigen, ging hierauf gebuckt den 40 Schuh langen Canal hindurch und schlupfte auswärts durch das eiserne Gitter, woran seine Freunde von Steinhausen die eiserne dicke Stange an der Ecke des Gewölbes auswärts durch Hebeeisen und Brechmaschinen gebrochen hatten und damit sie rechte Gewalt anwenden konnten, die Mauer von auswärts einbrachen und seitwärts die Steine wegmachten, damit sie mehrere Gewalt anlegen konnten . . ."

Das militärische Gepränge in der Stadt war von Jahr zu Jahr gewachsen. Überall, wo man hinsah, waren Uniformen zu erkennen, ja selbst diejenigen, welche nicht zur eigentlichen Garnison gehörten, hatten uniformähnliche Kleidung angelegt. Jeder wollte seine Zugehörigkeit zum Hofstaat nach außen hin unter Beweis stellen, und durchaus wurden solche Uniformen mit vollem Stolz getragen. Selbst der Schweinehirt, welcher mit einer Peitsche die zur herrschaftlichen Wirtschaft gehörigen Schweine hüten mußte, hatte seine eigene Uniform erhalten.

Bei dem Pirmasenser Militär hatte sich ein festes Reglement eingespielt. Neben den Aus- und Einmärschen der Grenadiere zu Exerzierübungen, Paraden, Waffen- und Geländeübungen oder sonstigen Spezialaufgaben – sie vermittelten einem Beschauer eine militärische Hektik sondersgleichen – wurde nachmittags um vier Uhr zum Gebet der Wachmannschaften geblasen. Um neun Uhr abends sank sodann die Ruhe über die Stadt, wenn zum Zapfenstreich geblasen wurde.

1782 Die Einwohnerzahl belief sich jetzt schon auf 5 878, die zur Soldatenkolonie zählten, und auf weitere 1 889 Bürgerliche, so daß sich eine Gesamtzahl von 7 767 ergab. Diese Zahlen teilten sich wie folgt auf:

	Männer	Weiber	Kinder	Gesinde
Leib-Grenadier-Garde	1 557	1 168	2 342	92
Hussaren	26	20		
Beurlaubt	20	18		
Invaliden	45	38		
Landgrave (3. Komp.)	426	126		
	2 074	1 370	2 342	92

zusammen: 5 878 Seelen
Ca. 65 % aller Pirmasenser Soldaten waren demnach verheiratet.

Die Pirmasenser Bürgerschaft nahm sich gegen solch ansehnliche Zahlen direkt ärmlich aus, denn es wurden registriert:

	Männer	Weiber	Kinder	Gesinde	zus.
Hofhaltung	74	60	98	50	282
Civil-Dienerschaft	34	31	76	42	183
Bürgerschaft	288	306	593	237	1 424
				zusammen	1 889
				+ Aufstellung Militär	5 878
				insgesamt	7 767

Beim Betrachten solcher Zahlen wird ein Mißverhältnis deutlich, unter welchem die Stadt noch schwer zu leiden haben wird. Nur rund 24 % der gesamten Einwohnerschaft hatten einen bürgerlichen Stand, während rund 76 % zum Militär-Stadt-Staat zählten!

Hinzu kam ein weiteres Mißverhältnis, welches die alleinige Abhängigkeit von einer ausgedehnten fürstlichen Hofhaltung deutlich werden läßt, denn von den 1 122 erwachsenen Bürgern der Stadt (mit 767 Kindern) fanden 291 ihr tägliches Brot in fürstlichen Einrichtungen. Dies waren über 38 % der bürgerlichen Einwohnerschaft!

Die wenigen noch verbliebenen Bürger wurden ab dem Jahr 1782 von dem Stadtschultheißen Johann Adam Kiefer geführt [167], welcher sein Amt bis zu seinem Tode bekleiden wird. Große Ansprüche konnte diese Minderheit keine stellen. Hatten die Bürger einmal ein Anliegen, so wurden die „unterthänigsten" Bitten an den Landesherrn herangetragen und meist wohlwollend beschieden.

1783 Das ganze Leben und Treiben in der Stadt, einfach alles, war einzig und allein auf die Soldaten und deren Einrichtungen ausgerichtet und von ihnen abhängig. Hier ergaben sich jedoch so weite Betätigungsfelder, daß man kaum auf den Gedanken kommen konnte, andere Gewerbe zu betreiben. Außerdem ergaben sich dazu überhaupt keine Möglichkeiten, denn die streng bewachte Stadtmauer setzte jedem Vorhaben schnell ein Ende. Man war sozusagen von der Außenwelt abgeschnitten, nicht allein durch diese Mauer, sondern auch durch die exponierte geografische Lage. Es hatte sich sozusagen ein Stadtstaat herangebildet.
Innerhalb der Mauer konnte aber jeder unbeschwert und glücklich leben. Jeder Einwohner fand sein Auskommen, und strenge Anordnungen, Gesetze und Urteile sorgten für Zucht und Ordnung.
Um den Bewohnern der Stadt, ob Soldat oder Bürger, Abwechslung und Freude zu gönnen, wurden zahlreiche Jahrmärkte abgehalten, und ganz schnell hatte es sich bei den Schaustellern in weitem Umkreis herumgesprochen, daß in der Garnison Pirmasens am Zahltag oftmals bessere Geschäfte gemacht werden konnten, als mit wochenlangem Herumziehen in anderen Gegenden.
Allerdings standen die Händler und Schausteller, die Guckkastenbesitzer und Moritatensänger unter ganz besonderer Kontrolle. Einmal wurden nur bestimmte Arten von „Vergnügungsetablissements" zugelassen, und zum anderen durften nur ganz bestimmte Waren feilgeboten werden. Hier hatte der Landgraf wieder einmal das Wohl seiner Stadtbewohner im Auge, denn durch auswärtige Händler sollten die Pirmasenser Gewerbetreibenden keinerlei Schaden erleiden.
Ein Lottospiel erfreute sich damals großer Beliebtheit und diente außerdem zum Zeitvertreib der Grenadiere außerhalb der Dienstzeit. Es war vom Landgrafen mit einer bestimmten Absicht genehmigt worden, denn wie es heute auch noch der Fall ist, brachte es dem Veranstalter eine ansehnliche Nebeneinnahme [168].

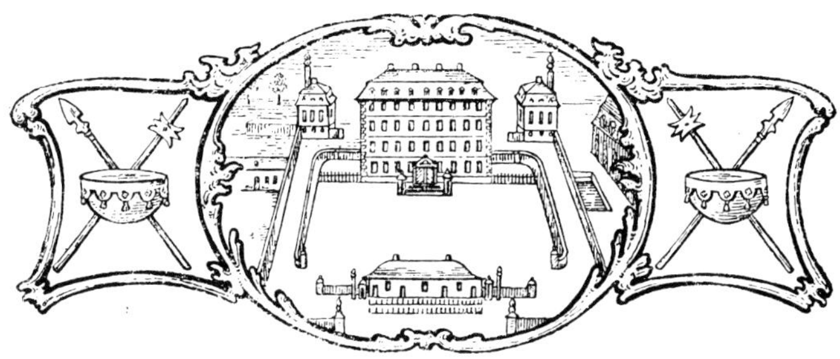

[167] Johann Adam Kiefer, 16. Dezember 1741 - 25. September 1788.

[168] Leider bestehen wenig Überlieferungen, in welcher Form das Lottospiel ablief. Die Einnahmen mußten beachtlich gewesen sein und standen im Zusammenhang mit den Forderungen des Landgrafen zur Bildung einer weiteren, dritten Kompagnie des Regiments „Landgraf". Hier hatten sich Differenzen mit seinem früheren Kanzler und Finanzgewaltigen, Freiherrn von Moser, ergeben, welcher solche Nebeneinnahmen als nicht legal betrachtete bzw. den Gewinn, ob einer ständig bestehenden Finanzknappheit, anderweitig verwenden wollte.

1784 Wie sehr sich im Laufe der Jahre und mit dem rapiden Wachsen des Militärs handwerkliche Spezialisten herangebildet hatten, geht aus einer Akte hervor. Der Inhalt wird speziell für Pirmasens von einiger Bedeutung sein, denn man konnte nachlesen, daß im Jahr 1784 bereits 20 Militärschuster ihrem Beruf nachgingen.
Dabei handelte es sich keineswegs um 20 Einzelpersonen. Vielmehr beteiligte sich die ganze Familie an dem Gewerbe einer Stoffschuhherstellung. Der Absatz der Erzeugnisse muß jetzt schon auch außerhalb der Stadt erfolgt sein, denn im Jahr 1784 beschwerte sich die Zunft der Schuhmacher in Kaiserslautern über die Pirmasenser Konkurrenz.
Zu diesem Zeitpunkt kristallisierte sich also schon eine Pirmasenser Eigentümlichkeit heraus, deren Akteure eines Tages einen fast legendären Ruf erlangen werden: Es waren die Soldatenfrauen, die mit der fertigen Ware durch die beiden Stadttore hinaus in die Fremde ziehen mußten, um die Erzeugnisse irgendwo abzusetzen. Der Nebenverdienst nahm ab besagtem Zeitpunkt schon beachtliche Formen an.
Die hohe Anzahl von 20 Militärschustern überrascht keineswegs, wenn man an den Verschleiß des Schuhwerks von fast 1.600 täglich exerzierenden Grenadieren denkt. Die Schuhmacher wurden sogar namentlich aufgeführt: H. Heller, Friedrich Erdmann, Johannes Frantz, Adam Fahr, Gottlieb Kramer, Lorenz Kleyer, Heinrich Adolf jun., Wilhelm Schmenger, Peter Schehrer, Johannes Wetzstein, Johannes Schmitt, Johannes Roth, Walter Trautmann, Kaspar Stephan, Jakob Jakobi, Georg Jakobi, Georg Günther, Jakob Priester, Weinberg und König.

*

Pirmasens war in den letzten Jahren in ständig zunehmendem Maße zu einer Art „Relaisstation“ zwischen Buchsweiler und Darmstadt geworden, wenngleich der Hauptverkehr zwischen Buchsweiler und Pirmasens verlief. Aber immerhin hatte der regierende Fürst des Landes Hessen-Darmstadt seinen ständigen Wohnsitz in Pirmasens, und ganz selbstverständlich mußte auch eine Verbindung Darmstadt-Pirmasens bestehen.
Fast genau nach dem ersten Drittel der gesamten Wegstrecke Buchsweiler-Darmstadt gelegen, kamen die Versorgungswagen in Pirmasens durch. Nicht weniger freudig wurden die Wagen aus Darmstadt in der Garnison empfangen, denn diese brachten den Sold für die Soldaten.
Schon weit vor den Toren der Stadt wurden die Wagen von einer Husareneskorte erwartet und in sicherem Geleit in den entlegenen Winkel des unermeßlich großen Wasgauwaldes gebracht. Welche Freude herrschte nach Auszahlung des Soldes in der Stadt! Sehr oft waren die Entlöhnungen rückständig, je nach der Finanzlage. Um so größere Freude herrschte sodann bei der Auszahlung, in Anbetracht zusammengekommener ansehnlicher Beträge. Schon damals wurde nach einem Pirmasenser Grundsatz gelebt: „Leben und leben lassen!“

Der Ort Ludwigswinkel, welcher verhältnismäßig spät entstanden war, lag fast direkt an der Versorgungsstrecke Buchsweiler-Pirmasens und verdankte wohl dieser Tatsache als auch dem Vorhandensein einer starken Quelle, dem „Röselbrunn“, seine Gründung. Im Laufe der Zeit war die Stelle zu einer Art Relaisstation geworden. Mit den primitiven Verkehrsmitteln der damaligen Zeit war eine Gesamtwegstrecke Pirmasens-Buchsweiler von rund 50 Kilometern an einem Tag nicht zu bewältigen. Von Buchsweiler aus konnte man die Strecke bis Ludwigswinkel gerade noch schaffen, und somit entstand hier ein Etappenziel. Hier konnte man sich nach einer strapaziösen Reise sein Nachtlager suchen und am nächsten Morgen mit neuen oder ausgeruhten Pferden dem Ziel Pirmasens entgegenziehen, welches man gegen Mittag erreichen konnte. Aus diesen Gründen und wahrscheinlich wegen der immer noch bestehenden Wohnungsnot in der Soldatenstadt Pirmasens siedelte der Landgraf mehr und mehr Grenadiere hier an. Heute erinnert ein Gedenkstein in Ludwigswinkel an diese Begebenheit.

Das Havannahaus Reinhard Hölzer in Pirmasens war schon ein eifriger Förderer der Pirmasenser Geschichtskarten. Kein anderer Verlag (und davon gab es in Pirmasens viele), hat die Vergangenheit unserer Stadt in Form von Ansichtskarten so gewürdigt wie dieser. Mag sein, daß das Havanna-Zigarrenhaus dazu besonderen Anlaß hatte, weil es direkt neben dem 1771 entstandenen Rathaus lag. Heute sind wir jedenfalls dafür dankbar, daß solche Erinnerungskarten geschaffen wurden, die in ihrer Art ein Stück Heimatgeschichte darstellen.

Solche Gedenkkarten wurden zu Beginn des 20. Jahrhunderts in Pirmasens herausgegeben, denn nach 120 Jahren erinnerte man sich gern an die herrschaftliche Vergangenheit. Die Motive ergeben zwar keinen Zusammenhang, aber man wollte demonstrieren, zu was es die Stadt gebracht und wem man es zu verdanken hatte. So erschien der Stadtgründer zusammen mit seinen Grenadieren, neben einer neuen Attraktion der Stadt, der Straßenbahn.

Da diese Karte einstmals von einem Besucher unserer Stadt nach Viernheim/Hessen geschrieben wurde und der Stadtgründer ausdrücklich erwähnt wird, dürfte die beschriebene Seite ebenfalls von Interesse sein.

1785 Genaue Angaben über die Einwohnerzahl von Pirmasens gibt es nicht. Nach Lage der Dinge dürften im Jahr 1785 wohl etwa 7900 Menschen die Stadt bevölkert haben. Im Ausbau der Stadt war noch kein Ende absehbar. Wenn man bedenkt, daß sich die Einwohnerzahl in den nächsten 5 Jahren um rund 25% vermehren wird, kann man ermessen, welche Vorkehrungen dafür geschaffen werden mußten.

1787 Im Jahr 1787 muß in der Stadt auch eine Art „Postaufsicht" bestanden haben. Nur vereinzelt kennen wir Briefe aus jenen Jahren, die damals von Pirmasens abgingen. Sie tragen jedoch keinerlei Hinweis auf eine „Post" in der Stadt. Wohl hat man aber schon auf das Gewicht oder den Wert solcher Briefe geachtet, denn es gibt auf denselben sogenannte Taxvermerke, welche mit Rötelstift und handschriftlich aufgebracht wurden [169].

1788 Die vorgenannte „Postversorgungsstelle" wurde im Jahr 1788 erneut erwähnt, obgleich man noch weit davon entfernt war, eine ordnungsgemäße Briefversorgung zu haben, wie sie aber anderswo schon vorhanden war. Die „Expedition" soll an der Stelle gelegen haben, an welcher in späteren Jahren die „Stadtpost" entstehen wird [170]. Vom Zeitpunkt unserer Schilderung an gerechnet, wird es noch 41 Jahre dauern, bis eine offizielle Post eröffnet werden wird.
Von einem geregelten Postverkehr kann also noch lange nicht gesprochen werden, und keinesfalls hat die Versorgungsstelle einen amtlichen Charakter gehabt. In anderen, größeren umliegenden Orten wurde eine organisierte Post durch einen Poststempel dokumentiert. Es muß sich also in Pirmasens um eine Art Sammelstelle für ein- und ausgehende Post gehandelt haben, und vielleicht hat man ein- oder zweimal die Woche alle Sendungen nach Zweibrücken verbracht, von wo aus diese sodann weitergeleitet wurden. Die Anwesenheit eines regierenden Fürsten in den Mauern der Stadt bedingte darüber hinaus eine Nachrichtenübermittlung in irgendeiner Form; sei es, daß dafür eigene Kuriere zur Verfügung standen oder die seit langen Jahren bestehenden Verbindungen Zweibrücken-Pirmasens-Bergzabern ausgenutzt wurden. Nach Buchsweiler und Darmstadt bestanden ganz bestimmt eigene Kurierlinien.

1788 Am 25. September 1788 war der bisherige Stadtschultheiß Johann Adam Kiefer verstorben. Als Nachfolger wurde der Glasermeister Samuel Kull berufen [171], wahrscheinlich mit allerhöchster Genehmigung. In seine Amtszeit werden dramatische Ereignisse fallen, soweit diese unsere Stadt betreffen.
Die Einwohnerzahl von Pirmasens dürfte nunmehr etwa 8 000 betragen haben.
Bevor wir das Ende einer Epoche für Pirmasens erreichen, sollen zwei Berichte aus der damaligen Zeit verdeutlichen, wie das Leben in der Stadt verlief und welche Verhältnisse damals herrschten.
Einmal ist es ein Bericht von Julius Rathgeber, welcher im Jahr 1890 veröffentlicht wurde, zu einem Zeitpunkt also, zu welchem die Erinnerungen an vergangene Zeiten noch frisch und mündliche Überlieferungen aus der zweiten Generation durchaus möglich waren [172].

---

[169] Vergleiche auch Bildtext Seite 195.

[170] Die Pirmasenser Stadtpost entstand allerdings erst am 1. November 1902. Vorher gab es die Zweigstelle „Pirmasens 1" in der Hauptstraße 38 (Görlichsches Anwesen), wobei unter besagtem Datum eine Verlegung nach Hauptstraße 35 (Fahrsches Anwesen) erfolgte und sich der Name „Stadtpost" ergab. Vergleiche auch Band III.

[171] Samuel Kull, Glasermeister, geboren 1741 in Pirmasens, Amtszeit 1788-1793.

[172] „Der letzte deutsche Fürst von Hanau-Lichtenberg Landgraf Ludwig IX. von Hessen-Darmstadt, ein Ahnherr Kaiser Wilhelms II.", Julius Rathgeber, Straßburg 1890.

1789 „Die Stadt Pirmasens liegt am Abhang des Berges „Horeb"; mitten durch dieselbe zieht sich eine Felswand hindurch. Daher kam es, daß manche Gebäude, die auf der einen Seite nur ein oder zwei Stockwerke enthielten, auf der anderen Seite drei oder vier Stockwerke zeigten. In der Mitte der Stadt erhob sich das von mehreren Pavillons umgebene Landgräfliche Schloß. Hier wohnte der Fürst in einem Zimmer, dessen Leinwandtapeten mit Abbildungen einzelner Soldatengruppen in verschiedenen kriegerischen Stellungen oder ganzer Soldatengruppen bedeckt waren. In der Nähe des Schlosses befanden sich Hauptwache, das stattliche Rathaus und das große Exerzierhaus.
Letzteres war so geräumig, daß mehr als 1 000 Mann gleichzeitig darin exerzieren konnten. Die Stadt war von einer Mauer eingeschlossen, deren Umfang mehr als eine Wegstunde betrug.
Aber nicht zur Verteidigung gegen äußere Feinde war diese Stadtmauer errichtet worden, sondern sie war vielmehr dazu bestimmt, die Desertationen der Grenadiere zu verhindern. Deswegen führten nur zwei Tore, das Zweibrücker und das Buchsweiler Tor, aus ihr heraus in das Freie; ihre innere Seite jedoch stand frei, und es durfte kein Haus an ihr gebaut werden; in gewissen Entfernungen voneinander standen Schildwachen, die von Stunde zu Stunde beaufsichtigt wurden. Bei der bunten Zusammensetzung des Pirmasenser Militärs, in welchem sich Soldaten aus aller Herren Ländern zusammenfanden, waren solche Maßregeln durch die Vorsicht geboten, denn viele suchten, der strengen Manneszucht überdrüssig, sich derselben durch Flucht zu entziehen. Diese Gattung von Soldaten wurde als „Unvertraute" bezeichnet; sie waren in Kasernen untergebracht und durften die Stadt nicht verlassen, während die zuverlässigen Krieger als „Vertraute" bezeichnet wurden, sich frei in der Stadt bewegen, allerlei Beschäftigung nachgehen, sich verheiraten und eigene Wohnhäuser mit ihren Familien beziehen konnten.
Die militärischen Schauspiele und Übungen bildeten ein Hauptinteresse der Bürgerschaft von Pirmasens. Zu diesen Schauspielen gehörte die große Staatsparade, die Kirchenparade, die Ankunft des Geldwagens von Darmstadt, der immer von einer Husareneskorte begleitet war, und endlich der Zapfenstreich. Um Mitternacht wurde regelmäßig noch ein besonderer Marsch, der sogenannte „Scharwachenmarsch", getrommelt. Der Ursprung desselben reichte bis in die Zeit der Türkenkriege zurück.
Der Landgraf Ludwig IX. führte in seiner Residenz zu Pirmasens ein fast einsames Leben. Seine ganze Zeit und Kraft widmete er, nach Erledigung der Regierungsgeschäfte, dem Kriegswesen, das heißt seinen Soldaten. Sein ganzer Lebensinhalt bestand nun eben einmal darin, sein eigenes Militär aufzuziehen, auszubilden und exerzieren zu lassen, um letzten Endes darin eine Perfektion zu erreichen, so daß man auf ihn und auf seine Garnison zu Pirmasens aufmerksam werden sollte.
Zu Ende des Jahres 1789 betrug die ganze Militärbevölkerung in Pirmasens, Weiber, Kinder und Dienstboten mit einbegriffen, 6 851 Seelen, die in 750 Häusern „verteilt" waren." [173]

Der zweite Bericht stammt von einem Augenzeugen, dessen Namen uns leider nicht überliefert ist [174]. Der unbekannte Besucher war extra nach Pirmasens angereist, um die mustergültige Militärkolonie zu besichtigen. Der Bericht datiert vom Sommer 1789:
„Hier in Pirmasens bin ich in eine ganz neue Welt versetzt, unter eine zahlreiche Colonie von Bürgern und Soldaten, die kein Reisender auf einem so öden und undankbaren Boden suchen würde. Alles um mich her wimmelt von Uniformen, blinkt von Gewehren und tönt von kriegerischer Musik. Hier, wo ehemals nichts als Wald und Sandwüste war, wo ein einsames Jagdhaus bloß zum Aufenthalt einiger Fürsten diente und die ganze Gegend umher von Niemanden, als einigen Räuberhorden

---

[173] Lt. Rathgeber.
[174] Lt. Rathgeber erschienen im „Journal von und für Deutschland".

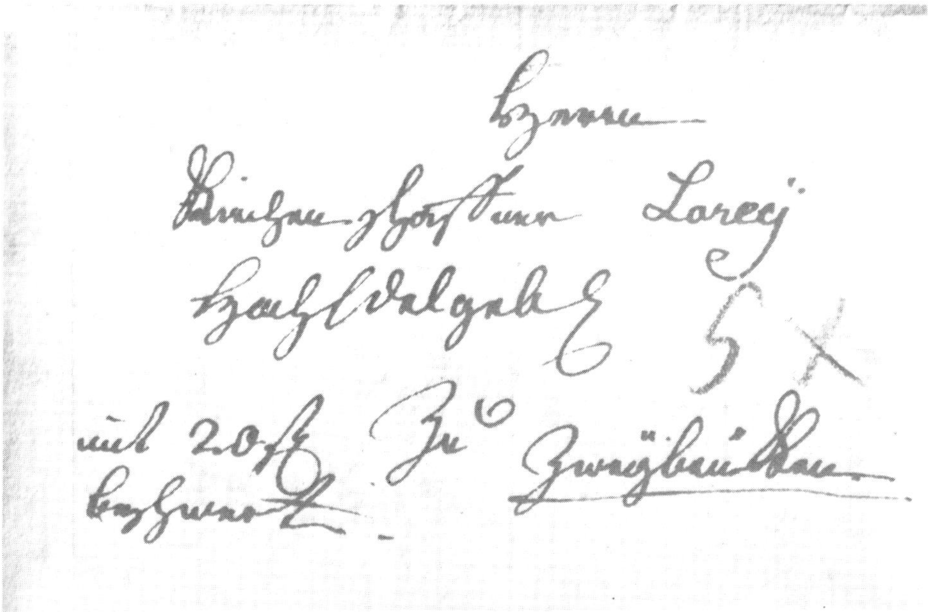

Dieser Brief ist am 23. März 1787 aus der Soldatenstadt Pirmasens hinausgegangen. Absender war der landgräfliche Regierungsrat, Fiskal und Amtsprokurator Kappler. Mit dem Dokument sandte Kappler 20 Gulden nach „Zweybrücken". Daher wurde die Rötelzahl „5 X" handschriftlich angebracht. Dies bedeutete 5 Kreuzer, also eine zusätzliche überhöhte Gebühr. Somit haben wir es mit einer Art Einschreibebrief zu tun. Postalische Vermerke, welche einen Hinweis auf Pirmasens ergeben, wurden damals nicht angebracht, obwohl ein Hinweis besteht, daß ab 1760 in der Stadt ein Postexpeditor namens Kalbfuß ansässig war. Solche postalischen Dokumente aus der Soldatenstadt sind selten, und da der Inhalt des Briefes gut lesbar ist, geben wir ihn auf den nächsten beiden Seiten inhaltlich wieder.

besucht wurde, da legte der regierende Fürst von Hessen-Darmstadt mancherlei Wohnungen an, pflanzte Einwohner darin, versetzte den Kern seiner Kriegsvölker dahin und erkor sich den Ort, der sechszehn deutsche Meilen von seinem größeren Lande und seiner eigentlichen Residenz liegt, zu seinem künftigen Aufenthalt. Eine solche Wahl und einen solchen Entschluß kann nur eine ganz besondere Stimmung des Gemüths und eine ungewöhnliche Richtung des Charakters bei diesem Fürsten erregt haben, da er sich dadurch von seinem eigenen Lande ganz losriß, den Augen seiner Unterthanen gänzlich entzog und blos sich selbst, seinen wenigen Gesellschaften und seiner Lieblingsneigung, dem Soldatenwesen, lebt.
Pirmasens liegt in dem Teil des Hessen-Hanau-Lichtenbergischen Amtes Lemberg, welches unter deutscher Oberhoheit steht, zwei Meilen von Bitsch und zwei und eine halbe Meile von Zweibrücken. Der Ort ist von mittlerer Größe, hat einige gut gebaute Häuser, aber keine vorzüglichen Straßen; seine schnelle Aufnahme hat er, wie gesagt, dem hier residierenden Landgrafen und seinem zahlreichen Militär zu verdanken; ohne dieses Alles wäre Pirmasens ein elender Ort, da kaum eine ordentliche Straße durch diesen Winkel des Wasgaus zieht. Der Landgraf wohnt in einem wohlgebauten Hause, das man weder ein Schloß noch ein Palais nennen kann. Nahe bei demselben, nur etwas höher, liegt das Exerzierhaus. Die Länge desselben beträgt 130 Pariser Fuß, die Breite 86 [175]. Hierin exerziert nun der Fürst

---

[175] Vergleiche auch andere Maßangaben in der Beschreibung des Exerzierhauses, Seite 143.

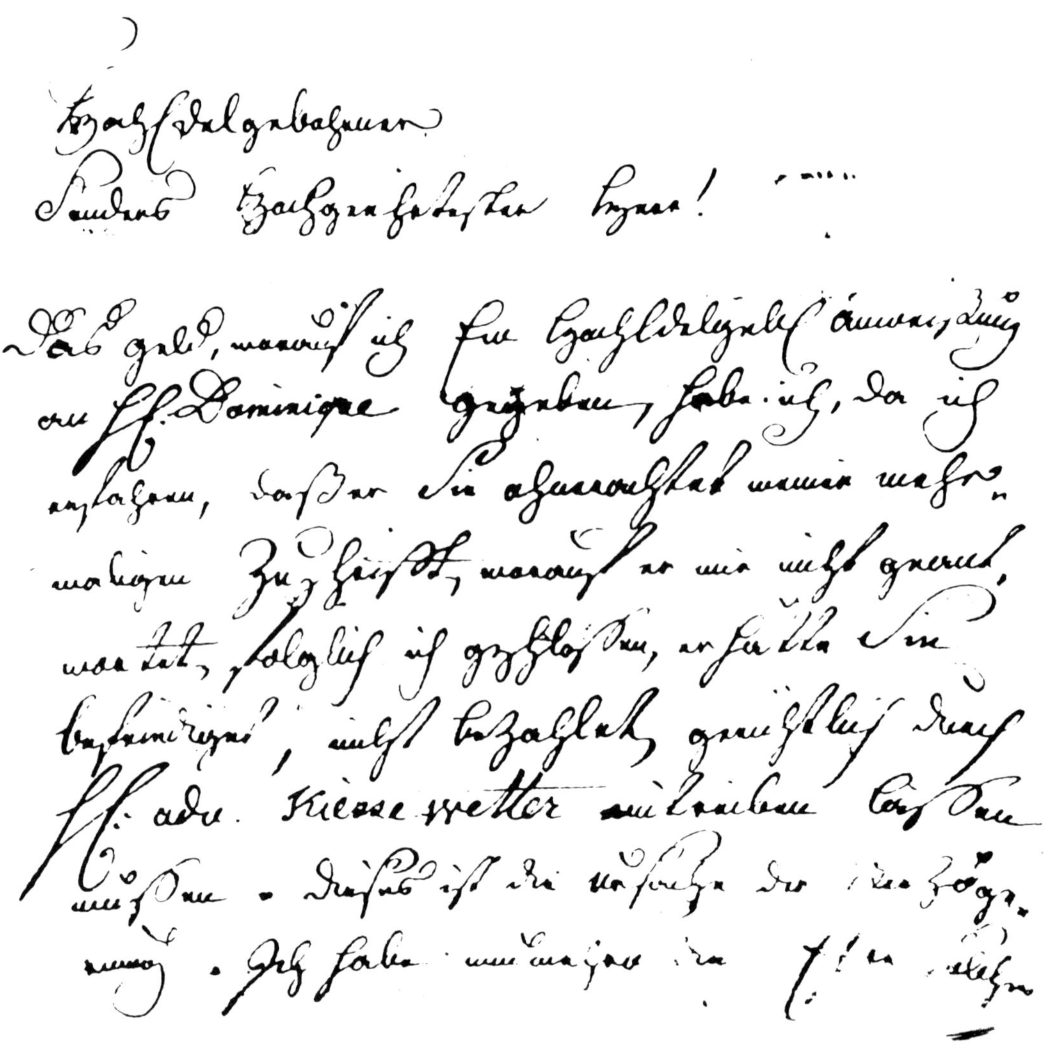

täglich sein ansehnliches Grenadierregiment, das aus 2 400 Mann bestehen soll. Schönere und wohlgeübtere Leute wird man schwerlich beisammen finden; aber sie kosten den Landgrafen ansehnliche Summen; denn es ist nichts ungewöhnliches, wenn ein Mann sich des Tags auf 30 bis 40 Kreutzer bis zu einem Gulden stehet. Allerlei Volks von mancherlei Zungen und Nationen trifft man unter ihnen an, die nun freilich in die Länge nicht so zusammenbleiben würden, wenn sie nicht immer in die Stadt eingesperrt wären und Tag und Nacht von den umherreitenden Husaren beobachtet werden müßten."

1789 Bevor wir diesen Augenzeugenbericht weiter zitieren, müssen 3 bemerkenswerte Feststellungen getroffen werden:
Wir wissen zwar nicht, von woher der Besucher nach Pirmasens angereist war. Für ihn waren zwei Orte in der Umgebung wichtig, und zwar Bitsch und Zweibrücken. Bezeichnend ist, daß er Bitsch vor Zweibrücken erwähnt.
Weiter muß festgestellt werden, daß bemerkt wird, Pirmasens habe keine vorzüglichen Straßen und daß „kaum eine ordentliche Straße durch diesen Winkel des Wasgaus zieht." Wenngleich sich der erste Teil dieser Feststellung auf Pirmasens selbst bezieht (wir finden auch noch nach 100 Jahren keine vorzüglichen Straßen hier), so ist das zweite Zitat eine Tatsache, an welcher Pirmasens noch schwer zu leiden haben wird. Die Winkellage im Wasgau wird sich auch in den kommenden 170 Jahren nicht gewaltsam ändern lassen.

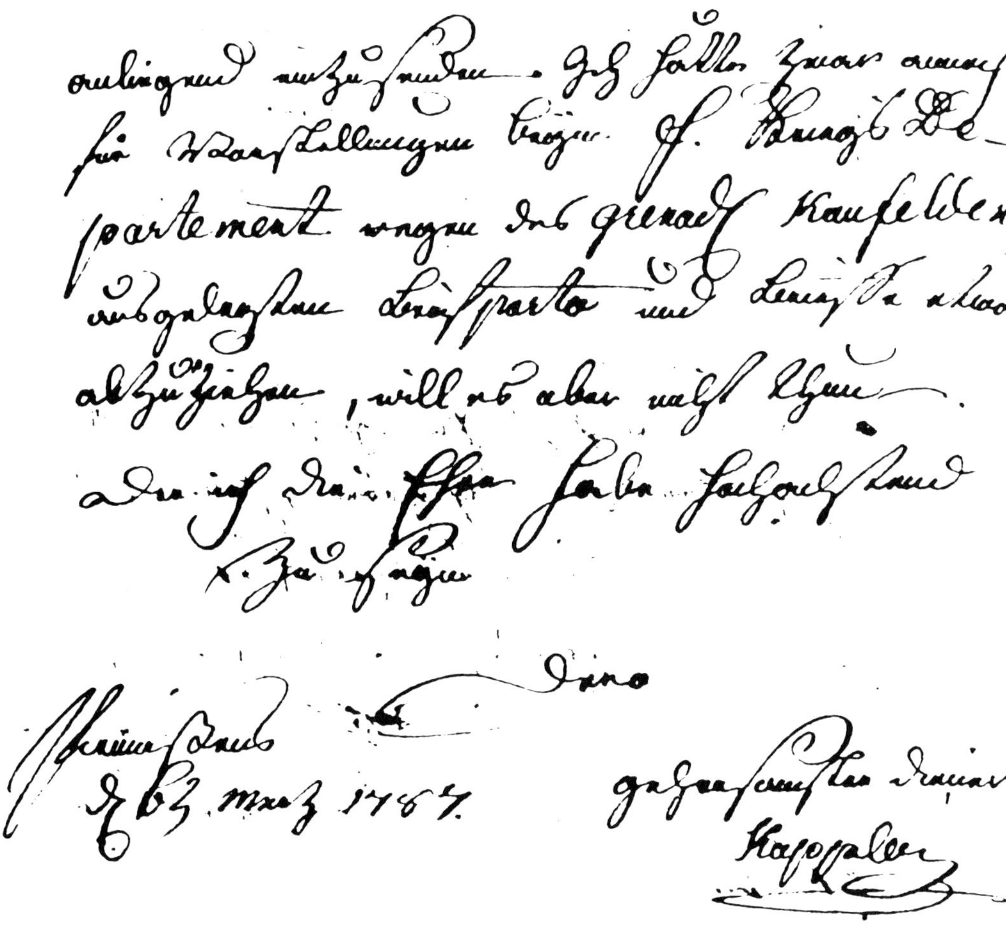

Die dritte Feststellung ist die, daß Pirmasens eine reine Soldatenstadt war. Nirgends wird etwas erwähnt von einem Handwerk oder von sonstigen Gewerben. „Allerlei Volks von mancherlei Zungen und Nationen trifft man an“, aber alles ist eben auf das Militär abgestimmt. Doch lassen wir den Besucher weiter zu Wort kommen:

„Soeben komme ich aus dem Exerzierhaus von der eigentlichen Wachtparade, ganz parfümiert von Fett- und Öldünsten der Schuhe, des Lederwerks, der eingeschmierten Haare und von dem allgemeinen Tabakrauchen der Soldaten vor dem Anfang der Parade; wie ich eintrat, kam mir ein Qualm und ein Dampf entgegen, der so lange meine Sinne betäubte und mich kaum die Gegenstände unterscheiden ließ, bis meine Augen und Nase sich endlich an die mancherlei Dämpfe und widrigen Ausflüsse einigermaßen gewöhnt hatten. Wer Liebhaber von wohlgeübten, aufgeputzten und schön gewachsenen Soldaten ist, wird für alle die widrigen Ausflüsse hinlänglich entschädigt. Sowie das Regiment aufmarschiert und seine Fronte durch das ganze Haus ausdehnt, erblickt man von einem Flügel zu dem anderen eine sehr gerade Linie, in welcher man sogar von der Spitze des Fußes bis an die Spitze des aufgesetzten Bajonetts kaum eine vor- und rückwärtsgehende Krümmung wahrnimmt. Die Schwenkungen und Manövers geschehen mit einer außerordentlichen Schnelligkeit und Pünktlichkeit; man glaubt eine Maschine zu sehen. Man soll sogar öfters das ganze Regiment im Finstern exerziert und in den verschiedenen

1789 Tempos keinen einzigen Fehler bemerkt haben. Auf den 25. August, dem Ludwigstage, als dem Namensfeste des Landgrafen, ist jährlich Hauptrevüe, und dann wimmelt es in Pirmasens von auswärtigen Offizieren und anderen Fremden, die theils aus Frankreich, Zweibrücken, der Unterpfalz, Hessen und anderen Ländern diesen wohlgeübten Kriegsmännern zu Liebe hierher reisen."
Auch den Landgrafen persönlich erblickte der Besucher, wie es sich wohl denken läßt, auf dem Schauplatz seines Schaffens: „Den Landgrafen habe ich hierbei in aller Thätigkeit gesehen; mit spähendem Blick befand er sich bald auf dem rechten, bald auf dem linken Flügel, bald vor dem Centrum, bald in den hinteren Gliedern; Alles war geschäftig an ihm und er scheint mit Leib und Seele Soldat zu sein. Doch läßt er hierbei keinen fremden Zuschauer aus den Augen; es wurde sogleich bei Anfang der Parade ein Offizier an mich geschickt, der sich nach meinem Namen erkundigen sollte, und nach einiger Zeit hatte ich die Ehre, den Herrn Landgrafen selbst zu sprechen, wobei er sich in den höflichsten und gefälligsten Ausdrücken mit mir unterhielt. In seinem Hause und in seinen Appartements erblickt man wenig Pracht; man glaubt bei einem campierenden General im Felde zu sein; überall leuchtet die Lieblingsneigung des Fürsten hervor" [176].

Soweit die höchst interessanten Betrachtungen eines Augenzeugen aus dem Jahre 1789, ein Jahr vor dem Tode des Landgrafen.
Das also war das soldatische Leben und Treiben in dem „kleinen Potsdam", wie es die Große Landgräfin zu nennen pflegte.

Pirmasens war auf einem Höhepunkt angelangt, es war bedeutend geworden, wenn auch einseitig und in einem krassen Mißverhältnis der Soldaten zu den Bürgern. „Die Regierung Ludwigs IX. war für die Stadt eine glückliche. Das Militär betrug 2400 Mann und die ganze Einwohnerschaft circa 9000 Seelen" [177]. Wir konnten nachlesen, daß es „in Pirmasens wimmelte von auswärtigen Offizieren und Fremden", also hatte es seine Anziehungskraft. Was sollte man zu jener Zeit mehr erreichen, um mit anderen umliegenden Städten konkurrieren zu können? An eine wirtschaftliche Bedeutung war noch lange nicht zu denken, und diese wird erst „aus

---

[176] Lt. Rathgeber im „Journal von und über Deutschland".
[177] Die Anzahl 2.400 Mann lt. Rathgeber ist übertrieben, es sei denn, die Familienangehörigen der Soldaten sind hier teilweise mitgezählt.

Dank einem Gefreiten Corporal Heinrich Haaß entstand im Jahr 1788 dieser schöne „Grund Riss von Pirmasens". Wegen seines zeichnerischen Talents war der Gefreite Corp. nach Pirmasens abkommandiert worden, um von der „Hochfürstlichen Residenz Ihro Hochfürstl. Durchlaucht des regierenden Herrn Landgrafen zu Hessen Darmstadt Ludwig IX." diese Stadtansicht aus der Vogelperspektive zu erstellen. Damit ist dieser Plan ein einzigartiges Dokument und läßt erkennen, wie die Soldatenstadt damals ausgesehen hat. Die vorbestandenen Ausbaupläne waren im Laufe von rund fünfzig Jahren größtenteils verwirklicht worden. Der Exerzierplatz, das große Exerzierhaus, die Schloßanlage, das Holzmagazin, der Lustgarten und die große Hauptkaserne nahmen den breitesten Raum in der Stadt ein. Auffallend sind die vielen Felswände, welche das Stadtgebiet durchziehen und eine Straßenplanung im Sinne eines Masson verhinderten. Eine Schlucht ergab sich im Gebiet der Gans-Gasse, der späteren Kaffeegasse. Die Brückengasse, welche im Jahr 1977 zu neuen Ehren kam, war damals eine wichtige Verbindung zwischen Hauptstraße und Schäfergasse. Nur durch sie konnte man die nordwestlichen Stadtteile erreichen. Was die eingezeichneten Häuser anbelangt, so bestanden diese damals wirklich, denn der Zeichner hat sich an Tatsachen gehalten.

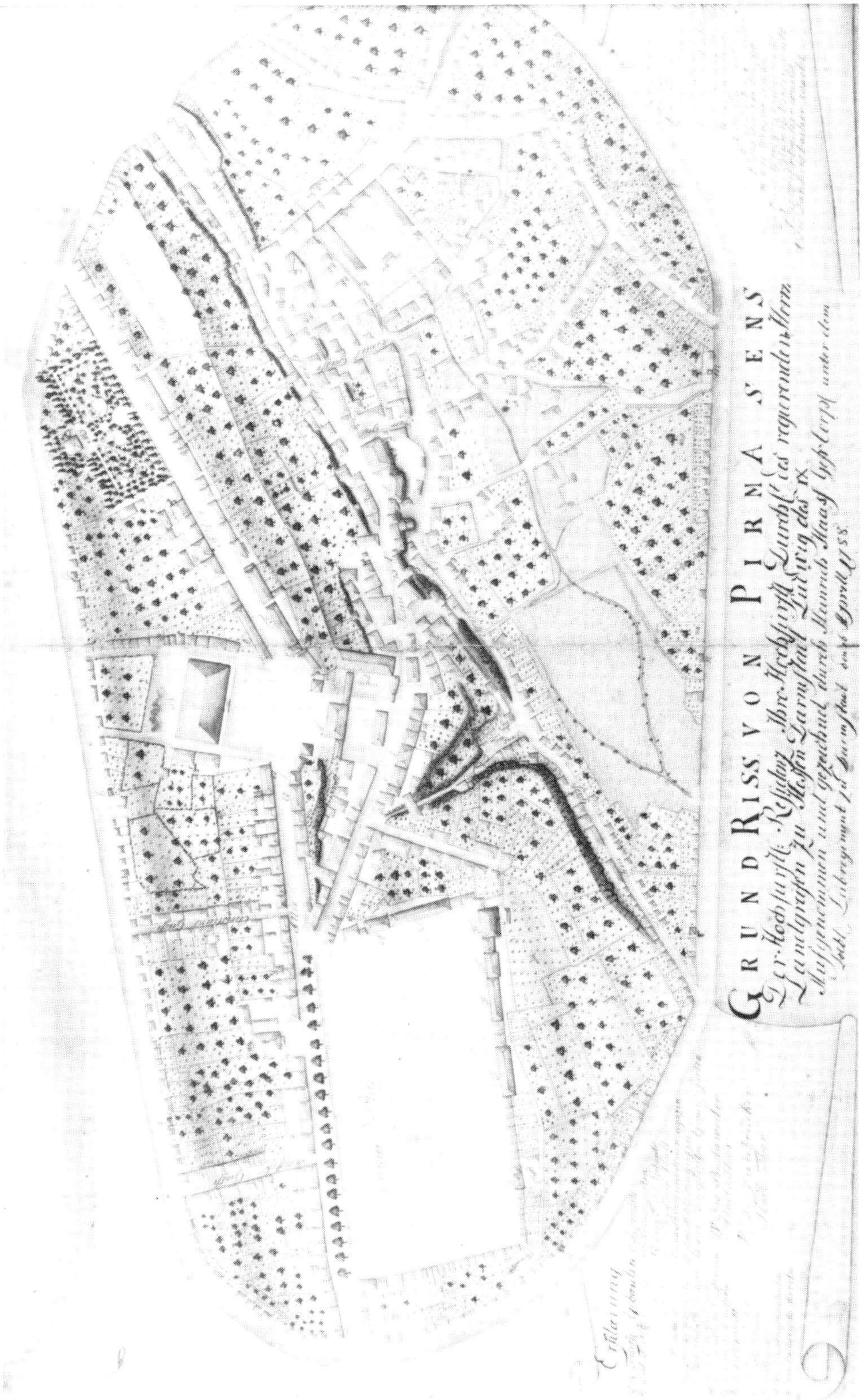
Erklärung
GRUND RISS VON PIRMA SENS
Der Hochfürstl: Residenz Ihro Hochfürstl Durchl.t des regierenden Herrn
Landgrafen zu Hessen Darmstadt Ludwig des IX
Aufgenommen und gezeichnet durch Heinrich Haass Gefr. Corpl. unter dem
Löbl. Leibregiment zu Darmstadt den 6 Aprill 1788.

1789 der Not geboren“ werden. Die Persönlichkeit eines Landgrafen ist daher mit dem Werdegang unseres Pirmasens eng verbunden. Wie sehr diese Persönlichkeit und eine ordnende Hand Ludwigs IX. in den kommenden Jahrzehnten fehlen wird, werden wir nach seinem Tode erfahren.

„Die im Elsaß gelegenen Teile der Grafschaft Hanau-Lichtenberg standen unter französischer Oberhoheit. Der Fürst hatte verschiedene Privilegien (Lettres Patentes) vor anderen Vasallen, wie zum Beispiel Betreibung von Bergwerken, die Befreiung vom Notariat, eine eigene Kanzlei, die Vergebung aller Bedienungen im Lande, auch der Amtsleute, usw., die aber der katholischen (? d. V.) Religion zugethan sein müssen. Doch war ihm versagt im Elsaß Soldaten zu halten oder auch nur anzuwerben, er hatte kein Recht über Leben und Tod, er darf keine Auflagen machen, keine Zölle anlegen, er hat kein Münzrecht, in Polizeisachen sind die Kollegia in Buchsweiler eingeschränkt, der Chausseenbau wird durch Königl. Inspekteurs dirigiret, das Postwesen ist auch Königliches Vorrecht, Auflagen macht der König nach Gefallen.“ [178]

Was den „teutschen“ Teil der Grafschaft betraf, so kann man in einer Beschreibung des Landes aus dem Jahr 1785 nachlesen:
„Ehe der jetzt regierende Landgraf sich Pirmasens zu seiner Residenz wählte, war das ganze Amt ein großer Wald, in welchem zwar hier und da einige kleine Dörfchen zerstreut lagen, deren Einwohner aber sich um den Ackerbau wenig bekümmerten, und bloß von der Viehzucht sich ernährten. Die sicheren Einkünfte, welche die Grafen zu Hanau aus dem Amt zogen, beliefen sich kaum auf 4 000 fl.“
Dagegen nahmen sich die Einkünfte im französischen Teil ganz anders aus: „Die Einkünfte des Fürsten aus der ganzen Grafschaft so wohl in französischen als teutschen Landen, mögen Eine Million Livres betragen. Sie bestehen hauptsächlich

1. Aus den eigenthümlichen Gütern des Fürsten
2. Aus den Zehnten, doch hat der Fürst nur an einigen Orten den Frucht- und Weinzehnten
3. Aus dem Frohngeld, Wer bürgerliche Nahrung treibt, zahlt jährlich 6 Livres, der Bauer von einem Pferd, das angespannt wird, 6 Livres
4. Aus der Akzise vom Salz
5. Aus der Akzise von dem verkauften und geschlachteten Vieh
6. Aus der Akzise von den versteigerten oder verkauften Gütern, da von jedem Livres des Preises 4 Deniers an die Herrschaft bezahlet werden
7. Aus dem sogenannten Umgeld (Ohmgeld d. V.) oder der Akzise von Wein und Bier
8. Aus den herrschaftlichen Waldungen so wohl aus dem Holz als auch der Weide
9. An sehr wenigen Orten ist noch der Todesfall eingeführt
10. Aus der Beeth, einer bekannten Abgabe
11. Aus den 12 Sols [179] Haber, da die Gemeinden eine festgesetzte Quantität Haber das Viertel zu 12 Sols liefern müssen
12. Aus den Mühlzinsen.“

Die Gegend diente ihnen (den Grafen von Hanau-Lichtenberg, d. V.) nur zum Vergnügen, welches die Jagd ihnen darbot. Außer den Hirschen, die, wie mich ein glaubwürdiger Mann und Kenner der Sache versichert hat, hier von besonderer Größe und Schönheit waren, und wilden Schweinen, welche beide Gattungen von Wildpret aber heut zu Tage selten geworden sind, fand man besonders bei Pirma-

---

[178] Siehe Fußnote Nr. 181.

[179] „Ein Livres (eine eingebildete Münze) macht 20 Sols, ein Sol 12 Deniers, dagegen rechnet man im gemeinen Leben mit Gulden, welcher 2 Livres ausmacht oder 40 Sols.“ Angaben nach dem Verfasser der Beschreibung.

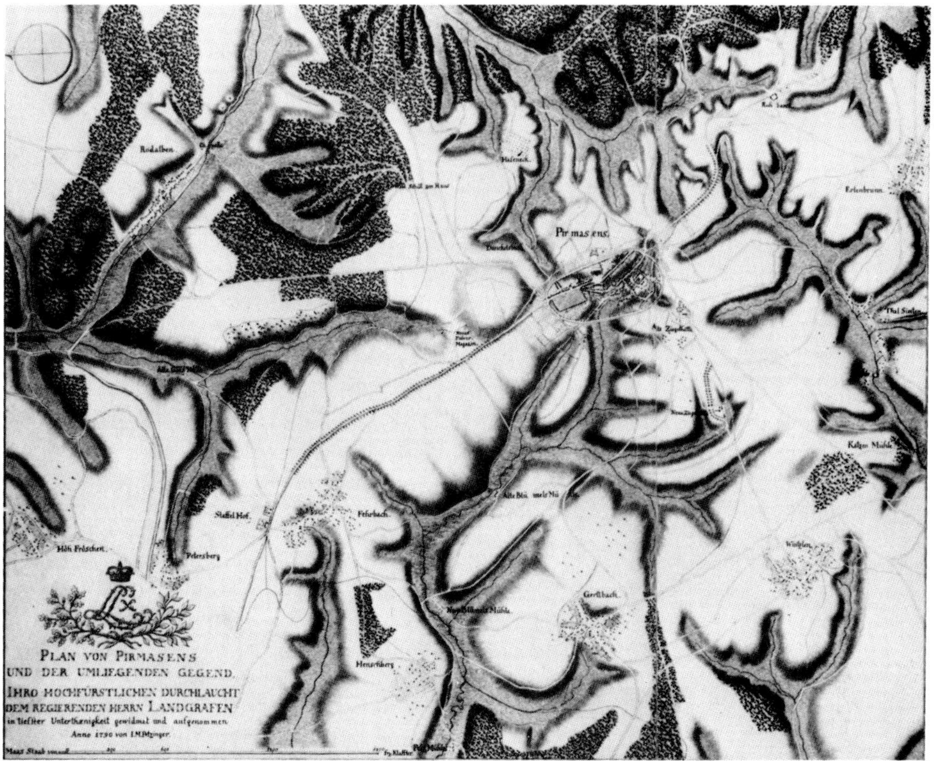

Dank einem J. M. Petzinger entstand auch eine Landkarte der näheren Umgebung von Pirmasens. Sie verdeutlicht uns, welche Ansiedlungen im Jahr 1790 wichtig waren und welche Verbindungswege im einzelnen bestanden. Die wichtigste Straße von Pirmasens nach Buchsweiler nahm damals ihren Verlauf in Richtung „Ruhbanck" und zweigte kurz vorher in Richtung Erlenbrunn ab, um über Kettrichhof, Hochstellerhof die im Tal liegenden Orte Trulben und Eppenbrunn zu erreichen. Bemerkenswert waren die vielen Mühlen, welche um die Stadt herum lagen und wovon die meisten im Laufe der Zeit untergegangen sind. So erkennen wir die Mühle bei „Thal-Simten" (Rehmühle), die „Katzen Mühle", die „Alte Blümels Mühle", die „Neue Blümels Mühle", die „Pelz Mühle", die „Alte Glas Hütte" im Steinbachtal und die „Bocks Mühle" auf der Biebermühle. Auf der Husterhöhe sind noch die Spuren des ersten Exerzierplatzes zu erkennen, und ein „Neues Pulver-Magazin" hatte man oberhalb des Steinbachtales angelegt. Das Haseneckgut, die Alte und die Neue Ziegelhütte waren wichtige Einrichtungen und nahmen einen hervorragenden Platz ein. Wenngleich diese Zeichnung kurz nach 1790 entstanden ist (links unten finden wir das Emblem des neuen Landgrafen Ludwig X.), so hatte sich an der Situation nicht viel geändert.

sens viele Birkhühner, die man aber jetzt in der Gegend nicht mehr sieht; Luchse, deren Stamm ausgerottet ist, und Wölfe, von deren Schädlichkeit man hier keine Geschichte mehr erzählen hört.

Der heutigen für diese Gegend sehr starken Bevölkerung ungeachtet, hat das Amt, wenn man die ganz nahe um Pirmasens gelegene Gegend ausnimmt, einen Überfluß an dem schönsten Bau- und Brennholz, wie denn die im benachbarten Elsaß

gelegenen vier Eisenwerke des Herrn von Dietrich beinahe allein von hier aus mit Kohlen so wohl zu den Schmelzöfen, als Hammerwerken versorgt werden.
Die übrigen Produkte des Pflanzenreichs sind vortreffliches Korn (Roggen), welches auch allein ohne Weitzen gemahlen und gebacken ein sehr schmackhaftes und ziemlich weißes Brod giebt; Weitzen, den man seit einigen Jahren bei Pirmasens häufig baut und der wohl gedeiht. Acker- oder Futterbohnen würden bei Pirmasens eine reiche Erndte geben, wenn sie im Bauen recht behandelt würden. Das vornehmste Produkt des ganzen Amtes aber sind die Grundbirnen (Kartoffeln) welche an Geschmack alle anderen, die ich jemals gegessen habe, übertreffen. Ich habe an den Kartoffeln, die in der Gegend von Pirmasens gepflanzt werden, nie den scharfen ätzenden Geschmack wahrgenommen, den diese Knollen in anderen Gegenden haben, und der mir eine giftige Eigenschaft anzudeuten scheint.
Unweit Lemberg dringt aus einem Sandfelsen eine Art von Petroleum hervor, welches mit einer Flamme und einem schwarzen stinkenden Rauch brennt.
So selten Versteinerungen mitten im Sandgebirge angetroffen werden, so häufig findet man dieselben von verschiedenen Gattungen ganz nahe bei Pirmasens. Eine Gattung, die an anderen Orten unter die Seltenheit gehört, hier aber in großer Menge angetroffen wird, ist der sogenannte Maunzenstein (Hysterolithus). Liebhaber könnten sich mit diesem sonderbar gebildeten Produkt des Mineralreichs, das oft theuer bezahlt wird, ohne Mühe versorgen.
Lemberg, war vor Zeiten der Hauptort des Amtes und eine gräfliche Residenz. Heut zu Tage ist es ein weitläufiges Dorf, das um einen Berg gebaut ist, auf dessen Gipfel man die Ruinen eines ehemaligen Schlosses sieht.
Finningen, ein großes Dorf, wo die Katholiken aus Pirmasens ihren Gottesdienst haben.
Kroppen, ebenfalls ein ansehnliches Dorf. Zwischen diesen beiden liegt Der Luthersbrunn, eine Kirche und Schulhaus für die Lutheraner in der Gegend mitten auf dem freien Feld.
Eppenbrunn, Hulst, Schwaix, Trulben, sind vier ansehnliche Dörfer an der lothringischen Gränze, deren Einwohner sich meistens zu der katholischen Religion bekennen. Die fünf zuletzt genannten Dörfer musten vorzeitig die Grafen von Hanau, durch die überwiegende Macht des lothringischen Hauses gezwungen, welches sie einer Felonie beschuldigte, gegen die Herrschaft Bitsch eintauschen.
Riedelberg, ein ansehnliches Dorf.
Winzeln, ein Dorf eine Stunde von Pirmasens.
Altsimpten, Neusimpten, Erlenbronn, Gersbach, sind kleine Dörfer nicht weit davon.
Fehrbach ein kleines Dorf, eine halbe Stunde von Pirmasens, wurde von tirolischen Maurern erbaut, die sich hier niderliessen. Die Einwohner sind katholisch.
Neufröschen, Altfröschen, Donsieders, Burgalben, sind vier schöne Dörfer. In dem letzten haben die Lutheraner eine schöne Kirche.
Eischweiler im Thal, ist ein groses lutherisches Pfarrdorf an der Schwarzbach, eine Meile von Pirmasens. Es ist zum Theil Darmstädtisch, zum Theil Leiningisch.
Hocheinöde, ein kleines Dorf nicht weit davon.
Mönchsweiler, ein Dorf das zum Theil Darmstädtisch, zum Theil Baadisch ist.
Rupertsweiler, ein ansehnliches Dorf in einem Thal ohnweit Lemberg. Ein von der Natur und durch Kunst ausgehölter Sandfels auf einem Berg nicht weit davon, der ehemals einem berüchtigten Räuber, Namens Rupert, soll zum Aufenthalt gedient haben, verdient betrachtet zu werden.
Obersteinbach, ein groses katholisches Pfarrdorf, an der Gränze vom Elsas in einem schönen und fruchtbaren Thal. Unweit davon sieht man die Ruinen von Fleckenstein, Lützelhard und Arnsburg, welches zerstörte Bergschlösser sind.
Ludwigswinkel, ist ein seit einem Jahr erst neu angelegtes Dörfgen eine halbe Meile von Obersteinbach. Der Boden daselbst besteht meist aus einem mageren Sand. Doch sind wegen der vielen Quellen in der Gegend schöne Wiesen angelegt.
Ausser den bisher beschriebenen Dörfern, liegen in dem eigentlichen Amt Lemberg noch folgende Hofgüter:

Die Ruhebank, ein schönes Gut in einer fruchtbaren Gegend eine halbe Stunde von Pirmasens. Der Landgraf schenkte dasselbe seinem ehemaligen Informator Mycrenius, welcher es der geistlichen Witwenkasse in den Aemtern Wilstätt und Bischofsheim vermachte.
Imspach und Ketterich, sind zwei dergleichen Hofgüter, welche verschiedenen Familien in Erbbestand gegeben wurden. Beide zusammen würden ein mittelmäßiges Dorf ausmachen. Die Erde ist hier fruchtbar.
Felsenbrunn, ein schönes Gut, welches der Landgraf seinem anderen Informator Koch schenkte. Es liegt in einer fruchtbaren Gegend. Man hat hier schöne Alleen von normannischem Cyderobst angelegt, die wohl angeschlagen sind.
Die rothe Alp und Ransbrunn sind zwei schöne Güter unter Darmstädtischer Landeshoheit, die aber den Bernhardinern in der Abtei Stürzelbronn gehören, von welchen sie um 1400 Gulden jährlichen Zins verpachtet sind.
Einöderwiese, ein schönes Hofgut in der Gegend.
Erlenkopf, ein Hofgut auf einem ziemlich hohen Berg.
Rösselsbrunn, an der Gränzen von Elsas. Es ist eine Schneidmühle dabei [180].
Reissel, ein schönes Gut mit viel Wiesen und Weihern und einer vortreflich eingerichteten Mehl- Oel- Tobak- und Schneidmühle. Es ist nunmehr ein fürstlich Cammergut.
Petersbächel, liegt in einer mageren Gegend.
Lemberger Glashütte, liegt ohnweit Lemberg. Es wird daselbst viel grünes Glas gemacht.
Salzwog und Storrwog, sind zwei Hofgüter, bei deren jeden eine Schneidmühle ist.
Eichelsbachermühle und Langmühle zwei Mühlen, von welchen Pirmasens mit Mehl versorget wird.
Der Hungerpfuhl, ein Hofgut und Mühle in einem sehr ungesunden Thal eine Stunde von Pirmasens.
Glasthal, ein Hofgut nicht weit davon.
Hornbrunnerhof, liegt in eben der Gegend. Der Besitzer hat einen Versuch mit angorischen Ziegen gemacht, die bisher gut fortkommen.
Die Ziegelhütte, ein Hofgut und Ziegelofen, nahe bei Pirmasens.

Pirmasens, hat seinen Namen von dem h. Pirmanus, einem Schüler des h. Benedikts. Dieser stiftete unweit von dem Ort, wo jetzt die Stadt gebaut ist, ein Kloster, welches nachher nach Horrenbach im Zweibrückischen verlegt wurde. In den folgenden Zeiten entstund hier ein kleines Dörfgen, bei welchem der letzte Graf von Hanau ein Jagdhaus baute. Der jetzt regierende Landgraf von Darmstadt erwählte diesen Ort zu seiner Residenz und errichtete daselbst zu seinem Vergnügen ein Regiment Grenadier, welches an Schönheit und Genauigkeit der Manouvres und Evolutionen, schwerlich von einem anderen übertroffen wird. Hierdurch wurde der Ort ansehnlich vergrößert, endlich mit einer Mauer umgeben und in eine Stadt verwandelt, die man in drei viertel Stunden umgehen kann. Der Ort ist volkreich und enthält bei 9 000 Menschen. Das fürstliche Schloß ist klein und hat wenig äußerliches Ansehen. Vor etlichen Jahren wurde es durch zwei daran gebaute Flügel, die auf Säulen stehen, erweitert und verschönert. Unter den öffentlichen Gebäuden verdient vorzüglich das im Jahr 1771 erbaute Exercierhaus bemerkt zu werden, welches 120 Schuhe lang und 70 breit ist, ohne Säulen. Es sind 16 Öfen und 40 Fenster in demselben. Das neuerbaute Rathaus, das lutherische Schulhaus, die evangelische und reformirte Kirche sind schöne Gebäude. Außer den verschiedenen Casernen sind noch viele schöne Privathäuser in der Stadt, die aber dem ungeachtet wenig äußerliches Ansehen hat, weil sie sehr unregelmäßig gebaut ist. Die Gegend, in welcher Pirmasens liegt, ist sehr fruchtbar und der größte Theil der

---

[180] Vergleiche auch Text über die Gründung des Ortes Ludwigswinkel, 1784, Seite 192.

Einwohner ernährt sich vom Ackerbau. Man hat zwar verschiedene Versuche gemacht Fabriken anzulegen, weil es aber den Unterthanen an Vermögen fehlte, ihre Entwürfe durchzusetzen, so giengen sie wieder ein, ungeachtet man die Arbeiter um einen sehr mäßigen Preis in Mengen haben konnte." [181]

Wie sich die Stadt Pirmasens im Jahr 1788 den Besuchern darbot, ersehen wir aus einem „Grundriß von Pirmasenß der Hochfürstlichen Residenz Snr. Hochfürstlichen Durchlaucht des regierenden Herrn Landgrafen Ludwig IX. zu Hessen Darmstadt", aufgenommen und gezeichnet den 20ten Februar 1788 von Heinrich Haash, Gefr. Corp. unter dem Liebl. Leibregiment zu Darmstadt.

Demnach waren folgende Gassen und Straßen vorhanden [182]:

Kappelgasse (Kümmelgasse)
Heugasse (alte Bezeichnung für Schäfergasse)
Hirtengasse
Katzenbrunnengasse (Brunnengasse)
Häfnersgasse
Schlauweg (Schlaugasse)
Kasernengasse (Sandgasse)
Buchsweilertor
An der Mauer (längste Straße in Pirmasens, führte innerhalb der Stadtmauer um die ganze Landgrafenstadt)
Kastanienallee (vorher Alte Straße, führte zum landgräflichen Lustgarten, zwischen Synagoge und Bergstraße gelegen)
In der Allee (entstand aus Kastanien-Allee)
Alleer Loch (ältere Bezeichnung für den an die Stadtmauer anstoßenden Teil der Allee)
Alleestraße
Schloßgasse (von späterer Ecksteinsau bis zum Schloß)
Exerzierplatz
Zweibrückertor (Kreuzung Gärtner-/Dankelsbachstraße)
Ratzengasse (Höfelsgasse)
Granatengasse (volkstümlicher Name für die Höfelsgasse)
Höfelsgasse (benannt nach Generalleutnant Johann Georg Höfle)
Christiansgasse (benannt nach Christian Pfersdorff, Offizier)
Pulverturmweg (der Pulverturm lag etwa an der Stelle, an welcher die Klosterstraße von der Herzogstraße gekreuzt wird)
Am Löwenbrunnen (der Brunnen wurde 1789 im Winkel Löwenbrunnerstraße - Schloßstraße errichtet und sprang am 25. August 1789, dem Namenstage Ludwig IX. zum ersten Male) [183]

---

[181] Vorstehender Text wurde entnommen aus „Physische und geographische Beschreibung des zu der Grafschaft Hanau-Lichtenberg gehörigen Amts Lemberg", erschienen im Hanauischen Magazin aus den Jahren 1784 und 1785. Die Beschreibung ist wohl eine der frühesten überhaupt und vermittelt in etwa die damaligen Zustände und Verhältnisse in Pirmasens, dem Amt Lemberg und der Grafschaft Hanau-Lichtenberg. Wahrscheinlich wurde die Beschreibung von einem evangelischen Pfarrer verfaßt, welcher die Gegend damals bereiste. Diese Annahme wird dadurch bestärkt, daß es sich bei dem „Hanauischen Magazin" um eine kirchliche Broschüre handelte, welche vom Ev.luth. Waisenhaus in Hanau verausgabt wurde.

[182] Vergleiche auch Plan, Seite 199.

[183] Diese Aussage steht im Widerspruch zu den Ausführungen Kampfmanns und Schäfers in „Die Soldatenstadt Pirmasens". Demnach sollen zwei Löwenbrunnen vorhanden gewesen sein, und die Einweihung soll am 19. Dezember 1789 erfolgt sein. Vergleiche Text Seite 206 ffg.

Löwenbrunnergasse (vorher „Am Löwenbrunnen")
Judengässel (Synagogenstraße)
Horeb (alter Name für Horebstraße)
Grüner Weg (älterer Name für Herzogstraße)
In der Dankelsbach
Am Gänsezwinger (Zwingerstraße)
Hanitzhalde (Gewanne = Schwanenstraße)
Am alten Galgen (alte Richtstätte - Rodalber Straße)
Neue Gasse (älteste Bezeichnung für die Bahnhofstraße)
Neue Straße (Neugasse)
Amtsgasse (drittälteste Bezeichnung der Bahnhofstraße)
Amtmannsgasse (viertälteste Bezeichnung der Bahnhofstraße)
Schlittgasse (aus Schlid = Verbindungs-Gewannenweg)
Stuckgasse (unbewohnte Gasse nördlich der Stadtmauer)
Im Teich (Senke zwischen Zweibrücker Straße und Schachen)
Am Gehlbrunnen (Streckweg-Gerbergasse)
Gänsgäßchen (Kaffeegasse)
Kaffeegasse
Hintere Steig (Steilweg, lag hinter dem Dorfe)
In der Hohl (mundartliche Bezeichnung für Kreuzung Pfarr-, Brunnen-, Neu- und Kreuzgasse)
Hohe Gasse (älterer Name für Kreuzgasse)
Neugasse
Kreuzgasse
Auf dem Weishof (später: Neue Ziegelscheuer, dann Neue Ziegelhütte)
Auf dem Matzenberg (heute Winzler Straße)
Blocksberg (heute: Blocksbergstraße)
Alte Ziegelhütte (alter Name für den oberen Teil der Blocksbergstraße)
Alter Kirchhofweg (Kaiserstraße)
Ruppertsweilerweg (alter Feldweg, welcher von der Lemberger Straße abzweigte)
Sauweg (alte Bezeichnung für Buchsweiler Straße)
Henchengasse (alter Weg, oberer Teil der Buchsweiler Allee, der zur Gewanne „Am Hännchen" führte)

Bis zum 2. Weltkrieg legten zahlreiche Hausinschriften Zeugnis von der Erbauung der Häuser ab, oft mit Jahreszahlen über dem Eingang. Viele davon werden baulichen Veränderungen, insbesondere im späteren Industriezeitalter, zum Opfer fallen. Dank einer Registrierung in der „Pirmasenser Chronik" kann festgestellt werden, daß bis zum Jahr 1927 folgende Jahreszahlen vorhanden waren:
1739, 1740, 1746, 1748, 1750, 1754, 1756, 1756, 1758, 1758, 1758,
1761, 1763, 1766, 1768, 1773, 1776, 1777, 1780, 1784, 1785 und 1790.

*

Langsam näherte man sich dem 19. Dezember des Jahres 1789, dem 70. Geburtstag des regierenden Landgrafen, des Landesvaters, Stadtgründers und des Wohltäters der Stadt Pirmasens. Wie viel hatte die Stadt diesem Fürsten doch zu verdanken! Dieser Tag sollte unter Beweis stellen, wie dankbar man war, denn die Stadt hatte ihren Höhepunkt erreicht. Die Sonne schien über der Stadt, und ihre Strahlen fielen auf nur zufriedene Menschen. Alle Einwohner, ob Soldaten oder Bürger, lebten zufrieden und glücklich innerhalb der riesigen Stadtmauer in einem Stadtstaat. Hier herrschte auf der einen Seite strenge Zucht und Ordnung in einem eigenen Gemeinwesen, in welchem jedes Vergehen mit drastischen Strafen geahndet und belegt wurde. Auf der anderen Seite genossen alle Vertrauten — gleichermaßen Soldaten wie Bürger — den uneingeschränkten Schutz und die Unterstützung ihres Stadtherrn, immer zum Wohle der Stadt selbst und oftmals auch in persönlichen Belangen. Man lebte glücklich und zufrieden. Jeder hatte sein Auskommen, und sehr viele der Einwohner verfügten über eigenen Grund und Boden.

1789 Solche Zufriedenheit wollte man an diesem denkwürdigen 19. Dezember 1789 unter Beweis stellen und den Tag mit großen Ehrungen und Festlichkeiten begehen. Niemand konnte ahnen, daß dieser Geburtstag der letzte sein sollte, welchen der Wohltäter der Stadt in ihren Mauern feiern würde.
Schon ein Jahr zuvor hatten die Vorbereitungen zur würdigen Begehung des Geburtstages begonnen. Die Hofbeamten, die höheren Militärs und die Abordnung der Bürger, vertreten durch die Mitglieder des Stadtrates, hatten gemeinsam beschlossen, dem Landgrafen ein dauerndes und würdiges Ehrenmal zu setzen.
Kein anderer Platz innerhalb des Stadtgebietes eignete sich mehr dazu als der zentrale Punkt zwischen dem oberen Schloßteil und der gegenüberliegenden Exerzierhalle, dem Prunkstück der Soldatenstadt.

Bei den Planierungsarbeiten zum Bau der Exerzierhalle war man am 19. April 1770 auf zwei Quellen gestoßen, deren Wasser man über Dohlen ableiten mußte. Achtzehn Jahre lang spendeten die beiden Quellen das lebenswichtige Element, zur damaligen Zeit eine willkommene Einrichtung im höher gelegenen Teil der Stadt. Nun lag es nahe, die beiden Quellen zu fassen und zwei Springbrunnen zuzuleiten. Die kunstvollen gußeisernen Tröge sowie die gesamte Anlage sollte das Geschenk der „Unterthanen" an ihren Landesvater darstellen.
Wahrscheinlich wurden die Tröge bei demselben Hersteller bestellt, welcher die wundervollen Öfen für die Exerzierhalle gefertigt hatte [184]. Beide Tröge trafen kurze Zeit vorher in Pirmasens ein und wurden hinter einer Verschalung montiert. Niemand sollte die Kunstgüsse vorher sehen, und dem Landgrafen selbst war der Blick verwehrt, wenn er den geheimnisvollen Arbeiten von den Fenstern seines Schlosses zuschauen wollte.

Und dann brach endlich der Tag an, an welchem Landgraf Ludwig IX. seinen 70. Geburtstag feiern konnte.

Schon in aller Frühe war die gesamte Soldatenkolonie auf den Beinen, und niemals zuvor hatte man so stolze Soldaten und Bürger in der Stadt gesehen wie an diesem Festtag. Die Uniformen der Offiziere und Grenadiere erstrahlten in weißem Leinen, und jeder der Bürger hatte seinen Sonntagsstaat angelegt. Alles versammelte sich am Schloßplatz und konnte ein militärisches Schauspiel verfolgen, das in sehr weitem Umkreis schon einmalig war. Hier wurde demonstriert, zu welchem Erfolg eine Eigenwilligkeit mit fest gestecktem Ziel zu führen vermag.
Als im Beisein des Landgrafen die Hüllen der Verkleidungen niederfielen, gewahrte die erregte Menge ihre Dankgabe an ihren Landgrafen: Es kamen zwei prachtvolle Brunnen zum Vorschein, jeder mit einer gewaltigen Gußsäule, die mit je einer Urne gekrönt waren. Im Oberteil trugen beide Säulen einen Fürstenhut über einem

---

184 Vergleiche auch Beschreibung des hanau-lichtenbergischen Landes aus dem Jahr 1784/85, worin die vier im Elsaß gelegenen Eisenwerke des Herrn von Dietrich erwähnt werden. Siehe Seite 202.

So sah der Pirmasenser Maler Johann Michael Petzinger (1755-1833) das Pirmasenser Schloß von der gegenüberliegenden Exerzierhalle aus. Die Schloßanlage bot schon einen schönen Anblick, insbesondere dann, wenn die Grenadiere zur Parade aufzogen. Hier am oberen Schloßplatz pulsierte das militärische Treiben. Die Ebene Exerzierplatz/Schloßplatz war von Anfang an den Soldaten vorbehalten, während das Zentrum der Stadt am unteren Schloßplatz lag, wo sich Hauptwache und Rathaus befanden. Das Originalgemälde war wohl kurz vor dem Tode des Landgrafen entstanden, zu einem Zeitpunkt also, zu welchem Pirmasens seinen Höhepunkt erreicht hatte. Es verbrannte 1945 im Schloßmuseum in Darmstadt. Eine Reproduktion auf Holz ist im Heimatmuseum in Pirmasens vorhanden.

Spruchband mit der Inschrift: „Vivat der IX.“ Der Mittelteil der Säulen wies das Emblem Ludwigs IX. auf, ähnlich wie es auch auf den Öfen der Exerzierhalle vorhanden war [185]. Der Fuß der Säulen wies den Spruch auf: „Non sibi sed Domino“ [186]. Zu beiden Seiten der Säulen waren zwei vergoldete Löwen vorhanden; aus des einen Rachen floß das klare Wasser des Berges Horeb hervor. Alles wurde umrahmt von verschiedenem Kriegsgerät, wie zum Beispiel Kanonenkugeln, Trommeln, Fahnen, sprühenden Granaten und Kanonenrohren, ähnlich wie sie aus Verzierungen diverser Pläne aus Pirmasens hervorgehen [187].
Beide Brunnen waren nicht symmetrisch aufgestellt worden. Während der wasserspeiende Löwe rechts der Gußsäule stand, war er auf der gegenüberliegenden Seite des Zeughauses [188], also gegen die spätere Klosterstraße zu, auf der linken Seite der Säule vorhanden.

---

185 Siehe Abbildung Seite 146.
186 Nicht für sich, sondern für den Herrn.
187 Vergleiche Pläne Seiten 48, 77 und Embleme bei Seite 205 sowie Seite 206.
188 Das Zeughaus oder „das Haush worin die Zelter und Packwagen auf bewahrt seynd“, lag Ecke Alleestraße/Löwenbrunnerstraße, vergleiche auch „Grund Riss von Pirmasens“ aus 1788, Seite 199.

Neben dem Kunstverlag Schuberth in Pirmasens, dem Havannahaus Hölzer und dem Verlag Braun & Kohlermann war auch der Verlag Lützel & Co. ein eifriger Förderer in der Herausgabe von Ansichtskarten, die sich auf die Vergangenheit von Pirmasens bezogen. Diese Karte wurde bereits 1898 gedruckt und zeigt eine Phantasiegestaltung des ehemaligen Pirmasenser Schlosses. Die steilen Abhänge des Berges Horeb hatte man einfach weggelassen, das Schloß in eine Ebene verlegt, es immens vergrößert und vor das Ganze einen Park gelegt, welcher wohl größeren Vorbildern entliehen wurde. Immerhin ist die Karte ein Beweis dafür, wie gerne man sich ausgangs des 19. Jahrhunderts an die ehemalige Soldatenstadt und ihren fürstlichen Gründer erinnerte. Zu jener Zeit sprach man, wenn die Rede auf den Landgrafen kam, nur vom „hochseligen Herrn", dem die Existenz der Stadt Pirmasens überhaupt zu verdanken war. Dazu hatte man auch allen Grund, denn man befand sich mit der Schuhindustrie in einer Hochkonjunktur sondersgleichen, und ein Ende war immer noch nicht absehbar. Die abgebildete Karte vom Verlag Lützel & Co. war vom Inhaber des „Café Luitpold" erworben worden, welcher zu dieser Zeit Friedrich Rompel hieß. Das Café lag genau an jener Stelle, an welcher sich vormals das landgräfliche Schloß befunden hatte. Jetzt hieß es Hauptstraße Nr. 17 und hatte eine Errungenschaft der Neuzeit aufzuweisen, nämlich die Telefonnummer 61. Als Wirt des Cafés Luitpold verkaufte Rompel an seine Gäste solche Karten, die sodann in alle Gegenden Deutschlands versandt wurden. Uneingeweihten vermittelten die Abbildungen einen kolossalen Eindruck, während in Wirklichkeit von der gezeigten Pracht überhaupt nichts mehr übriggeblieben war. Diese Karte wurde am 12. Januar 1899 nach Erlangen versandt, und wie bezeichnend waren die Grüße „nebst Zutrunk aus Amerika". Offensichtlich wollte der Schreiber damit zum Ausdruck bringen, wie abseits und weltentlegen dieses Pirmasens damals schon war.

Dem Landgrafen Ludwig IX. von Hessen-Darmstadt und Grafen zu Hanau-Lichtenberg gebührt der Dank aller Pirmasenser. Er, der einstmals in jungen Jahren nach dem abgelegenen Wald- und Pfarrdorf gekommen war und nur 34 armselige Häuser vorgefunden hatte, führte das Dorf zu ungeahnten Höhen empor. Eigensinnig und intensiv betrieb er den Ausbau des Dorfes zur blühenden Soldatenstadt. Erst als er im Jahr 1790 für immer die Augen schloß, konnten alle Bewohner der Stadt ermessen, welch großen Verlust sie erlitten und was sie diesem Fürsten zu verdanken hatten. Selbst nach seinem Tode wollte der Landgraf das geliebte Stückchen Erde nicht verlassen. Pirmasens war seine Heimat geworden, und hier wollte er für alle Ewigkeit ruhen.

Weitere Aufzeichnungen über diesen Festtag am 19. Dezember 1789 sind uns leider nicht überliefert, obwohl dies ein Höhepunkt in der Stadtgeschichte war. Ebensowenig sind bislang Zeichnungen oder Skizzen der beiden Brunnen aufgetaucht. Ein langes Leben war den beiden Brunnen in ihrer ursprünglichen Form nicht beschieden [189].

Keiner der freudigen Teilnehmer an diesem Festtag konnte aber vorausahnen, daß dies für lange, lange Zeit wirklich ein Ereignis war, das man frohen Mutes hatte begehen können. In Hochrufen wurde dem Stadt- und Landesvater ein langes Leben gewünscht, zum Wohle seines Landes, seiner Regierung und ganz besonders zum weiteren Gedeihen des allerseits geliebten Pirmasens.

Bereits zum Namenstag des Landgrafen, im August des Jahres 1789, waren spärlich Nachrichten nach Pirmasens durchgedrungen, welche für die zufriedenen Bewohner dieser Stadt einigermaßen unverständlich waren, andererseits doch einige Besorgnis aufkommen ließen.
Es war die Kunde nach Pirmasens gekommen, daß in den entferntliegenden Ämtern Willstett und Lichtenau Unruhen unter der Bevölkerung ausgebrochen seien. Man hätte seinen Unwillen gegen die Obrigkeit zum Ausdruck gebracht, und dies waren wohl die Folgen der Staatsumwälzung in Frankreich, die Mißachtung aller historischen Rechte und der immer lauter werdende Ruf nach Gleichheit, Freiheit und Brüderlichkeit.
Um die Aufständischen in besagten Orten wieder zur Vernunft zu bringen, wurden 400 Mann des Pirmasenser Militärs unter dem Befehl des Obristen Pfaff abkommandiert, „um den Geist der dort ausgebrochenen Empörung zu dämpfen, die herrschaftlichen Gerechtsamen und das Eigenthum der pflichttreuen Einwohner zu schützen."

Kaum war diese Sache in Ordnung gebracht und die 400 Mann nach Pirmasens zurückgekehrt, verbreitete sich die Nachricht von Erhebungen in der näheren Umgebung von Pirmasens.

Besonders die Einwohner von Busenberg, welches mit der Burg Drachenfels zum Lehen der Freiherrn von Dürkheim gehörte, waren mit die Ersten, die sich gegen ihre Herren erhoben. Am 6. Oktober 1789 machten sie den Anfang, indem sie die herrschaftlichen Rentbeamten vertrieben und das fürstliche Gebiet für sich beanspruchten. Es kam sogar zu Tätlichkeiten gegenüber zurückgebliebenen Beamten. Die seit Jahrhunderten bestehenden Grenzsteine wurden niedergeschlagen, und neue Marksteine sollten das Gebiet begrenzen, das die Aufständischen als ihr neues Eigentum betrachteten. Unter dem Haupträdelsführer Theobald Korn wurden sodann die schönsten Bäume gefällt und das begehrte Holz weggefahren.
Solche Vorkommnisse, die allein für die Pirmasenser einigermaßen unverständlich erschienen, wurden jedoch in anderen umliegenden Dörfern aufmerksam verfolgt, und alsbald sollte es zu neuen Unruhen kommen.
Im nahen Dahn kam es zu Widersetzlichkeiten im Geiste der Freiheit und Gleichheit. So sollte zum Beispiel die herrschaftliche Kellerei zu Dahn in Flammen aufgehen, was nur im allerletzten Moment und auf dringendste Bitten des dortigen Pfarrers zu verhindern war.

---

[189] Einer dieser Brunnen stand noch zumindest bis zum Jahr 1864 an gleicher Stelle, wenn auch nicht mehr in seiner ursprünglichen Form. Vergleiche auch Band II, 1864.

Am 30. Juli 1789 geschah ähnliches im nahen Fischbach. Hier rotteten sich die Einwohner zusammen und vertrieben den Waldenburger Erbbeständer Adam Schlick. Sodann teilten sie das Land unter sich auf. In der zweiten Hälfte des gleichen Jahres kam es zu Unruhen in Erlenbach, Lauterschwan und Niederschlettenbach.
In jedem Fall trat alsbald wieder Ruhe ein, jedoch sollte es nicht mehr allzu lange dauern, bis sich der Geist der Volkserhebung in Frankreich auch auf deutschem Boden auswirken wird.

Diese Staatsumwälzung im nahen Frankreich und die im Sturm geschaffene Staatsverfassung erregte schlimme Besorgnis, besonders bei den deutschen Landesfürsten, welche, durch verschiedene Friedensschlüsse und zahlreiche Staatsverträge abgenötigt, ihre Besitztümer in Frankreich liegen hatten und über welche Frankreich bislang eine Oberherrlichkeit besaß. Darunter waren besonders betroffen der Herzog von Zweibrücken, der Speyerer Fürstbischof, der Fürst von Leiningen-Hardenburg (Dachsburg), die Fürsten von Nassau und natürlich auch unser Landgraf Ludwig IX.
Hier zeigten sich also die Anfänge einer Erhebung. Es sollte noch einige Zeit dauern, bis die volle Wucht dieser Revolution die Umgebung von Pirmasens treffen und letztlich auch die Stadt in Mitleidenschaft ziehen wird [190].
In der Soldatenstadt herrschte nach wie vor Ruhe und Ordnung. Niemand dachte im entferntesten daran, an der bestehenden Ordnung etwas ändern zu wollen. Jeglicher Aufruhr wäre hier undenkbar gewesen, allein schon in Anbetracht des überaus starken Militärs, welches seinem Herrn treu ergeben war.

Hier in der Stadt lief das gewohnte Leben und Treiben weiter, jeder hatte sein Auskommen und war zufrieden. Man gab sich vergnüglicheren Dingen hin, denn Nachrichten von außerhalb sickerten nur spärlich in die Stadt durch.

Im Jahr 1789 bestand sogar eine Privat-Mädchenschule in der Stadt, welche von einem Johann Karl Gottlieb Lanz, einem Sohn des Hofschneiders Johann Kaspar Lanz, geleitet wurde. Lanz hatte dieselbe nach dem Besuch der Universitäten in Jena und Gießen hier ins Leben gerufen.

Die Strapazen des böhmischen Feldzuges von 1742 hatten den Körper des Landgrafen geschwächt, so daß er im Laufe der Jahre für verschiedene Krankheiten anfällig geworden war. Zur Auskurierung seines rheumatischen Leidens war er des öfteren in damals bekannte hessische Bäder gereist, vornehmlich nach Langenschwalbach und Bad Ems. Indessen war niemals eine Besserung eingetreten [191].
War er einmal zur Kur in eines der genannten Bäder gereist, so waren seine Gedanken stets in seiner Soldatenstadt. Dort ließ er sodann hölzerne Soldaten exerzieren, welche naturgetreue Nachbildungen seiner Pirmasenser Grenadiere waren [192].

Eine für heutige Begriffe total ungesunde Angewohnheit des Landgrafen war es, mitten im Sommer seine Stube dermaßen zu heizen, „daß die Temperatur darin eine wahrhaft tropische war."

---

[190] Siehe auch Vorgänge ab Oktober 1792, Band II.

[191] In einem Brief der Prinzessin Caroline an Amalie vom 12. März 1756 kann man nachlesen, daß ihr Gemahl wieder einmal zu einer Kur in eines der Bäder gereist war, um „eine wirkliche, gewöhnlich jedoch an einer eingebildeten Krankheit" zu laborieren.

[192] Im Tagebuch des Erbprinzen vom 6. Februar 1784: „In dem Rondel befinden sich Figuren 4.958, in dem Saal 1.146, SA 6.104". Damit waren Räumlichkeiten im Pirmasenser Schloß gemeint; also war hier eine stattliche Anzahl hölzerner Soldaten zusammengekommen. Vergleiche auch Text Seite 175.

Hieraus erklärt sich vielleicht auch das Zustandekommen von Beklemmungsgefühlen und eine übergroße Ängstlichkeit vor eingebildeten Gefahren. Es wurde ihm sogar eine Gespensterfurcht nachgesagt, die sich von Jahr zu Jahr verschlimmerte Angeblich soll ihn die Furcht aus den weiten und hohen Räumen des Darmstädter Schlosses vertrieben haben, und zeit seines Lebens hatte er ja vermieden, dorthin zurückzukehren. Die unangenehmen Eigenschaften sollen ihm vererbt worden sein. Tatsache ist aber, daß die Gespenstererscheinungen im Pirmasenser Schloß einen großen Raum in den Tagebüchern Ludwigs einnehmen und immer wieder „erscheinen". So zum Beispiel schrieb er: „Den 24. Februar 1782 nachts ½ 12 Uhr, als die Madame de Beckenbach sich den Fuß verbinden wollte, reichte ihr ein Geist in der Gestalt eines Juden mit einem weißen Bart ein Pflaster, worüber sie beinahe in Ohnmacht viel, verbandte sich damit ungeachtet und ging nachher herunter in das Schlafzimmer, bis wohin sie das Gespenst verfolgte und sich bis um 3 Uhr immer zeigte, von sonst niemanden aber gesehen wurde." Oder aber er schrieb unter dem frühen Datum vom 8. Juni 1773 in sein Tagebuch: „Heute sind es 20 Jahre, daß ich zum ersten mal die Plage der Geister empfunden habe."
Seine Frau, die geistreiche Caroline, stand über solchen übersinnlichen Dingen, ja sie betrachtete einzelne Vorkommnisse geradezu humoristisch. Dies geht aus ihren Briefen hervor, denn einmal schrieb sie an ihre Freundin Amalie, daß der Erbprinz mitten in der Nacht einen Eilkurier nach „Buxweiler" abgesandt habe, mit der furchtbaren Meldung, „im Schlafzimmer der Prinzessin zu Pirmasens sei eine schwarze Gestalt gesehen worden." Vier Stunden später sei sodann eine zweite Estafette in Buchsweiler angekommen, mit der beruhigenden Meldung, es sei alles wieder ruhig. Ihren Brief schloß die Prinzessin mit den Worten: „Du lieber Gott, mit welchen Erbärmlichkeiten beschäftigt man sich in diesem traurigen Ort."

Eine weitere absonderliche Angewohnheit des Landgrafen war es, bis Mitternacht zu schlafen und den Rest der Nacht bei hellem Kerzenschein und in Unterhaltungen mit einzelnen Hofbeamten zuzubringen, bis sich die Morgendämmerung zeigte. Es wurde verschiedentlich versichert, daß es die Geisterfurcht gewesen sein soll, die ihn dazu bewegte. Meist ging er bei Tagesanbruch wieder zu Bett, um einige Zeit zu ruhen. Solche Angewohnheiten erbte sogar eine seiner Töchter, nämlich die Landgräfin von Homburg.

Ein geistliches Orakel, mit welchem er sich vorzugsweise in den langen schlaflosen Nächten über religiöse Skrupel unterhielt, war der düstere orthodoxe Feldpropst Venator. Auch waren diese stundenlangen Unterhaltungen mit die Ursachen, daß sich der Landgraf in den letzten 3 Jahren kaum mehr aus seinen Räumen entfernte und sich immer weniger körperlichen Bewegungen hingab. „Dadurch wurde in dem ohnehin voll- und dickblütigen Körper der freie Rückzug des Blutes vom Gehirn verhindert und dieser Druck des Blutes auf die Nerven des Gehirns verursachte, daß seit dem Jahr 1773 beinahe alle Jahre bald momentane Sprachlosigkeit, bald Mangel alles Bewußtseins, bald halbe Lähmungen erfolgten, die aber durch den Gebrauch der nötigen Mittel noch immer glücklich behoben wurden." [193]

Hatte ihn einmal mehr eine Krankheit gepackt, so konnte es durchaus sein, daß ein von der Prinzessin Amalie von Preußen ihm zugeschickter und von ihr selbst komponierter Marsch ihn vom Krankenbett wegbrachte, in welchem er 32 Tage lang hatte liegen müssen. Das Einstudieren eines solchen Marsches auf dem Klavier und dann durch die Musiker seines Regiments ließen ihn Fieber, Rheumatismus und Visionen vergessen.

---

193 Vergleiche auch „Ehrendenkmal Glorreichen Angedenkens" vom 9. Mai 1790, Band II.

Der in Pirmasens geborene Johann Michael Petzinger (1755-1833) konnte sich eines zeichnerischen Talents erfreuen. Ihm ist es zu verdanken, daß vieles auf dem Papier festgehalten wurde, was die Stadt Pirmasens betraf. Im Alter von 35 Jahren erlebte er den Tod des Landgrafen und konnte damals die Dinge aufs Papier bringen, die wichtig waren. Die meisten seiner Zeichnungen entstanden jedoch nach 1790. Am Aussehen der Stadt hatte sich jedoch nicht viel geändert, und so, wie es der „Prospekt der Stadt Pirmasens" zeigt, sah die Stadt von Westen her gesehen auch aus. Imponierend waren die große Stadtmauer und, weithin sichtbar, das große Exerzierhaus. Das landgräfliche Schloß stand noch, und damit ist dies eine der äußerst wenigen Zeichnungen, auf welchen dieses Gebäude zu sehen ist. Lange sollte es nicht mehr dauern, bis das herrschaftliche Schloß niedergerissen wurde. Auch von der Stadtmauer sind uns sehr wenige Ansichten bekannt. Außer diesem Gesamtprospekt der Stadt Pirmasens brachte Petzinger noch andere Ansichten zu Papier (vgl. Band II).

Erst jetzt, also verhältnismäßig spät, erfolgte der Hinweis, daß der Landgraf zeit seines Lebens „mit großer Meisterschaft die Trommel geschlagen habe". Dem Soldatentum und der Musik gleichermaßen galten die Neigungen des Landgrafen. Unter dem Datum 29. Dezember 1789 trug er in sein Tagebuch ein: „3 Marches gemacht, 92176 überhaupt."

Unter solch geschilderten Umständen und durch seine jahrelange Absonderung in Pirmasens war es geradezu ein Glück, daß die große Landgräfin Karoline die Leitung und Erziehung der Kinder von Anfang an in Händen gehabt hatte.

1790 Zu Beginn des Jahres 1790 wandten sich die Bürger der Stadt Pirmasens erneut an ihren absoluten Herrscher mit der Bitte, ihr Handwerk, welches sich offensichtlich breit gemacht hatte, noch mehr als Gewerbe betreiben und, was wohl anzunehmen ist, ihre Erzeugnisse auch außerhalb der Stadt vertreiben zu dürfen.

Dabei kann es sich größtenteils um solche Bürger gehandelt haben, welche in den Jahren zuvor einmal gedient hatten und welchen der Landgraf am 2. Dezember 1764 erlaubt hatte, die Bürgerrechte zu erwerben und nebenberuflicher Arbeit nachzugehen. Im Verlauf von 25 Jahren hatte man davon Gebrauch gemacht, und das erlernte Handwerk, gleich welcher Art, mußte floriert haben, wenn nunmehr eine Erweiterung des Betätigungsfeldes erbeten wurde.

Zu jener Zeit wurden in Pirmasens ausnehmend viele Schafe gehalten und gezüchtet, denn es bestand großer Bedarf für die Verwertung von Häuten. Solche kamen in Pirmasenser Gerbereien (von welchen es ja einige in der Stadt gab), um zu Leder weiterverarbeitet zu werden. Dieses wiederum wurde einmal in der Garnison gebraucht, und zum anderen gelangte es zur Verarbeitung an handwerkliche Schuhmacher unter der Bürgerschaft.
Von solchen war zwar nicht ausdrücklich die Rede, und keine Unterlage gibt darüber Auskunft, wie das Leder verarbeitet und weiterverwendet wurde. Wozu aber hätte es anders gebraucht werden können als für die Herstellung von Schuhwerk?
Der Landgraf kam der Bitte der Bürger bezüglich einer gewerbemäßigen Betreibung ihres Handwerks nach, jedoch mit der Einschränkung, daß nur den Grenadieren und deren Angehörigen wegen der großen Kinderzahl das Handwerk gestattet sein solle und daß „die gewerbetreibenden Soldaten die Abgaben der Bürger für das Gewerbe teilen sollten."
Außerdem ward eine Rezeptionsgebühr von 12 Gulden für Aufnahme in den Bürgerstand verlangt, welche jetzt mit einer Ausübung der Gewerbe verbunden war. Daraufhin umfaßte zum Beispiel die Schuhmacherzunft 21 Meister, die fast alle Soldaten waren oder aber auch zuvor gewesen waren.
Daraus geht hervor, daß diese ihr Handwerk in der Garnison erlernt hatten und während ihrer Dienstzeit für den Bedarf der Garnison hatten arbeiten müssen. Erstmals ergibt sich also in diesem Jahr ein Hinweis über 21 Meister in einer Art Schuhmacherzunft in Pirmasens.

1790 Das ortsansässige Gewerbe wurde durch verschiedene Verbote geschützt, denn das Wohl seiner verdienten und vertrauten Soldaten rangierte für den Landgrafen stets an erster Stelle. Jüdische Krämer durften bei einer Strafe von 15 Gulden in Pirmasens keine Ware feilbieten, und fremden Christen war nur der Verkauf von ganz bestimmten Galanteriewaren in der Stadt erlaubt.

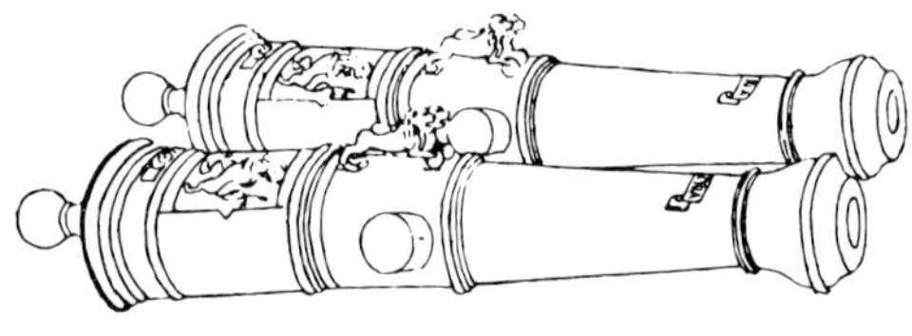

Landgraf Ludwig IX., welcher sehr einfach lebte, liebte eine rauhe Kost und gab sich in seinen letzten Lebensjahren immer weniger freien Bewegungen hin. Nur noch zu ganz wichtigen Anlässen verließ er seine Räume.

Am 3. April 1790, dem stillen Samstag vor Ostern, fühlte er sich sehr angegriffen; sein Zustand flößte seiner Umgebung größte Besorgnis ein. Er unterzeichnete eigenhändig noch 26 Aktenstücke des Buchsweiler Referats, und gegen 4 Uhr nachmittags erfolgte ein heftiges Erbrechen. Mit 4 Mann mußte er zu Bett getragen werden [194]. Am Abend ging sein Puls noch regelmäßig.
Als aber die Diener, welche die Nachtwache bei ihm hatten, gewahr wurden, daß er um drei Uhr morgens nicht, wie gewöhnlich, aufwachte, riefen sie sofort die beiden Leibärzte. Diese fanden den Landgrafen von einem starken Schlaganfall getroffen. Es wurden zwar alle möglichen Mittel angewandt, aber alle Versuche blieben erfolglos. Der Landgraf erlangte nicht mehr das Bewußtsein.

In früher Morgenstunde des 5. April öffnete er noch einmal die Augen und hob seine rechte Hand aus dem Bett hervor, gleichsam so, als wolle er allen Umstehenden Lebewohl sagen und endgültig Abschied nehmen von seinem geliebten Pirmasens.
Am Morgen des 6. April, dem Osterdienstag des Jahres 1790, zeigten sich alle Vorboten eines nahen Todes.
Sechzehn Minuten nach neun Uhr schlummerte der alte Landgraf ein für eine bessere Welt, im 71. Jahre seines Lebens, im 49. seiner Regierung der Grafschaft Hanau-Lichtenberg und im 22. Jahre der Regierung seiner hessischen Lande.

---

[194] Des Landgrafen Bett, an welchem selbst die 4 Ecksäulen mit sprühenden oder flammenden Granaten verziert sind, hat sich wunderbarerweise bis zum heutigen Tage erhalten. Im Pirmasenser Heimatmuseum hat es einen Ehrenplatz.

In Gegenwart seines Sohnes und Nachfolgers, Ludwigs X., und mehrerer vornehmer Fremden wurde Landgraf Ludwig IX. freitags nach Ostern (9. April) morgens um 10 Uhr beerdigt.
Seit Menschengedenken war es der traurigste Tag für alle Pirmasenser Einwohner. Alles, die gesamte Pirmasenser Garnison und die Bürgerschaft, gab ihm auf seinem letzten Weg vom Schloß zu seiner Hof- und Garnisonskirche die letzte Ehre.
Der Sarg des Landgrafen war auf einem Gestell aufgebahrt worden, welches von 12 Leuten, wahrscheinlich den Vertrautesten, zur unteren Kirche getragen wurde. General Petermann und der Obrist Preibisius trugen das Leichentuch, „welches den Sarg bedeckte oben am Kopf“ und die Obristen Schindler und Martin „trugen unten“. Unter militärischem Gepränge und Zeremoniell wurde der Tote sodann zur letzten Ruhe gebettet.
Noch einmal hatte die Stadt ein militärisches Schauspiel sondersgleichen erlebt, und für wie lange es das letzte gewesen sein sollte, ahnte niemand der Anwesenden.

*

„Mit dem Landgrafen Ludwig IX. sank ein Fürst ins Grab, in dessen Persönlichkeit die wunderbarsten Charaktereigenschaften und Gegensätze zur Erscheinung kamen. Es zeichnete ihn aus ein klares Urteil, eine strenge Rechtlichkeit, eine seltene Einfachheit der Sitten und die größte äußere Höflichkeit, dabei aber ein unbeugsamer Wille, der sich als Starrsinn selbst besserer Einsicht verschloß, launisches Wesen und maßlose Heftigkeit.
Dennoch war der Landgraf Ludwig IX. ein edler und hochherziger Fürst, dem nur ein größerer Schauplatz der politischen Tätigkeit gefehlt haben mag. Auch seine Soldatenliebe und die Opfer, die er für das Militärwesen gebracht hatte, beweisen, daß er mit prophetischem Geiste die Machtstellung und Größe des Deutschen Reiches in seiner gesteigerten und durchgebildeten Wehrhaftigkeit erblickte.“ [195]

Die Französische Revolution, welche seinem Sohne und Nachfolger die elsässischen Besitzungen enteignen sollte, erlebte der alte Landgraf nur in den Anfängen, doch sah er ihre Ausschreitungen und Greuel voraus. Nach der denkwürdigen Nacht vom 4. August 1789, wo die französische Nationalversammlung im Taumel patriotischer Begeisterung alle Privilegien und Lehensrechte abschaffte, rief Landgraf Ludwig IX. bei der Kunde davon aus: „Die Franzosen haben sich da eine Suppe eingebrockt, an der sie lange werden zu dauen haben und die ich nicht mitessen möchte.“

*

Der Sohn des verstorbenen Landgrafen, Ludwig X., fügte am 24. April 1790 der Privilegienurkunde der Stadt Pirmasens vom 22. Juli 1769 [196] eine Bestätigung hinzu: „VON GOTTES GNADEN WIR LUDWIG Xte, Landgraf zu Heßen, bestätigen nicht nur hiermit gegenwärtige Stadt Privilegien nach ihrem ganzen Inhalt, sondern Wir wollen auch noch Unserer Stadt Pirmasens einen überzeugenden Beweiß von Unserer – ihr zutragenden besonderen Landes (statt? d. V.) Huld und Gnade dadurch geben, daß Wir den ersten Artikel dahin erklären und erweitern, daß von nun an auch der Abzugs Schilling als Rest der Leibeigenschaft ceßiren, die abziehende jedoch sich vorher behörig bei Unseren Fürstlichen Rentcammer um Ertheilung eines freyscheins melden – weniger nicht die Söhne derer dermalen vorhandenen – auch künftig sich dahier etablirenden wirklichen Bürgern von allen Kriegs Diensten und den – davon bisher gewöhnlich gewesenen Los kauft ohnwiederuflich befreyet seyn sollen. Urkundlich Unserer Eigenhändigen Namens Unterschrift und beygedruckten geheimen Insiegels.
Gegeben zu Pirmasens den 24. April 1790

Ludwig Landgraf zu Heßen

---

[195] Text nach J. Rathgeber.
[196] Vergleiche auch Abbildung des Originals, Seite 128 ffg. sowie Seite 216.

Von Gottes Gnaden Wir Ludwig X.
Landgraf zu Hessen, p. bestätigen nicht nur hiermit gegenwärtige Stadt Privilegien nach ihrem ganzen Inhalt, sondern Wir wollen auch noch Unserer Stadt Pirmasens einen überzeugenden Beweiß von Unserer – ihr zutragenden besonderen Landes Vätterlichen Huld und Gnade dadurch geben, daß Wir den ersten
Artikel dahin erklären und erweitern, daß von nun an
auch der Abzugs Schilling als eine Last der Leibeigenschafft
cessiren, die abziehende jedoch sich vorher schon bei Unserer
Fürstlichen Rent Cammer um Ertheilung eines Frey Scheins melden –
weniger nicht die Söhne deren daselbst vorhandenen – und
künfftig sich dahier etablirenden wirklichen Bürger von
allen Kriegs Diensten und den – davon bisher gewöhnlich
gewesenen Loskaufs Schuldigkeit gänzlich befreyet seyn
sollen. Urkundlich Unserer Eigenhändigen Namens-
Unterschrifft und beygedruckten geheimen Insiegels.
Gegeben zu Pirmasens den 24. April 1790.

Ludwig Landgraf zu Hessen

Die ganze Einwohnerschaft der Soldatenstadt hatte die tragischen Ereignisse mit größter Aufmerksamkeit verfolgt.
Die Krankheit und das ernste Befinden ihres Landgrafen hatten sich in Minutenschnelle in der ganzen Stadt herumgesprochen, und unter den Bürgern sowohl, als auch unter den Soldaten hatte sich eine Unruhe breitgemacht. Man wußte, was man diesem Fürsten zu verdanken hatte, und sah das Werk, das er geschaffen hatte. Sein Ableben wollte man einfach nicht wahrhaben. Er hatte sich um Pirmasens verdient gemacht, und niemand konnte sich eigentlich vorstellen, wie es ohne ihn weitergehen sollte.

Gerüchte wurden verbreitet, daß mit dem Tode des Stadtgründers alle Herrlichkeit ein Ende haben würde und die totale Auflösung des Militärs bevorstünde. Die Veteranen des Landgrafen, die ihm jahrzehntelang die Treue gehalten hatten, ihre Familien, oftmals von weit her, nach Pirmasens hatten kommen lassen, ihre Grenadierhäuschen auf großzügige Weise erhalten und sich in Pirmasens wohlgefühlt hatten – sie mußten das Allerschlimmste befürchten. Für sie konnte eigentlich nur die Rückkehr in die alte Heimat und die Suche nach einer neuen Existenz verbleiben.

Wie sehr sodann der Tod des geachteten Landgrafen Einfluß auf alle Bürger der Stadt hatte, ging daraus hervor, daß unheimliche Sagen und Geschichten kursierten. Die Schildwachen waren in der Todesnacht des Fürsten von unsichtbaren Händen gepackt worden, im Schloß hörte man unheimlichen Lärm, so als gingen viele Menschen die Treppen auf und ab. Man wollte Schlüsselrasseln gehört haben, und von unsichtbarer Hand waren Türen zugeschlagen worden. Schon zu Lebzeiten des Landgrafen hatte man eine weiße Frau des Nachts auf den Gängen des Schlosses wandeln sehen, und in der Todesnacht sei sie wieder erschienen.

Was letztlich verbürgt ist und was unsere Urgroßeltern noch zu berichten wußten, war die Tatsache, daß der Tod des Landgrafen Ludwigs IX. mehrere Todesfälle unter der Bürgerschaft zur Folge hatte. Einzelne Einwohner der Stadt starben aus Schrecken und Verzweiflung darüber, das harte Schicksal einfach nicht fassen zu können, und aus Angst vor einer ungewissen Zukunft.

Wieder einmal und vielerorts wurde das Ende der abgelegenen Stadt Pirmasens prophezeit. Alle Voraussetzungen dazu waren urplötzlich über die Stadt und ihre Bewohner gekommen. Wie sehr sie alsbald fast Wirklichkeit werden sollten, werden die kommenden Jahre und Jahrzehnte unter Beweis stellen.

Mannschaftsbestand des landgräfl. Grenadier-Gardebataillons zu Pirmasens vom Jahre 1741 bis 1789

Woraus zu ersehen wie Sr. Hochfürstl. Durchlaucht der Herr Erb-Prinz und Landgraf Ludwig IX. zu Hessen aus eigenem Höchstem Bewegen Mense Juni 1741 das Löbl. Grenadier Garde Bataillon zu stiften gnädigst geruht haben, wie solches der Gestalt bestanden und nach gnädigstem Befehl von Jahr zu Jahr augmentiret worden als:

Jahr-Gänge	Officiere, Feldwebel, Pfeifer, Tambour, Zimmerleuthe	Grenadiere und andere	Summa Summarum
1741	18	28	46
1742	20	32	52
1743	26	36	62
1744	26	36	62
1745	30	113	143
1746	77	230	307
1747	129	393	522
1748	138	393	531
1749	176	443	619
1750	217	574	791
1751	219	574	793
1752	219	583	802
1753	220	589	809
1754	221	585	806
1755	221	594	815
1756	223	596	819
1757	223	601	824
1758	235	775	1010
1759 d. 24. Aug.	240	969	1209
1760 d. 12. Sept.	185	1061	1246
1761 d. 11. April	230	1127	1357
1762 d. 8. Mai	236	1192	1428
1763 d. 31. Mai	238	1255	1493
1764 d. 12. Mai	242	1272	1514
1765 d. 27. April	244	1279	1523
1766 d. 15. Martz	247	1286	1533
1767 d. 26. Mai	248	1268	1516
1768 d. 30. Juni	247	1283	1530
1769 d. 28. Febr.	230	1311	1541
1770 d. 14. April	233	1312	1545
1771 d. 6. April	234	1319	1553
1772 d. 6. April	234	1322	1556
1773 d. 16. April	234	1321	1555
1774 d. 5. April	233	1324	1557
1775 d. 1. April	234	1324	1558
1776 d. 1. April	241	1329	1570
1777 d. 1. April	241	1327	1568
1778 d. 9. April	241	1326	1567
1779 d. 6. April	241	1327	1568
1780 d. 4. April	243	1328	1571
1781 d. 2. April	241	1332	1573
1782 d. 2. April	241	1335	1576
1783 d. 3. April	249	1336	1585
1784 d. 3. April	240	1336	1576

Jahr-Gänge	Officiere, Feldwebel, Pfeifer, Tambour, Zimmerleuthe	Grenadiere und andere	Summa Summarum
1785 d. 4. April	239	1333	1572
1786 d. 3. April	239	1334	1573
1787 d. 3. April	237	1336	1573
1788 d. 3. April	237	1338	1575
1789 d. 1. April	236	1340	1576

Die Officier-Rubrik ist untergliedert in „Ober-Officier" und „Unter-Officier". Unter „Grenadiere und andere" sind folgende Mannschaftsgrade erfaßt: Grenadiere - Rgts. Quart. Meister - Adjoutanten - Feldprobst - Feldprediger - Auditeur - Rgts. Feldscheer - Rgts. Schreiber - Wachtmeister Lieutenant - Wagenmeister - Bat. od. Staabs Feldscheer - Capellenmeister - Comp. Feldscheer - Rgts. Pfeifer - Rgts. Tambour - Trompeter - Hautboisten - Bat. Pfeifer - Bat. Tambour - Ueberkompl. Comp. Pfeifer - Ueberkompl. Comp. Tambour - Rgts. Büchsen Macher - Rgts. Büchsen Schäfter - Constabler - Kranken Wärter - Invaliden - Wagenknecht und Profoß.

Aus der Originalrolle ist weiterhin ersichtlich, daß erst ab 1752 die Soldaten auch mit Sang und Klang durch das Dorf zogen, denn hier erscheinen die ersten Hautboisten und Trompeter.

Schlagartig nahmen die Bat. Pfeifer im Jahre 1759 zu, denn während bis dahin keine aufgeführt waren, werden 11 erwähnt. Ihre Anzahl blieb bis 1789 konstant, denn in diesem Jahr sind auch nur 13 Pfeifer „enrolliret."

Auch die Rgts. Pfeifer werden erst ab 1769 aufgezählt, so daß sich ab diesem Jahr ein stattliches Musikkorps in Stärke von 31 Mann ergab.

Die Einwohnerzahlen der Stadt Pirmasens bis zum Jahr 1790

Die mit * markierten Zahlen wurden nach Lage der Dinge jeweils angenommen. Alle anderen Angaben beruhen auf Literaturhinweisen oder entstammen alten Aufzeichnungen und Dokumenten.

Jahr	Einwohner	
1327	ca. 350 *	
1620	ca. 230 *	
1661	85	
1667	70	
1681	55	
1691	16	
1698	115	
1722	250	
1735	225	
1741	ca. 400 *	
1743	ca. 1 000 *	
1750	ca. 1 570 *	
1757	ca. 2 700 *	
1760	ca. 3 400 *	
1763	ca. 4 500 *	
1767	ca. 4 600 *	
1772	ca. 4 800 *	(davon 1 556 Soldaten und Familien, 1 575 Bürger)
1782	7 767	(davon 5 878 Militärbevölkerung)
1785	ca. 7 900 *	
1788	ca. 8 000 *	
1789	ca. 8 300 *	(davon 6 851 Militärbevölkerung)
1790	9 000	

Chronologie der Stadt Pirmasens

3000 v. Chr.	Fund eines Kupferbeils wird in diese Zeit datiert;
2000 v. Chr.	Auf dem Kettrich ergeben sich Funde aus dieser Zeit;
350 v. Chr.	Weitere Funde auf dem Kettrich stammen aus dieser Zeit;
vor 740	Die Siedlung Pirmini seusna soll älter sein als der Glaubensbote Pirminius;
um 740	Der hl. Pirminius gründet das Kloster Hornbach;
741	Angebliche Gründung einer Ansiedlung Pirminiseusna;
um 750	In der Nähe des späteren Wedebrunnens soll ein Gotteshaus stehen;
753	3. November, Pirminius stirbt in Hornbach;
vor 1000	Der Ort wird in der Lebensbeschreibung des hl. Pirminius als Pirminiseusna aufgeführt;
um 1000	Bei Überarbeitung der Lebensbeschreibung des hl. Pirminius wird der Ort Pirminis-hausna erwähnt;
um 1000	Der Ort könnte auch Pirminiseusna oder Pirminiseinasna geheißen haben;
um 1100	Der Ort soll Pirminishuson genannt worden sein;
1150	In einer Urkunde heißt der Ort Birmeshun;
1150	Erstmals wird ein Kirchlein in der späteren Hauptstraße erwähnt;
1170	Das Dorf Birmeselse wird erwähnt;
1190	Der Ort heißt Birmesegenesem;
um 1200	Pirmasens ist Pfarrort mit eigener Kirche;
1202	Erneut wird das Dörfchen als Pfarrort erwähnt;
1225	25. Mai, in einer Urkunde des Bischofs von Metz wird der Ort Birmesensen aufgeführt;
1272	Ein Pfarrer kommt nach dem Dörfchen Birmensenssen;
1272	Der Name Birmesensen tritt auf;
1295	Der Ort „birmesessen" ist Hauptort des sogenannten „niederen Teils" des Amtes Lemberg;
1300	Urkundlich heißt der Ort Birmessen, aber auch Bermesessen;
1322	Die einzige Kirche von Byrmesessen brennt ab;
1327	Das Dorf hat ca. 350 Einwohner;
um 1327	Wiederaufbau eines zweiten Kirchleins an gleicher Stelle;
1334	Erwähnung von Birmesense;
1369	Der Ort wird mit Birmensentz aufgeführt;
1437	Pirmeseß wird erwähnt;
1468	Erstmals taucht die heutige Schreibweise Pirmasens auf;
1475	24. Juni, der Pfarrer Ewhard übernimmt die katholische Pfarrei im Dorf;
1486	Pirmasens wird als abgelegenes Wald- und Pfarrdorf mit einer stattlichen Kirche erwähnt;
1489	Die Gegend um Pirmasens wird als St. Pirmansland bezeichnet;
1492	Die Gegend wird als die „Große Waldmark Hornbachs" bezeichnet, der Ort heißt jetzt Pirmansens;
1500	Pirmanseß findet Erwähnung;
1520	Pirmansens wird aufgeführt;
1524	Das Dorf heißt jetzt Pirmanses;
1531	Erwähnung von Pirmansens;
1540	Jetzt heißt es pirmaßens;
1543	Erneut taucht der Name Pirmansens auf;
1543	Ein Pfarrer Andreas Waffen kommt in die Kirche Juliana zu Pirmasens;
1575	Unter einem Pfarrer Ulrich Frölig wird in dem 2. Pirmasenser Kirchlein die Reformation eingeführt;
1589	Ein erster protestantischer Pfarrer kommt ins Dorf;
1606	30. Dezember, das Amt Lemberg kommt in den Regierungsbereich und unter Oberhoheit der Grafen von Hanau-Lichtenberg;

1618 Ausbruch des 30jährigen Krieges;
1620 Das Dorf hat ca. 230 Einwohner;
1622 Kriegerische Horden überfallen das Dorf – das zweite Pirmasenser Kirchlein fällt in Schutt und Asche;
1624 Aufbau eines dritten Kirchleins an gleicher Stelle (Hauptstraße);
1634 Kaiserliche Truppen fallen nach der Niederlage bei Nördlingen in die Pfalz ein;
1635 Die Gegend um Pirmasens wird erneut vom Kriegsgeschehen schwer getroffen;
1635 Auf einer Landkarte nach Tassin wird ein Parmesens aufgeführt;
1636 Das Lemberger Schloß wird zerstört;
1641/42 Im Dorf Pirmasens werden im ganzen Zeitraum nur 5 Kinder getauft;
1648 Ende des 30jährigen Krieges;
1650 Auf einer Landkarte nach Tassin erscheint ein Parmesens;
1661 Der Ort hat nur noch 85 Einwohner;
1666 Der Schwarze Tod, die Pest, überfällt unsere Gegend;
1667 Der Ort Pirmasens hat nur noch 70 Einwohner;
1670 Auf einer Landkarte nach Cantelli wird Bermessens aufgeführt;
1675 Die ständigen Kriege Ludwigs XIV., als französische Raubkriege bezeichnet, erschüttern das Land;
1676 Die ersten Zuwanderer kommen in unsere Gegend;
1680 Auf Karten von Visscher und Danckerts wird Birmasens/Parmesens und Birmasen aufgeführt;
1681 Die Einwohnerzahl des Ortes ist auf 55 abgesunken;
1683 Das Dach des nunmehr 3. Kirchleins im Dorf wird erneuert;
1684 Pirmasens gehört zum französischen Machtbereich;
1689 September, Pfälzischer Erbfolgekrieg und Zerstörungen in der Pfalz unter Melac;
1689 Es kommen erneut Zuwanderer in die fast menschenleere Gegend, besonders aus der Schweiz, Tirol, Vorarlberg und Lothringen;
1690 Auf drei Landkarten von verschiedenen Stechern erscheint der Name Bermesens;
1691 Das Dorf erreicht einen Tiefststand und scheint völlig unterzugehen – es sind nur noch 16 Einwohner da, „14 Bürger und 2 Wittwer";
1691 Erstmals wird im Dorf Pirmasens ein „Heimburger" als Dorfvorstand erwähnt;
1691 Im fernliegenden Buchsweiler tritt Graf Reinhard III. die Regierung der Grafschaft Hanau-Lichtenberg an;
1695 Die erste Wirtschaft im Dorf findet Erwähnung, Hirschwirt ist Georg Adam Faul;
1696 Auf einer Landkarte nach Nolin wird ein Birmasen aufgeführt;
1697 Verlegung des Amtsinventars und des Amtssitzes von Lemberg nach Pirmasens;
1698 Das Dorf hat wieder 115 Einwohner;
1698 Erneut wird ein Heimburger als Dorfvorstand erwähnt;
1698 Erstmals ist von einem Rathaus in Pirmasens die Rede;
1700 Auf einer Landkarte nach Delisle ist Birmarsen verzeichnet;
1705 Auf einer Landkarte von Jaillot ist ein Bermesens aufgeführt;
1713 Die einzige Kirche im Dorf wird renoviert;
1714 Der Ort Petersberg wird gegründet;
1715 Zwei weitere Wirtschaften sind dazugekommen, der „Grüne Baum" (Joh. Adam Anstett) und die Wirtschaft „Zum Löwen" (Johann Eberhard Faul);
1719 Pirmasens soll von einer Postversorgungslinie Zweybrücken über Pirmasens nach Bergzabern berührt worden sein;

1719 15. Dezember, der Erbprinz Ludwig wird in Darmstadt geboren;

1720 Auf einer Landkarte nach Homann erscheint der Ort Beronesens;

1720 20. Mai, der Grundstein zu einem bescheidenen Jagdschlößchen des Grafen Reinhard III. von Hanau-Lichtenberg wird in Pirmasens gelegt, „da die Gegend für die Jagd sich eignet";

1722 Das Dorf hat ca. 250 Einwohner, viele betreiben Landwirtschaft, andere versuchen sich in der Fischzucht, es gibt 14 Fischwooge;

1722 Wieder wird ein Pirmasenser Rathaus erwähnt;

1724 Es kommen 2 weitere Wirtschaften hinzu, „Zum Adler" und „Zur Crone";

1726 1. Juli, die Mutter des Erbprinzen Ludwig verstirbt;

1726 Die Zuwanderungen halten an, in der Umgebung von Pirmasens werden weitere Orte gegründet;

1728 Ein Georg Ohr führt die Wirtschaft „Zur Sonne";

1730 Die Glashütte wird gegründet;

1733 August, Ernennung des Erbprinzen Ludwig zum Obristen im großväterlichen Regiment „Schrautenbach";

1735 Die Einwohnerzahl ist auf 225 abgesunken, Sie wohnen in 20 ein- und 18 zweistöckigen Häusern, darunter auch Hütten und Scheunen;

um 1735 Erster Besuch des Erbprinzen Ludwig in Pirmasens, anläßlich eines Aufenthaltes in Buchsweiler und einem Jagdausritt;

1735 Der Erbprinz Ludwig findet bei seinem Besuch in Pirmasens nur 34 armselige Häuser vor;

1736 24. März, Konfirmation des Erbprinzen Ludwig in Buchsweiler;

1736 28. März, Tod Reinhards III., des Großvaters mütterlicherseits;

1737 Der Erbprinz Ludwig erhält eine eigene Kompagnie im Regiment Schrautenbach;

1737 Ein Christoph Gundelwein ist Ochsenwirt in Pirmasens;

1738 August, Besuch des Erbprinzen in Zweibrücken;

1739 Das Dorf Pirmasens wird erstmals in einer gedruckten Posttaxenordnung aufgeführt;

1739 Längerer Aufenthalt des Erbprinzen in Buchsweiler und öftere Besuche in Pirmasens;

1739/40 Aufenthalt des Erbprinzen in Straßburg im Darmstädter Hof (früher Hanauischer Hof) in der Brandgasse und Besuch der Universität;

1739 12. September, der Großvater des Erbprinzen, Landgraf Ernst Ludwig von Hessen-Darmstadt, verstirbt – des Erbprinzen Vater, nunmehr Ludwig VIII., übernimmt die Regierung;

1740 Reise des Erbprinzen Ludwig durch Frankreich und Besuch am französischen Königshof;

1740 Beginn des Österreichischen Erbfolgekrieges und spätere Teilnahme des Erbprinzen;

1741 1. Juni, der Erbprinz stellt seine erste Leib-Grenadier-Garde in Bärenthal/Elsaß zusammen, Stärke 37 Mann;

1741 15. Juni, der Erbprinz besichtigt seine erste Kompagnie, welche in Bärenthal eingekleidet wurde;

1741 Die ersten Verwaltungsbeamten kommen von Buchsweiler nach Pirmasens;

1741 16. Juni, die erste Kompagnie Soldaten wird von Bärenthal aus nach Pirmasens in Marsch gesetzt, tags darauf Eintreffen in Pirmasens;

1741 12. Juli, Volljährigkeitserklärung Ludwigs und Übernahme der Regierung des Hanauer Landes;

1741 12. August, Heirat mit Prinzessin Karoline von Pfalz-Zweibrücken, der Tochter Christians III., des Herzogs von Zweibrücken-Pfalz-Birkenfeld – eine Ehrengarde des Pirmasenser Militärs, in Stärke von 46 Mann, ist bei der Hochzeit anwesend;

1741 25. August, am Namenstag des Erbprinzen finden in Pirmasens die beiden ersten Soldatenhochzeiten statt;

1741 Gegen Ende des Jahres dienen 46 Mann unter dem Befehl des Erbprinzen Ludwig in Pirmasens;
1741 4. November, der Erbprinz wird seinem großen Vorbild Friedrich dem Großen vorgestellt;
1741 Beginn bescheidener baulicher Vergrößerungen in Pirmasens;
1741 Entstehung zahlreicher Ausbaupläne des Dorfes zur künftigen Soldatenstadt;
1741 Zum Jahresende hat das Dorf bereits 400 bürgerliche Einwohner in 80 Häusern;
1741 Die Bürgerschaft vertritt der Hirschwirt und Schultheiß Faul;
1742 Das Pirmasenser Militär ist auf 52 Mann angewachsen;
1742 Das Dorf hat jetzt 87 Gebäude, einschließlich Wohnhäuser, Scheuern, Ställen, die über 6 Gassen verteilt sind;
1742 18. Januar, der Erbprinz erhält Patent zum Obristen im französischen Kavallerieregiment Royal-Allemand;
1742 8. Oktober, Vorstellung, Übernahme des Kavallerieregiments Royal-Allemand durch den Erbprinzen als Obrister in Prag und Teilnahme am Böhmischen Feldzug in französischen Diensten;
1742 16./17. Dezember, Flucht der französischen Truppen aus Prag und arge Bedrängnis des Erbprinzen;
1742 Ende Dezember, Gesuch des Erbprinzen um Austritt aus französischen Diensten;
1743 Januar, Rückkehr des Erbprinzen nach Pirmasens;
1743 Das Dorf hat jetzt schon 1 000 Einwohner;
1743 Stärke des Militärs: 62 Mann;
1743 Einsetzen einer Bautätigkeit;
1743 17. August, der Erbprinz erhält schriftlichen Bescheid mit seiner Demissionierung aus französischen Diensten;
1743 August, Bewerbung des Erbprinzen um preußische Dienste;
1743 2. September, schriftlicher Bescheid an den Erbprinzen mit Einstellung in preußische Dienste und Ernennung zum Generalmajor am 21. 11.;
1743 19. Dezember, Übernahme des preußischen Regiments „Selchow“ und Übersiedlung nach Prenzlau;
1744/45 Teilnahme Ludwigs am Zweiten Schlesischen Krieg;
1745 Die Soldatenstärke in Pirmasens hat mittlerweile 143 Mann erreicht;
1745 8. Dezember, der Major Grandfil erhält Erlaubnis zur Erbauung des Hombrunner Hofgutes;
1745 Zum Jahresende Rückkehr des Erbprinzen nach Buchsweiler, jedoch fast ständiger Aufenthalt in Pirmasens;
1746 Ernennung Ludwigs zum hessischen Generallieutenant und Übernahme der gesamten hess.-darmst. Infanterie;
1746 2. März, das erste Kind, Karoline, wird in Buchsweiler geboren;
1746/47 Kapitän Höfle läßt sich am Haseneck ein Hofgut erbauen;
1746 Zum Jahresende erreicht das Pirmasenser Militär eine Stärke von 307 Mann;
1747 Ein überrheinischer Truppenteil in Stärke von $2^1/_2$ Kompagnien wird nach Pirmasens verlegt;
1747 Stärke des Pirmasenser Militärs nunmehr 522 Mann;
1747 Reger Pendelverkehr zwischen Buchsweiler und Pirmasens, es verkehren 3 Wagen wöchentlich;
1748 9. Februar, drei Pirmasenser Kompagnien werden nach Schaafheim in Marsch gesetzt, um Unruhen zu beseitigen;
1748 In Pirmasens stehen jetzt 531 Mann unter dem Befehl des Erbprinzen;
1748 Abschluß eines Auslieferungsvertrages von Deserteuren mit Frankreich;
1749 9. Juli, Erlaubnis des Erbprinzen zum Bau einer reformierten Kirche in Pirmasens „auf dem Omet“;
1749 Zwistigkeiten zwischen Lutheranern und Reformierten im Dorf;

1749 Die Desertionen der Pirmasenser Soldaten häufen sich;
1749 31. März, eine Schaafheimer Kompagnie (98 Mann) wird nach Pirmasens verlegt;
1749 Ein Exerzierplatz besteht auf der Husterhöhe;
1749 Stärke des Pirmasenser Militärs: 619 Mann;
1749 10. September, erster Erlaß des Erbprinzen zum Ausbau des Dorfes mit Vergünstigungen für Bauwillige;
1749 Es herrscht große Wohnungsnot ob der ständig wachsenden Einwohnerzahl;
1750 Im Dorf gibt es 130 Feuerstellen, also 130 Häuser;
1750 Es dienen 217 „Officiers" und 574 „Grenadiere und andere", zusammen 791 Mann, unter dem Befehl des Erbprinzen in Pirmasens;
1750 17. März, Grundsteinlegung zur Johanniskirche;
1750 Im April muß der Erbprinz zu den preußischen Fahnen eilen und nimmt für 6 lange Jahre seinen Aufenthalt in Prenzlau;
1750 7. Mai, der Erbprinz wird in Berlin mit dem Schwarzen Adlerorden Friedrichs des Großen ausgezeichnet;
1750 Pirmasens hat 1 570 Einwohner;
1750 Die katholischen Grenadiere müssen einen Gottesdienst in Vinningen besuchen;
1751 Baubeginn einer großen Kaserne in der Sandgasse;
1751 Stärke des Pirmasenser Militärs: 793 Mann in 7 Kompagnien;
1751 16. Oktober, das zweite Kind des Fürstenpaares, Friederike Luise, kommt in Prenzlau zur Welt;
1751 Der Obrist-Leutnant Grandfil errichtet zusammen mit dem Stadtschultheiß J. G. Faul die neue Ziegelhütte;
1752 Es dienen 802 unter dem Befehl des Erbprinzen;
1752 14. Dezember, der Forstadjunktus Gebhard Pfersdorff kauft ein Grundstück Ecke „Schloß-Gaß und Haupt-Straße";
1752 Der Ausbau des Dorfes stagniert;
1753 Auch die Soldatenstärke hat keinen nennenswerten Zuwachs erfahren, es dienen 809 Mann;
1753 Eine dreijährige Abwesenheit des Erbprinzen macht sich in jeder Beziehung negativ bemerkbar;
1753 20. März, von Prenzlau aus kommt der Erlaß zur weiteren Bauförderung verbunden mit dem Befehl zur Verkündigung im ganzen Herrschaftsbereich von Hanau-Lichtenberg;
1753 14. Juni, das dritte Kind, Ludwig, wird in Prenzlau geboren;
1753 20. September, die beiden Glocken der Johanniskirche werden aufgehängt;
1754 Baumeister Schild erhält Anweisung, die Planungen für eine neue Hof- und Garnisonskirche zu erstellen;
1754 Der Erbprinz ist seit nunmehr 4 Jahren von Pirmasens abwesend, das Wachstum des Militärs stagniert;
1754 20. Juli, das vierte Kind, Friederike Amalie, kommt in Prenzlau zur Welt;
1755 Die alte Kirche in der Hauptstraße muß wegen Baufälligkeit abgerissen werden;
1755 Stärke des Pirmasenser Militärs: 815 Mann;
1755 25. Juli, das fünfte Kind, Wilhelmine, wird in Prenzlau geboren;
1756 26. Februar, Erlaß zum Bau einer neuen Hof- und Garnisonskirche;
1756 Teilnahme des Erbprinzen am Siebenjährigen Krieg;
1756 In Pirmasens wird eine illegale Münzprägeanstalt eingerichtet;
1756 Sammlungen in der gesamten Grafschaft Hanau-Lichtenberg zum Bau einer neuen Hof- und Garnisonskirche;
1756 28. August, Abriß der alten Kirche in der Hauptstraße;
1757 30. Januar, das sechste Kind, Luise Auguste, wird in Berlin geboren;
1757 Stärke des Pirmasenser Militärs: 824 Mann;

1757 5. April, Grundsteinlegung zur neuen lutherischen Kirche, später auch Hof- und Garnisonskirche genannt;
1757 30. August, Abschied des Erbprinzen aus preußischen Diensten;
1757 24. Dezember, Rückkehr Ludwigs nach Pirmasens und ab jetzt fast ständiger Aufenthalt im Soldatendorf;
1757 Das Dorf Pirmasens hat jetzt ca. 2 700 Einwohner;
1758 Schon macht sich die Anwesenheit des Erbprinzen bemerkbar: Die Soldatenstärke überschreitet mit 1 010 Mann erstmals die Tausendergrenze – es besteht eine 15jährige Abgabefreiheit für alle Bauwilligen – aus dem gesamten Hanauer Land kommen Handwerker nach Pirmasens – es entstehen repräsentative Gebäude;
1758 Ein kleines Korps Husaren kommt zum Leibregiment;
1758 Ankauf des Exerzierplatzes durch den Erbprinzen und Ausbau desselben;
1758 22. August bis 4. September, Einzäunung des Soldatendorfes mit einem Zaun aus Schanzpfählen;
1759 Stärke des Pirmasenser Militärs: 1 209 Mann;
1759 Beilegung der Religionszwistigkeiten;
1759 20. Mai, Einführung einer Altersversorgung für die Vertrauten;
1759 10. Juni, das siebte Kind, Friedrich Ludwig, kommt in Buchsweiler zur Welt;
1759 Demissionierungen adliger Offiziere;
1760 Die Pirmasenser „Heckenmünze“ muß ihren Betrieb einstellen;
1760 In Pirmasens dienen nunmehr 1 246 Mann;
1760 Das Dorf hat etwa 3 400 Einwohner;
1760 Nach wie vor herrscht arge Wohnungsnot im Dorf;
1760 In Pirmasens besteht eine Art Postexpedition;
1761 März; Windfahne, Löwe und Schwan werden auf den Turm der neuen Garnisonskirche aufgesetzt;
1761 Stärke des Pirmasenser Militärs: 1 357 Mann;
1761 Im Dorf gibt es 25 Soldatenwirtschaften (Winkelwirte) und 11 Schildwirtschaften;
1761 Karoline weilt im Sommer für längere Zeit in Pirmasens;
1761 14. Oktober, Kirchweihe der Hof- und Garnisonskirche;
1762 Stärke des Pirmasenser Militärs: 1 428 Mann;
1762 Erstmals werden einige Gerber erwähnt, welche im Dorf ihr Handwerk ausüben;
1762 Der Erbprinz hat bis April 1 600 Märsche „fertiggemacht“, d. h. selbst komponiert;
1762 Einplanung des Alten Friedhofs in Verlängerung der Alleestraße;
1762 Ende des Jahres hat der Erbprinz 3 000 Märsche komponiert;
1763 Stärke des Pirmasenser Militärs: 1 493 Mann;
1763 7. März, Grundsteinlegung zur großen Stadtmauer;
1763 Errichtung einer Garnisonsschule;
1763 19. August, die letzte Lücke der Stadtmauer wird geschlossen;
1763 25. August, Namenstag des Erbprinzen – Pirmasens wird Stadt;
1763 Die Einwohnerzahl der Stadt beträgt jetzt ca. 4 500;
1763 1. Oktober, dem Stadtgründer werden die Schlüssel zum Buchsweiler Tor überreicht;
1763 In der Stadt gibt es 334 Häuser, 67 Scheunen, 73 Ställe und 21 Anbauten;
1763 25. Nov., das achte Kind, Christian Ludwig, kommt in Darmstadt zur Welt;
1764 Stärke des Pirmasenser Militärs: 1 514 Mann;
1764 14. August, dem Erbprinz wird ein endgültiger Abschied aus preußischen Diensten zuteil;
1764 Der Ausbau der Stadt geht zügig weiter;
1764 Errichtung des Husarenstalls, des großen Marstalls, des Zeughauses, der beiden „Thorschreiberhäuser“ und vieler anderer Gebäude;

1764 Handwerkliche Spezialisten bilden sich in der Garnison heran, darunter auch viele Schuhmacher;
1764 3. Oktober, Eintritt Ludwigs in österreichische Dienste;
1764 2. Dezember, Ludwig erlaubt seinen verdienten Soldaten die Bürgerrechte der Stadt zu erwerben, sich seßhaft zu machen und den verschiedensten Gewerben nachzugehen;
1764 Bis zum Jahresende hat der Erbprinz 10 000 Kompositionen verfertigt;
1765 22. Januar, Ernennung des Erbprinzen zum österreichischen General-Feldzeugmeister;
1765 Der alte Friedhof besteht;
1765 Stärke des Pirmasenser Militärs: 1 523 Mann;
1765 Karoline, die große Landgräfin, nimmt ihren dauernden Wohnsitz in Darmstadt;
1765 Die Stadt trägt zu Recht den Beinamen „Soldatenstadt";
1766 21. Januar, der Generalmajor Wilhelm de Grandfil verstirbt in Pirmasens;
1766 Stärke des Pirmasenser Militärs: 1 533 Mann; bis zum Jahr 1790 ergeben sich nur noch geringe Schwankungen zwischen 1 533 und 1 585 Mann;
1766 Nach wie vor herrscht in der Stadt arge Wohnungsnot;
1766 In der Stadt besteht eine Postexpedition, der Postexpeditor ist Johann Adam Küffer (Kieffer);
1767 Die Stadt hat nunmehr ca. 4 600 Einwohner;
1767 Stärke des Pirmasenser Militärs: 1 516 Mann;
1767 Januar, Reise Ludwigs nach Wien und Empfang bei Maria Theresia und Kaiser Franz;
1767 15. Januar, Übernahme des österreichischen k. u. k. Infanterieregiments „Maquire" durch den Erbprinzen;
1768 In Pirmasens gibt es nunmehr 473 Häuser, 119 Scheunen, 88 Ställe und 32 Anbauten;
1768 Aus der anfänglich ersten Kompagnie des Leib-Regiments sind nunmehr 2 Bataillone geworden;
1768 17. Oktober, Tod des Landgrafen Ludwig VIII., des Vaters unseres Erbprinzen;
1768 17. Oktober, Ernennung Ludwigs zum Landgrafen (IX.) von Hessen-Darmstadt und Grafen zu Hanau-Lichtenberg; der neue Landgraf wählt Pirmasens weiterhin zu seinem ständigen Wohn- und Regierungssitz; Pirmasens wird Residenzstadt;
1769 Stärke des Pirmasenser Militärs: 1 541 Mann;
1769 20. Juni, Erlaß zur Begünstigung altgedienter Soldaten, Einrichtung eines Unterstützungsfonds für Invaliden;
1769 22. Juli, Landgraf Ludwig IX. erteilt seiner Stadt einige Privilegien;
1769 Stadtschultheiß wird Johann Heinrich Schneider – es besteht ein bürgerlicher Stadtrat;
1769 Die neuernannte Stadt erhält ihr erstes Stadtsiegel;
1770 Stärke des Pirmasenser Militärs: 1 545 Mann;
1770 Baubeginn eines großen Exerzierhauses gegenüber dem Schloß;
1770 Beim Bau des Exerzierhauses entdeckt man zwei Quellen (19. 4.)
1770 Erneute Versuche von Industrieansiedlungen;
1771 Austritt des Landgrafen aus österreichischen Diensten;
1771 Ein repräsentatives Rathaus wird erstellt;
1771 Vor den beiden Toren der Stadt werden 2 Wegweiser erstellt;
1771 Die Soldatenstadt Pirmasens ist bedeutend geworden, auswärtige Experten begutachten die mustergültigen Einrichtungen;
1771 In der Stadt sind 4 Rot- und Weißgerber ansässig;
1771 Die Latein- und Garnisonsschule entsteht neben der Hofkirche;
1771 Stärke des Pirmasenser Militärs: 1 553 Mann;

1772/73	Die Garnisonsschule ist fertig geworden, wie überhaupt die Schulen in der Stadt vorbildlich sind;
1772	Die Stadt hat 1 575 bürgerliche Einwohner, zusammen mit dem Militär und dessen Anhang ergibt sich eine Zahl von 4 800;
1772	Stärke des Pirmasenser Militärs: 1 556 Mann;
1772	Nach wie vor ist Johann Adam Küffer (Kieffer) Posthalter;
1773	Die Stadt dehnt sich aus, jedoch immer noch innerhalb der Stadtmauer; es entstehen weitere militärische Zweckbauten und viele private Häuser;
1773	16. April, Stärke des Pirmasenser Militärs: 1 555 Mann;
1773	Reise der großen Landgräfin mit dreien ihrer Töchter nach St. Petersburg;
1773	13. Mai, Ankunft der fürstlichen Reisegesellschaft in Potsdam;
1773	17. Juni, die Reisegesellschaft trifft auf einem russischen Kriegsschiff in Reval ein;
1773	1. August, Eintreffen des sehnlichst erwarteten Kuriers aus Pirmasens in Petersburg mit der schriftlichen Einwilligung des Landgrafen zur Heirat seiner Tochter Wilhelmine mit dem russischen Großfürsten Paul;
1773	2. August, der Landgraf tritt eine 8wöchige Reise durch die Niederlande an, Rückkehr am 20. September;
1773	25. August, Übertritt der Prinzessin Wilhelmine zur griechisch-orthodoxen Kirche und Annahme des Namens Natalie Alexandrewna;
1773	10. Oktober, prunkvolle Vermählung der Prinzessin Wilhelmine mit dem Großfürsten Paul, Sohn der Katharina der Großen von Rußland;
1773	In der Stadt Pirmasens besteht eine „Hochfürstliche Hof- und Kanzleybuchdruckerei";
1773	Fertigstellung des Pirmasenser Rathauses;
1773	26. Oktober, Rückreise der Landgräfin aus St. Petersburg über Riga, Memel, Königsberg, Frankfurt/Oder, Potsdam und Berlin nach Darmstadt;
1774	13. Januar, Abschied Ludwigs aus Kaiserlichen Diensten;
1774	27. Januar, die Landgräfin verfaßt ihren letzten Willen;
1774	30. März, die Landgräfin Karoline verstirbt in Darmstadt und wird abends 10 Uhr im Schloßgarten beerdigt;
1774	Stadtschultheiß ist nach wie vor Heinrich Schneider (1718-1782);
1774	5. April, Stärke des Pirmasenser Militärs: 1 557 Mann;
1774	Erneute Versuche zur Industrieansiedlung in Pirmasens;
1774	19. Mai, Ernennung Ludwigs zum russischen Feldmarschall;
1775	1. April, Stärke des Pirmasenser Militärs: 1 558 Mann;
1776	1. April, Stärke des Pirmasenser Militärs: 1 570 Mann;
1776	26. April, Tod der Großfürstin Wilhelmine-Natalie in Rußland;
1777	Errichtung eines Schießstandes „Im Teich";
1777	Es entstehen weitere großzügige Ausbaupläne für die Soldatenstadt;
1777	3. August, Errichtung des Leibregiments „Landgraf";
1777	1. April, Stärke des Pirmasenser Militärs: 1 568 Mann;
1778	Erbauung eines städtischen Viehhofs;
1778	Die Stadt hat nunmehr über 5 000 Einwohner;
1778	In der fürstlichen Hofhaltung werden allein „273 Seelen" beschäftigt;
1778	Stärke des Pirmasenser Militärs: 1 567 Mann;
1779	Stärke des Pirmasenser Militärs: 1 568 Mann;
1780	15. April, König Ludwig XVI. von Frankreich verleiht dem Landgrafen Ludwig IX. das deutsche, in französischen Diensten stehende Regiment Royal-Baviere, das sodann den Namen Royal-Hesse-Darmstadt erhält;
1780	Großzügige Planungen einer Paradeallee von der Hauptkaserne aus;
1780	Kurz vor dem Buchsweiler Tor entsteht das landgräfliche Offizierskasino;
1780	In der Stadt besteht eine israelitische Kultusgemeinschaft, die am „12. May 1780" ein Grundstück im späteren Judengässel ersteigert;
1780	Englische Truppenanwerber in Pirmasens beim Landgrafen;
1780	Stärke des Pirmasenser Militärs: 1 571 Mann;

1780 Es bestehen drei Grundschulen sowie eine Latein- oder Garnisonsschule in der Stadt;

1780 Ein Magister F. Ch. Laukhard kommt nach Pirmasens und verfaßt seine „Pirmasenser Erinnerungen“;

1781 Stärke des Pirmasenser Militärs: 1 573 Mann;

1781 Der Generalmajor Müller überschreibt seinem Schwiegersohn Friedrich Adolf Franz Beck das gesamte Grundstück „In der Finsterbach“, es entsteht der Beckenhof;

1782 Stadtschultheiß wird Johann Adam Kiefer (bis 1788);

1782 Die Einwohnerzahl der Stadt beträgt jetzt 7 767, davon sind 5 878 Militärbevölkerung, 465 gehören zur Hofhaltung und 1 424 sind Bürger;

1782 Stärke des Pirmasenser Militärs: 1 576 Mann;

1783 Mit 1 585 Soldaten erreicht das Militär einen absoluten Höchststand;

1783 Der Landgraf siedelt einige vertraute Grenadiere in der „Relaisstation“ Ludwigswinkel an;

1784 In der Stadt gibt es 20 Militärschuster;

1785 Die Einwohnerzahl beläuft sich jetzt auf ca. 7 900;

1786 Stärke des Pirmasenser Militärs: 1 573 Mann;

1788 In der Hauptstraße besteht eine Postexpedition;

1788 Die Einwohnerzahl nähert sich 8 000;

1788 Die Stadt strebt ihrem Höhepunkt entgegen;

1788 25. September, der Stadtschultheiß J. A. Kiefer verstirbt;

1788 Samuel Kull, Glasermeister, wird Stadtschultheiß (bis 1793);

1789 Die Stadt hat 6 851 Militärbevölkerung und ca. 1450 Bürger, die in 750 Häusern wohnen;

1789 Es besteht eine Privat-Mädchenschule in der Stadt;

1789 25. August, der Namenstag des Landgrafen wird festlich begangen, 2 Löwenbrunnen werden geplant;

1789 Vereinzelte Anzeichen von Unruhen als Folgen der französischen Revolution;

1789 19. Dezember, der Landgraf und Stadtgründer begeht seinen 70. Geburtstag, die Einwohner machen ihm 2 stilvolle Löwenbrunnen zum Geschenk;

1790 Die Stadt erreicht ihren Höhepunkt; es sind mehr als 9 000 Menschen in der Stadt, wovon allein mehr als $^2/_3$ der Militärbevölkerung und der Verwaltung angehören;

1790 Die Bürger bitten um Erlaubnis, ihr erlerntes Handwerk noch mehr als Gewerbe betreiben zu dürfen, was genehmigt wird;

1790 In der Stadt besteht eine Art Schuhmacherzunft mit 21 Meistern;

1790 3. April, der Landgraf erkrankt;

1790 6. April, 16 Minuten nach 9 Uhr verstirbt der Landgraf in Pirmasens;

1790 9. April, Beisetzung des Landgrafen in der protestantischen Hof- und Garnisonskirche unter militärischen Ehren und unter großer Anteilnahme der gesamten Einwohnerschaft;

1790 24. April, der Nachfolger, Ludwig X., bestätigt die Privilegien der Stadt.

Verwendete Literatur

Adreßbuch der Stadt Pirmasens, 1881;
Adreßbuch der Stadt Pirmasens, 1895;
Adreßbuch der Stadt Pirmasens, 1899;
Anschütz F., „Das Dorf Lemberg im Pfälzerwald", Pirmasenser Zeitung 1952;
Baumann K., „Pfälzer Lebensbilder", 1964;
Baumann K., „Von der franz. Revolution bis zum Kaiserreich", aus „200 Jahre Schuhstadt Pirmasens 1763-1963";
Bayerns Stolz und Liebe, „Des Rheinkreises Jubelwoche", 1829;
Becker A., „Die Pfalz und die Pfälzer", 1893;
Blaul F., „Träume und Schäume vom Rhein", Kaiserslautern 1882;
Bornheim W., „Die Kunstdenkmäler von Rhld.-Pfalz", Deutscher Kunstverlag, 1957;
Damals, Zeitschrift für gesch. Wissen, Gießen, Jahrg. 1975/76/77;
Christmann E., „Pirmasens das Dorf", aus „200 Jahre Schuhstadt Pirmasens 1763-1963";
Das Bayernland, III. Halbmonatsschrift f. Bayerns Land und Volk, Bayerische Städtebilder - Pirmasens, München, März 1928;
„Der Pfälzerwald", Festnummer zum Gesamtausflug 1914, Zweibrücker Druckerei GmbH, Nr. 6, Juni 1914;
„Die Horebstadt Pirmasens", Vlg. Neumann, Pirmasens, 1909;
„Die Pfalz am Rhein", Verkehrsverein Pirmasens, Sondernummer 1932;
„Die Pfalz am Rhein", Pfälz. Verkehrs- und Touristenzeitung, Sondernummer Pirmasens, August 1933;
Eberlein A., „Landgraf Ludwig IX. von Hessen-Darmstadt und seine Pirmasenser Militärkolonie", 1911;
Ev. luther. Waisenhaus, „Hanauisches Magazin vom Jahr 1785";
Ev. luther. Waisenhaus, „Physische und geographische Beschreibung des zu der Grafschaft Hanau-Lichtenberg gehörigen Amts Lemberg", 1784;
Esselborn K., „Pirmasens und Buchsweiler", Friedberg 1917;
Eyer F., „Pirmasens von Buchsweiler aus gesehen";
Fahr E., „Alt-Pirmasens", Vlg. A. Deil, Pirmasens 1922;
Festbuch zur 16. Hauptversammlung d. Pfälz. Kreis-Lehrer-Vereins am 4., 5. und 6. September 1907, Vlg. Neumann, Pirmasens 1907;
Fest-Comitee, „Die Schlacht bei Pirmasens", Pirmasens 1893;
Festschrift z. 25jährigen Stiftungsfest, Gesangverein Männerchor Pirmasens, Vlg. Neumann, 1912;
Führer über den Pirmasenser Heimatpfad, „Pollichia" Saarpf. Verein für Naturkunde und Naturschutz, Ortsgruppe Pirmasens, Vlg. A. Deil, 1937;
Gensicke H., „Pirmasens als Garnison und Residenzstadt", aus „200 Jahre Schuhstadt Pirmasens 1763-1963";
Görringer M., „Pirminius", 1840, 1840, 1841, 1841;
Gottschall L., „Pirmasenser Heimatblätter", 1961;
Heimatblätter der Stadt Pirmasens, Sondernummer März 1941;
Heimatbriefe der Stadt Pirmasens, Verkehrsamt Pirmasens, Ausgabe Februar/März 1941, Verlag Komet;
Heimatkalender für das Pirmasenser und Zweibrücker Land, Jahrgänge 1973/74/75/76/77, Doktor Verlag, Weißenthurm;
Hessische Landes- und Hochschulbibliothek, Darmstadt;
Hoffmann P., „Von Menschen und Dingen der schuhwirtschaftlichen Vergangenheit", Berlin 1934;
Jaffe, „Pirmasenser Geschichtsblätter", Beilage der Pirmasenser Zeitung, Jahrgänge 1928 bis 1937;
Kampfmann L. / O. Schäfer, „Die Soldatenstadt Pirmasens", Verlag Deil, 1936;

Kinzinger E., „Landkommissäre, Bezirksamtmänner und Landräte seit Bildung der Verwaltungsbezirke Pirmasens und Zweibrücken", erschienen in „Das neue Landratsamt", Pirmasens 1973;
Kraus P., „Pirminius und Pirmasens", 1904;
Kraus P., „Die Gründung des Klosters Hornbach", 1909;
Lehnung J. B., „100 Jahre Eisenbahn in Pirmasens", Pirmasenser Zeitung 1975;
Lehnung J. B., „Zusammenfassung aller bisher in Pirmasens erschienenen Poststempel 1830-1970", Pirmasens 1970;
Lehnung J. B., „Die Postgeschichte der Stadt Pirmasens und die bis zum Jahr 1914 verwendeten Stempel", Postgeschichtliche Blätter, OPD Neustadt, 1971;
Meyer H., „Kleines numismatisches Wörterbuch";
Pirmasens, die deutsche Schuhstadt, Dari Verlag Berlin, 1927;
„Pirmasens", Verlag W. Weidlich, Frankfurt 1976;
Pirmasenser Heimatbriefe, Städt. Verkehrsamt, Grenadiermarkt - Heimatwoche vom 3. bis 11. September 1938;
Pfälz. Heimatkunde, Hist. Museum der Pfalz EV, 1932;
Rathgeber J., „Der letzte deutsche Fürst von Hanau-Lichtenberg", Straßburg 1890;
Remling, „Die Rheinpfalz", Band 1, 1866;
Remling, „Die Rheinpfalz", Band 2, 1867;
Rheinberger E., „Das Buch vom Schuh", 1957;
Schäfer O., „Pirmasenser Chronik", Verlag Deil, Pirmasens 1926;
Schindler A., „Die Schuhfabrikation in Pirmasens", 1912;
Schloßmuseum Darmstadt, „Landgraf Ludwig IX. von Hessen-Darmstadt, eine Gedenkausstellung zum 250. Geburtstag", Dezember 1969 - 15. Febr. 1970;
Schuh- und Leder-Verlag, „Das Goldene Buch der deutschen Schuh- und Lederwirtschaft", 1932;
Schultz W., „Die Grenzregulierung von 1825", Heimatkalender für das Pirmasenser und Zweibrücker Land", 1976;
Stadtarchiv Pirmasens;
Traut K., „1758-1958 - 200 Jahre Johanniskirche", Pirmasens 1958;
Vehse E., „Süddeutsche Fürstenhöfe", Karlsruhe 1921;
Wallacher F., „Aus der Geschichte der katholischen Gemeinde Pirmasens", Erbolzheim 1956;
Weber W., „Hessen-Hanau-Lichtenbergs Kriegs 1/6 Taler aus der Pirmasenser Münze", Pirmasens 1975;
Weiss T., „Pirmasens in der Franzosenzeit", 1905;
Zwick A., „Die Pirmasenser Schuhindustrie", 1918.

Bildnachweis

Seite 3	Eigenarchiv
Seite 31	Tiefbauamt Pirmasens
Seite 35	Museum Buchsweiler
Seite 36/37	Privatbesitz H. Justus
Seite 39	Hessisches Staatsarchiv D 4 Nr. 505/2-3
Seite 40/41	Hessisches Staatsarchiv B 1 Nr. 306
Seite 48	Hessische Landes- und Hochschulbibliothek, Mappe 236/8
Seite 53	Hessische Landes- und Hochschulbibliothek, Mappe 33/7
Seite 65	Aufnahme K. Klan, Pirmasens
Seite 70	Eigenarchiv
Seite 72/73	Foto Lüdecke, Pirmasens
Seite 77	Hessische Landes- und Hochschulbibliothek, Mappe 236/7
Seite 78	Stadtarchiv Pirmasens
Seite 80/81	Eigenarchiv
Seite 85	Privatbesitz

Seite 88	Hessische Landes- und Hochschulbibliothek, Mappe 236/11
Seite 92	Stadtarchiv Pirmasens
Seite 95	Hessische Landes- und Hochschulbibliothek, Mappe 236/5
bei Seite 96	Hessische Landes- und Hochschulbibliothek, Mappe 236/4
Seite 100	Hessische Landes- und Hochschulbibliothek, Mappe 33/12
Seite 103	Hessische Landes- und Hochschulbibliothek, Mappe 236/11
Seite 109	Tiefbauamt Pirmasens
Seite 110/111	Privatbesitz H. Justus
Seite 112	Aufnahme K. Klan, Pirmasens
bei Seite 112	Landesbildstelle Rheinland-Pfalz, freigegeben von der Bezirksregierung Rheinhessen-Pfalz unter der Nr. 10031/3
bei Seite 113	Eigenarchiv
Seite 114	Foto Lüdecke, Pirmasens
Seite 116	Eigenarchiv
Seite 118	Aufnahme K. Klan, Pirmasens
Seite 120/121	Stadtarchiv Pirmasens
Seite 124	Stadtarchiv Pirmasens
Seite 128/137	Stadtarchiv Pirmasens
Seite 142	Hessische Landes- und Hochschulbibliothek, Mappe 29/4
bei Seite 144	Eigenarchiv
Seite 145	Stadtarchiv Pirmasens
Seite 146	Aufnahme K. Klan, Pirmasens
Seite 148/149	Aufnahmen K. Klan, Pirmasens
Seite 150	Hessische Landes- und Hochschulbibliothek, Mappe 33/11
Seite 159	Foto Lüdecke, Pirmasens
Seite 161/162/163	Privatbesitz W. Weber, Pirmasens, Aufnahme Foto-Runck, P'sens
Seite 164	Stadtarchiv Pirmasens
Seite 167	Privatbesitz
Seite 170	Eigenarchiv
Seite 173	Hessisches Staatsarchiv, P 1 Nr. 816
Seite 178/179	Stadtarchiv Pirmasens, Heimatmuseum
Seite 181	Foto Lüdecke, Pirmasens
Seite 184	Foto Lüdecke, Pirmasens
Seite 188	Eigenarchiv
bei Seite 192	Eigenarchiv
bei Seite 193	Eigenarchiv
Seite 195/196/197	Privatbesitz H. Justus
Seite 199	Hessische Landes- und Hochschulbibliothek, Mappe 236/10
Seite 201	Hessische Landes- und Hochschulbibliothek
Seite 207	Stadtarchiv Pirmasens
Seite 208	Eigenarchiv
bei Seite 208	Stadtarchiv Pirmasens
Seite 212	Hessische Landes- und Hochschulbibliothek, Mappe 33/8
Seite 216	Stadtarchiv Pirmasens

Ausschmückungen, Verzierungen, Embleme und Wappen wurden abgebildeten Plänen entnommen (S. 123, b. S. 145, 206, b. S. 209, und 217), sind Eigenanfertigungen (S. 55, 71, 79, 91, 93, 96, 101, 113, 121, 176, 177, 204, 209 und 210), wurden dem Stadtarchiv entliehen (S. 124, 138, 208 und 213) oder einschlägiger Literatur entnommen, wie z. B. Kampfmann „Die Soldatenstadt Pirmasens (b. S. 97, S. 140, 183 und 214) und Esselborn „Pirmasens und Buchsweiler" (S. 105, 122, 144, 151, 160, 168, 174, 187 und 191) und sollen zur Vervollständigung dienen. Der Buchumschlag wurde von der Firma Gräber, Neustadt/Weinstr., erstellt. Dazu fand der Farbplan bei Seite 96 Verwendung (im Besitz der Hessischen Landes- und Hochschulbibliothek, Darmstadt, Mappe 236/4). Allen Beteiligten sei hiermit gedankt.

Namensregister

Orts- und Sachregister